Changing Role of the Media
in Contemporary American Politics

現代アメリカ政治とメディア

前嶋和弘　山脇岳志　津山恵子
［編著］

東洋経済新報社

はじめに

「自由な世界秩序よ、安らかに眠りたまえ（Liberal World Order, R.I.P.）」——アメリカの有力シンクタンク、外交問題評議会（CFR）会長のリチャード・ハース氏が、そんなタイトルの論考を発表したのは、トランプ政権発足から1年あまりたった2018年春のことである。

アメリカは第二次世界大戦後、イギリスなどと協力して、リベラルな世界秩序を確立していった。法による支配や人権の保護がうたわれ、国際連合などの国際機関も設立された。だが、リベラリズム、普遍性、国際的な秩序の維持はこの70年の歴史の中で、かつてない困難に直面している。秩序の中心にいたアメリカの大統領が自国のメディアや裁判所、法の執行機関を激しく非難するといった前代未聞の事態が起きている。

「アメリカ人にとっても、他の国民にとっても、自由さや豊かさや平和を欠く（less free, less prosperous, less peaceful）世界となるだろう」——ハース氏の論考は、悲観論に覆われていた。

そのハース氏に、ニューヨークでインタビューしたことがある。トランプ氏が2016年11月に大統領選で勝利する1カ月前のことだ。ハース氏は当時、トランプ氏が大統領になったときの国務長官候補として名前が挙がっていた。トランプ氏はハース氏のことを「尊敬している」と語ったことがあるが、ハース氏はトランプ氏について「戦後アメリカの外交政策の主流の外側にいる」として、孤立主義的な色彩に懸念を抱いていた。「（トランプ氏と）アメリカの立ち位置などについて似たような見解を持っている場合にのみ、政権に入ると思う」とも話していた。世界観が違いすぎるハース氏は結局、トランプ政権に呼ばれなかった。

その後、トランプ氏が孤立主義的な政策を実行しようと試みたり、実現したりしているのは周知の通りだ。イスラム系難民・移民の入国規制、メキシコ国境での壁建設、地球温暖化防止に向けたパリ協定からの脱退、TPP（環

太平洋経済連携協定）からの離脱……。外交と内政の両面でアメリカの進路は大きく変化している。そして、自身の政策を批判する伝統的なマスメディアへの攻撃は苛烈をきわめる。

　大統領とメディアの関係が緊張をはらむのは、特別なことではない。アメリカでは、マスメディアは民主主義を支える機能の1つであり、その重要な役割は「権力のチェック」だという考えが広く受け入れられてきた。「権力をチェック」するのがマスメディアならば、権力との緊張関係は宿命ともいえる。

　アメリカ建国の父の1人、トーマス・ジェファーソンは「新聞なき政府と、政府なき新聞の、どちらかを選べというなら、私は躊躇なく後者を選ぶ」という有名な言葉を残した。だが、そのジェファーソンも自分が大統領になって新聞から厳しい批判を浴びるようになると、個人的な書簡に「新聞に載っていることは何も信用できない」と記している。その後も理想主義者として「報道の自由」を擁護したが、虚偽報道や推測記事の多さには強い不満を抱き、報道機関が党派的偏向を克服することを望んでいたという。

　トランプ氏は、もともとテレビ番組のホストとして全国的な知名度をあげた。「メディアが創りだした大統領」ともいわれる。しかし、トランプ氏ほどマスメディアを攻撃した大統領はかつていなかった。筆者は2013年から17年までアメリカに駐在し、大統領選もカバーしたが、トランプ氏の政治集会は、トランプ氏がメディアへの反感をあおるたびに盛り上がった。「メディアが生んだ大統領」がメディアを「アメリカ国民の敵」と呼ぶ。これ以上の皮肉はないだろう。

　2019年1月末、出張で訪ねたワシントンで、長年のアメリカ人の友人と朝食を共にした。彼はアメリカ政府に勤めたあと、今は民間団体で働き、前夜、中国出張から戻ったばかり。米中貿易戦争などの話題のあと、ひとしきりメディアの話にもなった。

　「CNNがあまりにも左（リベラル）に偏っていると思うんだ。あれだけ大統領に攻撃されたらそうならざるを得ないのか。同情はするけれど」。

はじめに

　民主党支持の彼でもそう思うのか、と少し驚いた。CNNはもともとは「客観報道」を是とするメディアとして知られてきたが、トランプ氏から「フェイクニュース」と名指しされ、対立が激しくなっている。

　ワシントンでは別の友人たちからも、トランプ氏への批判を強めるニューヨーク・タイムズやワシントン・ポストについて、「左傾化」しすぎているという声を聞いた。全般的に、民主党支持層の間では、ニューヨーク・タイムズやワシントン・ポストなどのスタンスに喝采を送る声も強いが、中道的な層には両紙が「党派的」になっているとみる人もいる。新聞にはファクトを書くニュース部分と、社説やコラムが載るオピニオン面とを区別する慣習があるが、「オンライン（ウェブ上）のサイトだと区別がわかりにくく、新聞全体が『反トランプ』のようにみえてしまう」と話すワシントン・ポスト関係者もいた。

　共和党支持者には、主流メディア全体がリベラル（左派）に偏りすぎていると嫌悪する層が増えており、アメリカの政治とメディアにまたがる分断は深刻さを増している。トランプ政権が発足して2年あまり、政治の分断が進むのと並行し、メディアに対する「信頼」も揺らいでいる。

　一方で、「メディア」の定義そのものも広がっている。かつて「マスメディア」といえば、テレビや新聞、ラジオなどを指していたが、デジタル技術の発展で、デジタル（オンライン）メディア、ソーシャルメディアが大きな力を持つようになった。スマートフォンの登場で、ニュースはどこでも「ワンクリック」で読める。フェイスブックなどのソーシャルメディアは、情報交換をしたり、ニュースをみたりするうえでは便利なツールである反面、同じような意見に囲まれるようになったり、虚偽のフェイクニュースが拡散したりする土壌にもなっている。

　メディアは民主主義を支える側面がある一方、その多くは収益を伴う民間ビジネスでもあり、構造は複雑である。本書では政治とメディアをめぐる現状を多様な角度から光をあてつつ、現代アメリカで大きく変化しつつある「メディアの役割」についてわかりやすく示すよう心がけた。

本書は、アメリカ政治とメディアの研究者、フリーランスのジャーナリスト、大統領選を取材したり長年調査報道にかかわったりしてきた新聞記者が分担して執筆した。各章の概要は以下の通りである。

　第1章は、「メディアの危機」ともいえる現状について、歴史的観点を交えながら、今日までの大きな流れをまとめた。第2章では、2016年のアメリカ大統領選の現場の雰囲気を伝えつつ政治とメディアの分極化の現状を説明、第3章は、ラストベルト（かつて栄えた製造業主体の地域）に通った記者がトランプ支持者のメディア消費の特徴を記した。

　第4章は、報道における「公平性原則」の廃止の影響、第5章では大統領の気質を含め公人の精神状態についての報道のあり方、第6章ではデジタルメディアと伝統メディアの攻防、第7章は、放送をめぐる規制緩和や技術の進展によるメディアの現場の変化を概観した。

　第8章では、ソーシャルメディアの隆盛やフェイクニュースの現状や対策、第9章では、アメリカ政府による情報漏洩の取り締まり強化の動き、第10章では、調査報道におけるNPOが果たす役割を取り上げた。終章では、アメリカの政治とメディアの今後を展望し、処方箋の可能性を探った。

　なお、日本のメディアの状況は、本書の主テーマではないことから、ほとんど触れていない。ただ、日本でもソーシャルメディアやデジタルメディアの影響力は高まっており、アメリカほどではないが分極化も進みつつあるようにみえる。アメリカで起きているフェイクニュースなどの問題も「対岸の火事」ではない。ニュースの真偽を見極めるため、学校現場などでメディアリテラシーを身につける教育が必要だという声も高まっている。

　本書は、アメリカ政治やメディアに関心をもつ研究者や学生にも使ってもらえるよう、各章で取り上げたデータや情報にはなるべく多く、原典にあたれるように脚注をつけた。もちろん、専門分野の方だけではなく、ビジネスマンや教育関係者などより幅広い人に手にとってもらい、民主主義社会におけるメディアの役割を考える一助にしてもらえれば幸いである。

　メディアや政治に関する話題は多く、変化のスピードも速い。めまぐるし

く動きが変わる中で、執筆陣に時間的な制約もあり、本書では十分に触れられなかった分野もある。もし版を改める機会があれば、内容を改訂・増補していきたいと考えている。

　本書に登場する人物の肩書は、原則として当時のものを用い、敬称は略させていただいた。

2019年1月31日　零下13度のワシントンにて

山脇　岳志

目　次

はじめに……………………………………………………………………………ⅰ

前嶋和弘
第1章　危機に瀕するアメリカのメディア　　　1
歴史的にみる「メディアの分極化」の前と後

Ⅰ　「メディアを中心に動く政治」という規範……………………3
(1) アメリカ建国に欠かせなかった新聞……………………………3
(2) メディアの独立性の担保…………………………………………6
(3) 世論の重視………………………………………………………10
(4) 開放的な政策過程と権力の分立………………………………13

Ⅱ　メディアをめぐる環境の変化と揺らぐ規範…………………15
(1) 政治的分極化の進展……………………………………………15
(2) 独立性の揺らぎ…………………………………………………17
(3) 規制緩和と競争原理、変わる政治の情報源…………………23
(4) 「ニュース」の概念の揺らぎ…………………………………28
(5) 政治情報のソフト化・エンターテイメント化………………31
(6) 政治過程における党派性とメディア…………………………32
(7) メディアと政治の「回転ドア」………………………………33
(8) 報道に対する不信………………………………………………34

Ⅲ　トランプ現象と「メディアの分極化」………………………35
(1) メディアが生み出したモンスター……………………………35
(2) アウトサイダーが勝てる「メディア仕掛けの選挙」………37
(3) リアリティーショーとしての政権運営………………………38
(4) 「フェイク」を生み出す国民の分断…………………………40

山脇岳志・津山恵子

第2章 政治とメディアの分極化　44
2016年大統領選を中心に

I 世論とメディアの分裂………………………………………46
(1) 深刻な世論の分断——記録的な状況………………………46
(2) 政治とメディアの分極化、どちらが鶏でどちらが卵か………51

II 激動の2016年大統領選………………………………………55
(1) メディアは「最も不誠実なやつら」………………………55
(2) ニューヨークの名士から「台風の目」に…………………59
(3) 極右メディアの躍進…………………………………………61
(4) 伝統メディアの奮闘とフェイクニュースの影響力………64
(5) 選挙戦の盛り上がりとトランプ氏の勝利…………………67
(6) 世論調査はなぜ間違えたか…………………………………71
(7) 政権発足後、メディアとの対立は激化……………………76

III 問われるメディアの責任……………………………………79
(1) Win-Winだったテレビ………………………………………79
(2) 新聞はクリントン支持が圧倒的——影響力乏しく………83
(3) 保守論壇の変質………………………………………………84
(4) ソーシャルメディア——虚偽情報でも広がる支持………87
(5) デジタル戦略の差が明暗を分ける…………………………89
(6) 「政治不信」と「メディア不信」の悪循環………………92
(7) 「ポスト真実」時代のジャーナリストたち………………95

金成隆一

第3章 「トランプ王国」にみるメディア消費　101
「ラストベルト」を中心に

I FOX NEWSと保守ラジオ……………………………………104
(1) 自宅、バー、ホテルロビーにて……………………………104
(2) トランプ支持者の声…………………………………………105
(3) FOX NEWSの傾向……………………………………………108

- (4) ハニティーのポップアップ表示 ………………………… 109
- (5) 保守派ラジオ ………………………………………………… 110
- (6) ポッドキャストで保守系ホストのトークショー ……… 115

II 新興放送局と右派のデジタルメディア …………………… 116
- (1) ワン・アメリカ・ニュース ………………………………… 117
- (2) ニューズマックス TV ……………………………………… 119
- (3) 右派のデジタルメディア …………………………………… 122
- (4) 報道機関は不要、という人々も …………………………… 125

III 深まる分断、分断を超える試み ………………………… 126

山脇岳志

第4章 揺らぐ報道の「公平性」　134
フェアネス・ドクトリンとイコールタイム・ルールをめぐって

I フェアネス・ドクトリン（公平原則） ……………………… 135
- (1) フェアネス・ドクトリンの誕生と派生した2つの規則 …… 135
- (2) メディア環境の変化とフェアネス・ドクトリンの廃止 …… 137
- (3) 廃止とトークラジオの隆盛 ………………………………… 142
- (4) トークラジオ化するケーブルテレビと政治的分極化 …… 146

II イコールタイム・ルール ………………………………… 149
- (1) トランプ大統領のつぶやきと不満 ………………………… 149
- (2) ルールの制定と免除対象の拡大 …………………………… 152
- (3) テレビ局の道義的責任 ……………………………………… 156
- (4) 日本の放送法4条をめぐる議論 …………………………… 158

山脇岳志

第5章 トランプ大統領の気質とメディア　161
ゴールドウォーター・ルールをめぐっての論議

I 精神医学界の論争 ………………………………………… 165
- (1) 共和党候補者ゴールドウォーターとルールの誕生 ……… 165
- (2) 2016年大統領選と、専門家によるルールへの反発 …… 167

(3) アメリカ精神医学会は、ゴールドウォーター・ルールを再確認……171
Ⅱ　憲法修正第 25 条で「解任」運動も……174
　　(1) 独裁的な政治手法を問題視……174
　　(2) 悪性ナルシシズムとの指摘も……177
　　(3) ゴールドウォーター・ルールのジャーナリズムへの影響……180

津山恵子・山脇岳志・五十嵐大介・宮地ゆう
第 6 章　伝統メディアとデジタルメディアの攻防　186
主戦場はオンラインに

Ⅰ　伝統的な新聞の挑戦……187
　　(1) ニューヨーク・タイムズのデジタル版 300 万人超……187
　　(2) デジタル版で広がる読者層……191
　　(3) デジタル版はなぜ成功したのか……193
　　(4) ワシントン・ポストと「ベゾス効果」……196
　　(5) オフィスの変化と働き方の変化……198
　　(6) トランプ政権とどう対峙するか……201
　　(7) ウォール・ストリート・ジャーナルのオンライン戦略と
　　　　「会員化」……203
　　(8) マードックの買収、ニューズルームは「紫（パープル）」……206
　　(9) 10 年で 100 紙以上が消えた……208
　　(10) 地方紙「ロッキー・マウンテン・ニューズ」の廃刊……211
　　(11) 投資対象となる地方紙、空白地帯で社会的悪影響も……216
Ⅱ　台頭するデジタルメディア……220
　　(1) デジタルメディアがホワイトハウスの記者席を獲得……220
　　(2) 先駆者――ハフポスト（ハフィントン・ポスト）……222
　　(3) 速く、おもしろく――バズフィード……225
　　(4) 「ニュースの解説」を目指す――Vox……227
　　(5) 専門性で勝負――ポリティコ……228
　　(6) 「読者第一」を徹底追求――AXIOS……231
　　(7) 記事のバラ売り――ブレンドル……234
　　(8) 読者と共同作業――デ・コレスポンデント……236

(9) 政治的分断の改善を——スマートニュース ……………… 237
　　(10) デジタルメディアの将来 …………………………………… 239
　Ⅲ　鍵を握るミレニアル世代 ………………………………………… 241

　　　　　　津山恵子・山脇岳志・宮地ゆう
第7章　**規制緩和とテクノロジーの進展**　244
　　　　　放送業界と報道現場の変貌

　Ⅰ　メディア規制の変化と合従連衡 ………………………………… 245
　　(1) 放送業界の成り立ちと業態 ………………………………… 245
　　(2) メディア規制の理念と対立軸 ……………………………… 247
　　(3) 1996年電気通信法と寡占化への懸念 ……………………… 248
　　(4) トランプ政権下のFCC、放送所有規制の大幅緩和 ……… 252
　　(5) 映像業界図を変えるネットフリックス …………………… 256
　　(6) OTTが放送業界を直撃 ……………………………………… 257
　　(7) テレビ局の対応と、マルチプラットフォーム展開 ……… 260
　　(8) 「ネット中立性」の規制撤廃をめぐる論議 ……………… 262
　Ⅱ　人工知能（AI）が変える報道現場 …………………………… 264
　　(1) AIが記事を書く——AP通信の試み ……………………… 264
　　(2) 決算原稿のミスは、記者執筆より低く …………………… 266
　　(3) 事件事故を察知——ビデオ制作も ………………………… 268

　　　　　　津山恵子・宮地ゆう
第8章　**ソーシャルメディアとフェイクニュースの広がり**　272
　　　　　メディアリテラシーをどう身につけるか

　Ⅰ　ソーシャルメディアの現状とフェイクニュース …………… 274
　　(1) 高まるソーシャルメディアの影響力 ……………………… 274
　　(2) フェイスブックの「選挙部隊」 …………………………… 277
　　(3) 「トレンド」をめぐる論議 ………………………………… 279
　　(4) フェイクニュースが実際の事件に発展 …………………… 282
　　(5) フェイクニュースの類型 …………………………………… 284

	(6) ボットとトロール・ファクトリー	286
	(7) 個人情報の流出と、フェイスブックの責任	289
	(8) 態度を変えたザッカーバーグCEO	292
	(9) 2016年大統領選への影響はあったのか	295
	(10) エコーチェンバーとフィルターバブル	298
	(11) トランプ大統領の「フェイクニュース」の「定義」	304
	(12) フェイスブックのアルゴリズム変更の影響	306

Ⅱ フェイクニュースにどう対応するか … 309
  (1) フェイクニュースを見破る方法 … 309
  (2) 教育現場での模索 … 313
  (3) 「メディアワイズ」の試み … 315
  (4) WSJの「ディープフェイク」対策 … 317

奥山俊宏

第9章 報道機関への情報漏洩に対するアメリカ政府の「戦争」 320
リークを取り締まり、記者の取材源を摘発する司法省の活動

Ⅰ リーキーな国だったアメリカ … 321
  (1) 20世紀中の起訴は4件、実刑は1件だけ … 321
  (2) ブッシュ政権中枢を標的に伝統破る大胆捜査 … 324
  (3) 記者に対する捜査を抑制する連邦規則 … 327

Ⅱ 「リークを敵とするオバマの戦争」の決着は? … 328
  (1) オバマ政権下で訴追が激増 … 328
  (2) 記者のメールや電話記録を押収、報道機関が猛反発 … 330
  (3) 傷つけられたジャーナリズムと民主主義 … 335
  (4) 報道機関関連の捜査に新たな制約課す改革 … 338
  (5) オバマ大統領最後の記者会見 … 340

Ⅲ トランプ政権「メディアとの戦争」 … 342

奥山俊宏
第10章 アメリカにおける調査報道の現在と今後　345
非営利組織が寄付で取り組むジャーナリズムの隆盛

Ⅰ 調査報道 NPO の歴史と現状　346
(1) 2009〜10 年にブーム　346
(2) 持続可能性を危ぶまれながらも成長を続け、実績も拡大　350

Ⅱ 新聞社の凋落への危機感を背景に寄付金流入　352
(1) 証券市場とビジネス上の制約に抗する　352
(2) インターネット普及で凋落した新聞業　356
(3) 調査報道 NPO 支援の必要性の認識と人材流動性　358

Ⅲ 既存マスメディアと NPO の連携が進む　360
(1) 有力紙に NPO 記者の署名入り記事　360
(2) ICIJ のタックスヘイブン報道　362
(3) 内部告発と調査報道の連鎖に NPO の力　366
(4) トランプ大統領の反動で盛り上がる調査報道　374

前嶋和弘
終章 アメリカの政治過程におけるメディアの今後　377

(1) 処方箋としてのファクトチェックの可能性　377
(2) 政治的分極化の終焉の可能性　380
(3) 新しい技術革新の可能性　383
(4) そして、日本——　385

おわりに　387

索　引　390

第1章

前嶋和弘

危機に瀕するアメリカのメディア
歴史的にみる「メディアの分極化」の前と後

　アメリカのメディア[1]は、いま、かつてない大きな危機に瀕している。
　政治情報という「市場」のマーケティングに合わせた情報提供がここ15年ほどで一気に進み、保守とリベラルのいずれかの政治的立場を明確にした政治情報の提供も目立っているためだ。その代表的な例が、アメリカ国民の一番の情報源となっている24時間ニュース専門局（FOX NEWS、CNN、MSNBC）である。チャンネルを合わせれば、「報道」というよりも劇場的な「政治ショー」といったような、左右に偏った派手な口調でまくし立てる一方的な番組のオンパレードが続く。左右の政治勢力の一方を支援する政治アドボカシー（advocacy）を行う政治インフラに、報道機関が地盤沈下しつつあるようにみえる。
　ここに至るには複数の理由がある。
　まず世論の変化がある。アメリカの政治と社会が保守とリベラルの両極に分かれつつある「政治的分極化（political polarization）」が進み、アメリカの

1　本書における「メディア」の定義について少し述べておきたい。基本的には「メディア（the media）」は「マスメディア（the mass media）」の省略語であり、「一対無数」のコミュニケーションを提供する情報源を意味している。とくに本書では政治における「マスメディア」としての「the press（報道）」の役割を中心的に論じている。語源的にはそもそも「メディア（media）」とは「medium（媒体）」の複数形である。本書でもソーシャルメディアのアプリなどの「媒体」に焦点を当てて論じている箇所もあるように、爆発的に普及したインターネットの場合、「マスメディア」の役割と、パーソナルメディアの端末としての「媒体」の側面もある。

国民世論は南北戦争以来ともいえる激しい分断状態にある。政治的分極化が進む中、報道もこれに呼応し、まるで保守とリベラルの情報を提供する応援団に分かれつつあるようにもみえる。さらに1980年代のCATV（ケーブルテレビ）、衛星放送の導入による多チャンネル化、さらには90年代半ば以降のインターネットの爆発的普及で政治情報が飽和状態になってしまった。報道機関は激しい競争にさらされている。メディア同士の戦いの中、規制緩和もあり、世論の変化に合わせて政治情報も大きく左右に分かれていった。

　政治情報がマーケティング化された、この「メディアの分極化（media polarization）」現象は、いうまでもなく報道にとって自殺行為である。報道で最も大切な客観性を担保できないためだ。実際に真実がみえにくくなってしまっている。保守的な人々は「右」の情報を信じ、「左」からの情報を「フェイク」とののしる。リベラル側にとっては「右」の情報こそ、嘘っぱちである。この状況は悲劇でしかない。

　生き残りが激しくなっている中、コメディのニュースも人気を博しており、虚実をさらにあいまいにさせている。

　さらに、技術的な変化は日常の取材からニュースの伝達までの過程を大きく変貌させている。かつて政治参加を生む基盤であった地方紙は次々に廃刊となり、新聞各紙はウェブ版が主戦場となりつつある。また、取材現場も大きく変わりつつある。AI（人工知能）を使った「ニュース制作」はすでに現実になりつつある。

　メディアの危機は政治の危機でもある。政治情報は民主主義の血液そのものだ。その血液が滞ってしまう状況に、アメリカは直面している。

　いったい、何が変わったのか──。

　本章では、アメリカ政治におけるメディアの役割の大きさとその背景を長期的に振り返りながら「メディアの分極化」に至るまでの変化を検証する。

I 「メディアを中心に動く政治」という規範

　まず、アメリカ政治におけるマスメディア（以下メディア）の役割の大きさとその背景について振り返ってみる。特筆したいのは、アメリカの場合、政策過程の特徴から、政治におけるメディアの役割が他国に比べて顕著に大きいという点である。他の先進国と比べても、アメリカの場合は共生関係といえるほど政治とメディアとの関係は密接であり、「メディアを中心に動く政治（media-centered politics）」が現出されている。

(1) アメリカ建国に欠かせなかった新聞

　アメリカ政治におけるメディアの重要性の背景としてまず考えられるのが、そもそもアメリカという国の成り立ちにジャーナリズムが大きな位置を占めてきた点が挙げられる。アメリカにおける新聞や出版産業は独立前から盛んであった。18世紀の独立戦争の際には植民地の人々の声を代弁者として各種情報を伝えた。「建国の父祖（Founding Fathers）」の代表格であるベンジャミン・フランクリン（Benjamin Franklin）は新聞記者・編集者として名を上げ、独立運動を盛り上げていった。日本でも高校の世界史の教科書にも登場する合衆国の独立の必要性を説いたパンフレット『コモン・センス（Common Sense）』の著者トマス・ペイン（Thomas Paine）は雑誌経営者だった。

　さらに独立直後には、アメリカの政治システムの根本を議論する場が新聞であった。後に第4代大統領となるマディソン（James Madison）は、憲法制定の議論の際には、中央政府（連邦政府）創設を訴える連邦主義派（フェデラリスト）の代表的な存在として、州の権限を主張する反連邦主義派（アンチ・フェデラリスト）と激しい舌戦を繰り返した。その合衆国憲法の批准を推進するために書かれた連作書簡は『ザ・フェデラリスト（The Federalist）』と名づけられ、独立戦争での勝利直後の1787年から翌年に、匿名「パブリウス（Publius）」の名前で、新聞3紙に連載された。マディソン以外の『ザ・

フェデラリスト』の実際の著者も「建国の父祖」たちであり、ハミルトン（Alexander Hamilton：初代財務長官）、ジェイ（John Jay：連邦最高裁判所初代長官）という大物であった。連邦政府創設の世論を高めるために『ザ・フェデラリスト』は平易な言葉で、主権は国民（共和制）とし「多数決」の原則を訴えた。しかし特定の人に権限や権力が集中してしまうのは問題であるため、徹底した権力の分立や連邦主義の重要性を強調した[2]。これに対抗する反連邦主義派も新聞各紙に反論を掲載し、政治システムをめぐる激しい議論が新聞紙上で起こった。この『ザ・フェデラリスト』の議論は憲法の条文に結実していくだけでなく、いまでも政治学の古典として広く読み継がれている。このように独立革命から建国を支えたのがジャーナリズムであった。

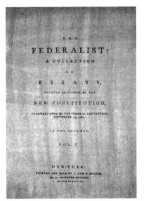

『ザ・フェデラリスト』の表紙
© アマナイメージズ

　強い国家の下で国民が隷属する独裁的な体制こそ、反連邦主義派が新聞の書簡で懸念したことだった。興味深いことだが、合衆国憲法の起草者たちにとって、人々が統治上の決定権を持つ新国家の理想の政治システムは「共和制」であって、いまの私たちが頻繁に使う用語である「デモクラシー」ではなかった。それはなぜだろうか。デモクラシーの元々の意味である「大衆（demo）による統治（cracy）」の「大衆」は、判断力に欠け国家を統治する能力がないだけでなく、私利私欲に駆られた輩であるという印象が当時は強かったからである。合衆国憲法の起草者たちは「デモクラシー」が「衆愚政治」を意味すると信じていた。憲法の起草者たちは、人々の心を疑った。私利私欲に駆られた輩が誤った政治を行ってしまうのが人間の性であるためだ。とくに起草者が懸念していたのは、人々が徒党を組むことでデモクラシーそのものが「王様」を作り出してしまう可能性である。そうなってしまうと、

2　A. ハミルトン・J. ジェイ・J. マディソン『ザ・フェデラリスト』斎藤真・中野勝郎訳、岩波書店、1999年。

イギリスからの独立が達成されても、衆愚政治という独裁君主へ隷属することになり、「自由」が危ぶまれてしまう。

　実際、『ザ・フェデラリスト』には、「デモクラシー」の欠点がしつこいほど繰り返されている。その中で、デモクラシーという言葉は「共和制」と比較対照され、人々が統治上の決定権を持つ制度としては「共和制」が圧倒的に優れていると指摘している。そして実際に、マディソンが中心となって起草し、批准された合衆国憲法には「デモクラシー」という言葉が1つも出てこない。この事実はいまの私たちにとって、驚きかもしれない。

　ただ、建国後、国家としてアメリカが成長していく過程において、「共和制」と「デモクラシー」の実際の意味の違いは、ほとんどなくなっていく。アメリカの理想は、欧州のような階級社会ではなく、普通の人々の社会であり、政治の決定が人々の手にゆだねられる過程で、憲法の起草者が「デモクラシー」という言葉に付随して感じていた否定的な意味も次第に消えていく。普通の人々が自由意志に基づき平等な立場で政治的な決定を行う制度であることは現代的な意味では共通している。つまり「デモクラシー」＝「民主主義」ということになる。

　君主制が主流だった18世紀の実際の政治システムの中で人々に主権を与えることは想像もできないような革命的なものであった。その革命的な思想に基づき、普通の人々が政治についての情報を共有し自由意志に基づき平等な立場で政治的な決定を行う制度である民主的な政治制度を動かしていくために、新聞は欠かせなかった。

　憲法制定後の最初の連邦議会（1789年から91年）では人々の権利を守るために10の憲法修正条項が付け加えられる。各種人権を保障するこの条項は「権利章典（Bill of Rights）」と呼ばれ、「不当な捜索や逮捕の禁止」（修正第4条）、「正当な法手続」（同5条）、「陪審による裁判の権利」（同6条・7条）、「残酷で異常な刑罰の禁止」（同8条）などに先んずる形で、憲法修正第1条には「信仰・言論・出版・集会の自由」が定められた。つまり基本的人権の最初のものが「表現の自由」であり、現在まで他国に比べても「恐れ

ずに伝える」ことがきわめて厳格に法的に担保されている。
　アメリカのメディアを支える根幹にはこの「表現の自由」という理念がある。「表現の自由」の観点から、メディアに対する規制は厳しくないため、政治的に多様で自由な意見を提供することができる。それがアメリカのメディアを支え続けており、今日に至っている。

(2) メディアの独立性の担保

　さらに、独立後は政党の機関紙としての役割を経て、産業としてのジャーナリズムが大きくなっていく。そうして政治からは立場的にも独立することになっていく。19世紀末には部数、利潤の増大を至上目標にしたセンセーショナルな「イエロー・ジャーナリズム」が席捲し、ハースト（Hearst）とピューリッツァー（Pulitzer）の両新聞社主は激しく競った。この時代を経て、新聞がさらに広い大衆の情報源となっていったのと同時に、ニューヨーク・タイムズ（The New York Times）など社会的により高い層を対象とした新聞も次々に登場する。
　「イエロー・ジャーナリズム」を反省し、より正しい情報を提供する客観報道という規範を作り上げていったのがアメリカのメディアの発展史の中核にある。例えば新聞も論説などを除けば、何かの主張に対しては、それと逆の意見も取材・掲載する「ポイント・カウンターポイント」原則が導入されていく。また、1846年に発足した通信社AP（Associated Press）は多様な情報をまとめ、客観的な事実を伝えるために表記のマニュアルを作り出していった。この「APスタイル」はそれぞれの新聞社や雑誌社が使い、広く普及した。現在でも改訂版が作成され続けている。アメリカの大学や大学院のジャーナリズム学科や大学院のジャーナリズムスクールでは、この客観報道のスタイルなどがしっかり叩き込まれる。
　その後、政治からの独立を担保しながら、「政治を監視する機能（watchdog role）」がジャーナリズムの機能として大きくなっていく。それを決定づけたのが、20世紀初めの革新主義（progressivism）の時代であり、公職の不正

を暴いてきたマックレーカー（muckraker）の存在である。「マックレーカー」という言葉は20世紀初めの革新主義（progressivism）の時代に政財界の醜聞を暴露していったジャーナリストたちを揶揄して、当時の大統領セオドア・ルーズベルト（Theodore Roosevelt）が「肥やしをかき集める熊手（muck-rake）」にたとえたことに端を発する[3]。19世紀後半以来、急激な産業発展の裏での政財界の腐敗や社会のさまざまな不正が問題となる中、記者たちは独占企業の告発から政治改革、貧しい人々の救済を雑誌などで書きたてていった。調査報道に取り組む記者たちはやがて、社会を清潔に保つために欠かせない大切な職業であるとして逆に誇りをもって「マックレーカー」と自称するようになった。

「政治を監視する機能」については調査報道の重要さが欠かせない。ニクソン（Richard Nixon）政権時代の「ウォーターゲート事件」（1972年）については、調査報道の金字塔としていまだに世界的に語り継がれている。この事件は、ワシントンにあったウォーターゲートビルにあった対立党の、民主党の選挙対策本部をニクソンの側近らが盗聴しようとした事件である。ワシントン・ポスト（The Washington Post）の2人の記者（ボブ・ウッドワード［Bob Woodward］、カール・バーンスタイン［Carl Bernstein］）がさまざまな取材を展開し、他のメディアも次々に関連情報を報じることで、ニクソン大統領辞任のきっかけとなった。

ウォーターゲート事件の直前には、同じくニクソン政権とメディアが激しく激突する「ペンタゴン・ペーパーズ事件」（1971年）があった。この事件は、国防総省（ペンタゴン）からの依頼で調査を担当したシンクタンク研究員がその報告書を持ち出し、それを主要紙が報じた事件である。トム・ハンクスとメリル・ストリープ主演で2017年に映画化されたことも記憶に新しい。

---

[3] 1906年4月14日の演説。原文は下記のメリーランド大学のShawn Parry-Giles教授らのVoices of Democracy Projectを参照。
http://voicesofdemocracy.umd.edu/theodore-roosevelt-the-man-with-the-muck-rake-speech-text/

調査そのものは、ベトナム戦争の際、インドシナにおけるアメリカの役割の歴史についての極秘研究だった。執筆者の1人だったダニエル・エルズバーグ（Daniel Ellsberg）らは、その通称「ペンタゴン・ペーパーズ」を盗み出しておいて、1971年にニューヨーク・タイムズに持ち込んだ。同紙が一大スクープとして報じる中、ニクソン政権は外交関係に重大な悪影響があるなどとして記事の差し止めを求めた。しかし、「政府は事前抑制の正当化に必要とされる責任説明を果たしていない」として、結局最高裁で敗訴した。アメリカの歴史でも重要なこの裁判（「ニューヨーク・タイムズ社対合衆国」）では、戦時中においてこのような政府内の機密文書の漏洩がもたらされる安全保障への脅威が差し止めの理由となっているが、最高裁は憲法修正第1条（言論の自由）をめぐって「政府は立証責任を果たしていない」とし、差し止め命令を無効にした。建国時の理念である「表現の自由」はこのように報道機関を守ってきた。
　ウォーターゲート事件についても内部の関係者への綿密な調査がポイントとなった。長年、「ディープ・スロート」と謎めいたニックネーム以外、ワシントン・ポストの情報源が誰だかわからなかった。しかし、2005年に事件当時のFBI副長官のマーク・フェルト（Mark Felt）が「私がディープ・スロートだ」と名乗り出て、世界は衝撃を受ける。フェルトはニクソン政権に強い不満を持っており、捜査情報を内部告発の形でメディアに伝えた。どちらのリークについても、当時は「巨悪を倒す」といった形でメディア側を支持する世論が後押しをしていた。
　ベトナム戦争、ウォーターゲート事件などの報道を通じて、アメリカにおける政治報道は、「政府のウォッチドッグ」「社会を映す客観的な鏡」などの形容詞とともに、広く世界から賞賛されてきた。また、「表現の自由」という理念でメディアを守ろうとするアメリカという国家の姿勢も羨望の対象となった。この1960年代から70年代がアメリカの政治報道の黄金時代だったかもしれない。
　当時はアメリカの政治報道の客観性追求は、規範そのものだった。両論併

記が原則であり、できるだけ公平に報じることが原則だった。とくに、テレビやラジオの場合には、1949年に導入され、政治的なコンテンツを厳しく規制していた「フェアネス・ドクトリン（Fairness Doctrine：公平原則）」が重視され、放送局に対して選挙の候補者を平等に扱うように求める「イコールタイム・ルール（Equal Time Rule）」もかつては機能していた。いまの多チャンネル時代のアメリカからは想像もできない。

当時は、ウォール・ストリート・ジャーナル（The Wall Street Journal）を除けば、アメリカの一般向けの新聞は基本的にはその地域の新聞であり、その地方の情報を丁寧に取り上げ、政治参加の基盤を支えてきた。全米をカバーするのが、地上波テレビの報道であり、夕方の3大ネットワークのイブニングニュースは最も重要な情報源としての地位を少なくとも長年維持してきた。ニューヨーク・タイムズ、ワシントン・ポスト、ロサンゼルス・タイムズ（Los Angeles Times）、シカゴ・トリビューン（The Chicago Tribune）などの主要紙は地方紙ではあるが、ワシントンの政治ニュースに力を入れているため、他紙や3大ネットワークの情報に影響を与えるものとして一目置かれてきた。1972年の大統領選挙を追う各地方紙やAPの記者の動きをまとめたクローズ（Timothy Crouse）の *The Boys on the Bus*（未邦訳）は当時の政治ジャーナリズムを語るための古典となっている[4]。

イブニングニュースは時差もある国なので同じネット局でも地域によって複数版があり、開始時間も差はあるが、だいたい午後6時台から7時台ごろに放映されるのが一般的である。1980年代ごろからは放映時間は30分（CMを除けば25分）で固定している。「イブニングニュースさえみておけば世界がわかる」といった感覚を持っていたアメリカ国民も80年代くらいまでは少なくなかった。

それもあり、後述するCBSのウォルター・クロンカイト（Walter Cronkite）に代表されるように、3大ネットワーク（NBC、CBS、ABC）のイブニング

---

[4] Crouse, T. *The Boys on the Bus*. NY: Random House, 1973. この本は担当記者のなれ合いや同じテーマを追いかける「パック・ジャーナリズム」に対する批判の書籍でもある。

ニュースのアンカー（キャスター）は国民的存在だった。日本の場合、報道番組でのキャスターはアナウンサーが務めることも少なくないが、アメリカの場合、記者がキャスター（アメリカでは「アンカー」という）を担当するのが伝統である。また、自分の取材に基づいたレポートだけでなく、複数の人に話を振り、的確に話をまとめる能力、さらには番組全体のディレクターやプロデューサー的な役割もアンカーとなる記者に望まれてきた。

(3) 世論の重視

「メディアを中心に動く政治」という規範の根本には、アメリカ政治における世論の重要性も挙げられる。民主主義というアメリカ政治を動かす根本原理と世論は当然、強い関係にあるためだ。メディアは国民世論の代表である。政策形成の中心アクターが何らかの政策を打ち出す場合は、メディアの向こう側にいるみえない国民の顔を常に意識することになる。アメリカでは、国民の意見が実際に政治の動向や政策の方向性を大きく左右する。大統領にしろ、連邦議員にしろ、国民の高い支持を受けた政策を推進した方が得策である。そうすれば、反対派を抑え、立法化や政策運営がたやすくなるだけでなく、自分の支持にも直結する。そして、自分や自分の政党の次の選挙に有利になる。

アメリカほど政策過程の中で世論の動向が重視される国はないのではないだろうか。国民の声を知るために、アメリカでは、週単位、あるいは日ごとに世論調査が行われている。ギャラップ（Gallup）などの世論調査専門会社が行う調査から、政策関係者のためにカスタムメイドの調査を行う専門業者も多数存在する。アクターたちは、国民の後押しがあるかどうか、常に世論調査の数字に注目しながら政策を進める。逆に国民の支持が取り付けることができない場合、政策運営が行き詰まってしまうことも頻繁にある。

これはどこの国でも共通することだが、政治におけるメディアは、政治に関する情報を提供することで、政治アクターと国民との間を結びつける機能を持つ。その意味で政治の「インフラ」として政策形成を支えている。アメ

リカが世論を重視する国家である分、民主主義の血液としてのメディアの情報が重要になる。政治情報を介して、大統領、上下両院の議員、政党、利益団体などの政治アクターと国民を仲介するのがアメリカのメディアであり、その意味でも、政治アクターの政策関係者（政治家、政党、利益団体など）の意見を伝える「コモンキャリアとしての役割（common-carrier role）」が重視される。報道する側は国民の代表として国民にとって何が「ニュースバリュー」があるのか、情報の「ゲートキーパー（gatekeeper）」として選別しながら政治情報を伝えることになる。その意味で、メディアには「国民の代表としての役割」もある。国民は政治アクターの動向を報道によって知ることになり、政策についての世論が形成されていく。メディアが伝えた政治についての情報は、国民世論の中の社会的争点を顕在化させていく。その意味で、政治の「議題設定機能（agenda-setting function）」をメディアは持っている。

ウォルター・クロンカイト
© ゲッティ

　アンカーの代名詞ともいえる「CBS イブニングニュース」のウォルター・クロンカイトの場合、1962 年から 1981 年まで約 19 年間アンカーを務めた。「アメリカで最も信頼される人物」という代名詞もある。クロンカイトは報道特別番組も担当し、ケネディ大統領暗殺（1963 年 11 月 22 日）を伝えるニュース映像は、いまでも頻繁にドキュメンタリーなどで引用されている。アンカーとしての発言も非常に重みがあった。クロンカイトは普段は穏やかな口調で私見を交えずに報じたが、ベトナム戦争の分岐点とされている北ベトナム軍による大攻勢となった「テト攻勢」（1968 年 1 月 30 日）直後のベトナムを自ら取材した際の特別番組では「戦争は膠着状態になるのは明白」「さらなる介入は大失敗になる」などとベトナム戦争を進めるジョンソン政権を痛烈に批判した。その直後、ジョンソン大統領は「クロンカイトの支持を失ったことは、大多数の国民を失ったようなものだ

("If I've lost Cronkite, I've lost Middle America.")」と発言したとされている[5]。地上波の3大ネットワークのイブニングニュースの場合、ディレクターやプロデューサーとしての役割も少なくなく、個々のニュースの順番や時間枠もアンカーの意見が日本以上に反映されるといわれている。このジョンソン政権批判の番組もクロンカイト自らが作り上げたものだった。

　ベトナム戦争でアメリカ兵の死者が増え続けていることも世論に大きな影響を与えるため、クロンカイト発言そのものの世論への影響は計測するのが難しい。クロンカイトの番組をみた層を取り出したような分析は、筆者の知る限り当時は行われていなかった。しかし、少なくとも世論調査では、「テト攻勢」直後はちょうど「ベトナム戦争は失敗」とみる割合が「軍の指導者を信頼」という割合を上回り、逆転した分岐点となっている[6]。

　この世論との呪縛ともいえる状況の中で、大統領にしろ、議員にしろ、利益団体にしろ、自分の進めたい政策をうまく実現させるための情報をいかにうまく流していくか、つまり、効果的な「スピン（spin：原意は「回転」）」をいかにうまく生み出すかに、腐心してきた。スピンとは情報操作の意味であり、自分たちの望む方向に政策を動かすために、政策関連情報をどうスピンさせていくかが重要になっている。政策に関連する情報を自分自身に有利なように、そして政治的ライバルに対して不利なように描写する。そうすることによって、メディアやその向こうにある世論からの支持を取り付け、意図した政策を実現させていく。スピンの影響力を確保し、政策運営を円滑に行うため、ホワイトハウスは例えば、共和・民主両政権で活躍したデービッド・ガーゲン（David Gergen）のような、広報担当のアドバイザーである「スピンドクター」（「スピン」の専門家）たちを複数雇うのが慣例となっている。

5　Menand, L. "Seeing It Now: Walter Cronkite and the Legend of CBS News," *New Yorker*, Jul. 9, 2012.
6　Allen, J.T., Samaranayake, N. and Albrittain J.Jr. "Iraq and Vietnam: a Crucial Difference in Opinion the Military's Prestige Remains High Despite Discontent with War," Pew Research Center, Mar. 22, 2007.
　　http://www.pewresearch.org/2007/03/22/iraq-and-vietnam-a-crucial-difference-in-opinion/
　　一方でメディアの報道と世論との関係についてさらに厳密な検証を試みる研究も出ている。例えば：Schmitz, D.F. *The Tet Offensive: Politics, War, and Public Opinion*. MD: Rowman & Littlefield, 2005.

G.W. ブッシュ（George W. Bush）政権の時のカール・ローブ（Karl Rove）、オバマ（Barack Obama）政権の時のデービッド・アクセルロッド（David Axelrod）のように「スピンドクター」は各政権で広報の要となってきた（後述するように、トランプ［Donald Trump］政権の場合、大統領自らが「スピンドクター」の役割をしている）。一方で、対立党の議員などの別のアクターたちの「スピン」に対する「逆スピン」を生み出す技術も巧みになっている。この「スピン合戦」の中で、世論が形成され、アメリカの各種政策が作られていく。

(4) 開放的な政策過程と権力の分立

　アメリカの場合、その政治アクターが多様であり、政策過程が比較的開放的である点もメディアの重要性を際立たせているもう1つの要因となっている。アメリカの政策過程でメディアの役割が重視されるもう1つの特徴が政策形成過程の開放性である。大統領、官僚、議会などの中心アクターだけが政策形成を独占的に行うのでなく、利益団体などの「プラスαのアクター」も議会の公聴会などの場で発言できるなど、政策形成過程に関与している。大統領、上下両院の議員、政党、利益団体などの政治アクターとメディアが政治に関するきわめて多くの情報を頻繁に報じることで国民は政治の状況を知る。大統領府、議会、利益団体、政党などの政治アクターは広報戦略の一環として、メディアに依存する度合いが大きい。メディアを介して自分の主張の正当性をかちとることは、政策を動かすことにつながるためである。

　また、政策形成の過程で一般からの「パブリック・コメント」も受け付けており、主要アクターの動向を左右する。政策形成過程における多元主義（pluralism）の重視という、アメリカの政治的な伝統も大きい。もちろん、外交など、一般からのフィードバックに適さない政策もある。それでも政策形成の中心アクターが何らかの政策を打ち出す場合は、メディアの向こう側にいる国民の声は無視できなくなることも意味している。

　さらに、政権与党、官僚に権力が集中している日本と比べ、アメリカの場

合、厳密な権力分散制度をとっており、中心アクターの間で権力が分散されている。この権力の徹底した分散が、政治においてメディアの重要度を高めている。アメリカの政治システムでは、行政の運営権（行政執行権）は大統領にあるものの、重要な新政策を盛り込んだ法案を作るのはあくまでも連邦議会である。大統領には議会が承認した法案の署名権や拒否権はあっても、形式上は大統領自身が法案そのものを提出することはできない。大統領は予算教書のような形で、各省庁の予算を議会に「提案」することはできるが、実際の予算審議は議会の手に任されている。

　厳密な三権分立制度に加えて、とくに1980年代以降、アメリカの政治は大統領の所属政党と議会の多数党が異なる「分割政府（divided government）」の状態がかなり一般化している。さらに、議院内閣制の国と比較した場合、アメリカの場合、同じ政党が議会の中で一枚岩ではない。日本や欧州などの政党に比べれば、法案投票の際には議員は個人的に信じる政策に票を投じる傾向があり、法案立法化における政党の拘束力は強いとはいえない。後述するように近年、政治的分極化が急速に進んでいるため、重要な法案投票における政党間の統一は進みつつあるものの、同じ政党で議員の政策に対する立場が分かれるという伝統は消えていない。

　このように、権力が分散されている状況の中では、政策に対する重要な情報も分散されている。そのため、議員（立法）にとっても、政権担当者・官僚（行政）にとっても情報提供者が必要であり、中心アクター側もメディアからの情報提供が不可欠となっている。また、中心アクター間で権力が分散されているため、利益団体が接触する対象となるアクターも大きく、政策に関する報道がさまざまなアクターを結びつける状況を生み出している。

　さらに、年々、政策そのものも複雑になるのと同時に政策に関連する情報量が加速度的に多くなっている。例えば外交政策の場合、ホワイトハウスにしろ、国務省にしろ、議会の外交委員会所属議員にしろ、国際情勢についての情報の多くは一般公開されているメディアからの情報に頼らざるを得ない。このような公開情報とともに、さまざまなルートから入手した情報を付け加

え、アクターたちは外交政策を展開しており、政策過程におけるメディアの役割を際立たせている。

II メディアをめぐる環境の変化と揺らぐ規範

　アメリカの政治過程における「影の主役」とでもいえるように、アメリカの政治の大きな特徴に政策形成過程のさまざまな部分にメディアが密接に入り込んでいる。この状況は変わらないが、メディアが重要な役割を占める背景となっているアメリカの政策過程に特有な特徴は「メディアの独立性の担保」「世論」「開放的な政策過程」のいずれもここ20年間の間で大きく揺らいできた。

(1) 政治的分極化の進展

　まず、アメリカの世論が大きく変化してきた。過去30年間はアメリカの政治と社会が「保守」と「リベラル」の両極に分かれつつある「政治的分極化」の時代が次第に進んできた時代である。政治的分極化とは、国民世論が保守とリベラルという二つのイデオロギーで大きく分かれていく現象を意味する。保守層とリベラル層の立ち位置が離れていくだけでなく、それぞれの層内での結束（イデオロギー的な凝集性）が次第に強くなっているのもこの現象の特徴でもある。平たくいえば「二つのアメリカ」化である。
　この現象のために、政党支持でいえば保守層はますます共和党支持になり、リベラル層は民主党支持で一枚岩的に結束していく状況を生み出している。
　政治的分極化は、1980年代から保守派が台頭し、第二次世界大戦前後から長い間主導権を握っていたリベラル派についに勢力的に拮抗するようになった結果である。ただ、その胎動は、メディアの黄金時代であった1960年代から70年代に起こっていた。分極化の原因には60年代からの多文化主義的な考え方を受容する社会への変化がある。公民権運動、男女平等憲法修

正条項（Equal Rights Amendment：ERA）、妊娠中絶容認（pro-choice）運動、あるいは、90年以降の同性婚容認など、社会的リベラル路線を強く反映した争点に対しては、国民の一定数は積極的に受け入れるのに対し、ちょうど反作用といえるように保守層の反発も強くなっていく。

　第二次世界大戦前後のニューディール政策以降続いてきた所得再分配的な考えに基づく政府の強いリーダーシップによる福祉国家化（経済リベラル路線）についても、国民世論は大きく分かれていく。リベラル層は強く支持しているものの、保守層は強く反発し、「レーガン革命」以降の「小さな政府」への志向が強まっていく。

　妊娠中絶、同性婚、銃規制、移民、政教分離、地球温暖化などの「くさび形争点（wedge issues）」は「文化戦争（culture war）」としてアメリカを分断させていった。この対立は、21世紀に入ってからとくに激化し続けている。リベラル派＝民主党＝「青のアメリカ」、保守派＝共和党＝「赤のアメリカ」という対立である。赤と青という色の区分は2000年ごろ、ジャーナリストが名づけただけであり、深い意味はなかったといわれているが[7]、2色のアメリカが現在の分極化のイメージそのものになっている。

　議員や政党指導部のような政策エリートの分極化の方が激しいという研究者の指摘も少なくない[8]。政策エリートにおける分極化は国民に先んじる形で進んできた。わかりやすい例が、連邦議会下院選挙区割りが生み出した党派性の高い議員の増加である。10年ごとの国勢調査を基にした選挙区割り改定を担当するのは各州議会で多数派を取っている政党であり、その多数派党は自分たちにとって有利な選挙区割り「ゲリマンダー（gerrymandering）」を行うケースが目立ってきた。ゲリマンダーに近い区割りの選挙区は議員の

7　Battaglio, S. "When Red Meant Democratic and Blue Was Republican. A Brief History of TV Electoral Maps," *Los Angeles Times* Nov. 3, 2016.
　　http://www.latimes.com/entertainment/tv/la-et-st-electoral-map-20161102-htmlstory.html
8　例えば、Fiorina, M.P., Abrams, S.J. and Pope, J.C. *Culture War? The Myth of a Polarized America.* 3rd ed. Longman, 2010. などが代表的である。ただ、一連の著作を通じてフィオリーナは「アメリカ国民は分極化されたのではなく、よりよく分類されただけである」と主張している。

政治イデオロギーの純化を意味し、当然ながら、民主・共和どちらかの政党との凝集性はきわめて高くなる。さらにアメリカでは 1980 年代から積極的に政治マーケティング的な手法が導入されたことも国民の分裂、政治エリートの分裂を生んだという見方もある[9]。

いずれにしろ、政治的分極化現象はここ 30 年間で徐々に進み、ここ数年は、ちょうど左右の力で大きく二層に対称的に分かれた均衡状態に至っている。政治過程全般が保守とリベラルに分かれる「政治的分極化」現象が一気に進み、しかも議会では共和党と民主党の議席が拮抗している。そうなると「動かない政治」「決まらない政治」が固定化してしまう。この膠着状態の中、アメリカでは民主的な政治システムそのものが大きな曲がり角に立っている。保守とリベラルという世論の二分化に代表されるアメリカ政治全体の分極化の帰結が次に論じる「メディアの分極化」といえる。

(2) 独立性の揺らぎ

さらに特筆されるのが、メディアの独立性の大きな揺らぎである。ケーブルニュース（CATV・衛星放送の 24 時間ニュース専門局）で顕著だが、視聴層に合わせて、「保守」と「リベラル」のいずれかの政治的立場を明確にし、厳密な報道というよりも、アンカーの主観的な意見がかなり入り込んでいる「政治ショー」的な番組が急増している。FOX NEWS（保守）と MSNBC や CNN（リベラル）では同じ事実もまったく異なってみえてしまう。

日本の CS でみることができる日本版の CNN（CNNJ）の場合、世界各国の情報を集めて報じる国際版であり、アメリカの CNN よりもコスモポリタン的な視点が強い。アメリカの CNN は市場である国内視聴者を非常に意識しており、内政の情報が主である。その分、リベラル色が強い。

上述したようにアメリカの政治報道の客観性追求は、かつては規範そのも

---

[9] 前嶋和弘「アメリカの政治的分極化」『国際行動学研究』13、2018 年；1–11。
前嶋和弘「アメリカ社会における社会的分断と連帯――メディアと政治的分極化」『学術の動向』22、2017 年；84–90 などを参照。

のであり「正しい政治情報」が民主的な政治過程を支える基盤そのものであった。断っておきたいのは、現在でもアメリカのメディア全体像を眺めてみると、あくまでも政治のインフラとして中立的な立場にとどまろうとする媒体も健在であるということだ。新聞や地上波テレビネットワークの多くがジャーナリズムの基本である客観性を希求し、異なった政治的意見に対してはバランスを配慮した報道を心掛けているようにもみえる。3大ネットワークのイブニングニュースにも党派性はみえるが、政治トークラジオやケーブルニュースほどではない。

　また、基本的にはメディアの経営は政治から独立している。主要紙のほか、地上波3大ネットワーク（NBC、CBS、ABC）、CNN、FOX NEWS、MSNBCなどのCATV・衛星放送24時間ニュース専門局のいずれも民間企業である。公共テレビ・ラジオ放送（PBS、NPR）の場合、連邦政府や州政府からの助成が投入されているものの、1990年代半ばからの予算削減もあり、寄付の確保が大きな課題となっており、聴取者・視聴者、あるいは企業からの寄付が大きな資金源となっている。このように、メディア所有企業が政治から独立し、自由な発言が確保されている状況がある。

　しかし、現在の場合には、メディア側が意図的に党派性を顕著にさせ、左右の政治的な立場を明確にした情報提供に大きく変貌しつつある点で「独立性」が揺らいでいる。簡単にいえば、読者や視聴層に合わせて、「保守」と「リベラル」のいずれかの政治的立場を明確にした政治情報の提供に積極的になっている。メディアが明確に政治イデオロギーを表明し、特定の政治アクターに焦点を当てたり、特定の観点から情報を伝えることでもある。この場合、メディアはインフラであることを越え、主体的な意志を持ち、特定の政治アクターを応援する「アドボカシー」を行うことにつながる。

　左右の政治的な立場を明確にした、「メディアの分極化」現象がどう進んだのか、具体的に振り返ってみる。メディアの分極化の端緒といえるのが、『ザ・ラッシュ・リンボー・ショー（The Rush Limbaugh Show）』に代表される保守系の政治トークラジオ番組（聴取者参加型政治情報番組）の隆盛だろ

う。番組そのものは1980年代後半から開始されたが、トークラジオ番組のホストであるリンボーの過激な言動が多くの聴取者を得るようになり、全米に放送され、90年代に一気に人気番組となった。保守派のニーズに合った政治情報番組がなかった中で、リンボーの番組は保守派の不満のはけ口として台頭してきたといっても過言ではない。リンボーに加え、ショーン・ハニティー（Sean Hannity）ら保守派のトークラジオホストは、政治アクターの1人として、言動そのものが注目されるようになっていった。

ラッシュ・リンボー
© ゲッティ

政治トークラジオ番組の隆盛の背景には、世論のニーズ、メディア側の生き残り戦術という理由も大きい。保守派の場合、それまで自分たち向けの政治情報源が非常に乏しかった。ラジオ側にしてみれば、音楽番組を中心とした既存の番組編成に行き詰まっており、保守派という新しい視聴者ニーズは開拓すべき絶好の市場であった。

ショーン・ハニティー
© ゲッティ

この動きをみて、1996年にCATV・衛星放送の24時間ニュース専門局（ケーブルニュース）として開局したFOX NEWSは、保守の立場を鮮明にした「報道」の提供を開始した。ハニティーらトークラジオホストをそのまま司会に起用したため、「テレビ版保守派トークラジオ」そのものだった。

トークラジオにしろ、FOX NEWSのいくつかの番組は「報道」というよりも過度の演出や断言も含まれている「政治ショー」といった方が正確であり、政治的には偏ってはいるものの、視聴・聴取側にとってはわかりやすい。それもあって、保守派の国民を中心に情報源として定着していく中、例えば、FOX NEWSの視聴者数は、老舗のCNNを超え、24時間ニュース専門局の

雄としての地位を築いていった。それまで「未開拓」だった保守メディアが「売れる」ことが実証されていった。

　ケーブルニュースの中で視聴者数で常にトップを走り続けていたFOX NEWSに対し、同じ1996年に開局したが大きく出遅れていたMSNBCは15年ほど前から急にリベラル色を前面に出した放送に切り替え、左派の視聴者を開拓していった。また、いくつかのリベラル派の政治トークラジオ番組も定着していった。さらに、ここ数年では2013年に開局したOAN（ワン・アメリカ・ニューズ・ネットワーク）というさらに保守を前面に打ち出したケーブルニュース局も広く視聴されるようになってきた。

　このようにメディアにとって、どちらかの側のアドボカシーをする方が経営的に理にかなう構造（「儲かる構造」）となっており、左右どちらかの2極政治の中に意図的に入り込み、左右の政治的立場の応援団の役目（アドボカシー化）が進んだ。保守のFOX NEWSとリベラルのMSNBCでは、例えばオバマケア[10]の評価について正反対のように分かれている。

　また、社会問題についても「メディアの分極化」で同じ事実がまったく別のように伝えられてしまっている。例えば2014年にアメリカ国内を大きく揺るがせた、アフリカ系アメリカ人（黒人）に対する警察の取り締まり手法をめぐる抗議デモに関する報道が典型的かもしれない。注目を集めたミズーリ州ファーガソン市とニューヨーク市の2つの事件では、いずれの大陪審も、アフリカ系男性を死亡させた白人警察官に対して不起訴処分を決めたため、アフリカ系を中心とする抗議デモが広がり、その中の一部が暴徒化した。これに対し、リベラル系の代表格であるMSNBCは頻繁にこの問題を扱い、とくに、看板番組の『ザ・レイチェル・マドウ・ショー（The Rachel Maddow Show）』では、事件発生から何度もこの問題を取り上げ、「アフリカ系に対する白人の暴力」「差別」を強調した。これに対して、保守系のFOX NEWSは、事件の経過は詳細に伝えたものの、2つの事件ではいずれもアフリカ系

10　正式には Patient Protection and Affordable Care Act。

男性が事前に犯罪行為を行っていたことを繰り返し伝えたほか、暴徒化するデモ隊の略奪行為に焦点を当てるような報じ方をした。中でも、FOX NEWSで当時最大の視聴者数を誇っていた『ジ・オライリー・ファクター（The O'Reilly Factor）』（セクハラスキャンダルもあって2017年に番組終了）のキャスター、ビル・オライリー（Bill O'Reilly）は事件やデモそのものに辛辣だった。例えば、12月5日の放送では「警察が若いアフリカ系少年を狙い撃ちにしているというのは真っ赤な嘘」「デモはプロの扇動家がこの事件を使って、煽っている」と指摘した[11]。CNNと並び、3大ケーブルニュースであるMSNBCとFOX NEWSは、隣り合わせのチャンネルに設定されていることが多いため、チャンネルを変えると前のチャンネルで伝えられていたことの裏返しのような世界がみえてくることに驚く。真実であるかどうかより、いかに自分の「顧客」（視聴者）にとって受け入れられやすいかが報道の基準になっているかのようである。

レイチェル・マドウ
©ゲッティ

　ちょうど政治的分極化が進んだ過去30年間、アメリカの報道におけるバイアスの議論は政治学の研究対象となってきた。まず、最初に浮上したのが、政治報道がリベラル的な考え方に過度に依拠しているのではないか、というメディアの「リベラル・バイアス」論である。そのきっかけとなったのが、1986年にロバート・リクター（Robert Lichter）ら3人の研究者が書いた*The Media Elite*（未邦訳）という本である[12]。この本のポイントを一言でいえば、「ジャーナリストは極端にリベラル偏向している」という点に他ならない。リクターらはニューヨーク・タイムズ、ワシントン・ポストなどの主要紙や、

---

[11] 前嶋和弘「変貌するアメリカの政治報道——保守・リベラル両極への『分極化』進む」The Page、ヤフーニュース、2015年1月8日。
https://headlines.yahoo.co.jp/hl?a=20150108-00000005-wordleaf-n_ame&p=1
[12] Lichter, S.R., Rothman, S. and Lichter, L.S. *The Media Elite: America's New Power Brokers*. Adler and Adler, 1986.

『タイム（Time）』などのニュース雑誌、ABC などのテレビの全国ネットワークの記者らに聞き取り調査などを行ったところ、アメリカ国内全体では、リベラル、中道、保守がほぼ 3 分の 1 ずつとなるのに対し、調査では、自分を「リベラル」とするジャーナリストが 7 割近くいたという。さらに、大統領選挙では民主党候補ばかりに投票するジャーナリストが 8 割を超えていたという。

　この調査が行われたのは、1980 年であり、当時は記者のうち、白人の割合も男性の割合も 9 割以上だった。しかし、その後、アフリカ系やラテン系の記者のほか、女性記者が増えるのに従って、民主党の支持者がさらに増え、「リベラル・バイアス」はさらに極端になっているという見方もある。

　近年では、報道のコンテンツそのものについてのさらに本格的な計量分析も盛んになっている。例えば、2011 年に出版され話題を呼んだ、ティム・グロースクロース（Tim Groseclose）の *Left Turn*（未邦訳）は、アメリカ国民の政治的な見方に比べ、主要メディアのほとんどが明らかなリベラル・バイアスがある、と指摘している [13]。同書によると、次にふれる FOX NEWS などの保守メディアのコンテンツも「他の主要メディアに比べれば、穏健な保守に過ぎない」のであり、「主要メディアがアメリカ国民の政治的な見方をより左にさせる」とも主張している。

　一方で、「リベラル・バイアス」論そのものに否定的な研究も数多い。その代表的なものが、キャスリーン・ホール・ジェイミーソン（Kathleen Hall Jamieson）らの「エコーチェンバー（echo chamber）」論である。「エコーチェンバー（エコー室）論」とは、保守系トークラジオ、ケーブルテレビ（FOX NEWS）、保守系新聞の情報がまるでエコー室にいるようにそれぞれが共鳴しながら拡大していくという議論である [14]。保守系のメディアは「リベラル・バイアス」をめぐるさまざまな問題を番組の中で何度も指摘し、保守層

---

[13] Groseclose, T. *Left Turn: How Liberal Media Bias Distorts the American Mind*, NY: St. Martin's Press, 2011.
[14] Jamieson, K.H. and Cappella, J.N. *Echo Chamber: Rush Limbaugh and the Conservative Media Establishment*, NC: Oxford University Press, USA, 2008.

からの人気を集めてきた。近年ではネットの情報が極端であるといわれているが、それを先取りし、非常に過激な言説が保守メディアでは飛び交っている。

　バイアスをめぐる論議は調査する研究者のバイアスも問われるため、分析結果にはさまざまな議論がある[15]。例えば、リクターの場合、そもそも言動から政治的に明らかに保守的であるため、研究そのものにも保守バイアスがあるという懸念の声も少なくない[16]。守勢に回っている既存の新聞や3大ネットワークのニュースは「リベラル寄り」という批判もあるものの、基本的にはできるだけ客観的とみられる報道を打ち出しているが、これについても保守側からすれば、「客観」にはみえないかもしれない。保守派のFOX NEWSのかつてのモットーの「公正でバランスを持った（Fair and Balanced）報道」というのは、リベラル側を否定する意味での「公正とバランス」に他ならない。いずれにしろ、共和党支持者のメディア不信が目立つ中、ここ数年は「リベラル・バイアス」論が目立っていたのは間違いない。

(3) 規制緩和と競争原理、変わる政治の情報源

　特定の政治アクターの「アドボカシー」を行うメディアの登場には、規制緩和や世論のニーズ、メディア側の生き残り戦術などのさまざまな複合的な理由がある。その中でも政府規制に影響される部分は大きい。CATVが1980年代に一気に普及したのは、難視聴対策から全米でどこからもアクセス可能にさせたことがきっかけとなった。CATV・衛星放送が普及し、シェアは7割を超えていく。アンテナで地上波放送を受信するのは圧倒的に少数派であり、CATV・衛星放送の数多い番組の中の1つとして地上波の番組が

15　例えば、最近のリベラル側からの反論の代表例として、次の論考が挙げられる。Alterman, E. "The Perception of Liberal Bias in the Newsroom Has Nothing Whatsoever to Do with Reality," *The Nation*., Mar. 31, 2017.
　　https://www.thenation.com/article/the-perception-of-liberal-bias-in-the-newsroom-has-nothing-whatsoever-to-do-with-reality/
16　例えば、Naureckas, J. "Study of Bias or Biased Study?," *Fair*, May 14, 1992.
　　http://fair.org/press-release/study-of-bias-or-biased-study/

視聴されるようになる。

　さらに政治的なコンテンツを厳しく規制していた上述の「フェアネス・ドクトリン」が1987年に撤廃された点は大きい（詳細については第4章参照）。規制撤廃については、放送番組をモニターする連邦通信委員会（Federal Communications Commission: FCC）の能力が追いつかず、規制の実際の運用が滞ったほか、表現の自由を最大限に尊重する連邦最高裁の判断の影響も大きく、FCCの摘発も慎重になったという理由がある。この規制緩和により、政治情報を伝える際のメディア側の自由裁量部分が広くなった。つまり、「偏ること」に歯止めがなくなったといえる。

　また、放送メディアの所有に対する規制も緩和される傾向にある。1996年の通信法改正で、競争原理と市場からの積極投資を呼び込む方向に方針転換した。どれだけ放送局を所有できるかの規制をかなり緩和した結果、買収や合併が進んだ巨大企業がテレビ、新聞、雑誌、映画などをクロス所有するケースもある。シンクレア・ブロードキャスト・グループ（Sinclair Broadcast Groupe）のように各地のローカルテレビ局やラジオ局を多数所有し、ローカルニュースの編集方針にも影響を与えているケースも目立っている。アメリカには現在、1,700を超える地方テレビ局があり、NBC、ABC、CBS、FOXなどの大手ネットワークに属してはいるものの、地方ニュースは独自制作をしている。シンクレアはそのうち、200局に近い数の地方局を所有している。その所有している地方局の一部で2018年3月には「全国メディアはフェイクニュースを事実確認もせずに流している」というトランプを擁護するメッセージを読み上げさせている[17]。また、2018年11月に中米からの移民集団の一部が国境フェンスに向かうなどして混乱が起きた際に、当局が催涙ガスを使用して対応したことに対してこれを支持するコメンタリーをシンクレア傘下の局の地方ニュースで一斉に流している[18]。

---

[17] Fortin, J. and Bromwich, J.E. "Sinclair Made Dozens of Local News Anchors Recite the Same Script," *New York Times*, Apr. 2, 2018.
　　https://www.nytimes.com/2018/04/02/business/media/sinclair-news-anchors-script.html

さらに、1990年代後半からは爆発的な普及を続けるインターネットが政治情報でも中核的な位置を占めるようになり、さらに勢いを増す形で現在に至る。多チャンネル化やインターネット上の政治情報の多様化で、取材報道する記者の数が圧倒的に足りなくなっている。記者教育が十分でなければ、誤報も生み出しやすくなる。さらに、ケーブルニュースにしろインターネットにしろ、瞬時で情報を提供しなくてはいけない時代に入り、その分、情報を確認する時間も少なくなるほか、情報そのものも薄くなりがちだ。経営が悪化した新聞を中心に記者のリストラもあり、人が欲しくても増やせない。報道にとっては悪循環が続いている。

　放送メディアの規制緩和とほぼ同時期に、新聞の場合、市場原理で吸収合併が目立っている。第6章でふれているように、地方紙は次々に廃刊となり、政治参加を促す情報の拠点が急減し、ソーシャルメディアが情報収集の場になりつつある。上述のようにかつては基本的には地方紙ばかりだったが、ウォール・ストリート・ジャーナルや1980年代に登場したUSAトゥデー（USA Today）など、全国紙化の傾向が続いている。さらにはニューヨーク・タイムズに代表されるように新聞各紙はデジタル版に一気に重点を移行しつつあり、新聞の「脱ローカル化」が顕著である。ニューヨーク・タイムズはすでに全国紙、いやデジタル版や日本などでの国際版発行も考えると、「世界紙」に変貌している。

　夕方の3大ネットワークのイブニングニュースのアンカーの地位も大きく様変わりした。CBSイブニングニュースの場合、クロンカイトの後はダン・ラザー（Dan Rather）が就任し、2005年まで約24年間アンカーを務めた。ラザーと同じ時期のNBCのトム・ブロコウ（Tom Brokaw）も約22年（1982年から2004年）、ABCのピーター・ジェニングス（Peter Jennings）も約22年（1983年から2005年）といずれも1980年代から21世紀はじめまで20年を超える長期にわたって、各局の報道の「顔」であり続けた。しかし、こ

18　Chokshi, N. "Sinclair TV Segment Defends Use of Tear Gas on Migrants at Border," *New York Times*, Nov. 28, 2018.

の時代は上述のアメリカの報道の一大転換期でもあり、イブニングニュースは最も重要な情報源としての地位を失っていくだけでなく、各アンカーの地位も大きく下がった。現在のレスター・ホルト（Lester Holt：NBC、2015年から）、ジェフ・グロア（Jeff Glor：CBS、2017年から）、デービッド・ミューア（David Muir：ABC、2014年から）はその局の報道の顔ではあるが、もはや国民的存在とは言い難い。

　グローバル化の中、一国のニュースはその国だけにとどまるのではなく、各国のテレビ局が報じることで最終的には世界的に拡散していく。CATV・衛星放送の外交政策への影響力を示す言葉である「CNN効果（CNN effect）」はさらに強くなっていく。国際メディアの増加だけでなく、インターネットの爆発的普及で、メディアの議題設定能力はグローバル化するようになった。このようにメディアそのものやメディアをめぐる環境は急変し続けている。その中で、視聴者が減ることで3大ネットワークは海外支局を大きく減らし、国際報道そのものが手薄になっている。すでに、イブニングニュースの視聴者も高齢者が圧倒的に多く、途中のCMも生活習慣病の薬などのものが多く、高齢者向けのものが圧倒的に多い。視聴層に合わせて、報ずる内容も近年は「アルツハイマーの治療薬の開発」といった医療ニュースなど、高齢者を題材にする内容が年々増え続けている。

　「メディアの分極化」の当然の帰結かもしれないが、偏った「政治ショー」がすでにアメリカ国民にすでにかなり浸透し、政治の情報源になっている点は注意しないといけない。第2章にもさまざまなデータがあるが、2016年はじめのピュー・リサーチ・センター（Pew Research Center）の調査[19]によると、「選挙についての最も有用な情報源」は「ケーブルニュース」が24％で1位を占め、2位以下には「ソーシャルメディア」（14％）、「地方局」（14％）、「ニュースウェブサイト・アプリ」（13％）、「ラジオ」（11％）と続

---

[19] Mitchell, A. Gottfried, J., Shearer, E. and Barthel, M. "The 2016 Presidential Campaign—a News Event That's Hard to Miss," Pew Research Center, Feb. 4, 2016.
　　http://www.journalism.org/2016/02/04/the-2016-presidential-campaign-a-news-event-thats-hard-to-miss/

き、その次に「地上波ネットワークのイブニングニュース」（10％）となる。その次が「夜のコメディ番組」（3％）、「地方紙」（3％）、「全国紙」（2％）となる。ラジオが入っているのは、政治を話題にする聴取者参加型の「トークラジオ」がとくに保守を中心に広く聴かれているためだ（図表1－1）。

　かつては大きな影響力を持っていた主要紙や3大ネットワークのイブニングニュースが主要だった時代は過去のものとなった。インターネットの爆発的な利用増で、情報の発信者も多様化し、政策関連の情報も過去に例がないほど急増している。それだけメディア側の生き残り戦術が厳しくなっている。

　規制緩和によるコンテンツの自由度が広がることで、イデオロギー色が強い政治情報番組が登場した。それだけではない。メディア所有の規制緩和で複数のメディアが同時進行で似たようにコンテンツを提供することも増えているほか、それがネット上に拡散していく状況になっている。

　このように、既存メディアが生き残り戦略を急いでいることも影響しており、政治報道も「ニッチ市場」の開拓を目指し、政治情報の内容を「消費者」向けにマーケティングして、提供するようになった。競争の激しさから「政治情報という市場」からどれだけシェアを稼げるかに腐心する。その過

図表1－1　選挙についての最も有用な情報源

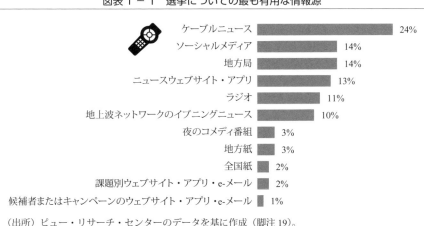

（出所）ピュー・リサーチ・センターのデータを基に作成（脚注19）。

程でアメリカにおける政治報道はこれまでの規範である客観性追求から、国民世論の分極化に呼応しながら、保守とリベラルといういずれかの立場を明確にした状態での情報提供を考えるのも、商業的にはあり得る選択肢だったのかもしれない。

(4)「ニュース」の概念の揺らぎ

　政治報道にとって、さらに複雑なのが、インターネットの爆発的な普及の中、ブログなどを通じて誰もが政治メディアになれる時代を迎え、また「ニュース」という概念も大きく揺らいでいる点である。その中でもネット基盤の政治ニュースサイトが完全に定着し、新聞や地上波テレビの報道に及ぶ、あるいはそれ以上の影響力を持ちつつある点が大きい。デジタルメディアについての詳細は第6章で論じられるが、本章でも「ニュース」の概念の揺らぎの観点からまとめてみたい。

　1990年代にはニューヨーク・タイムズ、ワシントン・ポストなどの主要紙が紙面と同じ記事や写真をやや短めに掲載したり、NBC、ABC、CBS、CNN、NPRなどのテレビやラジオの報道の文字化や音声・映像コンテンツの部分的なアップロードが、「政治ニュースサイト」であった。いずれも基本的には、本業の報道の抄録にすぎなかった。

　しかし、政治ニュースサイトの状況が大きく変わったのが、保守派の政治暴露サイト「ドラッジ・レポート（Drudge Report）」が1998年1月に伝えた当時の現職大統領であるビル・クリントン（Bill Clinton）のモニカ・ルインスキー（Monica Lewinsky）との不倫のスクープであろう。この不倫事件については、ワシントン・ポストやニューズウィーク（Newsweek）が先に情報をつかんでいたものの、上層部の判断で止められた。それに業を煮やした情報提供者が「ドラッジ・レポート」に情報を流し、事態は急変する。この情報をドラッジ・レポートはすぐさま掲載し、それに追随する形で一般紙やテレビもこの不倫疑惑を報じた。こうして、「世界的なスクープ」を無名の政治ニュースサイトが生み出すことになった。

サイトを運営しているのは、マット・ドラッジ（Matt Drudge）という政治ゴシップ・ジャーナリストであり、ドラッジ・レポートは個人的なホームページの形をとっている。その後も、ドラッジ・レポートは数々のスクープを生み出したこともあって、新聞、テレビの記者ですらドラッジ・レポートの情報を恒常的に確認するような状況になっている。本来なら、ドラッジのウェブ上の個人的な「パーソナル・メディア」だったサイトが、CNNやニューヨーク・タイムズと肩を並べるかもしれないような「ニュースサイト」になり、現在に至っている。

　ドラッジ・レポートが先駆者となり、2000年代には個人の政治ブログが次々に「政治ニュースサイト」化していく。保守派でいえば、「ミシェル・マルキン（Michelle Malkin）」、リベラル派でいえば、「デイリー・コス（Daily Kos）」などの政治ブログが台頭した。アメリカ世論の政治的分極化が進む中、政治ブログは保守系・リベラル系の2つに分かれる傾向があり、同じイデオロギーを持つ人々がアクセスを繰り返し、情報が"拡散"し、政治討論の場となってきた。また、ブログを読んだ著名ジャーナリストが引用し報道することで、議題設定能力も高くなっていった。ただ、個人ブログ系の政治ニュースサイトで問題なのは、内容チェックが甘い点である。新聞やテレビなどの既存のメディアなら、「今一つ確実な裏づけが取れない」として報じない内容も、比較的積極的に掲載する傾向にある。

　そんな中、当初は同じく個人ブログの形態をとりながら、他の識者に寄稿させる「オピニオン・フォーラム」サイトとして評価されるようになったのが、リベラル派の政治評論家アリアナ・ハフィントン（Arianna Huffington）が立ち上げた「ハフィントン・ポスト（The Huffington Post）」（現「ハフポスト」）である。2005年のサイト設立以降、著名な政治評論家や政治家が寄稿することで知られるようになったほか、新聞やテレビなどの各種サイトの「まとめサイト」として、政治ニュースのキュレーターとしての位置を確立していった。2008年の大統領選挙では一般の人々に大統領選挙の草の根のレポートを寄稿させる連載企画「オフ・ザ・バス（Off The Bus）」をはじめ、

市民ジャーナリズムの新しい形として世界的に注目されるようになった。ハフポストは日本、イギリス、オーストラリア、インドなど、世界展開を進めている。

また、ワシントン・ポストの2人の記者が2007年に立ち上げた「ポリティコ（Politico）」のように、さまざまな政治ジャーナリストがサイトに関わることで、定評を確立するニュースサイトも増えている。2001年発足だが、2007年のフォーブス社の買収以降一気に発信力が急伸した「リアル・クリア・ポリティクス（Real Clear Politics）」やポリティコから2017年に独立した「アクシオス（AXIOS）」も、独自情報に加え、各種政治情報を簡単にまとめる、日本でいえば「まとめサイト」的な存在として広く読まれている。2014年スタートの「Vox」のような活字だけでなく映像も積極的に配信するメディアもオンラインならではである。

近年の政治ニュースサイトの発展をみていると、インターネットという新しい技術が政治報道を新しい段階にもたらしたといえる。政府側が、他の政治のアクターがメディアの情報をコントロールしようとしても、新しい技術を使い、別の観点から新しい情報を提供するような時代では、政府の操作できる能力も限られてしまう。その意味で政治ニュースサイトには既存のメディアを補完する政治の「ウォッチドッグ」としての役割もある。

ただ、インターネットでの情報提供はその性質上、どれだけ正しいか怪しい情報もある。そのため、どうしても虚実合わせたものになる。2016年大統領選挙で一躍注目を集めた「オルト・ライト（alt-right）」系の政治ニュースサイト「ブライトバート・ニュース（Breitbart News）」や「インフォウォーズ（InfoWars）」など、白人至上主義的で、時には捏造された情報も含まれている。ただ、保守派からみれば、リベラル側の「不正」を暴く「マックレーカー」を想起する暴露メディアなのかもしれない。

一種の「ポスト真実（post-truth）」のような由々しきサイトは保守だけでなく、リベラル側にも存在する。この動きがどれほど大きくなるのかは、政治ニュースサイトだけでなく、アメリカのメディア全体の信頼度に直結して

いくだろう。

(5) 政治情報のソフト化・エンターテイメント化

「ニュース」の概念の揺らぎとともに、政治情報のソフト化・エンターテイメント化も顕著である。『ザ・デイリー・ショー』（CATV・衛星局の「コメディセントラル」）などのコメディ・ニュースが人気を高めている。コメディのニュースとは、日常起こっている政治のニュースを茶化しながら面白おかしく伝えるのが中心だが、インタビューのコーナーには現役の大物政治家や有力政治評論家などがこぞって登場し、「コメディ（エンターテインメント）」なのか、「本物のニュース（ハードニュース）」なのか、区別がつきにくくなっている。

例えば、『ザ・デイリー・ショー』の場合、前大統領のバラク・オバマが何度もゲストで登場したほか、現役の閣僚や各国の要人も多数登場している。アンカーであるコメディアンとの冗談交じりのやり取りは、それ自身がテレビ、新聞などの「本物のニュース（ハードニュース）」に頻繁に取り上げられ、コメディ・ニュースでは政治情報の「嘘」と「本物」の区別はほとんど意味をなさない状況になっている。

『ザ・デイリー・ショー』の前のアンカーだった、コメディアンのジョン・スチュアート（Jon Stewart）は「クロンカイト以後、最も信頼のおけるアンカーは誰か」という2009年の『タイム』誌の調査で1位となっている。ゲストに対しては、趣味などの日常生活や笑い飛ばせるような失敗については気楽にインタビューが展開していくが、自分の業績をPRしようとする政治家に対しては、スチュアートは比較的厳しかった。再選を目指す2012年大統領選挙直前に現職大統領としてオバマが出演した回では、にやけながら共和党候補を非難したオバマに対して、スチュアートは見透かしたようにまったくこびずに厳しい質問を続けたのが印象的だった。

「嘘」と「本物」の区別はほとんど意味をなさない状況になっている。コメディ・ニュースの人気の高さに注目した政治学者が実証的な研究を行い、

とくに若者の政治参加を高める効果があるかどうかについて、学術的な論争にすらなってきた。スチュアートは16年間アンカーを務め、2015年に番組を去ったが、スティーブン・コルベア（Stephen Colbert）のようにスチュアート時代の『ザ・デイリー・ショー』の「記者」だったコメディアン何人かは、それぞれ冠番組を持ち、コメディ・ニュースはさらに広がっている。アメリカ政治の中のトリックスター（ひっかき回し役）的な存在になっているといえよう。トリックスターの登場で「報道」という定義そのものもきわめて揺らぎつつある。

　スチュアートの後任のトレバー・ノア（Trevor Noah）が毎回厳しいトランプ批判に明け暮れているように、コメディ・ニュースの多くも政治的にはリベラル派に依拠した内容がほとんどだ。この点も「メディアの分極化」を促進しているようにもみえる。

(6) 政治過程における党派性とメディア

　「メディアの分極化」がもたらすものは何か。一言でいえば、政治過程におけるメディアの存在そのものが党派性を帯びるものになってしまう点である。政治過程の開放性は残ってはいるものの、実際に左右の政治的な立場を明確にした「メディアの分極化」でアメリカの政治過程は大きく変化しつつある。

　「メディアの分極化」の中で、大統領、政党、連邦議会、官僚、利益団体、シンクタンク、市民団体などのさまざまなアクターが、自らに有利な報道をするメディア機関を厳選するようになった。政治報道を瞬時に伝播させるソーシャルメディアの利用が盛んになる中、「メディアの分極化」は政治参加からガバナンスのあり方まで、アメリカの政治過程を一気に変貌させつつある。

　選挙においては、候補者や政党選挙においては好意的なメディア機関と親密になり、否定的な報道については「偏向」を指摘する。大統領や連邦議会、官僚は効果的なガバナンスを希求する一環として、少しでも自らにとって有

利な報道をするメディアを厳選する傾向にある。各種利益団体や一部のシンクタンクも、「味方のメディア」と「敵のメディア」を峻別し、提供する情報を大きく変えている。

　さらに、政治運動もタコツボ化しつつある。爆発的に普及しているソーシャルメディアの利用で、政治報道は瞬時に広く伝播するようになったが、ソーシャルメディアでは自分の支持する情報を好んで伝える「選択的接触（selective exposure）」の傾向があるため、世論の分極化も一気に進んでいる。保守派のティーパーティー運動（Tea Party movement）、リベラル派のウォール街占拠運動（Occupy Wall Street movement）のいずれも、近年の左右の政治運動が拡大していく際には、保守、リベラルのそれぞれのメディアが政治的なインフラとなっていたが、それぞれの情報は自分と同じ政治的な価値観を持つ層だけで共有されていった。

　「メディアの分極化」は政治を情報面から支えるメディアが特定のアドボカシー活動を行うことに他ならない。つまり、民主主義の機能不全そのものである。とくに、トランプ政権の誕生前後から、自分や自分の政党に都合が悪い情報に対して、情報そのものが実際には正確なものであっても虚偽のものとするレッテルを貼る傾向が目立ちつつある。

(7) メディアと政治の「回転ドア」

　「メディアの分極化」の中で、近年目立つのが、ジャーナリストと政策関係者との人的な交流である。政府の主要幹部に有能な人物を外部から登用する「政治任命（political appointee）」制度は、アメリカの政策過程のユニークな点として知られているが、報道関係者が政権に登用されることは元の所属のメディアと政権の癒着を進めることにどうしてもつながってしまう。

　ジャーナリストが会社を辞め、ホワイトハウスの報道官として大統領を支えたり、かつての大統領の側近がジャーナリストとしてテレビ局などに勤務したりするケースは年々顕著になっている。クリントン政権のスタッフだったジョージ・ステファノポロス（George Stephanopoulos）がABCのキャス

ターに転職したほか、雑誌『タイム』のコラムニストだったジェイ・カーニー（Jay Carney）が2011年2月からオバマ政権のホワイトハウス報道官を担当した。トランプ政権ではテレビからの登用も少なくなく、国務省報道官、そして現在は国連大使を務めるヘザー・ナウアート（Heather Nauert）は、トランプ大統領お気に入りのテレビ番組の1つ『フォックス・アンド・フレンズ（Fox & Friends）』の司会者だった。また、国家経済会議（NEC）委員長のラリー・クドロー（Larry Kudlow）もCNBCの経済番組ホストだった。

また、3大ネットワーク（NBC、CBS、ABC）のほか、CNN、FOX NEWS、MSNBCなどの24時間ニュース専門局では、ホワイトハウスのスタッフや元議員らがコメンテーターやアドバイザーとして頻繁に登場する。メディアのコンサルタントが同時に政治の実務を行い、その状況をメディアで伝えるというケースも数多い。メディアと政治の間の垣根は低く、前述のデービッド・ガーゲンのように、メディアと政権との間を何度も行き来している人物も少なくない。政権交代が起きると、前政権の高官たちが「充電期間」としてシンクタンクに身を置き、次の政権入りの機会をうかがうケースが少なくないため、シンクタンクと中心アクターとの関係は「回転ドア」として、たとえられることが多い。シンクタンクほどではないとしても、メディアと政治との間にもこの「回転ドア」が成立しつつある。

(8) 報道に対する不信

「メディアの分極化」の帰結は報道に対する不信そのものである。

ギャラップの2016年の調査によると「新聞やテレビ、ラジオなどのメディアを信頼するか」という質問に対して、「とても信頼する」「信頼する」と答えた国民は、1976年には72％だったが、2016年には32％まで急落している。1976年には上述のようにワシントン・ポストらの調査報道がニクソン大統領の辞任につながったウォーターゲート事件直後だったこともあり、評価がきわめて高いが、それでもギャラップがこの調査を毎年定期的に行うようにした1997年からの過去20年間だけをとってみても20ポイントも下

がっている。とくに共和党支持者の間でのメディア不信は目立っており、共和党支持者の中で「とても信頼する」「信頼する」と答えたのは2016年には14％にすぎなかった。各報道機関が「リベラル寄り」であるという見方もできる。

　2017年と18年の同調査では、メディアの信頼度は全体ではそれぞれ41.45％とやや回復傾向にあるが、いまだにメディア不信は深刻だ。

　2017年の調査によると民主党支持者の中では72％だったが、共和党支持者の間では14％にとどまった。トランプ政権になり、民主党支持者と共和党支持者の間での報道機関に対する信頼度の差は58ポイントとさらに広がっている。18年の場合、民主党支持者は76％だが、共和党支持者の場合21％と差は50ポイント以上離れたままだ。

　共和党支持者のメディア不信の度合いは、未曾有といっていいほどきわめて深刻である。この既存のメディア不信こそ、「フェイクニュース」現象を引き起こした元凶でもあると考えられる。トランプにとってみれば、自分に否定的な報道機関を「フェイク」と呼べば、支持者たちトランプのメディア批判、とくにリベラル派メディアを非難する声が苛烈になればなるほど、共和党支持者は喝采を送る――という構図になっている。

III　トランプ現象と「メディアの分極化」

(1) メディアが生み出したモンスター

　本書の第2章、第3章でも詳しく述べられるが、トランプ大統領の登場で「メディアの分極化」が一気に顕在化したため、トランプ現象についてもまず本章で概略を述べてみたい。

　誤解を恐れずにいえば、トランプはメディアが生み出したモンスターでもある。「メディアの分極化」の上に立ち、それを最大限に利用することで当

選から政権運営を続けているといっても過言ではない。トランプがメディアの使い方を熟知しており、メディアにどう映れば効果的なのか、大統領自らが「スピンドクター」の役割をしている。1988年から大統領選に色気をみせ、これまでも何度も立候補の意欲を示してきた。彼はビジネスマンでもあったが、離婚や倒産、プレイボーイとして、常にテレビの注目を集めてきた「テレビの有名人」である。とくに過去10年ほどは、「リアリティーショー」のホストとして、自分がどのようにみえるのか、人々にどのようにしたら訴えかけることができるのか、どのようにしてみせるのかなどの自己PRの術を磨き、この約30年の間、ずっとそれらの経験から学んできた。「リアリティーショー」とは、台本がなく、現実に起こっている状況でどのように出演者が行動するかを楽しむテレビの人間ドキュメント番組である。

　メディアにとっては、トランプの存在そのものが、「リアリティーショー」である。トランプ主演のこの「ショー」はさしずめ「"テレビの有名人"が大統領になるまで」といったタイトルがぴったりかもしれない。テレビだけでなく、新聞、雑誌もメディアは人気歌手と同じように面白おかしくトランプを取り扱ってきた。

　テレビの方程式を知り尽くしているという意味で、トランプは抜群に賢い男である。「リアリティーショー」は予測不可能な行動がでればでるほど人気が高くなる。予測不可能な行動を生みだすために、トランプ自身の言動はどんどん過激になる。トランプに引きずられるように「偽善者」「嘘つき」などの相手をこき下ろす言葉が連日の選挙戦に登場し、その頻度は過去にないほどのひどいレベルで、メディアを埋め尽くしている。

　スピーチにはさまざまな工夫をし、彼の支持層である白人ブルーカラー層の心に響くように、簡単な言葉を、繰り返しながら、いいたいことのありのままのイメージを伝えるという手法をとった。トランプのスピーチの言葉は非常に単純であり、「小学校6年レベル」などという研究者の分析結果もある。

　言葉だけにとどまらない。相手候補や自分に否定的なジャーナリストたち

を大きく体をゆすってなじるトランプの下品な振る舞いに、識者の多くは眉をひそめたが、白人ブルーカラー層は「俺たちと一緒だ」と共感する。

毎回毎回、ハラハラさせる言動をトランプがとり続ければ、視聴者数が増える。トランプが登場する共和党の討論会は、2015年8月6日の第1回目から記録的な数の視聴者数を生んだ。広告収入は上がっていく。討論会が終われば24時間ニュース専門局はトランプの様子を何度も何度も繰り返す。トランプを取り上げれば、メディアも儲かるという構造が成り立っていく。

「俺の知っているトランプではない」というトランプの昔からの知人の証言がさまざまに登場しているように、トランプは大統領選という「リアリティーショー」の中で、望まれる自己像を演じていく。自分がお金になる"売れる候補"であることを彼は熟知している。過激になる分、この「リアリティーショー」は回を重ねるごとに、抜群に面白くなるのは当たり前だ。こうして、みる人たちの心をわしづかみにしていく。

(2) アウトサイダーが勝てる「メディア仕掛けの選挙」

ところで、そもそも大統領選挙でなぜトランプのようなまったくのアウトサイダーが立候補し、善戦できる仕組みになっているのかを少し説明しておきたい。かつての立候補者は政党幹部の息がかかった人物がリクルートされ、候補者を選出する方法も党の顔役の意見が重要となる党員集会がほとんどだった。1960年代後半、大統領選挙の予備選挙段階での「選挙過程の透明化・民主化」を目的にした代議員改革がまず、民主党で本格検討された。これを検討したマクガバン－フレーザー委員会（McGovern-Fraser Commission）の勧告に従って、1970年代から各州の民主党支部では、党員集会に代わって広い有権者が投票することができる予備選挙が本格的に導入されることになった。その後、共和党でも同様の改革が行われた。

予備選挙段階の「透明化・民主化」から40年以上たち、この制度は完全に定着し、政党とは関係の薄い人物も自由に出馬できるようになったほか、有権者も自由に投票できるようになった。一方、予備選挙で一般の有権者が

投票する際に最も参考にするのが候補者の動向を伝えるメディアの報道である。特定の候補に対する報道の内容や、報道の量そのものの多寡が有権者を動かし、候補者選びに大きな影響力を持つことになった。このようにして、メディアの選挙過程で影響力が飛躍的に大きくなり、メディアが政党に代わってキングメーカーの役割を実質的に行うようになった。トランプのようなアウトサイダーが善戦できる「メディア仕掛けの選挙」が制度化されていった。

(3) リアリティーショーとしての政権運営

　大統領就任後もトランプは自分の支持者に向けたメッセージを出し続けている。数々のツイッターでの"恫喝"に近い発言に加えて、大統領就任直前の記者会見での自分に否定的な報道をしたメディアへの激しい攻撃に代表されるように、「敵と味方」を峻別する姿勢は選挙戦のころから、まったく変わっていない。

　企業や団体、個人、特定の国を次々に標的にしたトランプのツイッターによる脅しは就任直前からとどまるところを知らない。「トヨタ自動車はメキシコのバハにアメリカ向けカローラの工場を作ろうとしている。許せない。アメリカ国内に工場を作るか、巨額の国境税を払え」（2017年1月5日）、「メキシコ移転は許さない」、「中国は一方通行の貿易でアメリカから多額の富を奪っておきながら、（核開発をする）北朝鮮を止めようとしない。上等なやり方だな」（2017年1月2日）、「（トランプ支持者の講演に対する抗議デモがあった）カリフォルニア大学バークレー校は言論の自由を認めず、異なった意見を持つ無実の人に暴力を容認している。連邦からの助成はいらないようだな」（2017年2月2日）など、人目をどうしても引いてしまうようなトランプのツイートは、文字通り山ほどある。

　「敵と味方」を作り、徹底的に「敵」をたたく手法も選挙戦からまったく変化がないのも特徴だ。前大統領オバマのツイッターは、印象的だったその日の出来事や情報提供など、比較的肯定的なものが中心だったが、居丈高な

この「トランプ砲」はまったく対照的である。さらに、指摘された内容には必ずしも正しくない事実も含まれている。トヨタ自動車はすでにバハに工場を持ち、新設されるのはグアナファト州内であるほか、バハ工場で主力生産しているのはカローラではない。カリフォルニア大学バークレー校が講演を中止しなければならなかったのは、講演者の安全を含め、さらなる混乱を防ぐためであった。中国は北朝鮮の同盟国であるため、北朝鮮に対する対応は確かにさらに積極的に行ってほしい部分は隣国・日本としてはあるものの、それでも中国は、北朝鮮政府に対する数次にわたる国連制裁を支持してきた。ただ、「トランプ砲」の最大の問題点は、これが"恫喝"や"脅し"ではなく、実際にトランプ政権が何かの制裁を加える警告である可能性が大いにうかがえる点である。

　就任後の大統領令の連発に代表されるように、トランプの「有言実行ぶり」をみると、「トランプ砲」で名指しされた対象は、何らかの報復があるとして考えざるを得ない。中国もカリフォルニア大学バークレー校もこのツイートをすぐに公式に非難し、火消しに走った。企業の場合にはさらに深刻で、「反米的」というイメージが定着することを恐れ、早期対応をせざるを得ない。就任前ではあったが、前述のトヨタ自動車は、2017年以降5年間における100億ドルものアメリカでの投資計画を発表したほか、「トランプ砲」をきっかけに、フォードなどがメキシコの新工場を取りやめている。就任前後には、ツイッターと同じような内容の一方的な情報をホワイトハウスとして通常の報道機関を通じて、公式発表として伝えるようになっている。候補者時代はネットの中が中心だった「トランプ砲」が就任とともにアメリカの政策に直結するため、「スーパートランプ砲」として世界を揺るがしている。

　2017年1月27日の中東・アフリカ7カ国を対象とする入国禁止の大統領令は、まさに「トランプ砲」が国家の意思になった象徴でもある。連日の「トランプ氏はまさかこんなことまで非難するのか」といった想いは、アメリカ国民だけでなく、世界も同じである。攻撃の対象になるのは、アメリカ

の長年の同盟国も含まれており、型破りなトランプの手法に、ホワイトハウスの本心がどこにあるのかわかりかねる状況が続いている。

既存のメディア批判とその背景にある既存のメディアとの関係も前代未聞である。就任直前の2017年1月11日の記者会見で、自分に対して否定的な報道をしたCNN記者のジム・アコスタ（James Acosta）を名指しして「フェイクニュースだ」と発言したのは衝撃的だった。メディアを選別し、「自分に都合良く報道しろ」という脅しであり、自分に反対するメディアとの決別宣言ともいえる。1月29日には、トランプを批判することも多いニューヨーク・タイムズに対しては、「買収か廃刊」をツイッターで要求した。トランプ陣営のトップとして選挙戦を勝利に導いたバノン（Stephen Bannon）元首席戦略官は1月26日のニューヨーク・タイムズとのインタビューで「メディアは野党だ」というむき出しの本音を明らかにしている。政権発足前後から記者会見を取り仕切っていたスパイサー（Sean Spicer）大統領報道官は、厳しい質問を当てられるとすぐに激高する。明らかに例年よりも聴衆が少なかったが「大統領就任式に集まった聴衆の数が史上最高だった」と話し、他の政権幹部は「これがオルタナティブ・ファクト（代替的な事実）だ」とスパイサーの発言を擁護した。「オルタナティブ・ファクト」という言葉そのものが、トランプ政権発足前後から話題になっている「ポスト真実」そのものである。

(4)「フェイク」を生み出す国民の分断

アメリカでは2016年大統領選挙でロシアがネット上で拡散させたとされるさまざまな虚偽の広告の解明が進んできた。詳しくは第8章に譲るが、この広告とは民主党の候補ヒラリー・クリントン（Hillary Clinton）を意図的に陥れる内容だった。その中には、クリントンとムスリム過激派との関連などをほのめかせるものや、夫の元大統領ビル・クリントンの隠し子という明らかな嘘も多数含まれていた。この虚偽の広告がフェイスブックなどを通じて一気に拡散していく仕組みが明らかになっている。連邦議会が明らかにし

たところによると、アメリカ国民の中でフェイスブックだけでも約1億2,000万人以上が広告をみたとされている[20]。この数は2016年の大統領選挙で実際の投票をした数に近い。また、ロシアはソーシャルメディアを使って、クリントン票を少しでも奪うために、第三政党である「緑の党」のジル・スタイン（Jill Stein）候補を支援する動きをしていたことも明らかになりつつある[21]。

　また、この嘘の広告については、2018年に破産をした選挙コンサルティング会社・ケンブリッジ・アナリティカ（Cambridge Analytica）が深く関与していたと伝えられている。同社については選挙コンサルティング会社に特化した会社であり、とくにソーシャルメディアなどの行動履歴データを基にした心理分析を得意とし、潜在的な有権者に対応した細かな分析（マイクロターゲティング）ができるとPRしてきた。しかし、データを不正入手した疑惑が同年3月に内部告発によって暴露され、大きな非難を浴びた。さらにデータを悪用されたフェイスブックも管理の甘さについて、連邦議会から厳しい追及を受けている[22]。

　この広告が大統領選の結果を左右したかどうかは結論づけられてはいない。しかし、2016年の大統領選挙の結果は非常に僅差だったため、少しの影響が大きな差を生み出した可能性もある。また、この広告にトランプ陣営が関与していたのかどうかはまだ明らかではないが、これこそが一連のロシア疑惑の中核の1つと考えられている。

---

[20] Isaac, M. and Wakabayashi, D. "Russian Influence Reached 126 Million Through Facebook Alone," *New York Times,* Oct. 30, 2017.
[21] Fandos, N. "Senate Investigators Scrutinize Another Presidential Candidate: Jill Stein," *New York Times*, Dec. 19, 2017.
　　Scott, S. "Five Takeaways from New Reports on Russia's Social Media Operations," *New York Times,* Dec. 17, 2018.
[22] 前嶋和弘「ケンブリッジ・アナリティカ社問題、その根深い闇」Web Ronza、2018年5月18日。
　　https://webronza.asahi.com/politics/articles/2018051500002.html
　　前嶋和弘「フェイスブック問題で懸念強まるケンブリッジ・アナリティカの手法：トランプ大統領誕生『影の立役者』の今」ヤフーニュース、2018年3月21日。
　　https://news.yahoo.co.jp/byline/maeshimakazuhiro/20180321-00082950/

同じようにロシアは 2016 年 6 月、イギリスで、EU からの離脱を問う国民投票が行われた際、ロシア政府との関連が指摘されるロシアの企業がツイッターの偽アカウントを使い、離脱を支持する投稿を繰り返していたと指摘されている。
　いずれにしろ、情報戦がソーシャルメディアで非常に容易になったのは事実である。組織的なサイバープロパガンダにしろ、一種の愉快犯にしろ、虚偽の情報がネット上に拡散される時代になってしまったのは間違いない。
　一方で、報道の内容について、自分にとって都合の悪いものを「嘘」と断言する際にも「フェイクニュース」という言葉が使われるようになった。いうまでもなく、トランプの言動がこの代表的なものである。MSNBC や CNN、ニューヨーク・タイムズなどのリベラル色が強い報道機関のニュースがトランプの標的となった。
　トランプが「フェイク」と叫ぶ報道の中には、確かに誤報や誇張表現もあったが、そもそも真偽を確認するのが難しいものも少なくない。報道の内容の真偽はおいておきながら、まずは「嘘」とレッテル貼りをすることで自分を守ろうとするトランプの戦術でもある。2016 年の大統領選挙でトランプの当選を十分に予想しきれなかったという負い目がどこか報道機関側にあるのも事実である。
　トランプはさらに、2017 年 8 月には自分のフェイスブックに、「リアルニュース」と名づけた約 1 分半の動画を掲載した。この動画はニュース番組形式であり、トランプが信じる「リアル」を伝えることを目的とし、制作させた。内容はトランプ支持者の元 CNN のコメンテーターが「トランプ大統領は経済を正しい方向に戻している」とし、トランプ政権の経済面での実績をたたえることに終始した。大きな話題とはならなかったため、第 2 弾の配信はなかったものの、トランプ流の情報戦を既存のメディアに仕掛けたという意味でも興味深い。
　いずれにしろ、アメリカでは「フェイクニュースだ」というトランプの叫びの前に、既存の報道そのものの信頼が傷つきつつある。保守派からみれば

第 1 章
危機に瀕するアメリカのメディア

MSNBCは「フェイク」、リベラルからみればFOX NEWSは「フェイク」となる。こちらで正しいものが向こうでは正しくない。そんな一種のパラレルワールドが存在するかのようである。そして、異論はあるが、新聞や地上波などを含めると、既存のメディアの多くが「リベラル寄り」であるとされるため、保守派の不満が高まっているという構図である。

そもそも、報道について、何が「正しく」て、何が「正しくない」のか。実際に「嘘」なのか、「特定の政治的な立場の人物にとって都合の悪いもの」なのか——。アメリカでは、この差がわかりにくくなっている。このように「フェイクニュース」を生み出す環境はアメリカでは構造化されている。

その背景とは、保守派とリベラル派の間の強い分断である上述の政治的分極化に他ならない。トランプの言葉、報道官の言葉の軽さと乱暴さの背景にあるのは、上述した既存のメディアに対するアメリカ国民の信頼度の急低下である。そう考えると、「メディアの分極化」が与えた影響は計り知れない。

第2章　　　　　　　　　　　　　　　　　　　山脇岳志・津山恵子

政治とメディアの分極化
2016年大統領選を中心に

　アメリカで、「2つのアメリカ」という言葉が使われるようになって久しい。共和党支持者は共和党の中で友人を作り、結婚をしがちである。民主党支持層もしかり。価値観の違う人たちが交わり合う場は少なくなり、違う価値観を理解しようと思わない人が増えている。

　そうした「分断」の傾向は、2015年、トランプ（Donald Trump）が大統領選の候補になり、大統領に当選を果たして以来、ますます激しくなっている。筆者（山脇）は、2000〜03年と、2013〜17年と2度にわたりワシントンに駐在し、クリントン（Bill Clinton）政権からブッシュ（George W. Bush）政権、オバマ（Barack Obama）政権からトランプ政権という2度の選挙、民主党から共和党政権への交代劇を取材した。この20年近い間にアメリカで進んだ分断は、現実と思えないほどの深刻さである。

　トランプは自ら「争いを好む」と発言する人物である。中でも、トランプが標的にしているのが民主党寄りとの指摘もある伝統的なメディアである。選挙中には、主要テレビ局や、ニューヨーク・タイムズ（The New York Times）などを「アメリカ国民の敵」とまで呼んだ。選挙中からトランプがメディアを徹底攻撃した影響もあって、とくに、共和党支持層でメディアを信頼する人の割合が急落。2017年のギャラップ（Gallup）社の調査では、共和党支持者で「メディアは事実をストレートに報じている」とみる人は、

第 2 章
政治とメディアの分極化

図表 2 − 1　マスメディアの信頼度（支持政党別）

（出所）ギャラップ社の図表を基に作成（脚注2）。

14％しかいなかった[1]。

これだけメディアが信頼を失うと、メディアを攻撃すればするほど、トランプは自分の支持層を固めることができる。一方で、伝統メディアは、トランプへの批判を強めることで、読者や視聴者を獲得できる。

民主党支持者の間でのメディアの信頼度は、2018年には、1997年の調査開始以来、最高の76％まで上昇した。つまり、共和党支持者はメディアを信じないが、民主党支持者はメディアを信頼し、喝采するという「二極化」がますます進んだのである[2]（図表2 − 1）。

事実、ワシントン・ポスト（The Washington Post）やニューヨーク・タイムズはデジタル版の読者を急増させている。ワシントン・ポストの知人は、購読者増を喜びつつも、「いつまでこの熱狂が続くのか」と首をひねり、アメリカ政府の元高官の知人は「新聞が復権したというより、購読料の支払いは、トランプ批判をする新聞への寄付のようなものだ」と話す。

だが、政治とは本来、違った考えの層をまとめ、妥協点を探りながら進め

1　Dugan, A. and Auter, Z. "Republicans', Democrats' Views of Media Accuracy Diverge," Gallup, Aug. 25, 2017.
　　http://news.gallup.com/poll/216320/republicans-democrats-views-media-accuracy-diverge.aspx
2　Jones, J.M. "U.S. Media Trust Continues to Recover from 2016 Low," Gallup, Oct. 12, 2018.
　　https://news.gallup.com/poll/243665/media-trust-continues-recover-2016-low.aspx

ていくものであろう。その意味で、こうした世論やメディアの分断は、政治における建設的な妥協を難しくし、本質的には好ましいものではない。

トランプの登場で、政治やメディアの分断が注目を浴びるようになったが、分断には長い歴史がある。

本章では、まず、この世論とメディアが分裂していく歴史や因果関係について探る。

次に、筆者(山脇、津山)が実際に見聞した大統領選の様子も交え、なぜ世論調査が大統領選の結果を見誤ったかについて概観する。

最後に、伝統メディアやソーシャルメディアの責任や課題について考察する。

I 世論とメディアの分裂

(1) 深刻な世論の分断──記録的な状況

調査機関、ピュー・リサーチ・センター(Pew Research Center)は、大統領選直後、有権者が主な情報源としたメディアがどこなのかについて調査している[3]（図表2−2）。

最も多かったのはケーブル放送の FOX NEWS だった。全投票者の 19％を占め、そのほとんどがトランプに投票していた。FOX NEWS は、メディア王ルパート・マードック(Rupert Murdoch)が会長のニューズ・コーポレーション(News Corporation)が 1996 年に設立。2003 年のイラク戦争のときには、愛国主義的な放送で大幅に視聴率を伸ばした。「公平公正」をモットーとして掲げたが、実際には保守系のコメンテーターが多く、現在もトラ

---

[3] Mitchell, A., Gottfried, J. and Barthel, M. "Trump, Clinton Voters Divided in Their Main Source for Election News-Fox News Was the Main Source for 40% of Trump voters," Pew Research Center, Jan. 18, 2017.
http://www.journalism.org/2017/01/18/trump-clinton-voters-divided-in-their-main-source-for-election-news/

第2章 政治とメディアの分極化

図表2−2　有権者が大統領選のニュース取得に利用した主な情報源

全有権者		トランプに投票した有権者		クリントンに投票した有権者	
FOX NEWS	19%	FOX NEWS	40%	CNN	18%
CNN	13	CNN	8	MSNBC	9
フェイスブック	8	フェイスブック	7	フェイスブック	8
地方局	7	NBC	6	地方局	8
NBC	5	地方局	5	NPR	7
MSNBC	5	ABC	3	ABC	6
ABC	5	CBS	3	ニューヨーク・タイムズ	5
NPR	4	地方ラジオ	3	CBS	5
CBS	4			NBC	4
ニューヨーク・タイムズ	3			地方紙	4
地方紙	3			FOX NEWS	3

（出所）ピュー・リサーチ・センターのデータを基に作成（脚注3）。

ンプ政権寄りの放送で知られる。

　2位は、やはりケーブル放送のCNN。もともと中立的な放送で知られていたが、FOXが共和党に傾斜していることもあって、保守層からは民主党寄りだと批判されることが多い。CNNを情報源にした人は、ヒラリー・クリントン（Hillary Clinton）に投票した人のほうが多かった。3位は、ソーシャルメディアのフェイスブック（Facebook）、4位はローカルテレビ局をひとまとめにする分類だが、ややクリントンへの投票が多かった。

　かつては大きな影響力を持っていた3大ネットワークのNBC、ABC、CBSなどは、全投票者でみて、5位、7位、9位。選挙の情報源という観点からすると、FOXやCNNに比べて、はるかに影響力が低い存在であることがわかる。

　ベスト10でみると、新聞では唯一、10位にニューヨーク・タイムズが入った。リベラル色の強い同紙を情報源にしている人のほとんどがクリントンに投票したことに、驚きはない。

　一方、筆者（山脇）がいつも通勤時に車の中で聞いていたNPRは、良質の公共ラジオとして知られるが、8位に入った。バランスに気をつかってい

る放送に思えたが、ほとんどがクリントンに投票していた。

　ピュー・リサーチ・センターは、また、社会保障、環境、外交、移民など10種類の政治的価値に関し、1994年から2017年まで7回にわたり調査を行ってきた。2017年の調査では、共和党支持者と民主党支持者の見解の相違は、ほとんどすべての問題領域において、この調査が行われた過去のどの時点よりも大きくなっている。つまり、アメリカの政治的な分極化は記録的な状況にある[4]。

　一方で、イデオロギー的な「一貫性」は、近年高まりをみせている。同センターの分析では、図表2－3で示している10の問題領域について、一貫して、リベラルあるいは保守的な意見を持つ人は1994年には約10％であったが、20年後の2014年の調査では21％と倍増している。イデオロギー的な一貫性が高まれば、党派との整合性がより強化される。また、イデオロギー的な一貫性を持つ人々は、そうでない人々に比べ、積極的に投票や政治献金、議員への接触といった政治プロセスに参加する傾向がある。

　問題分野にかかわらず全面的にリベラルまたは保守的な見解を持つ人々はまだ少数派ではある。問題分野によって保守・リベラルの意見が混在している人々の方が多数派ではあるが、その割合は年々低下している。

　1994年には民主党支持者と共和党支持者はかなりの分野で見解が重なっているが、2017年には重なる部分が大幅に減少し、中心付近ではなく両極に位置する人々の割合が大きく増加している（図表2－4）。両党の中央値も大きく離れている。ラクダにたとえれば、2004年調査までは「ひとこぶラクダ」だったのが、2017年には「ふたこぶラクダ」化していることがチャートからみて取れる。

　共和党支持者と民主党支持者の間の価値観が離れていくにつれ、対立政党に対する反感、否定的な感情のレベルが上昇している。図表2－5からわか

---

[4] "The Partisan Divide on Political Values Grows Even Wider—Sharp Shifts among Democrats on Aid to Needy, Race, Immigration," Pew Research Center, Oct. 5, 2017.
　http://www.people-press.org/2017/10/05/the-partisan-divide-on-political-values-grows-even-wider/

第2章 政治とメディアの分極化

図表2-3　共和党支持者と民主党支持者の見解の相違の拡大

| 政府による事業規制は、通常、益よりも害をもたらす | 政府はほとんどの場合無駄が多く非効率的である | 貧困層は何も差し出さずに政府の給付金を受給し、安楽に暮らしている | 今日の政府には、貧困層に対する支援を増やす余裕はない | 大多数の企業は公正かつ妥当な利益を得ている |

共和党／共和党寄り

   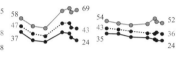

民主党／民主党寄り

| アメリカにおいて黒人が成功できない場合、その原因は主に自分自身にある | 移民は今日、私たちの仕事・住宅・医療を奪い、アメリカの負担となっている | 同性愛は社会が阻止すべきである | 平和を確保するための最良の手段は軍事力である | 環境法規制の厳格化は、多くの雇用を犠牲にし、経済に打撃を与える |

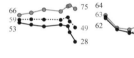 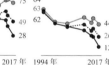 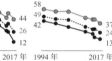 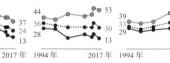

（出所）ピュー・リサーチ・センターのデータを基に作成（脚注4）。

図表2-4　国民のイデオロギー的分極化

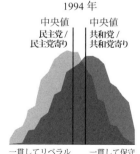 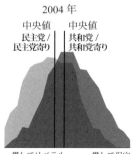 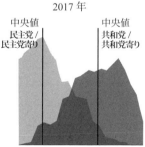

（出所）ピュー・リサーチ・センターのデータを基に作成（脚注4）。

るように、2017年には、民主党支持者の81％が共和党に対し「否定的」であり、44％が「非常に否定的」である。同様に、共和党支持者も81％が民主党に対し「否定的」で、45％が「非常に否定的」である。対立政党に対し「非常に否定的」な意見を持つ人の割合が、共和党・民主党ともに1994年の2倍以上に膨れ上がっていることが特徴的だ。共和党支持者と民主党支持者

図表2－5　対立政党への反感の高まり

民主党支持者の共和党への見方

共和党支持者の民主党への見方

（出所）ピュー・リサーチ・センターのデータを基に作成（脚注4）。

の友人ネットワークのほとんどは、自党の支持者に偏っている。トランプについては、大統領に選ばれるずっと前から共和党支持者と民主党支持者の間に深い分断があるが、2017年の調査によると、トランプの大統領としての職務能力に対する支持率の党派間格差は、過去60年間のどの大統領の支持率格差よりも大きい。

(2) 政治とメディアの分極化、どちらが鶏でどちらが卵か

このような政治的分極化の原因の1つとして指摘されるのがメディアの分極化である。

かつてはアメリカ人が午後6時にテレビをつけた時の選択肢は「イブニングニュース」しかなく、そこに一家のだんらんがあった。NBC、CBS、ABCの3大ネットワークから選ぶことはできたが、基本的に内容もフォーマットも大きな差はなかった。

現在は何百もの選択肢が存在する多チャンネル時代になり、ニュースだけに絞っても、主要ネットワーク、ケーブルニュース、オンラインニュースなど、多種多様な選択肢がある。

メディアの分極化が国民の分極化を招いたのか、それとも、国民の分極化に応え、そのニーズを満たす形でメディアが分極化したのかについては、研究者の間でもさまざまな議論がある。

この問題を研究してきたペンシルベニア大学教授のマシュー・レバンドスキ（Matthew Levendusky）は、影響は限定的だとしつつ、メディアの分極化が国民を分極化させている一因だと指摘する。「人々は自分がもともと持っている考え方を強化するようなメディアを選択する。共和党支持者はFOX、リベラルな層はMSNBCを視聴する傾向にある」。研究によれば、党派的なメディアや番組の影響を主に受けるのは、すでに極端な考えを持つ人々であり、「このような番組は、イデオロギー分布の中心をシフトさせるのではなく、両極に位置する人々をもっと中心から引き離すことによって分極化の原因となる」ことが示唆されるとしている[5]。

テンプル大学教授のケヴィン・アーセノー（Kevin Arceneaux）は、メディアの分極化が国民の分断に影響があったとしても軽微だという立場である。アーセノーが注目するのは、議会の分極化が、1970年代の後半には始まっているという点である。保守系ケーブルテレビのFOX NEWSが登場したのは、1996年なので、それよりも20年前には、議会の分極化が進み始めていた。したがって「党派的なメディアの台頭は、エリートの分極化の原因ではなく、エリートの分極化が引き起こした症状である可能性が高い」とする。

　党派的なメディアが世論（議会）を分極化するうえで役割を果たしたというよりも、議会が分極化したから、党派的なメディアの需要が生まれたというほうが説得力があるという考えだ。「多くの研究によれば、ニュースをバランスの取れた方法で提示しても、人々は自分が信じたいと思っている事実だけを選び取る」とアーセノーはみる[6]。

　議会の分極化がメディアの分極化に先行していたという点は、やはりピュー・リサーチ・センターによる調査が参考になる[7]。

　プリンストン大学教授のマーカス・プライアー（Markus Prior）は、党派的なメディアの出現により、国民がより党派的な政策や候補者を支持するようになったかどうかを検証した。過去の研究によれば、大部分の国民は穏健な政治的態度を維持しているが、政治的な関与の度合いが高い人々の間には分極化がみられた。また、テクノロジーに誘発される形で、実際に投票する有権者の構成に変化が生じた。地上波テレビが普及すると、印刷メディア中心の時代に比べより多くの国民が政治ニュースに触れるようになり、それほ

5　Levendusky, M. "Are Fox and MSNBC Polarizing America?," *Washington Post*, Feb. 3, 2014.
　https://www.washingtonpost.com/news/monkey-cage/wp/2014/02/03/are-fox-and-msnbc-polarizing-america/?utm_term=.01d541aff701

6　Arceneaux, K. "Why You Shouldn't Blame Polarization on Partisan News," *Washington Post*, Feb. 4, 2014.
　https://www.washingtonpost.com/news/monkey-cage/wp/2014/02/04/why-you-shouldnt-blame-polarization-on-partisan-news/?utm_term=.969f01aa8ec0

7　DeSilver, D. "The Polarized Congress of Today Has Its Roots in the 1970s," Pew Research Center, Jun. 12, 2014.
　http://www.pewresearch.org/fact-tank/2014/06/12/polarized-politics-in-congress-began-in-the-1970s-and-has-been-getting-worse-ever-since/

第 2 章
政治とメディアの分極化

図表 2 − 6　議会における分極化の進行

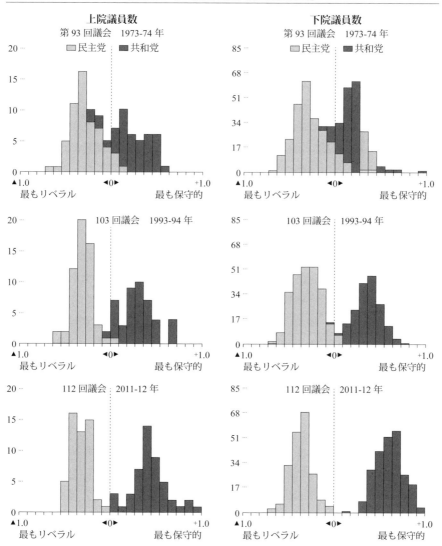

（出所）ピュー・リサーチ・センターのデータを基に作成（脚注 7）。

ど政治に強い関心を持たず党派的でない層も投票所に足を運ぶようになった。

　ところが、その後、ケーブルテレビ、インターネットなどメディアの選択肢が拡大すると、政治に関心が低く党派的でない有権者はふだんから娯楽に流れ、政治ニュースに接触しなくなり、投票率も低下した。つまり、中間に位置する人々が選挙に参加しないため、選挙がより党派的なものになり、選出される議員もより分極化した。だが、党派的なメディアの選択的接触とその結果については、どのぐらいの数のどのような人がどのメッセージに触れているのか正確に知ることが難しい。このような技術的な問題によって、党派的なメディアと国民の分裂の因果関係について結論は出なかったという。この問題を科学的に分析することの困難さを、プライアーは率直に認めている[8]。

　以上のような3人の学者の論考は、いずれも2013年から14年に発表されたものだ。トランプ旋風が巻き起こった2016年の大統領選は、フェイスブック、ツイッターなどのソーシャルメディアがさらに分極化をもたらした。

　2018年2月、筆者（山脇）はワシントンに出張し、メディア関係者や研究者などに、インタビューをした。ラジオ局、通信社、CNNのホワイトハウス担当やワシントン支局長などを経て、現在は、ジョージ・ワシントン大学メディア広報学部長を務めるフランク・セズノ（Frank Sesno）にも、この「鶏が先か、卵が先か」について聞いた。30年以上にわたる記者やテレビ番組のホストとしての実体験、さらに学者・研究者としての経験から、説得的だったので、紹介したい。

　セズノはメディアと世論の分裂のどちらが先かについては、「世論だ」と明確だった。ニクソン（Richard Nixon）が大統領に当選した1968年を注目すべき年だとした。当時、ベトナム反戦運動や公民権運動が大きなうねりとなっていたが、リベラルな文化になじめず、自分の意見を聞いてもらっていないと感じていた「サイレント・マジョリティー」をニクソンはターゲット

8　Prior, M. "Media and Political Polarization," The Annual Review of Political Science 2013.16; 101–127.

にした。当時、夜のニュースは3大ネットワークしかなく、多くの都市で主要紙は1つだけで、メディアは単層的だった。

自分たちの声が反映されていないという保守派の人々は当時から存在していたのだが、そうした声を代弁するメディアとして、ケーブルテレビのFOX NEWSが登場したのが1996年。さらに「ドラッジ・レポート」や「ブライトバート」といった新しいデジタルメディアがニッチな層に響くようになったとセズノは歴史的な流れを説明した。

近年の保守派のメディアやソーシャルメディアの隆盛で、社会の分裂が広がったのかという質問に対しては、こう答えた。

「社会の分裂は広がり（widened）、拡大され（magnified）、増幅された（amplified）。多くの人を巻き込むという意味で亀裂は広がり、特定の問題を何度も何度も取り上げるという意味で拡大され、そして多くのニュースの伝達メカニズムがあって、すべてが大きな問題になるという意味で増幅されている」。

そうした分断の背景には、FCC（連邦通信委員会）のフェアネス・ドクトリン（Fairness Doctrine）の廃止の影響もあったとセズノはみているが、その点は第4章で詳述する。

II 激動の2016年大統領選

(1) メディアは「最も不誠実なやつら」

ここからは、多くの世論調査では不利と出ながらもドナルド・トランプが劇的な勝利をおさめた2016年大統領選について、現場の様子を交えながら記していきたい。

筆者（津山）が初めて共和党候補のドナルド・トランプの集会を取材したのは、2016年4月。ニューヨーク市から電車で2時間北上したところにあ

るポキプシーという街だった。会場に並んでいる支持者は、ほぼすべてが白人である。年齢は高めの人が多い。男性はトランプＴシャツにジーンズ、ブーツ姿が目立つ。

会場のそばで、退役軍人たちが売っているＴシャツの文字をみて驚いた。

「トランプ、やっとキンタマがついた大統領（Trump, President, Finally Someone with Balls）」

別の日焼けした若い男性が売っているＴシャツには「ヒラリーは最低だ（Hillary Sucks）。でも、モニカ・ルインスキー（Monica Lewinsky）ほどではない」と書いてあった。ルインスキーは、クリントンの夫ビル・クリントン元大統領がホワイトハウス内で性的関係を持った女性だ。Suck は卑猥な言葉だが、この男性は支持者が入場するまで２時間近く、通りでその台詞を叫び続けていた。Ｔシャツはどんどん売れていく。

ポキプシーはニューヨーク市までつながるハドソン川沿いに発展し、かつては鯨油や農産物の運搬拠点として栄えた。しかし、港湾事業が衰退、ＩＢＭのコンピューター工場も撤退し、人口も1950年代のピーク時より１万人以上少ない３万人まで減っている。

金属探知機を通って会場に入ると、間もなくトランプが現れた。2,000人の聴衆から、熱狂的な歓声が起こり、スマートフォンで写真を撮ろうとする人々が舞台に殺到した。父親に肩車された９歳の男の子が「トランプ、トランプ」と叫んでいた。トランプの写真を撮らせようと、ガールフレンドを肩車している男性もいた。

トランプのスピーチを生で聞くのは初めてだったが、鳥肌が立つ思いをした。

「チャイナ、ジャパン、メキシコは、この国をダメにしている！」

この３カ国は、１時間あまりの間に３回呼ばれた。日本は、「通貨を操作している」国だとしてさらにもう１回叫ばれた。聴衆の中でおそらくただ一人の日本人である筆者に、誰も絡まないでほしいと願った。

「私は、（アメリカとメキシコの国境に）壁を作るぞ」

移民に雇用を奪われたと主張し続けているトランプがこういうと、「壁を作れ、壁を作れ、壁を作れ！」と聴衆が連呼する。拳を振り上げている人もいる。

メディアも標的だった。「メディアは最も不誠実だ。テッド（・クルーズ［Ted Cruz］上院議員、共和党候補の指名を争った）と同

トランプの選挙集会

じくらい、嘘をつき続けている」。トランプが会場後方に設けられた「報道席」を指差して声を張り上げると、支持者から一斉にブーイングが起こった。

報道席をみると、テレビカメラがひな壇にずらりと並び、その下にある会議机でパソコンを前に仕事をしている記者らが、無表情でブーイングに耐えている。

この少し前、筆者は2人の民主党候補の集会にも足を運んだが、怒りがうずまくトランプの集会とは、まったく雰囲気が異なっていた。

クリントンがニューヨーク市で開いた集会は、中心街の高級ホテルの宴会場が会場だった。人気歌手ケイティ・ペリー（Katy Perry）の軽快な曲がかかり、人々が体を揺らして、クリントンの登場を待っていた。アフリカ系、ヒスパニック系、アジア系、中東系、老人に若者、同性愛者など、さまざまな人々が、笑みを浮かべて手製の看板を高く掲げ、穏やかに興奮を分かち合っていた。

南西部アリゾナ州下院議員（民主党）で、2011年に地元の集会で頭を銃撃され、脳に障害を負ったガブリエル・ギフォーズ（Gabrielle Giffords）が真っ赤なスーツで舞台に進み、ゆっくりとこういった。

「（脳の障害のため）私には、話すことが困難です。でも、来年1月（の大統領就任式の際）、私はこういいたいのです。『マダム・プレジデント』と」。

すると、明るいブルーのスーツに完璧なメイクのクリントンが、照明のまばゆい光を浴び、手を振りながら登場した。筆者のそばの若い男性が「アイ・ラブ・ユー、ヒラリー！」と声をかけた。

クリントンと接戦を繰り広げたもう1人の民主党候補、上院議員（バーモント州）のバーニー・サンダース（Bernie Sanders）がニューヨークで開いた集会の会場は、ワシントン・スクエア公園だった。名門ニューヨーク大学のキャンパスの中心にあり、若い支持者が約2万7,000人も詰めかけた。前の方でサンダースをみるため、筆者もスピーチが始まる6時間前から並んだ。クリントンの集会と比べ、若い支持者が多い。大学生や高校生が、サインペンで書いた手製のプラカードを掲げ、スキニージーンズにサンダル姿で並んでいた。

　ヒスパニック系の若者らが、自分たちで作ったTシャツやバッジを支持者の列に売って、売り上げをサンダースに寄付しようとしていた。若い女の子が、「ムスリム（イスラム教徒）・フォー・バーニー」という手製サインを頭の上に掲げていた。サンダースも、トランプ同様、大手メディアへの批判を強めていくが、支持者にさまざまな人種が交っていることが、トランプの集会とは違っていた。

　トランプが共和党の予備選で勝利し、クリントンとの一騎打ちが始まると、トランプの攻撃的な姿勢も強まる。

　本選挙がスタートした夏、筆者はペンシルベニア州でも2回、トランプの集会を取材したが、「メディア批判」はもはや、お家芸の1つのようになり、過激さを増していた。

　トランプが後方の報道席を指差して、「彼らをみろ。彼らは……」というと、集会にいる数千人の支持者が大声を張り上げて、「最も・不誠実な・奴らだ！」と一斉に叫ぶ。そして、ブーイングをしたり、立ち上がって拳を振り上げたりする。取材で集まった報道陣をスマートフォンで撮影する支持者もいて、まるでメディアが犯罪者のような扱いである。

　対メディアだけではない。トランプの集会では、会場付近でトランプを批判するデモをした市民と支持者との間での諍いや小競り合いが頻繁に起きた。白人支持者が、黒人のデモ参加者を殴ったこともある。「イスラム教徒をやっつけてしまえ」と書かれたTシャツを着た白人男性が警察当局に会場

からつまみ出されたものの、トランプ支持者からは「ありがとう」と感謝され、若者に記念写真を請われている動画も流れた。

　ニューヨーク・タイムズの記者は、トランプの集会で、辛辣で放送禁止になるような「言語」が頻繁に繰り返されているとして、その様子をビデオで記録して報道した。以下は、その発言のごく一部だ[9]。

　「英語が話せないなら、この国から出ていけ」
　「彼女（＝ヒラリー・クリントン）を殺せ！」
　「ヒラリーは、売春婦だ」
　「あのクソババアの首を吊るせ」

(2) ニューヨークの名士から「台風の目」に

　2016年の大統領選で「台風の目」となったトランプはなぜ、ここまで支持を集めたのか。

　日本に住む筆者の知人には、暴言ばかり吐く人物がなぜ大統領候補になったのか、首をかしげる人も少なくなかったが、トランプは何十年も前から、アメリカ市民の間では人気者だった。

　1946年にニューヨークの移民の住宅地、クィーンズ区で生まれ、父親から財産と不動産事業を引き継いだ。父親はたたき上げで事業を成功させ、トランプは第4子。セレブやエスタブリッシュメントが集うマンハッタン島に憧れて育った。大学卒業後、クィーンズにこだわる父親を説き伏せて、エンパイヤ・ステート・ビルやタイムズ・スクエアがあるマンハッタン島に進出し、商業ビルやマンションの開発を次々に手がけた。マンハッタンの主要な商業地域を歩くと、有名なトランプタワー以外にも、「えっ、これも」「このビルも」というほど、彼が建設に関わったビルがあちこちにある。

　「トランプのおかげで、あの通りは綺麗になって、犯罪もなくなった」と

---

[9] Parker, A., Corasaniti, N. and Berenstein, E. "Voices from Donald Trump's Rallies, Uncensored," *New York Times*, Aug. 3, 2016.
　https://www.nytimes.com/2016/08/04/us/politics/donald-trump-supporters.html

いう言葉は、古くからの住人が今でもよく口にする。

「ニューヨークの名士」だったトランプが全国に知られるようになったきっかけは、2002年から放送されたテレビ番組『ジ・アプレンティス（The Apprentice、見習い）』への出演だ。このリアリティーショーは、有名プロデューサーが手がけ、トランプがホスト役となり、最大2,070万人の視聴者を獲得した（2003〜04シーズン）[10]。アメリカでテレビ番組が1シーズン生き残るのは大変なことである。日本ではどれほど視聴率が低くても、クールの途中で打ち切りになることはめったにないが、アメリカのドラマなどは視聴率が低ければシーズン半ばで打ち切られ、シーズン終了まで放送されるのは、半分程度しかない。その中で、アプレンティスは、14シーズンも続く超人気番組だった。

番組では、複数のチームにビジネスの課題を出し、チームワークの結果をトランプが審査して、エピソードの終わりに1チームずつふるい落とし、シーズンの最後に勝者が決まる。敗者を発表する際、トランプが「You are fired（君らはクビだ）」というのがお決まりだった。

トランプの集会で支持者に話を聞くと、このアプレンティスをみて、自営業の参考にしたという人が結構いる。「小さな外国語の学校を経営しているが、アプレンティスをみて、トランプがいっていたことを実行したら、成功した。今は分校もある」（ペンシルベニア州の白人女性）といった具合だ。

アプレンティスの成功で、トランプは全米に知られるビジネスマンであると同時に、テレビ番組の名物ホストとしても認知されるようになった。また、「ミス・ユニバース」に出資する興行主でもあり、ビジネスに関するベストセラーも書いた。カジノホテルや会員制の高級リゾートホテルにも手を広げ、「不動産王」としても全国ブランドになった。テレビの効果によって、「露出の蓄積」に成功し、ビジネスマンでありながら、親しみを感じるタレントに変身したといえる。これは、ライバルのクリントンにはない、大きな強みだ。

---

10 https://web.archive.org/web/20070930155240/http://www.abcmedianet.com/Web/progcal/dispDNR.aspx?id=060204_11（ABCのプレスリリースをアーカイブしたもの）

元ファーストレディで、元上院議員、元国務長官という経歴は、「エスタブリッシュメント」の象徴と見なされがちだった。

トランプは以前から政治的な野望があり、過去にも共和党候補の1人として名前が挙がったり、「改革党」の候補を目指したりしたこともある。今回の大統領選では、出馬当時は「泡沫候補」と目されていたが、タレント的な親近感に加え、「メキシコ人は強姦魔だ」などの物議を醸す暴言、イスラム教徒の入国禁止などの排外的な選挙公約が注目を浴びた。

トランプは、そうした発言を通じて、自分の仕事を移民に奪われたうえ、公教育などで不法移民の子供に税金が充てられていると考える層の怒りをかきたてた。トランプの特異な気質については、第5章で詳述する。

(3) 極右メディアの躍進

2016年7月、トランプを共和党の大統領候補に指名する共和党大会の取材でオハイオ州クリーブランドに着いた。すぐに向かったのは「アメリカ・ファースト・ムーブメント」という集会だった。「アメリカ・ファースト」というのはトランプ陣営のスローガンで、「アメリカの繁栄が最優先」という意味である。

この集会は、トランプのアドバイザーや保守系ラジオが後援していた。川沿いに芝生の斜面が広がる会場に到着すると、数人の若者が「ヒラリーを刑務所に」と書かれた紺のTシャツの上に、短銃を差したホルダーを見せびらかせている。オハイオ州は、銃を公共の場で持ち歩く「オープン・キャリー」を認めている。若者らは「オープン・キャリー」が認められていない他州から来たようで、「合衆国憲法修正第2条で保障されている銃を保持する権利を行使しているんだ」と顔を紅潮させていた。500人が集まる公園のど真ん中で短銃をひけらかす行為は、アメリカといえども尋常ではない。

会場では著名な戦場カメラマンが何人もいたし、防弾チョッキを着たラジオのリポーターさえいた。ガラガラ蛇が描かれた保守強硬派「茶会党（Tea Party）」の黄色い旗も翻っている。

会場でひときわ目を引いたのは、保守系ニュース局 FOX NEWS の司会者、ジェラルド・リヴェラ（Geraldo Rivera）だった。サングラスをかけたリヴェラは「取材」でやってきたが、英雄のように拍手で迎えられた。後ろに、ハーレー・ダビッドソンで駆けつけたトランプ支持のバイク乗りグループ「バイカーズ・フォー・トランプ」のメンバーを従えている。メンバーは頭にバンダナ、胸のTシャツにはやはり「ヒラリーを刑務所へ」の文字、腕は刺青に覆われ、リヴェラを尊敬の眼差しで追いかけていた。

炎天下の中、参加者たちが日ごろ、どんなメディアの情報を参考にしているのか、尋ねてみた。

「なるべく、いろいろな情報源をみている。大切な選挙だからね。（既存の）『恐竜メディア』はみていない。メディアは独立系じゃないとね。ブライトバートとインフォウォーズだ」　　　　　　　　　（54歳、無職男性）

「インフォウォーズだ。（クリントン氏に多額の寄付をしている）ジョージ・ソロスがお金を払って、トランプの支持者を党大会で攻撃しようとしていると聞いた。そういう大切な情報を、主要メディアは報じていない」
　　　　　　　　　　　　　　　　　　　　　　　　（21歳、救急医療員男性）

「ブライトバート（Breitbart）」[11] や「インフォウォーズ（InfoWars）」[12] はともに情報サイトで、保守系の過激な情報やオピニオンが多く、「オルト・ライト（オルタナティブ右翼）」などとも呼ばれている。アメリカの主要メディアとされるニューヨーク・タイムズやワシントン・ポスト、CNN などの名は誰も口にしなかった。（トランプ支持層のメディア消費については第3章で詳述。）

トランプは 2016 年 8 月 15 日、支援者への一斉メールで、主要メディアに

11　https://www.breitbart.com/（ブライトバート）
12　https://www.infowars.com/（インフォウォーズ）

対する「全面戦争」を宣告した。「我々は、ヒラリー・クリントン（民主党候補）と戦っているのではない。不誠実で完全に偏ったメディアと戦っているのだ」「メディアが常に、共和党をやり込めようとしてきたのは知っていた。しかし、この選挙戦を通して、いかにメディアが偏向し、不誠実かがはっきりわかった。メディアのやりたい放題にはさせておけない。我々の選挙戦では、やり返すんだ」。

トランプが支持者に対し、信頼できるメディアとして推奨したのが、保守系ニュースサイトの「ブライトバート」や「ドラッジ・レポート（Drudge Report）」13、「ナショナル・レビュー（National Review）」14 である。

トランプは、ブライトバートの会長を務めたスティーブ・バノン（Stephen Bannon）を

トランプの支持者

選挙対策本部の最高責任者に抜擢した。バノンは「人種差別、女性差別主義者」「外国人嫌い、反ユダヤ」などといわれ、過去に「最も危険な政治工作員」だとブルームバーグ（Bloomberg）に指摘されたこともあるが、トランプは彼を大統領選当選後、新政権での新ポスト「首席戦略官・上級顧問」に就任させた。（後に解任された。）

もともとブライトバート（正式には「ブライトバート・ニュース」）は2007年、アンドリュー・ブライトバート（Andrew Breitbart）（2012年死去）がサイトを開設してスタートした。保守系新聞「ワシントン・タイムズ（The Washington Times）」のコメンテーターなどを経験したブライトバートが新しいメディアとして同サイトを立ち上げたのは、「民主党側に寄りすぎたメディア複合体」に対抗するのが目的だった。

以後、新しい流れの最も保守的な情報を流す「オルト・ライト」サイトとして、急成長した。その主義主張は、リベラル派が重視してきた「ポリティ

---

13 https://www.drudgereport.com/（ドラッジ・レポート）
14 https://www.nationalreview.com/（ナショナル・レビュー）

カル・コレクトネス（political correctness）」への反発に満ちている。「反」伝統的政治家、「反」主要メディア、「反」男女平等、「反」移民受け入れ、白人至上主義にも擁護的である。以下は、ブライトバートに載った記事の見出しの例だ。

「ハイテク企業がなぜ女性を雇わないのか：インタビューでムカつくからだ」

「避妊をしている女性は魅力的ではない」

「子どもに、男女平等主義と癌のどちらを選ばせたいか」

　一般的には正しいとされない、性別や人種による差別をむしろ「売り」にすることで、一定の読者を獲得してきた。地方に多いトランプ支持者には、移民に対し反感を抱き、自分たちの生活が向上しないのはこれまでアメリカで広がってきた「ポリティカル・コレクトネス」のせいだと思う人も多い。ブライトバートは人々の闇に溜まっていた鬱憤を晴らし、トランプ支持者を引きつけた。

(4) 伝統メディアの奮闘とフェイクニュースの影響力

　トランプが主要メディアへの攻撃を繰り返し、トランプを支持する極右メディアが躍進する中、伝統メディアも手をこまねいていたわけではない。トランプの過去のスキャンダルをスクープしたり、トランプへの批判を強めた結果、伝統メディアのデジタル購読者やテレビの視聴者が2015年から16年選挙期間にかけて、急増した。

　メディア・アナリストのケン・ドクター（Ken Doctor）が、政治ニュースサイト「ポリティコ（Politico）」に寄稿した記事「レガシー組の逆襲」によると、選挙戦が進むにつれ、ニューヨーク・タイムズ、ワシントン・ポストといった古くからある新聞とCNNのサイトが読者数（オーディエンス）を

伸ばした[15]。

例えば、選挙戦が始まった2015年4月のニュースサイトのランキングは下記の通りである。

　　1位　ハフィントン・ポスト（Huffington Post）
　　2位　バズフィード（BuzzFeed）
　　3位　CNN
　　4位　ニューヨーク・タイムズ
　　5位　ワシントン・ポスト

これが16年8月になると、順位が入れ替わる。

　　1位　CNN
　　2位　ニューヨーク・タイムズ
　　3位　ワシントン・ポスト
　　4位　ハフィントン・ポスト
　　5位　バズフィード

「ハフィントン・ポスト（現・ハフポスト）」や「バズフィード」は、リベラル系で、2000年代に誕生したデジタルメディアである。大統領選挙までは新聞を大きく上回る読者を得ていた。ニューヨーク・タイムズが2014年、デジタルメディアを追撃するためのリポートを、社内の特別チームにまとめさせたほどだ[16]。ところが、選挙の終盤に入ると、CNN、ニューヨーク・タイムズ、ワシントン・ポストといった伝統的なメディアが、サイト購読者を増やした。

とくにニューヨーク・タイムズとワシントン・ポストは、トランプの過去

15　Doctor, K. "Newsonomics: Revenge of the Legacies, as Times, Post Pass Buzzfeed, HuffPost in Audience," Politico, Sep. 4, 2016.
　　http://newsonomics.com/newsonomics-revenge-of-the-legacies-as-times-post-pass-buzzfeed-huffpost-in-audience/（サイトはNewsonomicsに掲載されたもの）

16　Tanzer, M. "Exclusive: New York Times Internal Report Painted Dire Digital Picture," Buzzfeed, May 15, 2014.
　　https://www.buzzfeednews.com/article/mylestanzer/exclusive-times-internal-report-painted-dire-digital-picture

の問題を追及し、その記事は大きな注目を集めた。最も大きな反響を呼んだのが、ワシントン・ポストが2016年10月上旬にスクープしたトランプの女性に対する侮辱的な発言だ。テレビのパーソナリティーで、ブッシュ元大統領のいとこでもあるビリー・ブッシュ（Billy Bush）とトランプが2005年、テレビ番組に出る前にバスの中で交わした言葉が録音され、ビデオが残っていた[17]。

それによると、トランプは、バスの外で待っていた美人の女性出演者をみて、こういった。「ティックタック（注：キャンディ）を食べないと。キスするかもしれないから」。

「スターだったら、何でもできるんだ。性器をつかんだりね」。

この報道を受けて、トランプは即座に「そんなことはいっていない」と反論した。筆者（津山）が取材したトランプの支持者の中には「性器をつかむことは、法に触れない」などと擁護する声もあった。だが、この後、過去にトランプに「胸を触られた」「スカートの下に手を入れられた」と告発する女性が10人以上現れてその体験を語り、ニューヨーク・タイムズなどが記事にした。

この報道後、トランプの支持率は下がったが、致命傷にはならなかった。その理由の1つには、「フェイクニュース」の広がりもあった。投票日が近づくにつれ、主要メディアの流す情報より、偽のニュースがソーシャルメディアを通じて拡散し、有権者に浸透していったことが大統領選後の調査で明らかになっている。

バズフィードは、トランプとクリントンに関する主要メディアのトップ記事20本と、「フェイクニュース」トップ記事20本を取り上げて、フェイスブックで「シェア」や「いいね！」「コメント書き込み」などのユーザー反

---

[17] Fahrenthold, D. "Trump Recorded Having Extremely Lewd Conversation about Women in 2005," *Washington Post*, Oct. 8, 2016.
https://www.washingtonpost.com/politics/trump-recorded-having-extremely-lewd-conversation-about-women-in-2005/2016/10/07/3b9ce776-8cb4-11e6-bf8a-3d26847eeed4_story.html?utm_term=.baaef5d4d3e8

応を呼んだかを分析した。それによると、2016年2月〜4月は、主要メディアの記事のほうに約1,200万回超、フェイクニュースのほうに約300万回弱の反応があり、大きな差があった。しかし、投開票日前にかけてフェイクニュースの反応が急上昇し、投開票日直前には、フェイクニュースに約870万回、主要メディアの記事への反応が約730万回と逆転していたことがわかった[18]。

フェイクニュースの中で最も反響があったのは、「フランシスコ・ローマ法王がトランプを支持した」という偽情報だった。中には、「(クリントンが国務長官時代、私用メールサーバーを利用し続けた問題で) メールが外部に漏えいした疑惑があるとしていた連邦捜査局 (FBI) 捜査員が、自宅で自殺にみせかけて殺害されたのがみつかった」といった偽情報もあり、さまざまな陰謀史観が極右サイトなどを中心にニュースの形で流れ、ソーシャルメディアなどを通じてシェアされていた。ソーシャルメディアやフェイクニュースについては、第8章で詳述する。

(5) 選挙戦の盛り上がりとトランプ氏の勝利

トランプの勝算はかなり高いかもしれない。筆者 (山脇) がそう実感したのは、選挙日の直前だった。

2016年11月6日夜、筆者はワシントンから車でおよそ1時間のバージニア州リーズバーグに向かった。大統領選投票日の2日前のことである。夜9時半から、トランプの集会が開かれることになっていた。

バージニア州はかつては共和党優位の州だった。だが、最近では民主党が優勢で、大統領選でも民主党候補のクリントンの勝利が固いとの見通しが米国のメディアで伝えられていた。トランプ陣営がこの町で急きょ、追加集会

---

[18] Silverman, C. "This Analysis Shows How Viral Fake Election News Stories Outperformed Real News on Facebook," Buzzfeed, Nov. 16, 2016.
 https://www.buzzfeednews.com/article/craigsilverman/viral-fake-election-news-outperformed-real-news-on-facebook

を開催すると発表したのは前日。バージニアでも勝機があると考えたがゆえのスケジュール変更だ。

　集会は夜9時半から、ロデオなどが開かれる競技場で始まる予定だった。筆者が会場に到着したのは開始予定時刻のおよそ2時間前だったが、すでに2キロ以上の長い列ができていた。

　「渋滞だったから、車を止めて3マイル（約5キロ）も歩いてきたのよ。こんな列じゃ、中に入れないんじゃないの。大丈夫だと思う？」。隣の中年女性から話しかけられた。やがてその女性は、列の前後の人たちと話を始めた。

　列のすぐ後ろの男性が、「Drain the swamp!（沼を排水せよ）」と大声で叫ぶと、拍手がおきた。「ワシントンの腐敗を排除せよ」という意味で、トランプが集会でよく使うスローガンの1つである。つい先ほどまで見知らぬ関係だった人々の会話が次第にヒートアップしていく。「ヒラリーは腐敗しきっている」「大きな政府や、クリントン王朝（ダイナスティー）はごめんだ」「トランプなら、きっとアメリカを変えてくれる」。

　人々の批判の矛先は、FBI長官のコミー（James Comey）にも向けられた。クリントンの国務長官時代の私用メール問題について、FBIは2016年7月、いったん捜査終結を宣言したものの、約1週間前に突然、別の捜査でみつかったパソコンから新たに疑わしいメールが発見されたとして捜査を再開した。民主党は猛反発していたが、コミーはこの日、「新事実はみつからなかった」と発表したばかりだった。

　「コミーは、クリントン財団とつながりがあるのよ。だから捜査をこんなに早く終結したんだわ」。そう1人が発言すると、「そうだ、ワシントンは腐っている」と周りの人々が頷く。コミー自身や兄弟とクリントン財団に不透明な関係があるというのは、「ブライトバート」が流した情報だった。これを検証した別のサイトは事実ではないと流していたが、支持者たちは「ブライトバート」を信じていた。

　中年女性から「そういえば、ヒラリーは日本に温かいわね」と急に話をふ

られた。「移民すべてに反対するわけじゃないけど、危険な移民は入らないようにしないとだめよ。日本だって移民や難民を受け入れていないでしょ」。

開始時刻が近づいた。このままでは会場に入れない。やむなく列を離れ、会場の入り口でメディアだというと、通してくれた。満員の会場では、「彼女（ヒラリー）を投獄せよ」というかけ声が響きわたり、熱気に包まれていた。会場に入れるのは1,000人で、9,000人集まった支持者の大半が外でトランプの演説を聞いた。

この日トランプの応援に駆け付けたのは、元知事や州の幹部ら。クリントンがトランプ支持者のことを「嘆かわしい人々（deplorable people）」と形容したことを批判するたびに、大きな歓声があがった。クリントンに馬鹿にされたという怒り、「上から目線」に対する反発が渦巻いていた。応援の弁士が「この中で、大学を出た人は？」「女性は？」と尋ねると、多くの人が一斉に手を挙げた。トランプの支持者が低学歴や男性に偏っているという報道内容への抗議だった。

会場の興奮がピークに達したのは、トランプが登場した時。すでに午前0時をまわり、投票日前日を迎えていた。司会者は「我らがブルーカラー・ビリオネア（労働者階級の億万長者）」と紹介すると、地鳴りのような拍手が沸き起こった。

トランプは「集会は今日、7カ所目だ。ヒラリーはもう寝ているよ」。最初にこういって、笑いをとった。演説は「メキシコとの国境に壁を建設する」「TPP（環太平洋経済連携協定）を廃止する」「移民は規制する」というワンパターンの内容だが、聴衆の盛り上げ方は、大統領選の初期に比べさらに上手くなっている。いつものようにメディア批判をすると、聴衆は会場の後ろで取材していた記者らのほうを向き、ブーイングを浴びせた。

FBIによるクリントンのメール問題の再捜査を機に両候補の差が縮まり、激戦になっていることはわかっていたが、トランプ支持はさらに広範な層にまで浸透しているのを肌で感じた。集会が開かれたバージニア州ラウドン郡は、緑豊かな自然が広がる田舎だが、ワシントン周辺に車での通勤が可能な

地域でもあり、全米で最も裕福な地区の1つとしても知られている。中間値（100人の住民がいたとしてその50番目）の推定年収は、およそ12万ドル（1,200万円）。集会に集まった人はラウドン郡の住人だけではないが、「格差に苦しみ、不満を持つ白人労働者階級」ばかりではないのは、身なりなどからしても明らかだった。

　もちろん白人の労働者層、中低所得者層に多くの支持があったのは間違いない。だが、それだけでは、クリントンとの激戦にまでは持ち込めない。予備選のころにも地方のトランプの集会に足を運んだが、取材に応じてくれる人たちの中には、中小企業の経営者といった裕福な人もいた。

　会場からの帰り、時計の針は午前1時をまわっているのに、真っ暗な一本道は大渋滞だった。前をいく車のオレンジ色のテールランプをみながら、同僚と翌日に迫った選挙について話し合った。トランプの勝率の予想を聞かれて、「40％ぐらいと思っていたけど、45％にするよ」と答えた。わずか1日前に告知された集会での人の集まり具合と、熱気は想像を超えていた。クリントンの集会の熱気とは明らかに大きな違いがあった。

　アメリカの主流メディアや世論調査サイトの予想はトランプの勝率は高くても30％程度で、クリントン勝利を確実視する向きが多かった。ただ、トランプがこれだけメディア批判を展開している中で、トランプ支持者がメディアに本当のことを回答しているとは限らず、「隠れトランプ票」が相当ありそうだと思っていた。いずれにしても、「45％」は勘であって、明確な根拠はなかった。世論調査からどのぐらい外れるかは、票が開くまで誰にもわからない。

　なお、朝日新聞についていえば、クリントンとトランプが接戦で、予断を許さない状況であるのは、特に終盤にかけて複数回大きな見出しで伝えており、選挙前にクリントンが勝利するような印象を与えるような報道は行っていない。アメリカ総局の選挙取材班のキャップを務めた佐藤武嗣も、トランプが予想以上に健闘していることをさまざまな取材現場で実感して、紙面の作り方に気を配っていた。本書の第3章を担当した金成隆一も、選挙前から

トランプへの支持が強い地域で密着取材を重ねていた。

　大きな選挙などの前には、新聞社は「予定稿」を最低2種類作る。結果が決まってから書き出してからでは、速報時代に間に合わないからだ。2種類の場合、可能性が大きいほうを予定稿A、小さいほうを予定稿Bとしてあらかじめ送っておくのだが、2016年選挙で、朝日新聞アメリカ総局の予定稿は、トランプ勝利が「A」、クリントン勝利が「B」だった。接戦で結果がわからない状況であるだけに、当選したときのインパクトが大きいトランプを「A」としていた。

　2016年11月8日、夜になって開票が始まった。ニューヨーク・タイムズは、ウェブサイトのトップページに、どちらが勝利しそうか、180度の分度器で、わかりやすく示すメーターを載せていた。開票前、メーターは、左のクリントン勝利のほうに大きく傾いていたが、開票が進むにつれ、どんどん右に動き、真夜中にはトランプ勝利の確率95％以上として右に振り切れた。午前3時、ニューヨークのヒルトンホテル。トランプは、高らかに勝利を宣言した。

(6) 世論調査はなぜ間違えたか

　アメリカの有力メディア、とくに世論調査は、なぜ、トランプの勝利を予想できなかったのだろうか。ニューヨーク・タイムズのデータサイト「アップショット（The Upshot）」はより高い85％と予測。ハフィントン・ポストなど95％以上とするサイトもあった。

　選挙予想で定評のある統計学者のネイト・シルバー（Nate Silver）によるブログ、「538（ファイブサーティーエイト）」は投開票日直前、最終予測として、クリントンの勝つ確率を71％としていた。

　この点について、朝日新聞ニューヨーク特派員（当時）の中井大助は、選挙直後に、なぜ世論調査が読み誤ったかについてまとまった記事を書いているので、以下に抜粋する[19]。

　まず、有権者の全得票である「一般投票」では、クリントンがトランプを

図表 2－7　2016 年大統領選の出口調査

	クリントン	トランプ
性別		
男性（47％）	41	52
女性（53％）	54	41
人種		
白人（71％）	37	57
黒人（12％）	89	8
ヒスパニック・ラテン系（11％）	66	28
アジア系（4％）	65	27
その他（3％）	56	36
教育		
高卒以下（18％）	46	51
短大・専門学校卒（32％）	43	51
大卒（32％）	49	44
大学院（18％）	58	37
年齢		
18～29 歳（19％）	55	36
30～44 歳（25％）	51	41
45～64 歳（40％）	44	52
65 歳以上（16％）	45	52
収入		
5 万ドル未満（36％）	53	41
5 万ドル以上 10 万ドル未満（30％）	46	49
10 万ドル以上（34％）	47	47
人種と教育		
非白人・大卒（13％）	72	22
非白人・高卒以下（16％）	76	20
白人・大卒（37％）	45	48
白人・高卒以下（34％）	29	66
宗教		
プロテスタント・その他キリスト教（52％）	39	56
カトリック（23％）	46	50
その他（8％）	62	29
ユダヤ教（3％）	71	23
無宗教（15％）	67	25

（出所）"2016 Election Exit Polls: How the Vote Has Shifted," *Washington Post*, Nov. 29, 2016 (updated) を基に作成。
https://www.washingtonpost.com/graphics/politics/2016-election/exit-polls/

上回っており、全体的な傾向は間違っていなかった。だが、大統領選は各州に割り当てられた計538の選挙人を勝者総取り方式（2州を除く）で積み上げ、過半数の270人以上を獲得した方が勝者となるため、各州ごとの勝敗の予測が重要となる。その州単位の世論調査の精度が低かった。

　今回の大統領選では、世論調査の問題とは別に、受け止め側の思い込みの問題も指摘されている。

　選挙の直前、トランプが勝つ可能性を30％前後に設定していた「538」に対し、「注目を集めるため、わざと高くしている」などと批判が出ていた。これに対し、同サイトを率いるネイト・シルバーは一貫して「今年の大統領選は変動要素が多い」と主張。主な理由に、投票行動を決めていない有権者が多いことや、世論調査が4年前と比べて不安定であること、トランプの支持者が重要州に固まっていることを列挙。全米の得票率と違う結果になる可能性をいち早く指摘していた。

　「538」は過去2回の大統領選で、ほぼ全州で結果の予測を的中させて有名になった。

　だが今回は、少なくとも4州で最終予測と選挙結果が異なった。シルバーも選挙前から「2008年と12年は世論調査がきわめて安定していた。今年はいずれかの州を外す可能性が高い」と語っており、むしろ、過去2回の方が特異な選挙だったと強調していた。

　また、シルバーは、確率論のとらえ方についても言及。「15％の確率で勝つ可能性」といわれると低いと感じるが、「ロシアンルーレットで、実弾に当たる可能性」との表現で、直感で考えるよりも高い可能性があることを訴えていた。シルバーは2016年11月11日、サイトに掲載された記事で「世論調査の問題よりも、『クリントン氏が勝つだろう』という、思い込みの問題だったのではないか」と指摘。世論調査が大きく外れたのではなく、「外れる確率を見誤った人が多かったのではないか」と述べた。（以上、同記事

---

19 「予測なぜ外れた？　世論調査『クリントン氏優勢』」朝日新聞、2016年11月16日。

からの要約）

　この記事にも引用されているが、選挙直後、ピュー・リサーチ・センターは、なぜ世論調査が間違えたかについてのレポートを出している[20]。その理由として①非回答バイアス、②隠れトランプ支持者の存在、③有権者が投票に行く可能性の誤り、の仮説を紹介している。3つの仮説は以下の通りである。

① トランプを支持する労働者層の多くがコンタクトを取りにくかったり、メディアへの不信感もあって調査に答えていない可能性。
② トランプへのメディア批判が強かったため、世論調査のインタビューにおいて、トランプ支持と表明するのをためらった層がいた可能性。「ポリティコ」などの調査によれば、この効果は十分実証されなかったものの、大学卒や高所得者については、オンライン調査でトランプの支持が高いという結果は出た。
③ 調査会社は回答者が実際に投票に行くかどうかを見極め補正をかけるが、その補正の仕方を間違った可能性。中西部やラストベルト地帯などで黒人などの民主党支持層の票が予想よりも落ち込んだ。

　2016年の大統領選は世論調査の不正確さを明らかにしたと広くみなされているが、実際には、その逆であるという見方もある。ワシントンの有力シンクタンク、ブルッキングス研究所は、2012年に比べ、2016年の全国調査は全国の選挙結果については正確な予測に近かったとして、州レベルの調査の精度の問題だとした。世論調査の失敗の原因として頻繁にみられるのは、投票率の予測の誤りであり、2016年には、誰が実際に投票するかに関する標準的モデルにおいて、普段あまり投票しない有権者（ブルーカラーなど）を考慮していなかったが、トランプは主要州とその中の主要な地域で彼らを動員することに成功したと振り返っている[21]。

---

[20] Mercer, A., Deane, C. and McGeeney, K. "Why 2016 Election Polls Missed Their Mark," Pew Research Center, Nov. 9, 2016.
　　http://www.pewresearch.org/fact-tank/2016/11/09/why-2016-election-polls-missed-their-mark/

ファクトチェックで知られるウェブサイト、「ポリティファクト（Politifact）」も、多くの人が 2016 年の世論調査は完全に間違えていたと考えているが、実際にはもっと複雑だと指摘。世論調査の精度は、州やさらに小さい選挙区の問題だったことや、多くの世論調査が教育水準に重みをつける補正を行わなかった一方、世論調査に回答する有権者には大卒者が多いため、クリントンの支持が高く出たこと、浮動票が「現在権力を握っている側（2016 年選挙では民主党候補のクリントン）に反対票を投じる」傾向にあったといった見方を紹介している [22]。

なお、2018 年 11 月の中間選挙では、「538」や、大統領選の分析で知られるバージニア大学政治センター所長のラリー・サバト（Larry Sabato）による「Sabato's Crystal Ball」といった有名なサイトは、いずれも、上院は共和党が過半数、下院は民主党が過半数という予想をし、その通りの結果になった。ニューヨーク・タイムズは、2018 年中間選挙の直前の世論調査は、過去 10 年のどの選挙よりも実際の結果に近かったと評価しつつ、2016 年の大統領選と同じ分野で予測に誤りもあったと分析している [23]。

激戦州でトランプをシステマティックに過小評価していた 2016 年よりもはるかに良かったものの、誤りがおきた地理的分布は 2016 年とほぼ同じで、インディアナ、ミズーリ、フロリダ、テネシー、オハイオ州で共和党が過小評価され、カリフォルニア、ニューヨーク、ネバダ州などで民主党が過小評価されていた。

考えられる理由としては、世論調査によっては、教育水準の低い有権者の

21　Galston, W.A. "Are the 2018 Midterm Election Polls Accurate?," Brookings, Oct. 30, 2018.
　　https://www.brookings.edu/blog/brookings-now/2018/10/30/are-2018-midterm-election-polls-accurate/
22　Jacobson, L. "How Trustworthy Are the Polls, More Than a Year after the 2016 Election?," Polififact, Jan, 3, 2018.
　　https://www.politifact.com/truth-o-meter/article/2018/jan/03/more-year-after-2016-election-how-trustworthy-are-/
23　Cohn, N. "What the Polls Got Right This Year, and Where They Went Wrong," *New York Times*, Nov. 21, 2018.
　　https://www.nytimes.com/2018/11/21/upshot/polls-2018-midterms-accuracy.html

動向がきちんと捉えられていなかったことや、白人の労働者層などの投票率が地域によっては予想よりも高かった、ことなどを挙げつつ、なぜかを解明するにはまだ時間がかかるとしている。

(7) 政権発足後、メディアとの対立は激化

2017年1月のトランプ政権の誕生後、メディアとの対立はさらに深まっていった。さまざまなケースがあるが、ここでは3つの事例に触れておく。

最初の「事件」は、トランプが大統領に就任した2017年1月20日に起きた。

ロイター通信（Reuters）が、就任式終了直後に配信した2枚の写真がソーシャルメディアで槍玉に上がった。写真は、トランプの就任式会場の様子を、ワシントン・モニュメントの152メートルの高さから撮影し、2009年のオバマが就任した際の写真と左右に並べたものだ。2009年の写真では、聴衆が集まったナショナル・モール公園がびっしりと埋まっているのに対し、2017年はあいている空間が目立つ[24]。

ニューヨーク・タイムズも、聴衆の数の違いを写真つきで報道した。8年前に180万人を集めた前大統領のオバマの就任式の時と比べて「3分の1ほど」と報じられると、トランプは「150万人いるようにみえた」と反論した。ホワイトハウスのショーン・スパイサー（Sean Spicer）報道官（当時）も「過去最多の聴衆だった」と主張した。

しかし、スパイサーが根拠として挙げた地下鉄の乗車人数などはいずれも事実と異なっていた。その点を批判されると、大統領顧問のケリーアン・コンウェイ（Kellyanne Conway）がテレビ番組で「オルタナティブ・ファクト（代替の事実、もう1つの事実）を提示している」と話した。政府高官が、事実のほかにも事実があると話したことは、大きな話題になった。

---

[24] Trotta, D. "Crowd Controversy: The Making of an Inauguration Day Photo," *Reuters*, Jan. 24, 2017.
https://www.reuters.com/article/us-usa-trump-inauguration-image/crowd-controversy-the-making-of-an-inauguration-day-photo-idUSKBN1572VU

トランプ支持者たちは、ソーシャルメディアで、「写真はフォトショップ（加工）されている」「今年の写真は人が集まっていない早朝に撮ったものだ」と攻撃したのに対し、ロイターのワシントン支局写真デスクは、フェイスブックでこう説明した。「群衆の写真について多くの不正確な議論や主張がみられるが、それらは『事実』から出たものではない。今年撮影した写真は、ルーカス・ジャクソン（Lucas Jackson）というカメラマンが（大統領が就任宣誓をした）午後0時01分18秒に撮影したもので、多くの人が主張する早い時間ではない」。

同社のスティーブ・アドラー（Steve Adler）編集主幹は1月末、「ロイター方式でトランプ大統領を取材する」というメッセージを公開した[25]。アドラーが挙げた報道機関が「やるべきこと」のトップは、「人々の生活にとって重要なこと、物事を決断するのに必要な事実を提供する」だった。

2018年8月、論説の立場から、トランプ批判をしたのが老舗新聞「ボストン・グローブ（The Boston Globe）」だ。同紙の論説委員室は、全米の新聞などに対し、トランプのメディアへの対応に反論する社説・論説を掲載することを呼び掛けた。これに全国紙や地方紙など合計350紙超が応じた。

8月15日のボストン・グローブの社説「ジャーナリストは、敵ではない」[26]がまず引用したのは、アメリカ国民の意識調査だった。「不品行なメディアは、大統領が廃業させる権限を持つべきか（The president should have the authority to close news outlets engaged in bad behavior）」という質問に対し、成人の26％が「同意する」と答えた。「メディアはアメリカ国民の敵だと思うか」という質問に対して、共和党支持者の48％が同意した。

ボストン・グローブは、「報道の自由は、自由を保障するためには不可欠だ」とする建国の父の1人、ジョン・アダムズ（John Adams）などの発言を

25　Steve, A. "Covering Trump the Reuters Way," *Reuters*, Feb. 1, 2017.
　　https://www.reuters.com/article/rpb-adlertrump/covering-trump-the-reuters-way-idUSKBN15F276
26　"Journalists are Not the Enemy," *Boston Globe*, Aug. 15, 2018.
　　https://www.bostonglobe.com/opinion/editorials/2018/08/15/editorial/Kt0NFFonrxqBI6NqqennvL/story.html

引用しつつ、こう主張した。「トランプ大統領はもちろん、メディアがなすべきことをやっているのを非合法化することなどできない。しかし、メディアに関して、彼の支持者を煽り立てているモデルは、プーチン（Vladimir Putin）ロシア大統領やエルドアン（Recep Tayyip Erdoğan）トルコ大統領などの独裁主義者がなぜ21世紀において機能しているのかを物語っている。情報の供給を制限するのに、公の検閲など必要ないのだ」。

　新聞各社の動きを、政界も後押しした。上院は16日、「報道機関は国民の敵ではない」などとする決議を、全会一致で採択した。一方、トランプは「フェイクニュースのメディアは野党だ。我々の偉大な国にとって、とても良くない」などとツイッターで攻撃した。

　2018年11月の中間選挙後には、CNNのホワイトハウス担当記者、ジム・アコスタ（James Acosta）が記者証を取り上げられる事件も起きた。アコスタは、アメリカ・メキシコ国境に当時向かっていた移民キャラバンをめぐる質問をトランプに打ち切られたが、なおも質問を続けた。ホワイトハウスのスタッフがマイクを奪おうとしたのを拒否したのに対し、トランプは、「無礼でひどい人間だ」と個人攻撃。ホワイトハウスはこの直後、アコスタの入館記者証を取り上げた。

　CNNは、報道の自由を保障する合衆国憲法違反だとして、トランプ政権を提訴。AP通信、USAトゥデー（USA Today）、ワシントン・ポスト、ブルームバーグ、ニューヨーク・タイムズなどや、トランプ政権に好意的な報道をしているFOX NEWSまで、CNNとアコスタへの支持を表明した。ワシントンの連邦地裁の判事は、記者証取り消しの決定について「謎に包まれている」と指摘、許可証をアコスタに返すよう命じた。ホワイトハウスは地裁の判断に従い、アコスタの許可証を返却した。

　こうした目にみえる対立よりも、さらに注目すべきなのは、政権内外での「陰謀史観」の広がりかもしれない。ロシア疑惑の捜査などに不満を募らせる保守系メディアのトークショーのホストらは、リベラルなメディアがCIAやFBIなどと組む形で、トランプをおとしめようという罠だとみる。そう

した捜査機関や一部の政府高官、金融関係者、リベラルメディアなどからなる「ディープ・ステート（deep state）」が存在し、トランプ政権を追い詰めようとしているという構図が語られるようになり、トランプの周辺もそのような見方を広めた。主流メディアに勤めるジャーナリストたちが「エリート」の一部であって、権力の一部と結託しているという構図である[27]。

III 問われるメディアの責任

(1) Win-Win だったテレビ

　さて、トランプとメディアの対立がクローズアップされがちだった2016年の大統領選だが、ここからは、メディアの責任について考えてみたい。
　まずはテレビを取り上げる。
　2016年の選挙戦の終盤、ケーブルテレビなどの討論番組をみると、キャスターはトランプの差別的な発言などに批判的な質問を浴びせ、「権力へのチェック機能」の役割を果たしているようにもみえた。
　一方で、選挙戦の特に初期には、トランプのスピーチを長々と流すなど、無批判にトランプを「露出」するケースも目についた。前述のように、トランプは、人気テレビ番組のホスト役で、全国的な認知を得た。いわば、テレビが作り出したような大統領候補だった。
　トランプがテレビに出れば、視聴率を稼げる。視聴率が上がれば、広告収入も増えるので、テレビ局はそれを利用した。
　3大ネットワークの1つ、当時CBSトップの会長レスリー・ムーンベス（Leslie Moonves）は、2016年2月末、メディアやIT関係者が集まるイベントで、トランプ現象について「こんなのはみたことがない。我々にとっては

---

[27]　こうした陰謀史観の広がりや、世界的に広がるメディア不信の高まりについては、林香里『メディア不信――何が問われているのか』岩波新書、2017年に詳しい。

良い年になる。ドナルド、このままの調子で行け」と発言。「アメリカにとって良くないかもしれないが、CBSにとってはまったくすばらしい」とも話した（のちに冗談だったと釈明）。

ケーブルテレビにとっても、追い風だった。2016年9月のCNNの共和党討論会は、2,300万人が視聴した。業界誌によれば、このときCNNは、30秒のスポット広告で、最大20万ドル（約2,200万円）を課金した。ふだんの40倍にもあたるという。

調査会社メディアクオント（Mediaquant）の集計では、トランプについての報道は、2016年2月までで約19億ドル相当の宣伝効果があり、大統領候補の中で抜きんでていた。選挙戦全体を通じて、トランプがメディアを通じて得られた宣伝効果は50億ドルに相当するという試算もある。

前述のバージニア大学政治センター所長のサバトは、2016年春、筆者（山脇）の取材に対して、こう話した。「昨年（2015年）夏、トランプの人気が

図表2－8　ケーブルニュース3社（FOX NEWS、CNN、MSNBC）の総収入

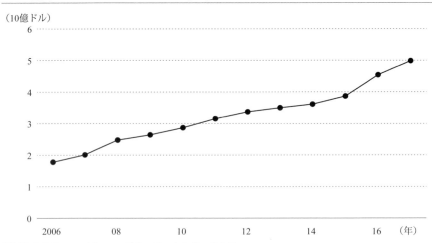

（出所）SNL Kagan、ピュー・リサーチ・センターまとめ。
http://www.journalism.org/fact-sheet/cable-news/

まだ低かったころ、大量にテレビが報道したことで、国民の間でトランプ支持の幅広い基盤ができた。一度基盤ができるとなかなか崩れない」。

CBSのムーンベスの発言について「とても正直だね」と評した。「トランプ氏は利益を得る。メディアも利益を得る。しかし、社会システム全体としては利益にならない」。

トランプが共和党の大統領候補になることが確実になったころから、テレビも含め、メディアは政策や過去の発言に注目し、ネガティブな報じ方が増えた。一方、トランプは、記者会見を開かなくなり、テレビ取材を受けるのは、保守的なFOX NEWSが多くなった。中でも、同局のショーン・ハニティー（Sean Hannity）の番組への出演が目立つようになった。ハニティーは、ラジオ番組の人気ホスト出身で、トランプ支持を隠さない人物である。

メディアと政治の関係に詳しいマシュー・ジョーダン（Matthew Jordan）・ペンシルベニア州立大学准教授には、大統領選後に話を聞いた。テレビ局や、

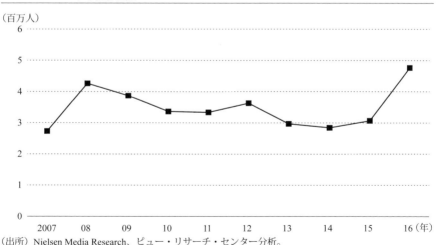

図表２−９　ケーブルニュース３社（FOX NEWS、CNN、MSNBC）のプライムタイム平均視聴者数

（出所）Nielsen Media Research、ピュー・リサーチ・センター分析。
http://www.pewresearch.org/wp-content/uploads/sites/8/2018/07/State-of-the-News-Media_2017-Archive.pdf#page=7

デジタルメディアが、トランプの勝利に貢献したのかという質問に対し、ジョーダンは「非常に貢献したと思う。例えば、ケーブルテレビのMSNBCは、昨年（2015年）17％もの増益で、CNNも14％程度の増益だった。市場シェアが下がる中で、テレビ業界にとって選挙はまさに"ドル箱"なのであり、最も利益率の高いショーだ。トランプ氏は政治集会を開くたびにテレビ局に中継されることを知っており、（広告料を払わず）ただでテレビに映ることを利用して、その基盤とした」。

「その傾向は、デジタルメディアでもそっくりだった。先日、いかにして（ギリシャの隣にある小国）マケドニアで、（大統領選に関する）虚偽情報が作られ、それがフェイスブック上で拡散されたかという（バズフィードの）記事を読んだ。アメリカの消費者のクリックあたりの値段が高いため、この外国の街にとっては『ゴールドラッシュ』のようなものだっただろう。これは、虚偽の情報を拡散し、人々の偏見や世界観を確たるものにするという、デジタルメディア経済によってつくり出された、まったく新しい情報の流れだ」と話した。

とくに放送ジャーナリズムについては「番組で、どのようにインタビューを行うのか、どのように虚偽の情報に対応するのかについて、自己省察が必要だと思う。人々は、虚偽の情報でも、何度も聞いていくと、それを真実だと思うようになるからだ」と懸念を示した。トランプが虚偽のことをいい、メディアがそれを繰り返せば、その虚偽に一定の正当性が与えられてしまうためだ。

「メディアは、彼らが世間に報道する前に、事実を確認すべきだ。例えば、テレビ討論会で『スピンルームから』というようなコーナーがあると、両陣営とも嘘をつく。しかし、そうであっても、テレビ局は、多額の広告費を受け取ることができる。ジャーナリストは、政治の『ショー』について考えるのを止め、ジャーナリズムの理想に従って何ができるか考えるべきだ」。

ジョーダンはそう注文をつけたが、テレビが変わる兆しは当面みえない。

(2) 新聞はクリントン支持が圧倒的──影響力乏しく

　では、新聞はどうだったのか。アメリカの新聞の多くは、選挙時に、特定の政党や候補への支持や推薦を社説などで表明する。多くが「不偏不党」を掲げている日本の新聞とは、大きな違いである。しかし、2016年の大統領選では、これまで共和党を支持してきた保守的な新聞までが次々にクリントンの支持を打ち出すなど、異例の事態が続いた。

　メキシコに国境を接する南西部アリゾナ州最大手の「アリゾナ・リパブリック（The Arizona Republic）」は1890年の創刊以来、一貫して共和党候補を支持してきたが、その伝統を覆し、民主党のクリントンを支持することを2016年9月27日の社説で表明した。同紙の論説委員長フィル・ボアス（Phil Boas）は、動画サイトの中で、トランプの言動を「能力も品位もない」と酷評。「アメリカは国内外で統率力を必要としている。冷静な頭脳と行動する前に注意深く考える能力だ」として、歴史的な方針転換に至った理由を説明した。読者からは批判が殺到し、脅迫状も届いた。

　さらに、南部テキサス州の大手新聞、「ヒューストン・クロニクル（The Houston Chronicle）」「ダラス・モーニングニュース（Dallas Morning News）」などもクリントン支持を表明。「ダラス・モーニングニュース」が民主党を支持したのは1940年以来初めてで、トランプの言動が従来の共和党の価値観や考えとは相容れないことを指摘し、「大統領の適性を欠く」と断じた。さらにオハイオ州の「シンシナティ・エンクワイアラー（The Cincinnati Enquirer）」、カリフォルニア州の「サンディエゴ・ユニオン・トリビューン（The San Diego Union-Tribune）」など長年共和党を支持してきた地方紙も雪崩を打つようにクリントンを支持することを明らかにした。

　アメリカ最大の部数を持つ全国紙「USAトゥデー」は、「トランプ氏に投票すべきでない」との考えを表明した。同紙は政治的にはつねに中立の立場を維持し、1982年の創刊以来、大統領選で特定の候補者の支持を打ち出してこなかった。しかし、今回はトランプを「危険なデマゴーグ（扇動政治

家）」として危機感を持ち、従来の慣例を破った。

カリフォルニア大学サンタバーバラ校が、全米で部数が多いトップ100紙の社説を調べたところ、57紙がクリントンを支持したのに対し、トランプの支持は2紙だけだった。リバタリアン党のジョンソン（Gary E. Johnson）を支持した4紙よりも少なかった[28]。

前述のように、ワシントン・ポストやニューヨーク・タイムズといった伝統的なメディアは、トランプ財団の運営、性的暴行、税金の申告などに関する調査報道も行った。だが、メディア専門家の間では、トランプが台頭して討論の主役になる前に十分な調査報道ができず、調査報道の成果が出るころには、トランプは自らの支持基盤を確立していたとの見方が強い。

また、第1章Ⅱ(3)でみたように、全国紙や地方紙を「選挙についての最も有用な情報源」としているアメリカ国民は全体の数％に過ぎず、そもそも影響力が乏しくなっている。

(3) 保守論壇の変質

2016年の大統領選におけるトランプの台頭、そしてトランプ政権の誕生は、保守論壇や、オピニオン誌の世界も大きく変化させている。

保守派のオピニオン誌の1つ『ウィークリー・スタンダード（The Weekly Standard）』（1995年創刊）は、2018年末に廃刊となり、話題を呼んだ。ネオコン（新保守主義者）の論客であるウィリアム・クリストル（William Kristol）らが創刊し、一時は大きな影響力を持ったオピニオン誌だった。同誌は、大統領選中には、同誌を中心にトランプ批判を繰り広げたが、トランプ政権が誕生して部数も大幅に減少、コロラド州のオーナー企業が廃刊を決めた。

アメリカの思想潮流に詳しく『トランプ現象とアメリカ保守思想──崩れ

---

[28] "2016 General Election Editorial Endorsements by Major Newspapers," The American Presidency Project, UC Santa Barbara, Nov. 8, 2016 (Final Update).
https://www.presidency.ucsb.edu/statistics/data/2016-general-election-editorial-endorsements-major-newspapers

落ちる理想国家』(左右社、2016年) などの著書もある青山学院大学教授の会田弘継が、保守論壇誌の動向についてまとめているので紹介したい[29]。

会田は、ウィークリー・スタンダードの廃刊を、「保守派内部で進むメディアの再編」の象徴的な事例とみる。

FOXテレビは、トランプと近いことで知られる。だが、大統領選の初期の予備選挙段階では、トランプと対立することも多く、いわば「転向」した形だった。選挙中は反トランプだった連邦議会の共和党議員も、共和党支持者の8割が熱狂的にトランプを支持するのをみて次々とトランプの軍門に下った。

これに対して、ウィークリー・スタンダードは「反トランプ」の気骨をみせ続けたが、オーナー企業は、同誌を廃刊にする一方、「親トランプ」の論陣で勢いを増す傘下の新興週刊誌『ワシントン・イグザミナー (The Washington Examiner)』に資金を回す。ネオコンは、レーガン政権以降の保守政治に強い影響力を持っていたが、会田は「自由と民主主義拡大のために対外軍事介入もいとわないネオコンと、『アメリカ第一』の保護主義と対外非介入のトランプ路線が水と油なのは歴然だ」とする。

代わって影響力を持ち始めたのは、「トランプ派メディア」だ。ワシントン・イグザミナーやブライトバート・ニュース (Breitbart News) のような新興のメディアもあれば、「ニューヨーク・ポスト (New York Post)」紙のように旧来のメディアがトランプ色を強めているケースもある。本格ネオコン系をのぞいて、従来の保守系紙誌の多くはトランプ系に転向した、とみる。

また、アメリカ国家の転換や改造を目論む知識人らが集まってつくる論壇誌やオピニオン・サイトも現れた。その1つが、2016年に話題を集めたオピニオン・サイト「ジャーナル・オブ・アメリカン・グレイトネス (Journal

---

[29] 会田弘継「日本人が知らない『トランプ派メディア』の本質——保守系メディアに吹き荒れる変革の嵐」東洋経済オンライン、2019年2月19日。
https://toyokeizai.net/articles/-/264661?fbclid=IwAR0a1ux6WSyiePOLUdqVf0mfmL5oelE9Uab0udpDdGLKIvikvI-4fVRhBSo

of American Greatness)」（通称 JAG）を挙げる。JAG の論客たちは、トランプ現象を①経済ナショナリズム、②国境管理、③アメリカ（の国益）第一の外交——の 3 つの要素から成ると要約した。

　これらによって国境を越えたグローバル社会で自己利益のみを追求するエリート・テクノクラート支配層＝「魂のない経営者階級（managerial class）」を打破しようとするのが、いま起きているトランプ現象の根底の意味だと結論づけた。JAG に寄稿したのは、匿名の論客たちだったが、JAG の中心にいたのは、ハーバード大学で政治学博士号を得てヘッジファンドに勤めていたジュリアス・クレイン（Julius Krein）と、一時ブッシュ（子）政権国家安全保障会議に勤めていたマイケル・アントン（Michael Anton）だと後に判明した。

　クレインはトランプ政権発足から間もない 2017 年春に高級論壇誌『アメリカン・アフェアーズ（American Affairs）』を創刊。また、アントンも、トランプ政権の高官を経て、大学の研究所に転職。親トランプの高級論壇誌『クレアモント・レビュー・オブ・ブックス（Claremont Review of Books: CRB）』に頻繁に寄稿している。CRB の発行部数も急激に伸びているという。

　会田がこの記事や著書で指摘しているように、トランプの出現は、保守派の「定義」なり「構図」を大きく変えつつある。

　こうした状況は、「自由貿易（グローバル化支持）」「反保護主義」が政策の旗頭だったはずの共和党の主流派や、共和党系シンクタンクの大衆における基盤がいかに弱かったかを示している。

　2016 年大統領選中も、共和党の大物議員たちが、トランプ批判を行ったとたんに、選挙区での自分の支持率が急落する事態に直面、トランプ支持に回ったり、トランプ批判を控えたりする姿が目立った。

　ワシントンではしばしば「共和党は（異端者の）トランプにハイジャックされた（すっかり変質した）」といわれる。保守派論壇誌の様変わりは、これまで保守の中で異端扱いされていた論客が前面に出ることによって、共和党の変質なり「トランプ主義」に理論的な正当性を与える動きとみることが

できるだろう。

(4) ソーシャルメディア——虚偽情報でも広がる支持

　トランプが大統領選で、強力な「武器」として使ったのが、ソーシャルメディアのツイッターだ。これによって、メディアのフィルターを通さず、有権者に直接、自分の主張を訴え続けてきた。「(共和党候補だった)ジェブ・ブッシュ (Jeb Bush) はコミュニケーション能力ゼロ」「クルーズは究極の偽善者」「ヒラリーには、強さもスタミナもない」など、きりがない。

　『タイム (Time)』誌は、こうしたトランプのソーシャルメディア重視の手法について、「ディスインターメディエーション(仲介排除)」と表現した。候補者と有権者を仲介するメディアなどを「中抜き」し、双方が直接つながる。直接つながっている人たちは、伝統メディアが何と論評しようが、影響されにくい。

　ソーシャルメディアを活用したのは、トランプが初めてではない。民主党候補だったバラク・オバマが2008年の大統領選で、最初にソーシャルメディアを本格的に活用した。オバマは対立候補だった共和党の上院議員ジョン・マケイン (John McCain)、そして12年の再選の時も、共和党候補の元マサチューセッツ州知事ミット・ロムニー (Mitt Romney) を大きく引き離す規模のフェイスブックのファンやツイッターのフォロワーを抱えていた。それが、過去に投票所には行かなかった若者やアフリカ系やヒスパニック系の有権者を引きつけ、2回の勝利に結びつけた。

　トランプの場合は、ツイッターのフォロワー数を2016年春以降、毎月ほぼ100万人という驚くべきペースで拡大させていった。投開票まで1カ月と迫った2016年10月初旬の時点で、その数は1,220万フォロワーに達し、それまで政治家として最もフォロワーが多かったオバマ (POTUS＝アメリカ大統領アカウント、1,070万フォロワー) を初めてしのいだ。ちなみに、この時点で、クリントンのフォロワーは949万人だった。選挙が終わった11月中旬で、トランプは1,550万人とさらにその数を伸ばした(フォロワー数

は2016年10月11日、津山がアクセスしたもの)。2019年1月の段階では、5,700万人を超えている。

　トランプのソーシャルメディアの使い方は、オバマとはかなり異なっている。オバマ氏の選挙陣営は主に寄付金の応募、ボランティアの募集、政策の伝達、そして写真のシェアなどに使っていた。しかし、トランプは、自己の主張、メディアから来る批判の反論、そしてクリントンをはじめ自分に批判的な人物の攻撃手段として徹底的に利用した。その内容は、個人的な推測をはじめ、根拠のない嘘もたくさん混ざっていたが、フォロワーはそうした是非と関係なく、増え続けた。

　例えば、2016年9月26日の大統領候補テレビ討論会で、こんなやり取りがあった。

　「トランプ氏の最悪の発言は、美人コンテストの女性についてです。彼は、この (元ミス・ユニバースの) 女性を『ミス子豚 (注：転じてデブ)』と呼び、さらに『ミス家政婦』と呼びました。彼女が、ヒスパニック系だったからです。ドナルド、彼女には名前があります。アリシア・マチャド (Alicia Machado) という名です！」。クリントンがこう暴露すると、トランプは「どこでそんなことを拾ってきたんだ、どこで拾ってきたんだ」と壇上で繰り返した。

　この瞬間、クリントンの討論会での優勢は確実になったようにみえた。その後のCNNの調査でも、この討論会をテレビで視聴していた62％の人が「クリントンの勝利」と判定し、「トランプの勝利」とした人は27％だった。

　トランプはその後、ツイッターで反撃を開始した。

　「『関係筋によると』という言葉で、私や私の選挙戦のことが記事になっている場合、信じるな。関係筋などない。でっち上げの嘘だ」(9月30日)

　「ひねくれたヒラリーは、あのゾッとする (アリシア・M.のセックスビデオと過去を調べてみろ) アリシア・M.がアメリカ市民になるのを助けて、討論会で彼女を利用したのか？」(9月30日)

　トランプが討論会の4日後の未明からつぶやきはじめたツイートは、新た

な波紋を広げた。多くの記者やエンジニア、ハッカーらが今度は、トランプが言及した「アリシアのビデオ」を探したが、みつからなかった。結局、トランプのこのツイートは虚偽だったのだが、この２本のツイートには、リツイートと「いいね」が合計で２万〜３万件寄せられ、おおよそ数百万もの人がこのツイートを目にしたと推計される。

　これは一例にすぎないが、トランプはツイッターを使って、事実ではないこと、あるいは自分に都合がいいことを有権者に直接、訴えかけた。前述したように自分の集会では、メディア攻撃を繰り返した。伝統的なメディアの信用を失墜させ、自らの主張を支持者に信じさせる環境を巧みに作り上げていった。

(5) デジタル戦略の差が明暗を分ける

　アメリカのメディアと政治を考えるうえでの標準的な教科書の１つ *Mass Media and American Politics*（未邦訳）は、メディア環境における最も重要な変化は、「選択肢の劇的な拡大」だとしている。

　政治に関する情報をオンラインやソーシャルメディアで得る人が増加し、スマートフォンやタブレットといったモバイル端末の普及によって、そのトレンドが加速した。

　人々の政治的な知識のレベルは、選択肢の増加によって向上すると予想されていたが、実際には「知識格差」が拡大したという。つまり政治に関心のある人は多くの情報を得てより政治に詳しくなる一方、政治に関心のない人は娯楽に流れ、政治的な情報に触れる機会がむしろ減少した。ソーシャルメディアは政治に関心がない人も政治的な情報に触れる場を提供しうるが、シェアされる情報は、必ずしも知識の向上に役立つものとは限らず、内容が希薄なものや、政策に無関係な攻撃も多かった[30]。

　年齢別にみると、日常的に使うニュースのプラットフォームに大きな違い

---

[30] Graber, D.A. and Dunaway, J.L. *Mass Media and American Politics* (Tenth Edition), Washington D.C.: CQ Press, 2018; 105–107.

がみられるのも特徴である。2016年のピュー・リサーチ・センターの調査では、18歳から20歳の若い世代では、ソーシャルメディアやウェブサイト、モバイルのアプリなどオンラインを使ってニュースをみている人が50％にのぼる。テレビは27％、新聞にいたっては5％しかいない。

一方、65歳以上では、テレビから情報を得る人が85％、新聞から得る人が48％とまだまだ高く、オンラインでニュースをみるのは20％にすぎない。

大人全体でみれば、テレビが57％とまだトップで、次に38％のオンライン、ラジオが25％で、新聞が20％だった（図表2-10）。

2013年には、27％は新聞でニュースを得るとしていたのが、わずか3年の間に7ポイント下がったのが目をひく。

やはりピュー・リサーチ・センターが2016年2月に発表した調査では、アメリカの成人のうち、直近1週間で、大統領選に関するニュースをフェイスブックから得た人は37％と最も多く、YouTubeが11％、ツイッターが9％と続く[31]。

同センターの2018年のまとめでは、成人の68％がフェイスブックを使っており、43％がフェイスブックでニュースをみている。ただ、13歳から17歳になると、フェイスブックは51％で、YouTube（85％）、Instagram（72％）、Snapchat（69％）のほうが多い[32]。

また、*Mass Media and American Politics* は、大統領選の本選での、トランプ陣営、クリントン陣営のデジタル戦略の違いを指摘している。

クリントンは過去の大統領選の例に引き続いてテレビを重視したが、トランプは完全にデジタルに軸足を置いた。選挙戦の後半、テレビ広告への投資でみると、クリントンが2億ドル以上をかけたのに対し、トランプは1億ドル以下。一方、選挙戦最後の数週間で、デジタル広告には、クリントンは約

---

[31] Mitchell, A., Gottfriend, J., Shearer, E. and Barthel, M. "The 2016 Presidential Campaign—a New Event That's Hard to Miss," Pew Research Center, Feb. 4, 2016.
http://www.journalism.org/2016/02/04/the-2016-presidential-campaign-a-news-event-thats-hard-to-miss/

[32] Gramlich, J. "8 facts about Americans and Facebook," Pew Research Center, Oct 24, 2018.
http://www.pewresearch.org/fact-tank/2018/10/24/facts-about-americans-and-facebook/

図表2－10　アメリカ人が日常的に使用するプラットフォーム（2016年）

テレビ　ケーブル、地方、ネットワークのイブニングニュース	57%
オンライン　ソーシャルメディア、ウェブサイト／アプリ	38%
ラジオ	25%
新聞	20%

	18–29歳	30–49歳	50–64歳	65歳以上
テレビ	27%	45%	72%	85%
オンライン	50%	49%	29%	20%
ラジオ	14%	27%	29%	24%
新聞	5%	10%	23%	48%

（出所）Mitchell, A., Shearer, E., Gottfried, J. and Barthel, M. "The Modern News Consumer: Pathways To News," Pew Research Center, Jul. 7, 2016 を基に作成。
http://www.journalism.org/2016/07/07/pathways-to-news/

3,000万ドルをかけたが、トランプの3分の1にすぎなかった。

　ソーシャルメディアを通じた政治・ニュースへのアクセスが急増したことから、トランプのデジタル広告への重点投資は、明らかに優れた戦略だった。

　クリントン陣営は、ソーシャルメディアにおいて、トランプ陣営よりも多く、かつ洗練されたコンテンツを作ったが、フェイスブックやツイッターでメッセージを効果的にするのは、候補者が自分のさまざまな「パーソナル」な面や考え方を見せることが有効だ。クリントンのチームは、その点で国民や報道関係者を引きつける訴求力が不足していた。

　有権者が政治への不信を強めている中で、現政府に対する反乱者、トランプのように政治家でない人物が求められており、クリントンの公職経験の豊富さは、「エスタブリッシュメント」と見なされるという政治的な文脈において不利だったという背景もあった。トランプのツイッターが最も効果的だったのは、彼の暴言も含むツイッターに集まったメディアの注目と、無料

で行われたメッセージの拡散だった。

　また、デジタルプラットフォームによって、膨大なメッセージテストと、マイクロターゲティングも可能になった。定期的に少しずつ内容を変えた広告をフェイスブック上で試し、インターネット上の操作を自動で行うプログラムであるA／Bテストなどを行うことによって、フェイスブック上のユーザーに広告が表示される確率を高めた。デジタルメディアは候補者が自分で選んださまざまなメッセージを24時間、全国に発信できる安価なチャンネルとなり、ターゲットをピンポイントで狙うことが可能になった。

　選挙に勝つための古くからの基本原則は、「自分の地盤とのコミュニケーション」「無党派層や投票に行かない有権者を新しい支持者として獲得」の2つ。トランプ陣営はそれを確実に実行したが、それをデジタル／ソーシャルメディアという新しいパッケージに入れたという意味で、「新しい瓶に入った古いワイン」だったと同書は指摘している[33]。

(6) 「政治不信」と「メディア不信」の悪循環

　トランプの当選には、陣営の「パーソナル」な面を強調したデジタル戦略が票の獲得に有効だったわけだが、興味深いことに、有権者は、大統領選の報道で、候補者の「パーソナリティー」が前面に出ていたことに満足していたわけではない。

　ピュー・リサーチ・センターの調査によれば、すでに大統領選の本選の前、2016年夏の段階で、約6割の人が選挙の報道が多すぎることに疲弊し、中でも候補者のコメントや、パーソナルな生活についての報道は「多すぎる」と感じていた。一方で、候補者の政策スタンスについての報道は少なすぎると感じていた[34]（94ページ、図表2－11）。

　前出のペンシルベニア州立大学のジョーダン准教授は、大統領選のメディ

33　脚注30；386–389。
34　Gottfried, J. "Most Americans Already Feel Election Coverage Fatigue," Pew Research Center, Jul. 14, 2016. http://www.pewresearch.org/fact-tank/2016/07/14/most-americans-already-feel-election-coverage-fatigue/

アの報道全般について「収益目的のため、理性や政策よりも、候補者のパーソナリティーとか、感情的なコンテンツを優先した」と厳しくみていたが、有権者の感覚もそれに近かったといえる。

また、ハーバード大学ショーレンスタインセンターが大統領選後にまとめた調査結果によれば、選挙報道をテーマ別にみたときに、どちらが勝つかという「ホースレース」が4割を超し、政策については1割しかなかった[35]（95ページ、図表2-12）。

トランプ、クリントン両候補者に関する否定的な報道が多かったことも、同じレポートで示されている。双方とも（とくにトランプは）スキャンダルが多かったこともあるが、大統領選でトランプについては77％が否定的報道で、肯定的な報道は23％。クリントンは64％が否定的報道で、36％が肯定的な報道だった。歴史的にみると、肯定的な報道は減少傾向にあり、否定的な報道は増加傾向にある。1960年でみると、肯定的な報道は76％で、否定的な報道は24％。いまとは、肯定と否定が入れ替わっているような数字である[36]（96ページ、図表2-13）。

有権者は2016年の大統領選の選挙報道について、史上最低の評価を下した。ピュー・リサーチ・センターが、学校の成績表のようにAからDと、F（失格）の5段階で評価を求めたところ、2016年の選挙は、Fが38％にものぼり、Dをあわせると5割を超えた。これは、1988年の調査開始以来、初めてのことである。とくに、トランプの支持者でみると、Fが6割にものぼり、メディアへの不満がきわめて強かったことを示している[37]。

認知心理学によれば、人間はネガティブ（否定的）な情報には長時間注意を払うことが知られている。つまり否定的な報道のほうが視聴者に対する訴

---

[35] Patterson, T.E. "News Coverage of the 2016 General Election: How the Press Failed the Voters," Harvard Kennedy School Shorenstein Center, Dec. 7, 2016.
https://shorensteincenter.org/news-coverage-2016-general-election/
[36] 脚注35に同じ。
[37] "Low Marks for Major Players in 2016 Election-Including the Winner: 3. Voter's Evaluations of the Campaign ," Pew Research Center, Nov. 21, 2016.
http://www.people-press.org/2016/11/21/voters-evaluations-of-the-campaign/

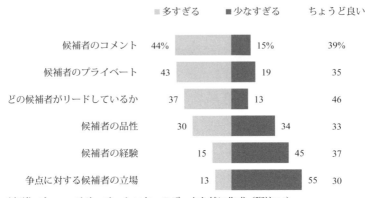

図表 2 - 11　大統領選の報道の量に対する評価

（出所）ピュー・リサーチ・センターのデータを基に作成（脚注34）。

求力を持つことが知られており、テレビの視聴率やオンラインのクリック数を上げるために否定的な報道が増えたという事情もある。

　デジタルメディアの広がりの影響もある。市民ジャーナリストやブロガーは、客観的に報道しなければならないという規範に縛られることはない。それをまた主流メディアが取り上げることで、中傷報道に拍車をかけている面もある。

　Mass Media and American Politics は、こうした否定的な報道、中傷報道について、1章を割いて警鐘を鳴らしている[38]。1970年代後半以降を、「猛犬ジャーナリズムの時代」と定義したバージニア大学のラリー・サバトの主張を紹介。サバトは、中傷を目的とした熱狂を煽るような報道がなされている理由として、メディア間の熾烈な競争と、24時間態勢のラジオやテレビ番組を埋めるべく人間の感情に訴えるような「餌」が必要とされるため、と分析する。こうした攻撃的で取材相手の信用を意図的に落とすようなジャーナリズムは、Gotcha ジャーナリズムとも称されるが、公人のプライバシー侵

---

[38] 脚注30；427–455。

図表 2 − 12 　選挙報道の内容（トピック別割合）

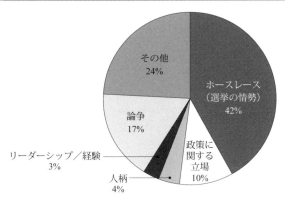

（出所）脚注 35 のレポート、Figure 6 を基に作成。

害の問題があるほか、国民が政治や政治家に対して皮肉な見方をするようになり報道関係者に対する敬意も失われる効果があるという。

　また、否定的なニュース報道の影響として、①政治参加の減少（投票率の低下）、②政府に対する信頼の低下、③メディアに対する信頼の低下を指摘している。ジョージタウン大学准教授のジョナサン・ラッド（Jonathan Ladd）の著書などで示されている考え方を支持し、以下のようなプロセスになっているとみる。報道機関の激しい競争（ニュース環境の構造的変化）によって、政治ニュースの質の低下とメディアのプロ意識が低下。批判が高まる結果、国民が質が低いニュースやメディア批判に接することが多くなる。そうすると、主流メディアに対する不信感が強まり、より党派的に偏向したニュースを求めるようになる。それがさらなるメディア不信や、偏向した情報を求めることにつながる、というものだ。

　「政治不信」と「メディア不信」の悪循環といえるだろう。

(7)「ポスト真実」時代のジャーナリストたち

　世界最大の英語辞典であるオックスフォード英語辞典は、2016 年を象徴

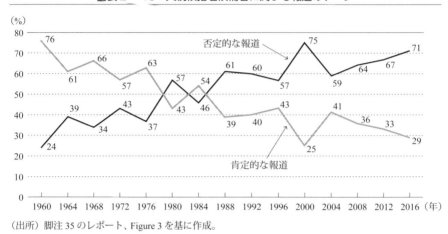

図表 2－13　大統領指名候補者に関する報道のトーン

(出所) 脚注 35 のレポート、Figure 3 を基に作成。

する言葉として、「post-truth」を選んだ。「post」は「ポスト安倍」といった使い方と同じで、「〜後」を意味し、「truth」は真実。事実や真実が、世論の形成という意味では大きな意味を持たない時代になってしまったということである。

　あらゆる事実も、光の当て方で違った見え方をする面はある。フェイクニュースが米大統領選に影響を与えたのは間違いないが、それに NO というだけでは物事は解決しない。筆者（山脇）が 2017 年夏にアメリカから日本に帰任する直前には、それが一番気になるテーマだった。

　2017 年 5 月末、T シャツ 1 枚でも蒸し暑いフロリダ州フォートローダーデール。トランプの別荘「マール・ア・ラーゴ」から車で 40 分ほどのホテルで落ち合ったのは、フェイクニュースのサイトを持つマルコ・チャコン（Marco Chacon）である。

　本業は、大手銀行の幹部。しかし、そのかたわら、ランチタイムや早朝などの時間を使って、ほぼ毎日、フェイクニュースを発信し続けている。

　人々をだましたいわけではない。むしろ、その逆である。チャコンのトラ

第2章 政治とメディアの分極化

ンプ支持の友人たちが、フェイスブックを通じて、さまざまなフェイクニュースを信じているのが残念だった。もっと極端で笑えるようなフェイクニュースを作れば、友人たちは、自分が虚偽を信じていると気がつくのではと思った。そして、2016年夏から、「Real True News」というサイトを始めた。

マルコ・チャコン

文体は、保守派のフェイクニュースが使うようなものをまねた。リベラルなフェイクニュースを流したらと勧める人もいたが、それでは誰も読まないと思った。右派的なニュースを流したうえで、誰がみてもおかしいという材料を入れれば、フェイクニュースのばかばかしさを自覚しやすいと考えた。

ところが、チャコンの思惑とは裏腹に、極端なニュースをそのまま信じる人も少なくなかった。

ケーブルテレビ大手、FOX NEWSの有名アンカー（当時）、メーガン・ケリー（Megyn Kelly）がチャコンのフェイクニュースから引用する事件も起きた。民主党のヒラリー・クリントンが、投資銀行での講演で、ライバル候補の支持者を「bucket of losers（負け犬たち）」呼ばわりしたという内容だった。

ただ、ケリーが間違いを認めて謝罪したことでチャコンは、プロセスに意味はあったと考えている。

チャコンは、共和党員だが、大統領選ではヒラリー・クリントン氏に投票したという。「ヒラリーが勝つと思っていたよ。そしたら、サイトにトランプ勝利と書いて、閉めるはずだったんだけどね」。

トランプ政権になったがために、チャコンはサイトを閉めなかった。

「ポスト・トゥルース」について、とりわけ強い懸念を示したのは、調査報道の分野で著名なチャールズ・ルイス（Charles Lewis）である。ルイスは、CBSの有名な調査報道番組『60 Minutes』のプロデューサーを務めたあと、1989年、NPOの調査報道団体CPI（The Center For Public Integrity：セン

ター・フォー・パブリック・インテグリティー）を創設した。1997年にはその傘下に、国際的な調査報道を行うICIJ（International Consortium of Investigative Journalists：国際調査報道ジャーナリスト連合）も設立した。

　CPIは2014年、ICIJは2017年に、それぞれ、アメリカの報道では最も権威があるピューリッツァー賞を受賞した。ICIJは、日本を含む75カ国の報道機関と300人以上のジャーナリストが結集し、各国指導者らのタックスヘイブン（租税回避地）関与の文書の中身を解明した（NPOによる調査報道については、第10章で詳述する）。

　現在、ルイスは、アメリカン大学の「調査報道ワークショップ」の責任者を務めている。ルイスには、2016年から17年にかけ、対面や電話で3回インタビューを行ったが、トランプへの危機感は強かった。

　「トランプ大統領は、真実や事実関係を無視し、毎日のように虚偽発言をする。前世紀、政治が恐ろしい結果を招いた例をみると、政治家が嘘をつくことから始まっている」「大統領は通常、メディアを嫌う傾向がある。ただ、トランプ氏が歴代大統領と違うのは、メディアを、完全に『野党』として扱っていることだ」。

　そして、権力者の監視というメディアの本来の役割を果たす信頼できる報道機関が必要だとして、ニューヨーク・タイムズとワシントン・ポストの役割に期待し、両社が、記者の雇用を増やしたことに、意を強くしていた。トランプに対抗するには、伝統メディアやNPOメディアなどが全力を挙げて、嘘を見抜き、繰り返し批判していくべきだという考えである。

　現場のメディア記者はどんなことを考えながら過ごしているのか。ワシントン・ポストのホワイトハウス担当記者、デビッド・ナカムラ（David Nakamura）に聞いてみた。

　ワシントン・ポストなど伝統メディアのホワイトハウス担当は、トランプから、常に「フェイクニュース」などと攻撃にさらされる。一方で、ホワイトハウスの情報収集も本来の仕事である。ナカムラは、トランプや政権幹部と直接コンタクトを取りながらも、トランプや政権を批判しているニュー

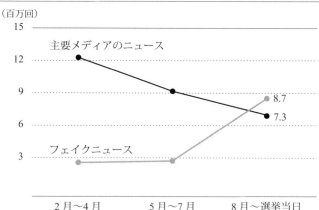

図表2-14 フェイスブックのユーザーが大統領選ニュース（上位20記事）に反応＊した回数

（出所）Silverman, C. "This Analysis Shows How Viral Fake Election News Stories Outperformed Real News on Facebook," Buzzfeed, Nov. 16, 2016 のデータを基に作成。
https://www.buzzfeednews.com/article/craigsilverman/viral-fake-election-news-outperformed-real-news-on-facebook

＊反応とは、シェア、リアクション、コメントを指す。

ヨーク・タイムズやワシントン・ポストの記者の実名も挙げながら、情報をとりつつも権力をチェックする態度の必要性を強調した。

　ナカムラ自身、「トランプ氏について記事を書くと、その記事がフェイクだというたくさんのメールが来たり、ツイートされたりもする」という。現実にとまどいは隠せない様子である。

　ただ、同時に、多くの人々からの期待も感じるという。メディアが追及することで、大統領が国民に対する説明責任を負うからだ。実際に、ワシントン・ポストのデジタル版の有料購読者は大幅に伸びている。トランプと対抗することで、経営面には良い影響があるともいえる。

　ニューヨーク・タイムズ元編集主幹のビル・ケラー（Bill Keller）のインタビューも印象深かった。ケラーは、いま、刑事司法に特化した調査報道団体『マーシャル・プロジェクト（The Marshall Project）』の編集主幹を務めている。

ニューヨーク・タイムズの大統領選報道にバイアス（偏向）があったか、と聞いたところ「大きなバイアスはなかったと思うが、タイムズに限らず、伝統メディアには、見落としていた部分があったと思う」と答えた。

ビル・ケラー

「地方に行って、2分だけ話を聞いても、深いところはわからない。1時間も2時間も話を聞いて初めてわかることがある。そうした取材が出来ていなかった」。そうした反省にたち、「選挙後は、伝統メディアが、ラストベルトと呼ばれる製造業地帯に行って、トランプ支持者のインタビューを始めている」と話した。

マーシャル・プロジェクトでは、リベラル支持層だけでなく幅広い読者に記事を読んでもらうため、記事の「トーン」に気をつけているという。

「トランプ氏が虚偽の発言をするとき、何が真実かを伝えるのは大事なことだ。しかし、テレビや新聞は、トランプ支持者がこんな馬鹿を支持しているなんて信じられるかという風な、見下すような報道ぶりに知らず知らずになっていることがある」と指摘する。そう読者が受け取らないよう、「トーン」に気を配るのだという。

「ポスト真実」時代にどう対処するのか、簡単な解決策はない。ジャーナリストたちの苦悩や挑戦は、長く続くことになるだろう。

第3章

金成隆一

「トランプ王国」にみるメディア消費
「ラストベルト」を中心に

　筆者は朝日新聞社のニューヨーク特派員として、2016年のアメリカ大統領選を取材した。各党が党の候補を1人に絞り込む予備選の駆け引きは前年の夏には本格化していた。アメリカ大統領選は1年半に及ぶ耐久レースだ。
　2015年後半のアメリカの雰囲気をお伝えしよう。
　つけっぱなしにしているニューヨーク支局のテレビから、共和党の予備選で先頭を走るドナルド・トランプ（Donald Trump）の声が聞こえてくる。
　「私は本当に頭がよく、金持ちだ」「東京で最後に（アメリカ車の）シボレーをみたのはいつだ？」。
　選挙戦の主役は、その年の6月に出馬表明したトランプだった。過激な発言をして主要メディア、政治家、評論家の批判を一斉に浴びる。それでもふんぞり返って平然としている。注目を集めたまま、また口を開き、指先でつぶやく、そして批判される。その繰り返しだった。
　当時、国連本部の担当記者として赴任した筆者は支局で、国連関連の記事執筆でもがいていることが多かった。とくに2015年の秋は国連創設70周年の企画に追われていた。国連の記事に集中しないといけないのに、耳に飛び込んでくるトランプの発言があまりに突飛で気になる。「ああ、気が散る」「うるさいな」「アメリカメディアもこんな放言を何度も流さないでくれ」。
　それが当時の心境だった。記者をしている以上、アメリカ社会のニュース

を刻々と伝えるテレビ放送を消して閉じこもるわけにもいかない。どのニュースチャンネルに変えてもトランプが映っている。米メディアはトランプを無視できなくなっていたのである。

ニューヨーク・タイムズ（The New York Times）によると、2016年3月までの時点で、トランプはその言動で注目を集めることで19億ドル分ものメディアに無料で露出していた。2番手の上院議員クルーズ（Ted Cruz）（3億ドル）、主流派を代表していた元フロリダ州知事ブッシュ（Jeb Bush）（2億ドル）を圧倒していたという[1]。

2015年の時点で、いまも続く「トランプ劇場」の幕は開けていたのだ。メディアの報道の中心に候補者トランプが、そしていまは大統領トランプがいるという構図だ。

当初はトランプが「問題」発言するたびに、筆者は「これで彼の選挙戦も終わったな」と誤解していた。ところが予想に反してトランプ人気は続き、時には「問題」発言の後に支持率が伸びた。なぜ人種差別的と批判されるような発言をやめず、身体障害者の動きを演説中にまねるような候補者が、いつまでも人気首位なのか？　いったい、どこの誰がトランプを支持しているのか？

この問いへの答えは、赴任先のニューヨーク市ではみつからなかった。市内のバーで、共和党候補の討論会を観戦するパーティーが開かれた際、トランプの発言にブーイングが沸き起こり、「彼の立候補はジョークだ」と冷笑の的になっていた。

問いへの答えを求めて、筆者は冬休みに地方への旅に出た。2015年12月、マンハッタンで車を借り、アパラチア山脈を西に越え、ペンシルベニアとオハイオ両州を回った。製鉄業や製造業、石炭業などの基幹産業が廃れたラス

---

[1] Confessore, N. and Yurish, K. "$2 Billion Worth of Free Media for Donald Trump," *New York Times*, Mar. 15, 2016.
　https://www.nytimes.com/2016/03/16/upshot/measuring-donald-trumps-mammoth-advantage-in-free-media.html

トベルト（Rust Belt：錆びついた工業地帯）などと呼ばれるエリアで、山あいの飲み屋、ダイナー（食堂）、ガソリンスタンド、食料品店で地元の人々に声をかけると、多くがトランプへの支持や好感を語った。印象的なのは、政治にあまり関心がないという人々も、「長く政界にいる職業政治家よりは新鮮だ」「アメリカという国家を一度、トランプのようなビジネスマンに経営させてみたい」と前向きに捉えていた点だ。

彼らは同時にいまのアメリカ社会や暮らしぶりへの不満と不安を語った。耳を傾けているうちに、筆者はこの不安と不満をもっと聞き取りたいと思うようになった。そこからアメリカ社会のいまを描けるかもしれない。トランプ本人ではなく、トランプを支持する、いや、支持してしまう現代アメリカへの関心を深めた。

取材拠点を、5大湖近くにある中西部オハイオ州のトランブル郡とマホニング郡に決めた。主な理由は、①ニューヨークから車で約6〜7時間と近く、広大なアメリカ内では比較的通いやすい、②トランプが製鉄業や製造業の海外移転を批判し、この地域での得票を狙っていた、③オハイオ州が近年のアメリカ大統領選でカギを握ってきた、④本音を語ってくれる知人をつくることができた、の4点だ。

一帯は総称として「スティールバレー（Steel Valley）」と呼ばれてきた。西海岸サンフランシスコのシリコンバレー（Silicon Valley）ならぬ「製鉄の谷」だ。「労働者の街」としても知られ、労働組合の活動も盛んで、選挙では組合の支持を受ける民主党候補が強かった。筆者が当時から選挙結果を予測できていたわけではないが、両郡では結果的に共和党候補トランプの得票が伸びた。中でもトランブル郡では、1972年の大統領ニクソン（Richard Nixon）以来、44年ぶりに共和党候補（トランプ）が勝利した。

主に週末を利用してこの地域に通い、取材網を少しずつ広げ、深めた。2017年10月からの3カ月間は、より住民に近づくためトランブル郡に家賃450ドルのアパートも借りた。差別的な発言を理由にためらいがちに支持する人もいれば、とにかく熱心な支持者もいた。前大統領オバマ（Barack

Obama)の「チェンジ」に期待して失望した人、失業中の人、蔓延する薬物汚染におびえる人、複数の仕事をかけもちして神経をすり減らす人、まじめに働いても暮らしが一向に楽にならないことに不安を覚える人。明日の暮らしや子どもの将来を心配する、勤勉なアメリカ人たち。大都会ニューヨークでの取材ではみえない、もう一つのアメリカの姿だった。

　3年間のトランプ支持者の取材リストを見返してみると、いわゆる著名人はいない。トラック運転手、理髪店主、喫茶店員、電気技師、元製鉄所労働者、道路作業員、溶接工、食肉加工場作業員、ホテル客室清掃員、元国境警備兵、トレーラーハウス管理人、看護師、建設作業員、家電製造ラインの従業員、郵便配達人──。全米各地で350人超になる。

　一連の取材結果は、朝日新聞の媒体で伝えたほか、『ルポ　トランプ王国──もう一つのアメリカを行く』(岩波書店、2017年) と、『記者、ラストベルトに住む──トランプ王国、冷めぬ熱狂』(朝日新聞出版、2018年) として出版された。

　本章では、そんな取材を通してみえてきた、ラストベルトなどのトランプ支持者のメディア事情を報告する。どんなメディアをみているのか、どんな風にメディアをみているのか、をまとめる。本来は統計的なデータを活用することが望ましいのだが見当たらない。そのため、2015年末から2019年1月までの約3年間で取材したトランプ支持者の事情を紹介する。地域としてはラストベルトが中心になるが、南部州の様子も盛り込む。

I　FOX NEWS と保守ラジオ

(1) 自宅、バー、ホテルロビーにて

　アメリカの地方を取材していて感じてきたのは、FOX NEWS の圧倒的な存在感だ。

第3章　「トランプ王国」にみるメディア消費

　支持者の自宅に行くと、テレビは当然のように FOX NEWS が流れている。飲み屋に顔を出すと、ほとんどのテレビからはアメフトや大リーグなどのスポーツ中継が流れているが、隅のテレビだけはニュース番組ということがある。そんな時も FOX NEWS だった。

　出張先のルイジアナ州やアラバマ州のホテルで撮影した写真がある。いずれのホテルも1階ロビーにテーブルが並んでおり、朝食エリアになっていたが、テレビからは FOX NEWS が流れていた。

ルイジアナ州のホテルで、FOX NEWS が「トランプ大統領 VS. エスタブリッシュメント（既得権益層）」というヘッドラインで報じていた（2017年9月30日午前7時46分撮影）

　いずれもトランプを肯定的に描くか、民主党側やリベラルな風土の地域を批判的に描く内容を伝えていた。例えば、ルイジアナ州で撮影した画面のヘッドラインには、「トランプ大統領 VS. エスタブリッシュメント」とあり、既得権益層に挑むトランプという構図で伝えていた。

アラバマ州のホテルで、FOX NEWS が「カリフォルニア州で民主党が不法移民に医療サービスを無料で提供しようとしている」と批判的に報じていた（2018年5月22日午前9時16分撮影）

（2）トランプ支持者の声

　私が継続取材している熱心なトランプ支持者も、多くは FOX NEWS の視聴者だ。

　オハイオ州トランブル郡の元道路作業員の男性ジョン・ミグリオッジ（48歳）は民主党支持が強かった労働組合の元委員長だ。父は小学3年までの教育しか受けなかったが、やはり勤務先の製鉄所で労組の委員長を務めた。「私たち一家は労働者を守る活動を代々誇りにしてきました」と語る。オバマやヒラリー・クリントン（Hillary Clinton）らには「あなたに必要なことを、私はあなた以上に知っている」という「上から目線」を感じてきた。その割

には、暮らしぶりは何も変わらなかった、という不満を募らせていた。このようなエリート、エスタブリッシュメントへの反発は、とくにトランプ支持者に根強い。

ニュースはもっぱらFOX NEWSから得ているトランプ支持者の男性ジョン・ミグリオッジ（2017年10月20日取材）

そんな時にトランプが登場し、「アメリカの自由貿易の交渉人たちはバカで、利益団体に操られている」「アメリカに雇用を取り戻す」と訴えた。わかりやすい言葉で現状を批判する「規格外」の魅力があった、という。

ミグリオッジが政治に関心を持つようになったのは2007年ごろで、CNNやMSNBC、FOX NEWSの3チャンネルを日常的にみるようになった。しかし、CNNやMSNBCが連日のようにトランプを批判的に取り上げるので「信用できなくなった」。

「トランプの主張や実績には良い面もあるのに、それらを伝えようとしない。誰の目にも就任後の景気は良くなり、雇用情勢やガソリンの低価格は庶民の暮らしを楽にしているのに、そのように伝えない。視聴者の認識に影響を与えようという意図を感じる。私がFOX NEWSを好むのは、CNNやMSNBCほど主義主張を視聴者に押しつけようとしないからだ」と話した。

筆者が「主義主張を視聴者に押しつける傾向はFOX NEWSには感じないか」と聞くと、こう答えた。

「CNNやMSNBCほどではないが、感じることはある。正直にいえば、最近FOX NEWSが右に偏りすぎていると感じることがある。グレタ・バンサストレン（Greta Van Susteren）が最もバランスのよい番組ホストだったと思うが、彼女はFOX NEWSと契約を更新しなかった。いつか戻ってきてくれることを願う」。

トランブル郡でトランプの選挙戦を引っ張った喫茶店員の女性（41歳）は、フェイスブック経由で紹介されたニュースを読んだり、視聴したりすることが多い。彼女の場合、当初は「FOX NEWSをみている」という認識はほと

んどなかったが、筆者が質問するようになり、「FOX NEWS をみていることに気づいた」。右の写真は、彼女がスマートフォンでユーチューブを開き、FOX NEWS に地元選出の政治家が出演している動画をみている時のものだ。

スマートフォンで FOX NEWS を視聴するトランプ支持者の女性（2017 年 6 月 29 日取材）

2018 年 11 月の中間選挙の前日、トランプがオハイオ州クリーブランドで集会を開いた。この会場で、32 年ほどスクールバスの運転手をしている女性ジョーニー・グロフ（57歳）を取材した。トランプを支持する理由を「大金持ちのトランプを誰も買収できない。だから選挙戦で、民主党だけでなく、当初は共和党主流派も彼の勢いを恐れた。どんなに資金をつぎ込んでもコントロールできないから、トランプが大統領になるのを妨害しよう

CNN や MSNBC を批判したスクールバス運転手の女性ジョーニー・グロフ（2018年 11 月 5 日）

とした。トランプは熟考する前に口が開くので問題発言も多いが、それでも恐れることなく振る舞う姿勢が好きだ。問題が山積している時代のアメリカには、あのぐらい風変わりな大統領が必要だ」と話した。

そして自らメディアの話を始めた。

「同僚に『明日トランプ集会に行くのよ』といったら怪訝な顔をされた。残念ながら同僚の多くが民主党支持者で、彼らは（テレビの）間違ったチャンネルをみてばかりいるから洗脳されてしまったのよ」。

筆者が「間違ったチャンネルとは？」と聞くと、女性は「CNN よ。私は CNN と MSNBC が大嫌い。彼らはトランプ政権の悪いことばかり放映して、成果を無視している。私がみているのは FOX NEWS よ」と答えた。

(3) FOX NEWS の傾向

とはいえ、FOX NEWS が「偏っている」と指摘されることもある。その一例が、トランプのライバル候補だった元民主党候補、ヒラリー・クリントンへの批判報道といえるだろう。FOX NEWS を支持する人々の立場を紹介してきたので、この傾向についても指摘しておきたい。

「ヒラリー・クリントンが2008年にハラスメントを訴えられた側近を擁護した」との見出しで報じる FOX NEWS（2018年1月29日午後7時31分撮影）

FOX NEWS は 2016 年の大統領選が終わっても、クリントン一家に関する報道を熱心に続けてきた。筆者のみる限り、ほとんどが批判的な内容だ。民主党に明確な次期リーダー候補がいないことも手伝って、しばらくはクリントン一家が批判を受けることになりそうだ。

「ヒラリー・クリントンがグラミー賞の寸劇で、(ホワイトハウスの内幕を描いた)『炎と怒り』を朗読した」と批判的に報じる FOX NEWS（2018年1月29日午後7時34分撮影）

デスクワークが多くなった 2018 年 1 月 29 日、筆者は卓上のテレビを FOX NEWS に合わせた。普段は FOX NEWS を長時間みる機会が少ないので、意図的にそうした。すると、あまりにクリントンへの批判が続いたので、気づいた分を撮影した。

この日（2018 年 1 月 29 日）が特別だったわけではない。同年 2 月 8 日深夜に放送されていた看板ホスト、ショーン・ハニティー（Sean Hannity）の番組でも、ヒラリー・クリントンへの批判は断続的に流れていた。

「ヒラリー・クリントンがセクハラを訴えられた選対側近を擁護した」との見出しで報じる FOX NEWS（2018年1月29日午後8時20分撮影）

ヒラリー・クリントン氏の「メール問題」を報じる FOX NEWS（2018年2月8日午前1時5分撮影）

(4) ハニティーのポップアップ表示

保守陣営に人気のハニティーには、自身の名前を冠したウェブサイトもある。筆者はこのサイトのメッセージをパソコンで受け入れるように設定しているので、毎日のようにポップアップの表示が出る。このメッセージにも、クリントン一家を批判的に描いたもの（事例①）、リベラル系の報道機関を批判するもの（事例②）、大統領のトランプの主張と一致するもの（事例③）が目立つ。

事例③は、中米ホンジュラスからアメリカ入国を目指して北上していた数千人規模の「移民キャラバン」と呼ばれる一団について、「アメリカ国境に突入しようとしている」と伝えるものだ。トランプは中間選挙の直前にツイッターや演説で「大勢のギャングメンバーといくらかの極悪人が我々の南部国境に向かっているキャラバンに紛れ込んでいる」「これは我が国への侵略だ」などとキャラバンを批判していた[2]。ニューヨーク・タイムズなどは、「選挙戦終盤にキャラバンへの恐怖心を煽る手口」とトランプの手法を批判した[3]。

事例①「クリントン夫妻の講演会は会場が半分しか埋まらず、入場チケットは6ドル55セントまで下がった」という趣旨のポップアップ表示（2018年11月29日午前9時14分撮影）

事例②「ニューヨーク・タイムズ紙がトランプ氏の支持者は『単に悪い人々なのだろう』という見出しの記事を出した」という趣旨のポップアップ表示（2018年11月28日午後2時17分撮影）

事例③「移民キャラバンがアメリカの国境に突入しようとしている」という趣旨の表示（2018年11月26日午前10時31分撮影）

---

2 トランプのツイッター（2018年10月29日発信）。
3 Peters, J.W. "How Trump-Fed Conspiracy Theories about Migrant Caravan Intersect with Deadly Hatred," *New York Times*, Oct. 29, 2018.
https://www.nytimes.com/2018/10/29/us/politics/caravan-trump-shooting-elections.html

(5) 保守派ラジオ

　アメリカでは、ラジオの影響も無視することはできない。とくに地方は、買い物にも通勤にも子どもの送迎にもマイカーを使う車社会で、運転中にラジオを聞くことが日課になっている人は少なくない。筆者は取材を本格化させて数カ月後、トランプの支持者に「アメリカの保守思想を理解したければ」と、あるラジオ番組の視聴を熱心に勧められた。
　「運転中は何を聞いているんだ？」
　2016年3月25日、オハイオ州ヤングスタウンにある公立図書館で、トランプを支持する元警察官の男性ロナルド・スカウロン（70歳）が取材中に聞いてきた。筆者が「最初から設定されていたラジオを聞いていた」と答えると、「私がお勧めのラジオ局を教えよう。トランプ支持者から人気の放送局だ」。駐車場に止めた私の車に乗り込み、カーラジオの周波を設定してくれた。

筆者のレンタカーに乗り込み、カーラジオをラッシュ・リンボーのトークショー番組に設定したトランプ支持者の男性ロナルド・スカウロン（2016年3月25日取材）

　ラッシュ・リンボー（Rush Limbaugh）のトークショー番組だった。リンボーは、アメリカの保守派で最も影響力を持つラジオホストで、1,400万人（推定値）の聴取者を持つといわれている[4]。
　男性がラジオ放送局をAM570の「WKBN」に設定した後、筆者はそのまま運転中に30分ほど車内でリンボーの番組を聞いた。当時番組を録音していたので、本章を書くために改めて聞いてみた。一部を引用してみよう。

　「銀行やウォールストリートはほとんどが民主党に資金を供給してい

4　Cuccinello, H.C. "The World's Highest-Paid Radio Hosts 2017," *Forbes*, Oct. 5, 2017.
　　https://www.forbes.com/sites/hayleycuccinello/2017/10/05/the-worlds-highest-paid-radio-hosts-2017/#217adbfa51fb

第3章 「トランプ王国」にみるメディア消費

図表3-1　アメリカの人気ラジオトークショーホスト（聴取者数順）

1	ラッシュ・リンボー（Rush Limbaugh）／プレミア・ネットワークス	1,400万人
2	ショーン・ハニティー（Sean Hannity）／プレミア・ネットワークス	1,350万人
3	デイブ・ラムジー（Dave Ramsey）／インディペンデント	1,300万人
4	マイケル・サヴェジ（Michael Savage）／キューミュラス—ウエストウッドワン	1,100万人
5	グレン・ベック（Glenn Beck）／プレミア・ネットワークス	1,050万人
6	マーク・レヴィン（Mark Levin）／キューミュラス—ウエストウッドワン	1,000万人
7	ジョージ・ノーリー（George Noory）／プレミア・ネットワークス	900万人
8	ローラ・イングラハム（Laura Ingraham）／コートサイド・エンターテインメント	800万人
9	マイク・ギャラガー（Mike Gallagher）／セイラム・ラジオ・ネットワーク	700万人
10	ヒュー・ヒューイット（Hugh Hewitt）／セイラム・ラジオ・ネットワーク	650万人
11	トム・ハートマン（Thom Hartmann）／WYW Media	625万人
12	ジム・ボハノン（Jim Bohannon）／キューミュラス—ウエストウッドワン	600万人
13	アレックス・ジョーンズ（Alex Jones）／インフォ・ウォーズ	590万人
14	ステファニー・ミラー（Stephanie Miller）／WYW Media	575万人
15	ジョー・パッグス（Joe "Pags" Pagliarulo）／コンパス・メディア・ネットワークス	400万人

（注）2018年累積週間見積もりの集計。『フォーブス（Forbes）』誌など、米メディアも引用している一覧。リンボーが首位で、FOX NEWSの看板ホスト、ショーン・ハニティーらが続く。
（出所）TALKERS Magazineの集計を基に作成。
"Most-Listened-To Radio Talk Show Hosts in America," *TALKERS Magazine*.
http://www.talkers.com/top-talk-audiences/

る。彼女（クリントン）だけではなく、民主党という構造への資金供給だ。『アメリカの実業界やウォールストリート、大企業が共和党の一部だ』という考え方は、たわごとだ。もう何年もそうではなくなっているのだ。実態は、彼らが（いまでは）民主党を支持するようになっているというよりも悪く、アメリカの政府（筆者注：当時は民主党オバマ政権だった）と企業には違いがなくなっているのだ。仮に違いがあっても、ほんのわずかだ。彼らはベッドを共にしているのだ」。

「オバマケア（オバマ前大統領が推進した医療保険制度改革：Patient Protection and Affordable Care Act）が成立した理由は単純だ。保険会社や病院が取り込まれたのだ。政府が、あなたが経営する保険への加入を全アメリカ人に義務づける法案を通すとなれば、そりゃもちろん、保険会社や病院は（オバマや民主党に）選挙資金を出しますよ、喜んで」。

「ヒラリー・クリントンは、エスタブリッシュメントの権化だ。実質的に誰もが、エスタブリッシュメントは排他的で、（一般社会から）切り離されているとみている。ヒラリーがスピーチすることで、あの銀行やこの銀行から繰り返し（対価として）2,500万ドルを受け取っていた事実があり、庶民はバカではないので、何が起きているのかを理解している。2つのことが起きているのだ。大統領になるかもしれない人物への影響力を銀行が買っているということ、世界中に知り合いがいる元国務長官の個人資産に貢献することで影響力を買うということだ」。

　このように民主党への批判を展開していた。言葉遣いや話し方はラフでわかりやすい。

　ただ、内容については、オバマケアで2,000万人とされた無保険者が保険に加入できるようになったという側面を説明していないだけでなく、オバマケアが民主党から保険会社への利益誘導のように描かれていてバランスを欠いているといわざるを得ないだろう。

　また、改めて聞いてみると、2016年の大統領選の期間を通じて、多くのトランプ支持者が口にしていた内容と酷似していることに気づく。「ヒラリー・クリントンは、エスタブリッシュメントの権化だ」という批判は、筆者も繰り返しトランプ支持者から聞いてきた。このラジオ放送が全米に流れたのは予備選のまっただ中の2016年3月25日の昼過ぎだったことを考えると、選挙結果に一定の影響力があったといえるのではないだろうか。

　クリントンを批判した後、リンボーはトランプについて語る。当時、メディアのヘッドラインを数日前にベルギーで起きたブリュッセル連続テロ事件が占めていた。リンボーは、トランプが事件の直後にインタビューに応じたことを取り上げた。

　リンボーは、まずトランプの発言「私は自らの心と脳で思ったことを述べた。私はいつもそうする。私がいうことは、私が思ったことだ」を本人の音声の録音で伝えたうえで、おおよそ次のような趣旨でコメントした。明らか

にトランプに好意的で、クリントンに批判的だ。

「重要なのは次の点です。トランプの反応が（大勢の候補者の中で）ベストであり、トランプは直感で話ができていた。コメントする前に誰にも電話せず、アドバイザーに相談していない。何をいえば世間がどう反応するかといったテストを必要としていない。彼は自分の直感に基づいて、即席で話す。それは彼の本心だ」「その他の連中は慌てふためく。何もかもに台本とリハーサルが必要だ。すべての発言はプロンプターに映し出されなければならないので、事件の直後に発言するなんてやらない。即席なし、そんなリスクはとらない。だからヒラリーはお決まりの手順を踏んだ。側近を集めて、ああでもないこうでもないと議論させ、何をいえばどんな風に評価されるかというテストを実施し、ヒラリーが読み上げる台本を書き上げる。トランプは、何が起きたかを聞き、それを自分で消化すれば、表舞台に出て行って反応を示すのです」。
（注：クリントンについての発言内容が事実かは筆者には判断できない）

　トランプ政権の発足後もリンボーは強力な支持者だ。2018年の中間選挙の直前には、ミズーリ州ケープジラード（Cape Girardeau）のトランプ集会で登壇し、「（トランプの）就任後の2年間をみたか？　毎日のようにニューヨーク・タイムズやワシントン・ポストが匿名の情報源を使って、トランプが選挙戦を有利に運ぶために（ロシア大統領の）プーチンと結託したと騒ぎ立ててきた。そんな証拠は何もない。ゼロだ。結託などなかったのだ。でっち上げだ。ヒラリー・クリントンがロシアと結託したのだ。ヒラリー・クリントンが選挙戦を不正に操作したのだ」と演説した[5]。（注：リンボーは演説中、

5　Schwartz, I. "Rush Limbaugh at Trump MAGA Rally in Cape Girardeau: Democrats Haven't Accepted," Real Clear, Nov. 5, 2018.
　https://www.realclearpolitics.com/video/2018/11/05/rush_limbaugh_at_trump_maga_rally_in_cape_girardeau_democrats_havent_accepted_they_lost_in_2016.html#!

「クリントンとロシアの結託」について根拠を示していない)

　さらにリンボーは、トランプの動員力について、「こんなに大勢(の支持者)を集められる政治家はトランプをのぞいて両党に 1 人もいない。彼らは悔しがり、嫉妬している。彼らは、みなさんが本来はトランプではなく、自分たちを愛するべきだと思っている。この会場は素晴らしい、信じられない。私は最初の世論調査をみたときに、トランプは勝てると思った。なぜならば、彼は支持者とつながっているからだ。こんな風に支持者とつながれている政治家はいない。ワシントンの連中は我慢できないんだ。エスタブリッシュメントの連中はこの現実に耐えられないのだ」と語った。

　ちなみにミズーリ州ケープジラードはリンボーの出身地。集まったトランプ支持者は「ヒラリーを刑務所に送れ」の大合唱でリンボーの演説に応えていた。

　リンボーのラジオ放送を何十年も聞いているトランプ支持者がいる。ペンシルベニア州西部のコネルズビル(人口 7,000 人)で暮らす熱心なトランプ支持者の女性エドナ・プリンキー(83 歳)はそんな 1 人だ。

　筆者が「どうやってニュース情報を得ていますか」と聞いた際、エドナは「ラッシュ・リンボーが一番ね」と即答した。

ラッシュ・リンボーの放送を支持するペンシルベニア州コネルズビルのエドナ・プリンキー(2016 年 8 月 9 日取材)

　「私は彼の最初の放送日から聴いている。もう何十年にもなる。彼が、私の考え方に賛同しているので、正午から午後 3 時の放送時間はずっとラジオを聴いている。運転中でも、自宅にいても。私たちは同じような考え方をしているし、同じ価値観を持っている」。

　私が彼の考え方に賛同している、ではなく、彼が私の考え方に賛同していると話したのが印象的だった。違和感なく放送を聴いていられるのだろう。筆者が「周囲にリンボーの放送を聴いている人はいますか?」と聞くと、

「私の友人は全員」と答えた。

　コネルズビルは産炭地で、プリンキーの家族は、父親も夫も長男も炭鉱で働いた「炭鉱一家」だった。プリンキーは、アメリカの石炭産業を復活させると訴えるトランプが、壇上でヘルメットをかぶり、スコップで石炭を掘るしぐさをしたことに感激した1人でもある。

　筆者のカーステレオをリンボーのトークショー番組に合わせた男性の話に戻ろう。男性は「私はこの地域の common Joe（平均的な男性）だ。労働者階級の出身で、トランプが立候補するまでの50年間、ずっと民主党員だった」と自己紹介した。高校卒業後にベトナム戦争に従軍し、除隊後しばらく製鉄所で働き、25歳で警察官になった。

　スカウロンやプリンキーのような普通のアメリカ人が日常的にリンボーのラジオ番組を聞いているのだ。

（6）ポッドキャストで保守系ホストのトークショー

　2018年11月のトランプの集会で、「Amendment 2」と大きな文字が背中に入ったシャツを着た男性が前方を歩いていた。ひいきのアメフトチームのジャージを着ているようにみえるが、これはアメリカで銃を持つ権利を定めているアメリカ合衆国憲法修正第2条（Second Amendment to the United States Constitution）を「支持している」という意味だ。アメリカでは、保守派だけでなく、民主党支持層にも銃を所持する権利を擁護する人々が多い。

　声を掛けると、男性は空港勤務の男性トマス・バーブロ（58歳）だった。シャツを着ている理由をこう語った。

　「連邦政府の肥大化を警戒する観点から、アメリカで最も重要な憲法条項が修正第2条だ。リベラル派が貧困層の支援のために政府の役割の拡大を求めているが、この傾向を放置すると政府はどんどん肥大化する。一線を

オハイオ州クリーブランドで開かれたトランプ集会の会場で「修正2」と大きな文字が背中に入ったシャツを着た男性が歩いていた（2018年11月5日撮影）

越えるときに政府はまずアメリカ人の銃器を回収しようとする。人民の武装蜂起を警戒しているからだ。その後に大重税が課され、自由も制約されるようになる。つまり、政府の暴走のシグナルが修正2条の制約という形で表れるのだ。だから修正2条をめぐる政治家の言動には注意が必要だ」。

　日本ではなじみの薄い理屈だが、アメリカのとくに地方では似たような考え方を語る人が少なくない。

　そんなバーブロは普段、仕事中にイヤホンをして、ポッドキャストでラジオのトーク番組を聴いている。お気に入りはトークショー番組のホスト役、マーク・レヴィン（Mark Levin）が主幹を務めるCRTVだという。CRTVの中に、レヴィンをはじめ多くのホストの番組があり、気に入ったものを優先的に聴いている。レヴィンはFOX NEWSでも番組を持つ。111ページに載せた図表3-1によると、1,000万人の聴取者を持ち、全体の6位に入っている。やはり保守派に影響力の強い人物だ。

トランプ集会の会場で、空港勤務の男性がみせてくれたCRTVの画面。仕事中もイヤホンで聴いているという（2018年11月5日、オハイオ州クリーブランドで取材）

II　新興放送局と右派のデジタルメディア

　2017年12月、継続して取材している男性宅を久しぶりに訪ねると、見慣れない放送局の番組をみていた。気になる変化なので、この「見慣れない放送局」の話も紹介したい。

　男性が解説してくれた。「最近はFOX NEWSではなく、こっちをみている。トランプの報道がFOX NEWSよりも多いからな。みるようになってどのぐらいになるかって？

「トランプ大統領は2018年、国境の壁と移民対策に注力する」というニュースをテレビで流す新興放送局ワン・アメリカ・ニューズ（OAN）（2017年12月30日撮影）

第3章 「トランプ王国」にみるメディア消費

そうだな、2～3カ月にはなるな」。

チャンネルは、2013年放送開始の新興放送局「ワン・アメリカ・ニューズ（One America News: OAN）」（本拠サンディエゴ）だった。画面からは、クリントンの一家を批判する2016年のドキュメンタリーが流れていた。内容は、クリントン一家が財団を通じて海外献金を受け取っていたことなどにより私腹を肥やしたという趣旨で、原作の本は大統領選の期間中にベストセラー入り。トランプの最側近だった前首席戦略官バノン（Stephen Bannon）が制作に関わった作品だ。

(1) ワン・アメリカ・ニューズ

OANは選挙中からトランプに好意的な放送を続けていたが、とくに目立った存在ではなかった。ところが政権の発足前後から、これら新興の放送局が浸透している印象を受ける。まずは、男性がみていたOANを紹介したい。

ワシントン・ポストによると、OANのオーナーは回路基板の製造で財をなした富豪ロバート・ハーリング（Robert Herring）で、その指揮下で影響力の拡大を図ってきた。注目されたのは2015年6月、トランプの出馬会見の報道ぶり。多くの人がトランプの出馬を「冗談」と笑ってみていた当時、会見のすべてをライブ中継した。これはハーリングの判断で、他の共和党候補は同様の扱いは受けなかったという[6]。

OANは「ストレートニュース」「意見なし、事実のみ」を掲げる。しかし、ワシントン・ポストによると、ハーリングが編集に及ぼす影響は大きく、大統領選期間中、ハーリングはトランプ以外が首位になっている世論調査の報道を禁じた。予備選が佳境を迎えていた2016年3月には、トランプへの批判を強めていた2012年の共和党の大統領候補ロムニー（Mitt Romney）につ

---

[6] Fisher, M. "An inside Look at One America News, the Insurgent TV Network Taking 'Pro-Trump' to New Heights," *Washington Post*, Jul. 5, 2017.
　https://www.washingtonpost.com/lifestyle/style/an-inside-look-at-one-america-news-the-insurgent-tv-network-taking-pro-trump-to-new-heights/2017/07/05/7475f0a4-4fa2-11e7-91eb-9611861a988f_story.html?utm_term=.cf6d05e82e51

いて「彼の演説を中継するな」「彼は負け犬だ」と番組のプロデューサーにメールを送っていたという。ハーリングが同社の定例会議で、右派サイト「ブライトバート（Breitbart News Network）」や「ドラッジ・レポート（Drudge Report）」からのニュース素材が欲しいと要求していたとの元記者の証言もある。

デジタルメディア「デイリー・ビースト（Daily Beast）」によると、ロバートの息子で同社の社長を務めるチャールズ・ハーリング（Charles Herring）は、OANの方向性について「無視されてきた声、リバタリアンと保守派の声を届けるプラットフォームを提供する」と説明している。FOX NEWSについては「素晴らしいプラットフォーム」「多くの人が好きで、素晴らしい視聴率を出している。FOXに何ら問題はない。問題なのは（テレビの）チャンネルを並べると、全国ニュースは左に偏る傾向があり、我々の側にはFOXしかないことだ」と述べた[7]。FOX NEWSに加勢し、保守系メディアの一翼を担う意気込みだった。

OANは2016年4月にはトランプの単独インタビューを放映している。共和党候補を1人に絞り込む予備選の真っ最中にウィスコンシン州で収録されたものだ。YouTubeで視聴可能で、インタビュアーはトランプに「地球温暖化を心配している人がいますが、今日は（冷えていて）雪ですね」と語りかける[8]。

こうした友好的な姿勢が功を奏したのかはわからないが、トランプのお気に入りメディアの1つになったようだ。2017年8月の会見では、トランプがOANの担当記者の質問に答えた後で唐突に「あなたの放送局を祝福したい。素晴らしい放送局だ」と述べる一幕もあった。

---

[7] Freedlander, D. "One America News Network, New Conservative Cable Channel, Sets Launch," Daily Beast, Mar. 14, 2013.
　https://www.thedailybeast.com/one-america-news-network-new-conservative-cable-channel-sets-launch
[8] "Donald Trump Sits Down with One America News in Wisconsin for an Exclusive Interview," OAN (YouTube), Apr. 3, 2016.
　https://www.youtube.com/watch?v=kAo4PRaQzLo

OAN は 2017 年 4 月以降、セクハラ疑惑の発覚後に FOX NEWS の人気番組を降板した元看板キャスター、ビル・オライリー（Bill O'Reilly）の獲得に動いた。オライリーは保守的な論調で支持を集め、ケーブルニュース番組としての最高視聴率を繰り返し記録した実力者。保守派への影響力が大きいオライリーの動向が注目されたが、OAN のオファーには応じなかった。

　ワシントン・ポストの記事を書いたベテラン記者は「FOX の右派としての視点に飽き足らなくなった保守派やリバタリアンの潜在的な受け皿として、OAN は視聴者数も共和党支持層の間での影響力も拡大している」と評している。

(2) ニューズマックス TV

　トランプ支持の男性宅で、ソファに座って OAN をみていると、男性が「こっちもおもしろいぞ」とチャンネルを回した。「ニューズマックス（Newsmax）TV」という別の新興放送局だった。

　「司会者ジョー・パッグス（Joe Pags）がいい。（FOX の人気司会者だった）オライリー並みだ」。

　男性は FOX NEWS の看板番組『ジ・オライリー・ファクター（The O'Reilly Factor）』の大ファンだったが、オライリーの降板後はおもしろそうな番組を探してチャンネルを回すことが増えていた。「引退するといくらでも時間がある。ケーブルテレビのチャンネルを一つひとつ回してみていたら、ニューズマックスと OAN をみつけた」。

　ニューズマックスは、フロリダ州に 1998 年に設立された企業「ニューズマックス・メディア（Newsmax Media）」が運営している。当初はネット上のサイトだけだったが、2014 年にテレビ進出を果たした。2017 年 11 月にはケーブルテレビ網を拡大したことで「全米 5,000 万世帯」で視聴可能になった、と発表した。「全国で最も早く成長しているニュース情報のケーブル・チャンネル」と宣伝している [9]。

　この発表文で目を引いたのは、「暮らしに影響を及ぼす出来事について、

ハートランドの視点で、ベビーブーマーをターゲットにしたニュースサービス」と立場を表明した点だ。ハートランドとは、オハイオ州を含むアメリカ大陸の真ん中を指す。この地域の人々がこの言葉を使うとき、ニューヨークやサンフランシスコなどの大都市圏に対し、どこか「こっちが本物のアメリカだぞ」というニュアンスが含まれているように感じる。テレビをみていた男性は、まさにハートランドで暮らすベビーブーマーだ。

　ニューズマックスは保守層に支持される番組づくりに力を入れている。OANが獲得に動いた人気司会者オライリーの出演が続いている。2018年1月にロシアによるアメリカ大統領選への介入についての連邦捜査局（FBI）の捜査に懐疑的な立場から出演したのに続き、一般教書演説でも解説を披露した。一般教書演説は、大統領が1年間を振り返って実績を示し、内政や外交、軍事など次の1年間で重点的に取り組む政策課題を議会で説明するもので、演説のすべてをほとんどの主要な報道番組が国内外に生中継する重要イベント。そのタイミングでのオライリーの出演を勝ち取ったことになる。

　編集主幹クリストファー・ルディ（Christopher Ruddy）は「ビルは歴史上で最も卓越したニュースキャスターの1人だ。彼の率直で、制約なしの厳しい分析はこれまで以上にアメリカのメディアに必要とされている」と意義を強調した。

　この夜、オライリーは「演説にいくらか気持ちもこもっていた」「（保守派でもリベラル派でもない）説得可能な中間の人々に支持を呼びかける効果はあった」と論評。そのうえで「トランプ大統領が黒人の失業率が45年間で最低になったと話したときに、黒人の議員団は誰も拍手しなかったことが目立った。彼らはそれ（失業率最低という成果）が気に入らないのでしょう」と批判。さらに民主党下院トップの院内総務ペロシ（Nancy Pelosi）が口元を動かしながら演説を聞いていたことについては、「まるで釘のうえに座らされているようでした。入れ歯の調子も悪かったようです」とからかった。

9　"Newsmax TV Signs with DISH, Now in 50 Million Homes," Newsmax TV, Nov. 30, 2017. https://www.newsmax.com/newsfront/newsmax-dish-network-tv/2017/11/30/id/829063/

いずれも保守派が喜びそうなコメントだ。

オライリーは、2019年1月にトランプがメキシコ国境での壁建設の予算をめぐる与野党の対立について、大統領執務室から全米中継のテレビ演説をした後にもニューズマックスに出演している[10]。

ニューズマックスの編集主幹ルディがトランプの「親友」として主要メディアに登場する機会も目立っている。例えば、2017年8月に大統領首席戦略官のポストを更迭されたスティーブ・バノンについて、ルディは「保守運動の中でトランプよりもスティーブを支持する人を私は知らない」とロイターの取材に答えている（2018年1月5日付）。孤立を深めているのはバノンの側であり、トランプの支持は揺らがないという趣旨の発言だった。

トランプ政権から人材がかつてないペースで流出しているという趣旨のAP通信の同日付の記事には、「休暇を一緒にフロリダ州で過ごした友人」としてルディが登場し、「ドナルド・トランプにとって結果がすべて。物事が前向きにうまく回っていると彼が感じれば、それがチームに跳ね返ってくる。しかし、もし政権の支持率が回復しなければ、彼は改善するために変化（人材交代）を起こすだろう。それが彼のやり方だ」と述べている。2019年に入ってもニューヨーク・タイムズが「トランプ氏の友人」としてルディの談話を引用している[11]。

ルディは自分でも論説記事を書いている[12]。「ドナルド・トランプは人種差別主義者ではない（Donald Trump Is Not a Racist）」（2018年1月12日付）、「バノン（発言）の驚きはまったく驚きではない（Bannon's Surprise Is No Surprise at All）」（同年1月4日付）、「トランプの大型税制案は10年にわたってアメリカの経済を刺激する（Trump's Big Tax Plan Will Fuel Economy for a

---

10 "Bill O'Reilly Dissects Trump's Oval Office Address on The Border Wall Funding," Newsmax TV (YouTube), Jan. 8, 2019.
https://www.youtube.com/watch?v=IQUb9biIwyw

11 Davis, J.H. and Baker, P. "How the Border Wall Is Boxing Trump in," *New York Times*, Jan. 5, 2019.
https://www.nytimes.com/2019/01/05/us/politics/donald-trump-border-wall.html

12 https://www.newsmax.com/insiders/christopherruddy/id-31/

Decade)」（2017年11月29日付）と、3本の見出しを並べるだけで、トランプ政権に好意的な姿勢がうかがえる。

アメリカ政治ニュースサイト「ポリティコ（Politico）」によると、そもそもテレビ進出前、まだウェブサイトと雑誌だった時代のニューズマックスはすでに「トランプ2012年のナンバーワンのプロモーター」と呼ばれていた[13]。前大統領オバマが再選した2012年の頃から「トランプ大統領」の誕生に向けて動いていたのであれば、トランプとの近さでは一般メディアはかなわないだろう。

(3) 右派のデジタルメディア

南部ルイジアナ州で暮らすトランプ支持者の男性を再訪した際、友人の女性ジェイミー・ジェイコブソン（52歳）を紹介してくれた。地元でトランプの選挙運動を支えた1人という。女性は看護師を引退後、警備会社を夫と経営している。子ども2人に加え、養子4人を育てている。自らのことを「平均的なアメリカ人」と自己紹介した。2016年大統領選では、移民問題への立場を重視して候補者を吟味した。長年の共和党員の多くが前フロリダ州知事ブッシュや、上院議員ルビオ（Marco Rubio）を支持する中、女性はトランプを支援することを決めた。「地元共和党のエスタブリッシュメント（主流派）は当

トランプを熱心に支持する南部ルイジアナ州の女性ジェイミー・ジェイコブソン（2017年9月30日取材）

ジェイミー・ジェイコブソンが「信頼できるニュースサイト」のリストを筆者のノートに書き込んだ（2017年9月30日取材）

初、私がトランプの話題を出すと露骨にイヤな顔をした。彼らはブッシュかルビオ以外を支持しようとしなかった」と振り返る。

---

13 Hagey, K. "Newsmax Hits the 'Heartland'," Politico, May. 7, 2011.
https://www.politico.com/story/2011/05/newsmax-hits-the-heartland-054514

第3章
「トランプ王国」にみるメディア消費

　どんな経緯でトランプを支持するようになったのか。「テレビ番組で有名だった当時のトランプには興味もなく、番組を一度もみたことがなかった。ところが出馬表明の前後にFOX NEWSでのインタビューをみたら、トランプは私が関心を持っているテーマを正直に語っていた。国防の強化、キリスト教の価値観に基づいた家族の大切さ、素性がわかる移民以外は国内に入国させないという姿勢の3点。2015年当時、『これ以上、移民を入れたくない』ということは心で思っていても誰も口にできなかった。政治的に正しくない発言だったから。それなのにトランプが恐れずに発言を続けているのをみて、夫婦で『彼を支持する』と決めた」。

　筆者が「どんなメディアをみていますか」と聞くと、女性は「信頼できるニュースサイト」のリストをノートに書き込んだ。①ドラッジ・レポート、②ブライトバート、③ゲートウェイ・パンディット（Gateway Pundit）、④FOX NEWSの4つだった。これにラジオ番組ホストのラッシュ・リンボーが加わるという。

　「ドラッジ・レポートは、いろんな人の記事をまとめてくれているので自分に合ったものをみつけられる。特定の報道機関が視点を押しつけてくるような感じがない。ブライトバートはバノンが関わっていたサイトで、私たち夫婦はバノンの大ファンなのでみるようになった。私たちが思っていることを、私たちの言葉で伝えてくれることが気に入っている」と理由を話した。

　ハーバード大学のニーマンラボ（Nieman Lab）によると、ドラッジ・レポートは、1995年にeメールでのニュースレター配信から始まり、1998年に元大統領ビル・クリントン（Bill Clinton）のホワイトハウス元インターン、モニカ・ルインスキー（Monica Lewinsky）とのスキャンダルを暴露したことで一躍有名になった。オバマ政権時代に人種の違いを強調する話題を提供する傾向を強め、2012年には月間のページビューが10億を超える人気サイトに成長した[14]。大統領選があった2016年の7月にはデスクトップとモバ

14　http://www.niemanlab.org/encyclo/drudge-report/

イル端末からのページビューの合計で 14 億 7,000 万を超え、MSN（マイクロソフト・ニュース）に次いで 2 位になるなど、影響力の大きさで知られる [15]。ワシントン・ポストは「右派」と位置づけている [16]。

　女性が 3 番目に列挙した「ゲートウェイ・パンディット」は、根拠の薄い情報を流すことから「陰謀論サイト」とも呼ばれている [17]。例えば、フロリダ州の高校で生徒ら 17 人が犠牲になった銃乱射事件では、銃規制を求める運動のリーダーになった高校生たちについて、「これらの子どもたちは、反保守のレトリックと銃への反対運動を促進するため極左によって政治的な道具として利用されている」と伝えた [18]。この記事は、ユダヤ人の富豪ジョージ・ソロス（George Soros）に近い活動家が「反トランプ」の立場の生徒を銃撃事件の悲劇の顔役に選抜し、「トランプ支持」の生徒は排除されているという趣旨の見出しを根拠も示さずにつけている。何らかのリベラル側の動きについて、ソロスが豊富な資金力を使って背後で操っているという印象を広める傾向は、アメリカの陰謀論の典型的な 1 つになっている。

　具体的な事件も起きている。2018 年中間選挙の前に、前大統領オバマや民主党有力者、ソロスらに爆発物とみられる不審物を送りつけた容疑で逮捕された男は、フロリダ州の乱射事件の生存者で、銃規制を訴える活動家になった元高校生を「ジョージ・ソロスに雇われた（被害者を装う）役者」と非難する内容の陰謀論をソーシャルメディアで発信していた。男の車両には、

15　https://www.similarweb.com/blog/us-media-publishers-july-2016
16　Chiu, A. "'Check Your Soul': Matt Drudge Slams Fox News Hosts over Segment on Political Violence," *Washington Post*, Oct. 30, 2018.
　　https://www.washingtonpost.com/nation/2018/10/30/check-your-soul-matt-drudge-slams-fox-news-hosts-over-segment-political-violence/?utm_term=.416fbabda876
17　Farhi, P. "What Is Gateway Pundit, the Conspiracy-Hawking Site at the Center of the Bogus Florida 'Crisis Actors' Hype?," *Washington Post*, Feb. 23, 2018.
　　https://www.washingtonpost.com/lifestyle/style/what-is-gateway-pundit-the-conspiracy-hawking-site-at-the-center-of-the-bogus-florida-crisis-actors-hype/2018/02/23/dded562a-174e-11e8-b681-2d4d462a1921_story.html?utm_term=.8c57b1df28c0
18　Wintrich, L. "Exclusive: Soros-Linked Organizers of 'Women's March' Selected Anti-Trump Kids to Be Face of Parkland Tragedy—And Excluded Pro-Trump Kids," Gateway Pundit, Feb. 15, 2019.
　　https://www.thegatewaypundit.com/2018/02/behind-various-anti-gun-movements-popping-parkland/

トランプを支持するメッセージのほか、ヒラリー・クリントンや、トランプ政権に批判的な映画を公開した監督マイケル・ムーア（Michael Moore）にライフルの照準を合わせたステッカーが貼られていたことも判明し、煽られた憎悪が実際の犯行に結びついた可能性がある事件として全米の注目を集めた。

(4) 報道機関は不要、という人々も

　トランプの早朝からのツイッター発信の連打をみている人々は、「なんでこんなに熱心なのか」と疑問に思うかもしれない。その疑問に少しでもお答えできればと思って、以下の話も紹介したい。
　SNSの発達で、誰もが手軽に情報を発信できるようになった。アメリカ大統領も、報道機関を介せず、有権者に直接メッセージを発することが容易になった。トランプは、選挙期間中に続き、就任後も、支持基盤の人々へのメッセージの発信を重視している。
　南部ルイジアナ州の女性ジェイミー・ジェイコブソンは、トランプ陣営や政権から送られてくるメールをほぼすべてチェックしているという。
　「めぼしい記事がニュースサイトにみつからなくても、いまはトランプが自分の仕事ぶりを私たちに説明してくれるので、そっちをみることができる。要望や不満があれば、トランプにメッセージも送れる。どのぐらいの頻度で送っているかって？　そうね、政権発足から500日が過ぎているから、少なくとも600通は送った。多い日は1日に3通送る。アンケートに答えることもあれば、要望欄に文章で書き込むこともある。私が移民問題への不満を書き込んだ数日後にトランプがテレビで移民問題を語っているのをみると、『私のメッセージが届いた』と思える。トランプ本人が読んでいなくても、誰かが『大統領、移民問題に関する意見が多いです』と報告しているはず。メッセージを送ると、しばらくして『大統領に伝えました』と返事が届くこともある」。
　大統領選以降、筆者の元にもトランプ陣営からアンケートが届いている。

選挙期間中に陣営からのメールを受信できるようにアドレスを登録したためだ。移民政策や国歌斉唱時の起立問題、外交政策などをめぐり、トランプの姿勢をどのレベルで支持するかという設問だった。選挙期間中は、討論会で何を最も主張するべきだと思うかという設問もあった。アンケートはトランプの大統領就任後も届いている。例えば、2019年2月の一般教書演説の日は、演説の評価を求める内容だった。トランプが選挙期間中から就任後に至るまで、支持層の意向に細心の注意を払っているといえそうだ。

III 深まる分断、分断を超える試み

このようにラストベルトなど、アメリカの地方で暮らすトランプ支持者を取材していると、彼らが日常的に接しているメディアが、特定の媒体に偏っていることに気づく。ただし、彼らにいわせれば、いわゆるリベラル派がみているメディアも、ニューヨーク・タイムズやワシントン・ポスト、CNN、MSNBCなどに「偏っている」となる。

アメリカでは都市部と地方の分断が深まっている。調査機関ピュー・リサーチ・センター（Pew Research Center）によると、1990年代末から都市部で民主党の、2009年ごろから地方で共和党の優位が強まっている[19]。2017年時点では、選挙登録した人のうち、都市部では「民主党支持」「民主党寄り」と答えた人が計62％にのぼり、「共和党支持」「共和党寄り」計31％の2倍。一方、地方では「共和党支持」「共和党寄り」が計54％で「民主党支持」「民主党寄り」の計38％を少しずつ引き離している。

こうした分極化の傾向が続けば、地方と都市部でアメリカ人が日常的に接

---

[19] "Urban Voters Remain Solidly Democratic; Rural Voters Tilt Increasingly Republican," Pew Research Center, May 15, 2018.
　http://www.pewsocialtrends.org/2018/05/22/urban-suburban-and-rural-residents-views-on-key-social-and-political-issues/psd_05-22-18_community-type-02-00/

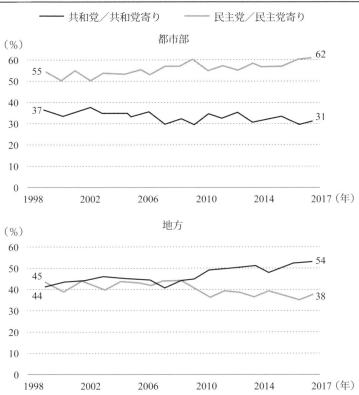

図表3-2　都市部と地方の分断

（出所）ピュー・リサーチ・センターの2018年5月公表の調査を基に作成（脚注19）。

しているメディアの違いが固定化するのかもしれない。

　これらにアメリカ社会の深刻な分断の一側面が表れているといえるだろう。本稿で示してきたトランプの支持者が日常的に接しているメディアとは、ピュー・リサーチ・センターの調査（2014年）によれば、一貫して保守的な傾向を持つ人々に支持されている媒体であることがわかる[20]。FOX NEWSやドラッジ・レポート、ブライトバート、リンボーやハニティーの番組は、図表3-3のグラフの右側に固まっている。逆にトランプの支持者

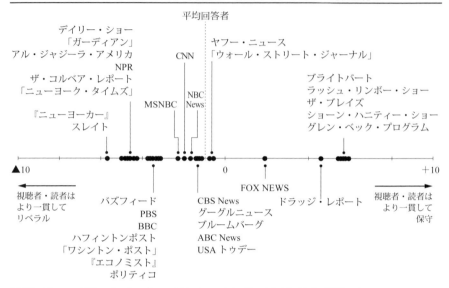

図表 3-3　各メディアの視聴者・読者のイデオロギー的位置付け

（出所）ピュー・リサーチ・センターの調査（2014 年）データを基に作成（脚注 20）。

が批判の矛先を向けるメディアは、リベラル派に支持される傾向がある。

最近は、FOX NEWS が「CNN が○○と報じている」「MSNBC が××と報じている」と、逆に CNN や MSNBC も「FOX NEWS が△△と報じている」と互いの VTR 映像を使って非難合戦を展開している。それをみて、それぞれの視聴者が相手の放送局への嫌悪感をますます膨らませているという構図が強まっているようにも感じる。お互いを「プロパガンダ」「フェイクニュース」と非難し、ますます分断が深まる構図になっている[21]。

20　Mitchell, A., Matsa, K.E., Gottfried, J. and Kiley, J. "Political Polarization & Media Habits," Pew Research Center, Oct. 21, 2014.
　　http://www.journalism.org/2014/10/21/political-polarization-media-habits/
21　Ettagouri, M. "CNN Chief Calls Fox News a 'Propaganda Machine,' and Hannity Responds," *Washington Post*, Mar. 22, 2018.
　　https://www.washingtonpost.com/news/arts-and-entertainment/wp/2018/03/22/cnn-chief-calls-fox-news-propaganda-machine-and-hannity-responds/?utm_term=.7fa03363a7e2

第 3 章
「トランプ王国」にみるメディア消費

　トランプ支持者には、きちんと取材の趣旨を説明し、彼らのいい分に耳を傾けると、実に熱心に思いを語る人々が多い。彼らの多くは、「ニューヨークに駐在する海外の記者（筆者のこと）はアメリカの主要メディアに影響を受けているだろうから、その間違いに気づかせてあげよう」というような気持ちで時間を割いてくれているようにも感じる。

　この 3 年間の取材を振り返ると、トランプ支持者が熱心に語るリベラル批判やトランプの実績と、保守派・右派メディアが伝える内容が酷似していることに気づく。350 人超のトランプ支持者に取材してきた。いつもメディア事情についての質問をしているわけではないが、ニューヨーク・タイムズやワシントン・ポスト、CNN、MSNBC を主要な情報源にしている支持者に出会った記憶はない。10 軒以上の自宅やオフィスに招かれたが、流れているテレビは FOX NEWS や新興放送局だった。トランプへの支持の強弱と、接している報道機関の因果関係を主張するには、さらに踏み込んだ調査が必要になるのだろう。それでも一部の右派メディアが陰謀論のような話をそれなりの視聴者のいる媒体で展開し、一部の支持者が似たような陰謀論を主張するのを目の当たりにしていると、大国アメリカの行く末が心配になる。

　このような状況下、分断を少しでも修復する道の模索も始まっている。
　右派の心象風景を描いた書籍『壁の向こうの住人たち——アメリカの右派を覆う怒りと嘆き』（岩波書店、2018 年）が全米ベストセラーになった、社会学者アーリー・ホックシールド（Arlie Hochschild）（78 歳）の話を最後に紹介したい。リベラルな風土の強いカリフォルニア大学バークレー校の名誉教授が「米南部で暮らす右派の人々を理解したい」との思いで保守的なルイジアナ州のコミュニティーに 5 年間通って描いた作品で、大統領選の前に出版されると「トランプ現象を理解できる最適の書」として話題になった。同州はトランプの支持が根強い地域でもある。
　ホックシールドは 2018 年夏、筆者のインタビューに次のように話した[22]。「私が調査の場所に選んだのは、熱心なキリスト教徒と白人が圧倒的に多

く、超保守的な土地です。貧困率が高く、薬物汚染や環境汚染が広がっている。交通事故も多い。平均寿命も短い。州政府予算の44％を連邦政府に依存しているのに、政府の役割の縮小を求める保守運動ティーパーティー（茶会）への支持が強かった。理解できませんでした。彼らが自分の利益にならないことに投票しているようにみえた。おそらく、経済的な理由ではなく、感情的なものだろうと想像しました」。

「私の著作は右派についての『報告』ではなく、彼らの感情を言葉にした『翻訳』。翻訳することで、彼らの感情が当事者以外にも認識可能になります。右派の人々の感情に興味を持ちました。多くの声に耳を傾け、心の奥底に横たわる物語、『ディープストーリー』をみつけました。妊娠中絶や銃、地球温暖化への考え方。彼らの心の奥底に共通する感情を抽出し、どんな比喩を使えばうまく表現できるかを考えました」。

その比喩とは、以下のようなものだ。エッセンスを紹介したい。

「あなたは山の上へと続く長い行列に並んでいる。遠くの山頂にアメリカンドリームがある。でも、なかなか列は前に動かず、ジッと待っているのにあなたは夢を達成できない。あなたは勤勉に働いてきたし、ルールにも従ってきたので、自分にもアメリカンドリーム達成の資格があると感じている。そんな時に、誰かが前方で行列に割り込んだのがみえた気がした。物語の第2幕。きちんと順番を待ちなさいと幼少期に教わったのに、それに反したことが起きた気がした。黒人や女性に対し、差別是正措置（アファーマティブ・アクション）などで、歴史的に阻まれていた雇用や教育への機会が用意された。その結果、白人や男性はしわ寄せを受けた。続いて移民や難民が行列への割り込みを始め、公務員も横入りして厚遇を受けているようにみえた」。

「第3幕としては、（民主党の）オバマ大統領が、本来はすべての人に公平

---

[22] 「（インタビュー　米中間選挙2018）心の奥底の物語　米社会学者、アーリー・ホックシールドさん」朝日新聞デジタル、2018年11月9日。
　　https://www.asahi.com/articles/DA3S13761007.html.

に仕えるべき立場なのに、横入りしている連中を助けているように感じた。『不公平じゃないか』と思った。最後には、そのような不満を募らせる自分たちに対し、行列の前の方にいた高学歴の誰かが『おまえは人種差別主義者だ。レッドネック（貧しい白人への差別語）だ』といっているような気がした。行列に割り込んだだけでなく、後方で自分の番が来るのをジッと待ってきた自分たちのことを笑い始めたと感じた」。

これは彼らとの対話から、ホックシールドが描いた「心の奥底に横たわる物語」だ。このような物語は右派だけでなく左派も含めて、誰もが持っているという。自分とは異なる他者の感情を理解しようとせず、ただ冷笑と非難の対象にする。その結果、分断が深まる。そんな悪循環にアメリカ社会が陥っているという警告だ。

ホックシールドは講演などで「バブル」という言葉をよく使う。狙いを聞くと、こう答えた。

「沿岸部にあるバークレーはコスモポリタンで、多民族で、教育レベルが高い。関心は自分の地元だけでなく世界に向いている。そんな（似た者が集まる心地よい）バブルの中での暮らしから外に出ないと保守運動の茶会は理解できない。バークレーの人々は、ルイジアナ州の右派の人々について『なぜ、トランプに投票できるのか』と首をかしげている。右派の人々もそれを知っている。ある人は私に『バークレーやニューヨークの人々が私たちを見下して、私たちを間抜けで、教育不足で、田舎者と思っていることを知っている』といいました」。

そのうえで、自身を含めたリベラル派の課題として次のように語った。

「民主党自身が1990年代のクリントン政権下で真ん中に寄り、支持者になる可能性がある人々の関心を失ってしまった。ブルーカラー労働者、すべての職種、すべての人種に響く綱領が必要です。私は4つの行動を提言しています。①報道の自由と独立した司法制度を支え、民主主義の支柱を強化すること、②政党の綱領を改良すること、③投票率が低かったミレニアル世代を投票所に行かせること。以上3点は立場の違う人と話す必要がなくやれるこ

とです。4点目は、向こう側の人々に近づくこと。バブルから出て彼らと連携する道を探るべきです。原則を曲げなくてもよい。まずは、あなたの話に耳を傾ける人々と話し、彼らの声を聞くべきです」。

保守とリベラルの両陣営が、居心地のよい「バブル」の中に閉じ込もり、自分の感情に沿った物語を発信する特定のメディアから情報を得る。他者の感情をますます理解できなくなり、分断が深まる。そんな現状を少しでも変えるための試みだ。

インタビューが終わると、ホックシールドは筆者のオハイオ州やアパラチア地方の取材相手にも関心を示した。筆者がケンタッキー州の山奥で知り合った白人ナショナリストの継続取材から多くを学んでいると伝えると「私にも紹介してほしい」といい、まもなく本人へのインタビューに出かけて行った。分断を放置せず、他者との「壁」を乗り越えようとする努力を続けているのだ。

トランプ支持者の多くは、筆者の取材に誠実に応じてきた。勤勉なアメリカ人であり、自分たちの思いを誰も聞いてくれなかったという不満を募らせてきた人々だ。取材後のやりとりにも応じ、時に自宅での食事会に招いてくれたり、泊めてくれたりする。都市部で暮らす、概して高学歴の記者によって生み出されるニュースに違和感を覚えてきた人々でもある。

筆者がラストベルトでトランプ支持者を2015年から取材してきたと知ると、アメリカ人を含め、多くの人々が似た問いを発する。白人男性らがトランプを熱心に支持する理由は「経済か？　人種か？」。つまり、経済的な停滞への不満か、それともアメリカで存在感を増す非白人への差別・恐怖心なのか、そんな二者択一だ。筆者は当初、アジア人の自分を自宅に泊まらせ、交際相手についての相談までしてくる彼らを思い浮かべ、「少なくとも自分の取材先は人種差別者ではない。彼らがトランプに引きつけられる背景には、このままでは貧困層に転落しそうだというミドルクラスの不安と不満があると思う」と答えていた。

しかしだんだんと「人種の要素がまったくないわけでもないだろう」「二

者択一の問いの立て方に無理があるのではないか」とも感じるようになった。ホックシールドの物語が示したように、経済的な停滞と、移民の大量流入で自分たちが割を食っているのではないかという不安は絡み合う。大統領やその周辺が特別な発信力を使って移民や難民への偏見や恐怖を煽る中では、なおさらその傾向は強まるだろう。

　そんな分断の中、さまざまな立場に置かれた人々の感情を理解し、説明しようとする試みは、今後ますます重要な仕事になっていくのではないだろうか。

第4章　　　　　　　　　　　　　　　　　　　　　　　　　　　山脇岳志

揺らぐ報道の「公平性」
フェアネス・ドクトリンとイコールタイム・ルールをめぐって

　何が公平な報道なのか、真の客観報道はあり得るのか、それはジャーナリズムが抱えている永遠の課題であろう。ただ、日本や欧州主要国を含む多くの国においては、公共の電波を使う放送事業者に対して、「政治的公平」を定める法律があり、それぞれの苦闘はありながらも、「公平性」を模索している。だが、アメリカは、放送に「公平原則」を課していない。

　第2章、第3章では、アメリカの世論の「分極化」の現状や、ラストベルトを中心にトランプ支持者がどのようなメディアに接しているかについて取り上げた。そうした分極化や極端な放送が出てきた一因として、「フェアネス・ドクトリン（Fairness Doctrine：公平原則）」の廃止が挙げられる。メディアの自由裁量部分が広がり、公共の電波を使っている事業者に対しても、偏向に歯止めをかける手段はない（新聞については、電波のような公共資産を使っているわけではないため、アメリカも日本も公平性を求める法律はない）。

　フェアネス・ドクトリンとは、アメリカ政府の独立行政委員会である連邦通信委員会（Federal Communications Commission: FCC）が放送の公平性を保証するために1949年、地上波を対象に制定した指針である。のちにケーブルテレビ事業者の自主制作番組も対象に加えられた。ケーブルテレビの普及やメディアの多様化なども背景に、共和党のレーガン（Ronald Reagan）政

権時代の1987年に廃止された。

　民主党には、フェアネス・ドクトリンの再規定を求める動きもあったが、いまに至るまで復活はしていない。

　本章では、まず、フェアネス・ドクトリンの歴史を振り返りつつ、その廃止の影響やメディアへの影響について考察する。次に、放送時間の公平性を求めている「イコールタイム・ルール（Equal Time Rule）」がどのように制定され、骨抜きになってきたかをみる。

I　フェアネス・ドクトリン（公平原則）

(1) フェアネス・ドクトリンの誕生と派生した2つの規則

　世界で初めて商業用のラジオ放送が誕生したのは、1920年、アメリカのピッツバーグだった。KDKAという放送局で、最初に伝えたのは、アメリカ大統領選の結果だったという。当時、ラジオ放送の所管官庁は商務省（Department of Commerce）だった。商務長官にはラジオ局の開局申請について電波の割り当てを行う権限はあったが、申請を拒否する権限はなかったため、都市部を中心にラジオ局が乱立し、電波の混信も発生するなどの混乱が起きた。

　このため、連邦議会は、電波へのアクセスを管理し、公共の利益と一致するようにその分配を規制する1927年無線法（The Radio Act of 1927）を制定、新設された連邦無線委員会（The Federal Radio Commission：FRC）が免許申請の受付や付与を一元的に行うことになった。

　その後、アメリカの放送・通信の基本法ともいえる1934年通信法（The Communication Act of 1934）が成立、独立規制機関として、FRCを吸収する形でFCCが設立された。FCCは議会の監督を受ける一方、大統領が委員長を任命する。その役割は、放送免許の付与や没収、免許更新の審査、放送周

波数の割り当てなどの電波監理と、放送や通信に関する規則の制定や改正、紛争の調停、罰金等の制裁など多岐にわたる[1]。

　放送に対する規制への根拠は、放送電波の希少性（scarcity of spectrum）と放送の社会的影響力（pervasiveness）である。1949 年、FCC が権限を行使する際には公共の利益を考慮するようにという連邦議会からの指示を受け、FCC は報告書「In the Matter of Editorializing by Broadcast Licensees」の中で、フェアネス・ドクトリンを確立した。

　フェアネス・ドクトリンには、2 つの基本要件がある。まず、放送免許事業者は、公共の重要性を持ち論議の的となっている問題の議論と考察のために放送時間の合理的な部分（reasonable portion）を割り当てなければならない。そして、その際には公平（fair）でなければならない。すなわち、放送事業者は論議の的となっている問題に関し相反する視点が表現されるよう、積極的に設備を提供しなければならない。

　さらに、フェアネス・ドクトリンから派生した規則として、個人攻撃ルール（Personal Attack Rule）と政治的論説ルール（Political Editorial Rule）の 2 つがある。

　個人攻撃ルールとは、公共の問題に関わる個人に対し個人的な攻撃が行われた場合、放送事業者は放送から 1 週間以内に攻撃された者に通知し、放送の複製を提供し、同事業者が提供する設備を用いて応答する機会を与えなければならない、というものである。

　政治的論説ルールとは、放送事業者が特定の政治候補者を支持した場合に、同事業者は対立候補（またはその代理人）に対して設備を提供し、応答する機会を与えなければならない、というものである。

　こうして、放送事業者は、応答や反論を目的として放送時間を要求する者

---

[1] FCC の権限や機能については、柴田厚、［シリーズ］国際比較研究：放送・通信分野の独立規制機関　第 3 回「アメリカ FCC（連邦通信委員会）──インターネット時代の規制とは」（『放送研究と調査』2010 年 8 月号）、でわかりやすく解説されている。
https://www.nhk.or.jp/bunken/summary/research/report/2010_08/100802.pdf

に対して時間を与えるだけでなく、論議の的になっている問題に関する適切な反対意見は何なのか、その反対意見の提示に最適な人物は誰なのかについて決定しなければならなくなった。応答・反論のための時間がスポンサー提供番組の中で取れなければ、放送事業者が自費で番組を提供しなければならない。また、フェアネス・ドクトリンを遵守しなければ、免許没収に至ったり免許更新の審査で不利になったりすることもあり得た。多くの放送事業者にとって、フェアネス・ドクトリン遵守が負担であったことは想像に難くない。

合衆国憲法修正第1条は、言論の自由の権利を定めている。修正第1条の柱となる考え方は「uninhibited marketplace of ideas（自由な意見交換の場）」という言葉に象徴されるように、異なる見解を自由に表出できることに民主主義の基本があるというものである。そこでは規制機関による制限は最小限であることが望ましい。

フェアネス・ドクトリンによって放送事業者に枠をはめることは、この合衆国憲法修正第1条に違反するのではないかとの見方は当初からあった。この点に関し、正面から向き合ったのが、1969年のレッド・ライオン放送事件（Red Lion Broadcasting Co. 対 FCC）の判決である。ペンシルベニア州のレッド・ライオン社のラジオ番組の中で個人攻撃されたジャーナリストが、反論するための放送時間を同社に要求して拒否され、フェアネス・ドクトリン違反として訴えた。連邦最高裁はこの訴えを認め、「電波の希少性」などを根拠に、フェアネス・ドクトリンの合憲性を支持した[2]。

（2）メディア環境の変化とフェアネス・ドクトリンの廃止

1980年代には、フェアネス・ドクトリンが創設された1949年に比べてラジオ局の数が約4倍、テレビ局の数が約20倍と大幅に増加し、ケーブルテレビや衛星放送の普及により放送メディア環境が大きく変化した。このよう

---

[2] *Red Lion Broadcasting Co., Inc. v. FCC*, 395 U.S. 367 (1969).
https://supreme.justia.com/cases/federal/us/395/367/

な変化を受け、1970年代から80年代にかけて、フェアネス・ドクトリンの廃止に関して連邦議会の委員会で活発な討議や公聴会が行われた。

廃止賛成派は、「電波の希少性」という考え方が時代遅れになっており、フェアネス・ドクトリンは言論の自由を侵害し、合衆国憲法修正第1条に抵触すると主張した。また、放送事業者に公平性を求めるフェアネス・ドクトリンの存在により、新聞等の印刷メディアと放送メディアの言論の自由に対してダブルスタンダードが適用されていることも問題視された。

廃止反対派には、多くの企業や、リベラルの消費者団体、主要な報道機関、保守的な放送事業者などが含まれていた。公民権団体からモービルやゼネラル・モーターズなどの大企業まで、リベラルと保守が混在していたことは注目に値する。反対派に共通していたのは、自分たちが反論の機会を必要とする「少数派」になる可能性がある限り、少数派を保護し意見を述べる機会を保証するフェアネス・ドクトリンの存在が重要だという考えであった。

1981年、小さな政府と規制緩和を目指す共和党レーガン政権が誕生し、共和党が上院の多数を占める中、レーガンはマーク・ファウラー(Mark Fowler)をFCC委員長に任命した。放送通信分野を専門とする弁護士で、大統領選挙でレーガンのキャンペーンスタッフを務めていたファウラーは、放送通信分野の規制緩和に強い意欲をみせ、フェアネス・ドクトリンの撤廃という目標を掲げていた。

ファウラーの立場を著しく強化することになったのが、1984年のFCC対女性有権者同盟(League of Women Voters)の判決である。この判決の中で、連邦最高裁は、FCCが「フェアネス・ドクトリンが合衆国憲法修正第1条の目的を促進するよりも、むしろ妨げている可能性が高いならば、それだけでフェアネス・ドクトリンを廃止する正当な理由となる」として廃止を提案していることに触れ、「もしフェアネス・ドクトリンが言論を促進するよりもむしろ萎縮させていることがFCCによって示されたならば、連邦最高裁はレッド・ライオンの裁定の憲法的根拠の再検討を余儀なくされるだろう」と述べた[3]。

この判決を受け、1985年、ファウラー率いるFCCはフェアネス・ドクトリンの合憲性や放送事業者に与える影響などについて検討した報告書「フェアネス・レポート」を発行した。

合憲性については、裁判所の管轄であり、FCCは判断する立場にないことを明確にした。1969年のレッド・ライオン判決における連邦最高裁の裁定は認めつつも、放送技術の発展に伴うマスコミュニケーションにおける言論環境の変化によって、フェアネス・ドクトリンの合憲性が損なわれている可能性があると指摘した。

また、放送事業者に与えた影響については、事例を検討した結果、フェアネス・ドクトリンは大幅に言論を萎縮させていると結論づけた。放送事業者は「訴訟費用や免許取消のリスクを背負うくらいなら、最初からその問題について取り上げない方が良い」という判断をしがちになる。結果として、フェアネス・ドクトリンは公共の電波における活発な議論を促進するどころかむしろ萎縮させ、公共の重要性を持つ問題の報道を阻害すると指摘した。

FCCはフェアネス・ドクトリンは公益に合致しないとの確信を述べたが、連邦議会がFCCにフェアネス・ドクトリンを廃止する権限を賦与したかどうかは簡単に決められる問題ではないとし、廃止に関して結論を出すのは時期尚早と判断した[4]。

「フェアネス・レポート」の発行後、FCCは、フェアネス・ドクトリンの存在価値を否定しているにもかかわらず、執行は従来どおりに続けるという自己矛盾に陥った。

この苦しい状況を脱する契機となったのが、1986年のテレコミュニケーションズ・リサーチ＆アクション事件（Telecommunications Research & Action Ctr. 対 FCC）の判決[5]と、1987年のメレディス・コープ事件（Meredith Corp

---

3 *FCC v. League of Women Voters of California*, 468 U.S. 364 (1984).
https://supreme.justia.com/cases/federal/us/468/364/
4 Ruane, K.A. "Fairness Doctrine: History and Constitutional Issues," Congressional Research Service, Jul. 13, 2011; 6.
https://fas.org/sgp/crs/misc/R40009.pdf

対 FCC）の判決[6]である。

　前者の判決において、ワシントン D.C. 控訴裁判所は、フェアネス・ドクトリンは 1959 年に行われた 1934 年通信法 315 条の修正によって成文化されておらず、法的義務も生じないという見解を示し、FCC が公益基準に従って変更することも可能だと示唆した。これを受けて、連邦議会は FCC に対し、フェアネス・ドクトリンに代わるものを検討し、連邦議会に報告するよう指示した。

　後者の判決において、シラキューズ・ピース・カウンシル（Syracuse Peace Council）は、メレディスが所有するテレビ局 WTVH シラキューズが 1982 年にナインマイル原子力発電所 2 号機の建設を支持するシリーズ番組を放送した際に、視聴者に対し相反する観点を提示しなかったのはフェアネス・ドクトリン違反だと苦情を申し立てた。FCC はこの主張を認める裁定をしたが、これに対しメレディスは、フェアネス・ドクトリンはそもそも憲法違反だと主張し、控訴した。

　1987 年 1 月、メレディス対 FCC において、D.C. 控訴裁判所は FCC の裁定を支持したが、合憲性については検討しなかった。また、フェアネス・ドクトリンについて裁定する権限は FCC にあるとして、メレディスが提起した憲法上の議論を考慮するように指示してこの件を FCC に差し戻した。しかし同時に、FCC が「フェアネス・レポート」を踏まえ、公益に反するという理由でフェアネス・ドクトリンを執行できない、あるいは執行すべきでないという結論に達するならば、憲法違反かどうかについて検討する必要はないという見解も示した。

　これを受け、民主党は 1987 年 6 月に先手を打ってフェアネス・ドクトリンを成文法化しようとし、法案は賛成多数で可決されたが、レーガンの拒否

5　*Telecommunications Research and Action Center v. Federal Communications Commission*, 801 F.2d 501 (1986).
　　https://openjurist.org/801/f2d/501
6　*Meredith Corp. v. FCC*, 809 F. 2d 863 (D.C.Cir.1987).
　　https://openjurist.org/809/f2d/863/meredith-corporation-v-federal-communications-commission

権行使により頓挫することとなった。

　FCCは再検討の結果、1987年8月、デニス・パトリック（Dennis Patrick）委員長の下、WTVHシラキューズに対する制裁実施を拒否し、フェアネス・ドクトリンを廃止する決議をした。レッド・ライオン以降の放送局の増加とケーブルテレビや衛星放送の発達により情報源が多様化した結果、「電波の希少性」の論拠はもはや有効ではないこと、フェアネス・ドクトリンが自由な論争を萎縮させていることを再確認するとともに、フェアネス・ドクトリンは、どの問題に公共の重要性があり、その問題に関してどのような見解が報道されるに値するかについて政府の主観的な判断を要求するものであり、そのような政府の介入は合衆国憲法修正第1条に抵触すると裁定した。

　この決議はフェアネス・ドクトリンから派生した個人的攻撃ルールと政治的論説ルールについては対象としておらず、この2つのルールに関しては、2000年にD.C.控訴裁判所命令によって廃止されることとなった[7]。

　フェアネス・ドクトリンの廃止は、放送業界、共和党の廃止賛成派には歓迎されたが、一方で、公民権団体、消費者団体、民主党やリベラル陣営を中心とした廃止反対派には、懸念が広がった。例えば、消費者運動家のラルフ・ネーダー（Ralph Nader）は、廃止によって、重要な問題が無視されたり、議論の一方のみの提示が増えたりすることや、少数派の観点が無視されがちになることについて懸念を表明していた。その後も、研究者や議員の間では、フェアネス・ドクトリンの有効性、合憲性、復活の是非に関する議論が続き、復活させようとする立場（民主党）からも、復活を妨げようとする立場（共和党、リバタリアン）からも、多くの法案が提出されてきた。1991年、民主党は再度フェアネス・ドクトリン復活を図ったが、大統領ブッシュ（George H. W. Bush）が拒否権発動の構えをみせたため断念した。2005年に民主党から、2007年に共和党から提出された法案も、不成立に終わっている。

7　"In the Matter of Repeal or Modification of the Personal Attack and Political Editorial Rules," MM Docket No. 83–484, Federal Communications Commission, 15 FCC Rcd 20697; 2000 FCC Lexis 5725.
　https://pages.uoregon.edu/tgleason/j385/Personal_Attack.html

民主党が上下院の多数を占めることとなった 2009 年には、民主党上院議員が、ラジオのトーク番組に公平さとバランスが欠如していることを指摘し、やはり「公平性」が必要だと発言したことをきっかけに、フェアネス・ドクトリンについての議論が再燃した。共和党はフェアネス・ドクトリン復活を妨げる立法を目指し、2009 年と 2011 年に法案を提出した。
　しかし、オバマ（Barack Obama）は大統領選の時期にすでにフェアネス・ドクトリンの復活を支持しない立場を明確にしており、フェアネス・ドクトリンよりもメディア所有規制やネットワーク中立性、などの議論を重視していたため、フェアネス・ドクトリンが復活することはなかった。
　FCC は、既存の規則の見直しと不要な規則の削除を求めたオバマ大統領令に従い、2011 年 8 月にフェアネス・ドクトリン関連を含む 80 件あまりの規則の削除を決定し、9 月に連邦規則から正式に削除した。

(3) 廃止とトークラジオの隆盛

　フェアネス・ドクトリンの廃止は、言論の自由を促進しアメリカ放送界の活性化と市場の拡大につながったと評価する見方もある一方、アメリカの分極化の高まりの原因の 1 つとみる人もいる。
　フェアネス・ドクトリン支持者は、フェアネス・ドクトリンの廃止以降、公共の重要性を持つ問題に関する報道が減少し、全国放送とローカル放送の両方においてニュース番組や公共問題に関する番組が減少したと指摘する。
　とくに注目すべき変化は、政治トークラジオの急成長である。フェアネス・ドクトリンが廃止され、イデオロギー色の強い独断的な番組も放送できるなど、内容の自由度が大いに高まった。放送におけるこの新しい言論の自由を利用して、1980 年代後半から 1990 年代前半にかけてラジオ情報番組が急増し、政治トークラジオというジャンルが作られていった。保守的な「過激トーク」形式のトークラジオ番組が増加し、膨大な量の保守的意見が公共の電波を通して流れるようになった。
　トークラジオは、現在ラジオ業界で最も成功を収めているフォーマットで

図表4-1　AMラジオに占める情報番組専門局の割合の急増

（出所）Hazlett, T.W. and Sosa, DW. "'Chilling' the Internet? Lessons from FCC Regulation of Radio Broadcasting." Michigan Tecnologie Law Review (MTRL), vol. 4, Figure 1 を基に作成。

ある。1人か2人のホストが、ニュースや激しい対立の生じている政治問題について意見を述べ、聴取者（リスナー）からの電話を受けて対話する。挑発的で、常軌を逸した発言が多いのが特徴である。聴取者参加型の番組構成の人気は高い。実際に電話をせずに聴いているだけでも、聴取者は自分が現在放送中の議論の輪の中に入っているかのように錯覚できる。

　次のページの図表4-2のように、1998年から2009年の11年にかけて、ニュースを扱うトークラジオは著しい成長を遂げている。

　日本でもラジオには根強い人気を持つ番組があるが、車社会のアメリカでは、ラジオの影響力は、日本よりもはるかに大きい。とくに地方では、車が唯一の移動手段であることも多く、車の中でラジオを聞いて過ごす人は多い。ニューヨークやワシントン、ロサンゼルスやサンフランシスコといった東海岸や西海岸の大都市は民主党が圧倒的に強く、地方では共和党が強いのがアメリカ政治の現状だが、そういう意味では、ラジオ番組はとくに保守層との親和性が高い。

　フェアネス・ドクトリンの廃止は、イデオロギー的で強硬な主張を展開す

図表4－2　ニュース／トークラジオの成長（1998 － 2009 年）

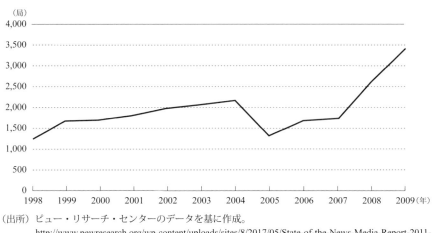

（出所）ピュー・リサーチ・センターのデータを基に作成。
http://www.pewresearch.org/wp-content/uploads/sites/8/2017/05/State-of-the-News-Media-Report-2011-FINAL.pdf

るトークラジオ番組隆盛の背景を説明する最も一般的な議論であるが、トークラジオの成長のもう1つの背景として、FCC の規制緩和によって全国規模の放送会社が増えたことがある。1996 年の電気通信法などにより複数の局の所有を制限する厳しい規制が解除され、1つの企業が全国で所有できる放送局の数が大幅に増加した。これによりラジオ局の大規模な統合が進み、1990 年代半ばから 2000 年代にかけて、ローカルに所有され運営される小規模局が減少し、ラジオ市場における企業化が進んだ。

　また、1980 年代後半は、音楽番組を中心とした既存のラジオ番組編成が行き詰まり、それに代わる新しい番組コンテンツが模索されていた時期でもあった。長期にわたり、アメリカの主要メディアはどちらかといえばリベラル寄りが中心であり、政治報道において保守派の声が十分に取り上げられていないと感じている保守派向けの政治情報番組の潜在的なニーズを開拓した結果、行き着いたのが政治トークラジオだったという側面もある。

　全国展開する大企業にとっては、トークラジオ番組は安く制作できて、全

第 4 章
揺らぐ報道の「公平性」

国的に放送できるという利点がある。トークラジオのフォーマットは、音楽番組に比べ、長期的に広告収入を期待できるという点も見逃せない。それは、トークラジオの聴取者が広告主にとってより魅力的だからだ。トークラジオの聴取者は、ある程度の教育があり、経済的にそれなりの余裕があって、自分が居住する地域以外のニュースに関心を持てる層だと考えられる。そして、単に BGM を求めている音楽番組の聴取者に比べ、より放送に注意を払い、内容を積極的に聞いているはずだとみられている。広告主が求めているのは、情報を積極的に求め、広告主のメッセージを受け取り、繰り返し聞いてくれる聴取者である。

保守的な聴取者の割合が高ければ、シンジケートで多数の放送局に同時配給される保守的な番組の評価が高くなり、広告収入も増加する。保守的な聴取者に合わせた番組を増やし、保守的な考え方を支持・強化することにより、ますます偏向した聴取者を引きつける、という循環が生まれた。シンクタンク、アメリカ進歩センター（CAP）の調査（2007 年）によると、上位 5 位のラジオ企業が所有する 257 局の政治トーク番組を分析した結果、91％が保守的な番組であり、保守的な内容の放送時間はリベラルな内容の放送時間の約 10 倍にも達していた。また、全国の資本系列に入っていないローカルラジオ局や、マイノリティーや女性が所有するラジオ局では、保守的な政治トーク番組の割合が低かった[8]。

ピュー・リサーチ・センター（Pew Research Center）の 2013 年のレポートによれば、トークラジオのホストの週間聴取者数トップ 10 で、首位は、ラッシュ・リンボー（Rush Limbaugh）で 1,475 万人、次点のショーン・ハニティー（Sean Hannity）が 1,400 万人と多数の聴取者から人気を博している[9]。

---

[8] "The Structural Imbalance of Political Talk Radio—A Joint Report by the Center for American Progress and Free Press," Jun. 21, 2007 (Updated June 22, 2007) ; 7–9.
https://cdn.americanprogress.org/wp-content/uploads/issues/2007/06/pdf/talk_radio.pdf

(4) トークラジオ化するケーブルテレビと政治的分極化

フェアネス・ドクトリンの廃止以来、政治トークラジオを含め、公然と党派的な立場をとるニュースを選択することを通じて、人々の思考はどのような影響を受けるのだろうか。

この点は第2章でもみたように、党派的なメディアに接触することによる影響は限定的だという見方もある一方、人々がもともと持っている見解がメディアとの接触によって強化され、分極化がさらに進んでいるという研究も出てきている。後者の考えに従えば、ラッシュ・リンボーに代表される保守的なトークラジオのホストは、リベラルの人々に対し保守的な視点を与えているわけではないが、保守派の人々がより極端に保守的な行動をするような影響はあるということになる。

保守的なトークラジオほどの広がりはないが、リベラル派のトークラジオもその点は同様である。アメリカの政治・メディアを研究する前嶋和弘は、2011年から12年にかけて全米的に話題になったウィスコンシン州の知事（共和党）スコット・ウォーカー（Scott Walker）に対するリコール運動について、リベラル派のトークラジオの代表格であるエド・シュルツ（Ed Schultz）の番組が大きく影響したと分析している（シュルツは2018年に死去）。

前嶋は、2011年7月から10月にかけ、保守系のリンボーとリベラル系のシュルツのラジオ番組を、それぞれ計100時間分聞いて内容を分析したところ、いずれも9割以上がそれぞれのイデオロギーに即した視点からの情報提供だったという[10]。

このように、党派的なラジオは、それが右であれ左であれ、アメリカ政治

---

9 "State of the News Media Report 2013," Pew Research Center.
http://assets.pewresearch.org.s3.amazonaws.com/files/journalism/State-of-the-News-Media-Report-2013-FINAL.pdf

10 前嶋和弘「アメリカにおける聴取者参加型『政治トークラジオ番組』とその社会的影響」『人間科学研究』第34号、2012年；109–110。

第 4 章
揺らぐ報道の「公平性」

のイデオロギー的中心から次第に離れ、極端なものになっていく。トークラジオは、政治的な怒りを煽り、分極化の火に油を注ぐ形で成功してきたといえるのではないか。

　保守的なトークラジオの急増と軌を一にして影響力を増してきたのが、FOX NEWS に代表される保守的なケーブルニュース番組である。日本では、ケーブルテレビが番組の政治的公平性を義務づけている放送法 4 条の適用対象になっているが、アメリカでは、ケーブルテレビがフェアネス・ドクトリンの対象になるのは、ケーブルテレビ事業者の自主制作番組のみであり、ケーブルテレビ事業者の編集が及ばない個々の番組に関しては、もともと対象外であった。さらに、FOX が設立されたのは 1996 年で、フェアネス・ドクトリン廃止後、放送事業者の自由裁量部分が大きくなってからであるから、最初から「公平性」にほとんど気を遣わずに放送をすることができた。

　政治トークラジオと、ケーブルニュースには実際に共通点がある。討論中心の番組が多いことや、極端な見方をする議員や識者の見解を頻繁に引用することなどだ。

　タフツ大学の社会学者グループは、2009 年の 10 週間にわたってトークラジオ、ケーブルニュース番組、ブログ、多数の新聞社に同時配給されているコラムの内容を分析した。その結果、ケーブルニュース番組では 100％、トークラジオ番組では 98.8％の割合で、視聴者や聴取者の怒りや恐怖、義憤を誘うような非常に無礼で攻撃的な言説（失礼な言葉遣い、誹謗中傷、誇張、嘲りなど）が含まれていた[11]。

　2012 年のピュー・リサーチ・センターの調査では、ケーブルニュースの放送時間全体の中で意見に基づく報道の割合は CNN で 46％、FOX で 55％、MSNBC で 85％に達している。解説と意見は放送の 63％を占め、事実の報

11　Shanbacker, E. "From Incivility to Outrage: Political Discourse in Blogs, Talk Radio and Cable News," Journalist's Resource, Harvard Kennedy School Shorenstein Center on Media, Politics and Public Policy, Oct. 20, 2011.
　　https://journalistsresource.org/studies/society/news-media/outrage-in-media-politics

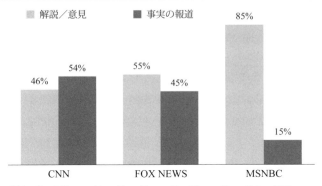

図表4−3　ケーブルニュースにおける意見と事実の割合（放送時間ベース）

（注）データは2012年11月26日、12月5日、12月18日の3日間。
（出所）"2013 State of The News Media," Pew Research Center を基に作成。

道（37％）よりもはるかに多かった。ケーブルテレビが視聴率を稼ぐために、「事実」よりも「意見」を重視していることがわかる [12]。

　また、近年、人気のトークラジオホストがケーブルニュースで番組を持つケースも増えている。ショーン・ハニティーや、グレン・ベック（Glenn Beck）、ローラ・イングラハム（Laura Ingraham）といった人気のトークラジオホストがケーブルニュース番組のホストを務める。

　ジョージタウン大学教授で、メディアと政治との関係に詳しいダイアナ・オーウェン（Diana Owen）は、筆者のインタビューに対して、「フェアネス・ドクトリンがあった時代も適用にはむらがあったが、その廃止によって、メディアは『なんでもあり』になり、分極化や、エンターテインメント政治の水門が一気に開くことになった」と話す。ジャーナリストを養成する大学のジャーナリズムスクールでも、公共のために働く人を養成するという観点より、どういう手法で読者やオンライン上のクリックを増やすかとか、広告や広報などのやり方を教えることが中心になってきていると指摘。それもフェ

12　脚注9に同じ。

アネス・ドクトリンの廃止が影響しているとみる。

オーウェンは、フェアネス・ドクトリンの廃止は誤りだったという見解だ。しかし、近年急速に力を持つようになったデジタルメディアや、フェイスブックなどのソーシャルメディアに、フェアネス・ドクトリンを適用するのは現実的ではないことも認めている。

元 CNN のワシントン支局長で、ジョージワシントン大学メディア広報学部長のフランク・セズノ（Frank Sesno）も、「希少な公共の電波を使うメディアについては、多様な視点を示す責任を負わせるようなフェアネス・ドクトリンの復活を検討すべきだ」としつつも、「（公共の電波を使わない）デジタルメディアやソーシャルメディアへの適用は難しい」と話す。

現在は、共和党が大統領と上院の過半数をおさえており、放送分野に、フェアネス・ドクトリンを復活させることは、政治的に難しい。加えて、第2章でみたように伝統メディアやデジタルメディアの分極化は激しく、第8章で取り上げるソーシャルメディアも分極化を助長しているのではないかと指摘されている。

II　イコールタイム・ルール

(1) トランプ大統領のつぶやきと不満

フェアネス・ドクトリンとは別に、選挙における「公平性」を求めている別のルールがある。「イコールタイム・ルール」と呼ばれる通信法上の規定で、形骸化しているとはいえ、いまも有効なルールである。

アメリカで暮らしたときに感じたのは、政治的な風刺番組の人気と影響力である。日本では、少数の例外を除き、お笑い芸人が政治家の批判を避ける傾向がみられるが、アメリカでは、コメディアンが政治家の問題点を積極的に取り上げ、ユーモアを交えて批判することが定着している。またアメリカ

では、若い世代を中心にニュース番組をみない人も増える一方、政治に関する情報を、娯楽番組を通じて得る人が増えている。

代表的なトーク番組としては、スティーブン・コルベア（Stephen Colbert）の『ザ・レイト・ショー』、ジョン・オリバー（John Oliver）の『ラスト・ウィーク・トゥナイト』などが

『サタデー・ナイト・ライブ』
© ゲッティ

あるが、2016年の選挙期間中、人気を集めたコメディー番組に、NBCの『サタデー・ナイト・ライブ』がある。同番組は、1975年に始まり、日本のテレビのさまざまなバラエティー番組も参考にしたといわれる長寿番組だ。俳優のアレック・ボールドウィン（Alec Baldwin）が共和党候補のドナルド・トランプ役に、女優のケイト・マッキノン（Kate McKinnon）がヒラリー・クリントン（Hillary Clinton）役にそれぞれ扮して、人気を博した。同番組としては、23年ぶりの高視聴率で、平均して1,100万人以上がみたという。クリントンに甘かったわけではないが、トランプをからかったり批判したりする内容が多かった。

大統領選直後の2016年11月、次期大統領に選出されたトランプは、『サタデー・ナイト・ライブ』の偏向ぶりを批判、「（私や共和党は）イコールタイムを与えられるべきなのでは？」という趣旨のツイートをして注目を集めた。これに対し、ボールドウィンは「イコールタイムだって？　選挙は終わったんだから、もうイコールタイムなんてないよ」と応じた[13]。

その後、2017年10月にもトランプは深夜番組ホストによる「反トランプ」の発言を批判し、「イコールタイム」に関して同様のツイートを繰り返した[14]。

一部で指摘されたように、トランプは「イコールタイム」と「フェアネス・ドクトリン」を混同していた可能性がある。

ここで話題になった「イコールタイム」とは、放送事業者に対し、公職選

13　Kruger, P. "Donald Trump Attacks 'Biased' SNL and Calls for 'Equal Time'," *Fortune*, Nov. 20, 2016. http://fortune.com/2016/11/20/donald-trump-snl-baldwin-bias/

挙においてすべての候補者に関して平等な取り扱いを要求する1934年通信法の規定のことである。

一方で、2016年大統領選挙戦において、トランプこそ、他の候補者との明らかにバランスを欠く形で積極的にメディアに取り上げられていた。2015年に始まった選挙戦のとくに前半、センセーショナルな発言を含め、トランプのスピーチを長々と流すなど、無批判にトランプを「露出」するケースも目についた。人気テレビ番組のホスト役だったトランプがテレビに出れば、視聴率を稼げる。視聴率が上がれば、テレビ局の広告収入も増えるという循環があるからだ。

第2章でもふれたが、3大ネットワークの1つ、CBS会長のレスリー・ムーンベス（Leslie Moonves）は、2016年2月末、メディアやIT関係者が集まるイベントで、トランプ現象について「こんなのはみたことがない。我々にとっては良い年になる。ドナルド、このままの調子で行け」と発言した。

調査会社メディアクォント（Mediaquant）の集計では、トランプについての報道は、2016年2月までで約19億ドル相当の宣伝効果があり、共和党の大統領候補の中で抜きんでていた。元フロリダ州知事ジェブ・ブッシュ（Jeb Bush）や、上院議員マルコ・ルビオ（Marco Rubio）といった、当初有力とされた候補は、すっかりかすんでしまったのである。

このような明らかな不均衡は、「イコールタイム」を定めた法律に抵触しないのだろうか。ここでは、イコールタイム・ルールの内容について整理したうえで、立法の背景とその後の改正についてまとめ、どのような問題が指摘されているのかを紹介する。

14　Johnson, T. "Trump Asks if He Should Get Equal Time for Late-Night's 'Anti-Trump' Humor," *Variety*, Oct. 7, 2017.
　　https://variety.com/2017/politics/news/trump-late-night-talk-shows-equal-time-1202583423/
　　Griffiths, B.D. "Trump Cites FCC Equal Time Rule in Dig at 'Unfunny' Late-Night Comedians," Politico, Oct. 7, 2017.
　　https://www.politico.com/story/2017/10/07/trump-tv-equal-time-late-night-comedians-243561

(2) ルールの制定と免除対象の拡大

1934年通信法315条[15]は、アメリカの放送免許事業者[16]に対し、公職選挙の法的に適格な政治候補者[17]に関する機会均等を求めている。放送免許事業者がある候補者に放送局の使用を許可する場合、同じ公職に立候補している他のすべての候補者に対して均等な機会を提供しなければならない。また、この場合、放送免許事業者は放送内容を検閲する権限を持たない。

ただし、下記の4つのカテゴリーに該当する場合には、イコールタイム・ルールの適用が免除される。

- ニュース放送
- ニュースインタビュー
- ニュースドキュメンタリー（ドキュメンタリーの主題の提示に付随する形で候補者が出演する場合）
- ニュースイベントの実況放送（党大会や付随する活動を含む）

罰則は、放送免許の取消である。候補者による放送局の使用や放送時間の購入について、放送事業者が故意に許可しなかったり、許可を出さないことを繰り返す場合には、FCCは放送事業者の免許を取り消すことができる[18]。

政治候補者に関する機会均等について最初に定めたのは、1927年無線法

15　47 U.S. Code, Section 315.
　　https://www.law.cornell.edu/uscode/text/47/315
16　放送免許事業者は、テレビ、ラジオのほか、1970年代の改正によりケーブル（CATV、Community Antenna Television System）も対象に含まれるようになった。ただし、CATVの場合、"Local Origination Cablecasting" のみを対象としており、「放送免許事業者」はシステムのオペレーターを指す。これは、ケーブルネットワークの番組は対象外であることを意味するとされているが、この点に関してFCCの判断は明示されていない。
　　このため、ほとんどのケーブルネットワークは、選挙期間中に、候補者が俳優として出演した映画や番組を流さないように気を遣ってきた。
17　ここでいう候補者は、連邦、州、地方を問わず、すべての公職選挙の候補者が対象。「法的に適格」とは、立候補の資格を満たしていることに加え、イコールタイム・ルールとの関係では、すでに正式な出馬表明が行われていることを意味する。

18条である[19]。立法の背景にあったのは、放送事業者がある候補者を取り上げ、他の候補者についてまったく取り上げなければ、選挙の結果が容易に操作されてしまうという懸念であった。対立候補に同等の時間を提供する際の放送事業者による検閲の禁止は、政治候補者の有権者に向けた言論の自由が、放送をコントロールする放送局の権利に優先するという考え方に基づいている。イコールタイム・ルールは、すべての政治候補者を平等に取り扱うことによって、より活発な政治討論を確保し、公共の利益を実現するのに役立つと考えられていた。

1927年無線法は1934年通信法に吸収される形で廃止されたが、1934年通信法315条に同様の規定が置かれた。

その後20年以上の間、イコールタイム・ルールの運用に大きな問題はなかったが、1959年に新たな展開があり、連邦議会は315条に前述のような4つのカテゴリーから成る免除条項を加えた。

きっかけは、シカゴ市長選に出馬したラー・デイリー(Lar Daly)候補が、再選を目指す市長リチャード・デイリー(Richard Daley)のニュース出演を受け、シカゴのテレビ局に対し自分にも無償で放送時間を提供するよう要求したことである。ニュースは市長選に直接関連するものではなく、現職市長が出席したセレモニーを報道したものであったが、FCCは、この件に関しイコールタイム・ルールが適用されるとの見解を示した。

これに対し、連邦議会は迅速に動いた。イコールタイム・ルールの適用を心配することなく候補者の活動について報道する自由を放送事業者に与えることが公共の利益になると強調し、免除条項を創設したのである。

このころには選挙に関するニュース報道が増え、泡沫候補を含むすべての候補者に放送時間を提供するのは実質的に不可能に近いことから、放送事業

18　47 U.S. Code. Section 312, Administrative sanctions.
　　https://www.fcc.gov/media/policy/statutes-and-rules-candidate-appearances-advertising
19　Radio Act of 1927, Section 18.
　　https://web.archive.org/web/20051206030104/http://showcase.netins.net/web/akline/pdf/1927act.pdf

者の負担を減らす狙いもあったとみられる。

　1970 年代以降、免除条項に定められた 4 つのカテゴリーについて、FCC による解釈が示されるたびに、免除対象の範囲が広がってきた。

　1975 年、FCC は、大統領の記者会見は「ニュースイベントの実況放送」に該当するとして、イコールタイム・ルールの適用を免除した。大統領が記者会見の中で再選に関するコメントをしたとしても、イコールタイム・ルールは適用されない。（ちなみに、この裁定以前、フォード［Gerald Ford］大統領の記者会見はカメラなしで行われていた。イコールタイム・ルールの適用により他の候補者に同等の時間を与えるのを恐れたためである。）[20]

　候補者による討論については、FCC は当初、免除条項の 4 つのカテゴリーに該当するとは認識しておらず、1960 年にケネディ（John F. Kennedy）とニクソン（Richard Nixon）の大統領候補者討論を実現させるにあたり、議会はイコールタイム・ルールを一時停止するという措置を取らねばならなかった。しかし、1975 年には、法的に適格な候補者による討論は「ニュースイベントの実況放送」にあたるとして、イコールタイム・ルールの適用免除の対象にした。

　ただし、討論の主催者は放送事業者以外の団体であること、討論の一部ではなく全体を放送することが条件とされた。しかし、FCC は 1983 年にはこの条件を緩和し、放送事業者による討論の主催を認めた。

　翌年にはワシントン D.C. 地方裁判所もこの条件緩和を認め、放送事業者はイコールタイム・ルールに縛られることなく、政治的討論を主催することができると裁定した。

　FCC は当初、イコールタイム・ルールの適用免除の対象となるのは、伝統的なニュース番組やニュースインタビュー番組（例：Meet the Press や Face the Nation など）だけだと見なしていた。しかし、1990 年代に、娯楽番

20　Lydon, C. "Equal-Time Rule on Political News Reversed by F.C.C.," *New York Times*, Sep. 26, 1975.
　　https://www.nytimes.com/1975/09/26/archives/equaltime-rule-on-political-news-reversed-by-fcc-equaltime-rule.html

組やトーク番組において政治的な議論や選挙戦の報道が取り入れられようになると、FCC は免除の対象を拡大する必要を感じた。

　もしこのような場合にもイコールタイム・ルールが適用されるとなれば、放送局側は対立候補者の放送内容をコントロールできないため、対立候補者はインタビュー等の形式にこだわらず、自分の好きなように演説・宣伝することもできる。その結果、放送局側が用意した質問に回答した候補者よりも有利になる場合もある。よって、ジャンルとしては娯楽番組やトーク番組であっても、定期的に時事問題や政治問題を取り上げ、インタビューを行い、特定の候補者や政党を全面的に支持するような構成をとっていない番組に対しては、イコールタイム・ルールの適用を免除しようということになった。この動きはまず昼のトークショーから始まり、朝の番組、深夜番組へと広がっていった。

　「ニュースインタビュー」として免除される条件は、下記の通りである。

- ニュースになっている人物や政治家をインタビューしてきた実績があること
- 候補者にインタビューする際の議題は、放送局（または放送局が番組制作を委託したプロデューサー［ネットワーク、シンジケーターなど］）が選択し、番組プロデューサーが管理すること
- インタビュー対象の候補者が報道価値あるいはジャーナリスティックな裁量に基づき選択されていること

　この結果、政治家の候補者は娯楽番組やトーク番組に積極的に出演するようになった。これまでに FCC が「ニュース放送」あるいは「ニュースインタビュー」に該当するとして免除の対象になるという見解を示した番組は、"Today"、"Access Hollywood"、"Entertainment Tonight" など多数にのぼる。

(3) テレビ局の道義的責任

　イコールタイム・ルールについては、いくつもの問題点が指摘されている。例えば、大統領の記者会見は、「ニュースイベントの実況放送」に該当するとした解釈については、現職の大統領が自らの選挙戦に関わる発言をした場合でも問題がないことになり、現職の大統領を著しく優位にするので不適切であると女性有権者同盟（League of Women Voters）などの団体が主張している。

　また、討論会における討論は「ニュースイベントの実況放送」に該当し、放送局が討論会を主催してもよいという解釈については、主催者が候補者を選ぶことになることから、放送局が選挙に対して過大な影響力を与えることになるのが問題だという指摘もある。

　さらに、候補者の資金力が露出の差に直結し得る。つまり、ある候補者が放送時間を購入したときに、他のすべての候補者は同じ価格で放送時間を購入「できる」のであって、購入する経済的余裕がない場合には、無償で放送時間を提供してもらえるわけではない。結局は、潤沢な資金をもつ候補者が有利になってしまうわけで、これが本当に「機会均等」なのかという問題もある。

　何より、前項でみたように、娯楽番組や適用免除の範囲が大きく広がったことにより、イコールタイム・ルールは事実上、骨抜きにされている。放送事業者ももはや、イコールタイム・ルールの遵守を実質的な負担とは考えていないようである。「イコールタイム・ルールは合衆国憲法の修正第1条に抵触する」という主張もあったが、廃止を求める大きな動きにはなってはこなかった。

　インターネット上の新興メディアの重要性が増すにつれ、すでに形骸化しているイコールタイム・ルールの意味はさらに薄れてきている。

　ちなみに、トランプとクリントンのモノマネが人気を博した『サタデー・ナイト・ライブ』に関しては、イコールタイム・ルールが適用されている。

クリントンが 2015 年 10 月に 3 分 12 秒出演した際には、ローレンス・レッシグ（Lawrence Lessig）が NBC に対して同等の放送時間を要求した（レッシグ候補はそれから間もなく選挙戦から離脱）。

また、トランプが 2015 年 11 月にゲスト司会者として 12 分 5 秒出演した際にも、ジョン・ケーシック（John Kasich）、マイク・ハッカビー（Michael Huckabee）、リンジー・グラハム（Lindsey Graham）、ジョージ・パタキ（George Pataki）、ジム・ギルモア（Jim Gilmore）の各候補が NBC に同等の放送時間を要求した。NBC はこの要求に応じ、ネットワークコマーシャルと、候補者指名の党員集会を早期に開く 3 州（アイオワ州、ニューハンプシャー州、サウスカロライナ州）において放送時間を提供した[21]。

パタキは、有権者に向けた「スペシャルメッセージ」を発信しようと計画していたものの、最終的には NBC から提供された放送時間を使って選挙戦からの離脱を表明するという結果になった。

2016 年の大統領選で、放送各社がすべての候補者を平等に取り扱おうとしなかったのは明らかだ。しかし、大統領候補者や選挙戦に関するニュース報道やインタビューのほとんどが、イコールタイム・ルール適用を免除される 4 つのカテゴリーに収まるため、このような不均衡が、1934 年通信法 315 条に抵触することはなかった。

だが、トランプの躍進を支えた地上波やケーブルテレビ局のバランスを欠いた報道についての「道義的」な責任を問う声は強い。

第 2 章 III(1)でも紹介したように、ペンシルベニア州立大学の准教授マシュー・ジョーダン（Matthew Jordan）は、テレビがトランプの勝利に非常に貢献したとみており「テレビ業界にとって選挙はまさにドル箱で、最も利益率の高いショーだった」と述べた。トランプとテレビは Win-Win の関係だったという指摘は専門家の間で多い。

---

[21] Deggans, E. "It's Not Hosting SNL, but NBC Will Give 'Equal Time' to 4 GOP Candidates," NPR, Nov. 24, 2015.
https://www.npr.org/2015/11/24/457270524/its-not-snl-but-nbc-will-give-equal-time-to-4-gop-candidates

選挙戦も後半になると、新聞を中心に伝統メディアは、トランプ財団や税金の申告の問題などについての調査報道を行ったが、ジョーダンは、「遅かった。（テレビなどの）メディアは、『共和党の候補に当確となった〇〇氏は、こういいました』と引用するが、そのことによって人々が候補者の発言を受け入やすくなったり、候補者を正当化したりする機能を果たす。彼らは、トランプが公的な討論の主役になる前に、調査報道ができなかったので、トランプは自らの基盤を確立してしまった」と話した。

　そもそも、イコールタイム・ルールが創設されたのは、放送事業者の取り上げ方によって選挙の結果が左右されることを恐れたためであった。それがいまでは、ニュース、インタビュー、記者会見、討論、党大会などの実況放送といった選挙の行方に大きな影響を与える出演は野放しにする一方で、『サタデー・ナイト・ライブ』のようなコメディー番組への出演には適用されるという皮肉な状況が生じている。

　トランプは、イコールタイム・ルールを批判した。だが、イコールタイムの「形骸化」によって、選挙戦で最も得をしたのは、実はトランプだろう。

(4) 日本の放送法4条をめぐる議論

　本章の最後に日本の放送法をめぐる議論について短く触れておきたい。

　2018年、日本では、放送番組の「政治的公平」を定めた放送法4条をどうするかが大きな注目を集めた。安倍首相やその周辺が、放送法4条の撤廃を検討しているという報道が春先に相次いだためだ。

　関係者によれば、2018年3月、安倍と、日本民間放送連盟（民放連）会長に内定していた大久保好男の食事会で、安倍は放送法4条の撤廃を示唆したという。この経緯が報道されると、メディアのみならず識者などからも反対論が相次いだ。通信と放送の融合について検討していた政府の規制改革会議は、同年6月に首相に答申を提出したが、その際、放送法4条の撤廃は盛り込まなかった。いったん、この動きは「見送り」となったわけだが、今後もまた議論が浮上する可能性はあるだろう。

日本の放送法は、終戦後まもない1950年に制定された。その4条は、アメリカにかつて存在したフェアネス・ドクトリン同様、「政治的な公平」のほか「多様な視点の確保」などを求めている。

2016年、総務相の高市早苗(当時)は、放送局が政治的な公平性を欠く報道を繰り返したと政府が判断した場合、放送法4条違反で電波停止を命じる可能性に言及、リベラル勢力からは大きな反発を呼び、議論を呼び起こした。国連の「表現の自由の促進」に関する特別報告者だったデービッド・ケイ(David Kaye)(カリフォルニア大教授)は、政府のメディア規制の根拠になり得るとして、4条の廃止を訴えた。

一方、毎日新聞などによれば、自民党は2004年にメディアの「政治的公平」を定めた放送法(当時は3条)を改正する方向で検討していた[22]。

自民党の見解などをアピールする専用チャンネルを設けたりすることが狙いだったという。法改正は結局実現しなかったものの、当時の自民党報道局長の熊代昭彦衆院議員は、産経新聞のインタビューで、テレビの政治的公平について「公平中立なふりをしているだけ」と厳しく批判。熊代は「いずれは地上波でも改正すべきと考えているが、CS放送とケーブルテレビに限って条項を削除する原案を書いており、秋の臨時国会に提出するつもりだ」と述べている[23]。

こうしてみると、放送法上の「政治的公平」は、かねてより、保守、リベラルの双方から批判的な議論が巻き起こされてきたことがわかる。

この点について、2017年末に、「NEWS ZERO」のキャスターだった村尾信尚に考え方を聞いたことがある。村尾は、「権力が放送に恣意(しい)的に介入する場合には、4条を盾にして抵抗できる」として、4条を擁護した。

村尾は、時の政権幹部に財政再建の立場から厳しい質問をすることでも知られる一方、キャスターとしては、ふだんは穏やかな語り口であった。村尾が最も危惧していたのは、放送局そのものが党派色を強めた場合、メディア

---

[22] 「放送法 自民党、改正を検討」毎日新聞、2004年7月20日。
[23] 「政治報道、テレビは公平? 放送法見直し論浮上」産経新聞、2004年7月31日。

にとって一番重要な「信頼」が失われるのではないか、という点だった。

　一方で、インターネットと放送の境があいまいになる中、放送局だけに「公平性」を求める意味があるのか、という議論もある。テレビ画面でもみられるYouTubeや、インターネット放送には規制がかからない。例を挙げると、テレビ朝日の地上波は、放送法4条にしばられているが、テレビ朝日が出資するインターネットテレビ局であるAbemaTVでは、極端な議論を多様な視点を確保せずに「放送」しても問題ない。

　日本ではまだテレビ局の影響力は強い。筆者自身は、右派左派問わず、極端な思想性を帯びた放送局が登場することの影響や、メディアの信頼を保つという点を考えれば、放送法4条を維持する意義は当面あると考えている。ただ、公共の電波ではなく、インターネットを通じた情報の流通の影響力が増すにつれ、放送法4条の実質的な意義も薄れてくるだろう。日本の世論とメディア環境も、アメリカと同じように、分極化を強めていく方向に進むように思われる。

第5章

山脇岳志

トランプ大統領の気質とメディア
ゴールドウォーター・ルールをめぐっての論議

　共和党候補のドナルド・トランプ（Donald Trump）が躍進した2016年の大統領選をカバーしながら、トランプが大統領になった場合に、不安に思うことはいくつもあった。人種差別が広がること、保護主義・高関税が貿易の減少をもたらし世界経済が減速し失業が増えること、同盟国を軽視し外交を「ディール（取引）」としてとらえることで、世界や日本の安全保障に悪影響がありうることなどである。

　だが、本質的な意味で最も恐ろしいと思ったのは、トランプの気質であった。まず、並外れて嘘が多い。情緒が不安定で、他人に批判されると激高して反撃し、反省することはまずない。2001年の同時多発テロの際、何千人ものイスラム教徒が世界貿易センタービルの倒壊をみて歓声を上げていたとスピーチしたり、イラク戦争を支持したことがあるのに否定を続けたり、（ライバル候補だった）上院議員のクルーズ（Ted Cruz）の父親が、ケネディ（John F. Kennedy）大統領暗殺に関わったかのような発言をしたり……。トランプ氏の虚偽発言は、挙げればきりがない。

　2016年秋、政治家の発言の真偽をチェックしているウェブサイト「ポリティファクト（PolitiFact）」編集長のアンジー・ホラン（Angie Holan）にインタビューしたが、トランプの重要な発言の7割が虚偽もしくは虚偽に近いと話した。ホランによれば、ヒラリー・クリントン（Hillary Clinton）の場

図表 5-1　発言内容の真偽

ドナルド・トランプ

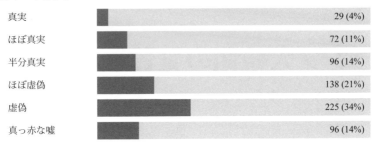

真実	29 (4%)
ほぼ真実	72 (11%)
半分真実	96 (14%)
ほぼ虚偽	138 (21%)
虚偽	225 (34%)
真っ赤な嘘	96 (14%)

バラク・オバマ

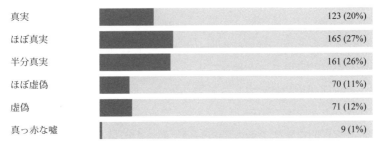

真実	123 (20%)
ほぼ真実	165 (27%)
半分真実	161 (26%)
ほぼ虚偽	70 (11%)
虚偽	71 (12%)
真っ赤な嘘	9 (1%)

ヒラリー・クリントン

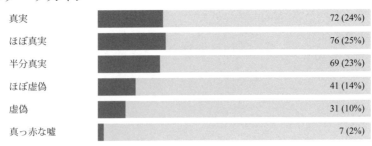

真実	72 (24%)
ほぼ真実	76 (25%)
半分真実	69 (23%)
ほぼ虚偽	41 (14%)
虚偽	31 (10%)
真っ赤な嘘	7 (2%)

（出所）Politifact のデータを基に作成。
　　　https://www.politifact.com/personalities/donald-trump/
　　　https://www.politifact.com/personalities/barack-obama/
　　　https://www.politifact.com/personalities/hillary-clinton/
　　　2019 年 3 月 6 日にアクセス

合は、虚偽または虚偽に近い確率が26％で、これは政治家の平均的な数字だという。トランプの虚偽発言の多さは、調査開始以来最高のレベルだった。

　主要メディアは「ファクトチェック」を行い、虚偽発言を修正しようとした。しかし、世論形成にはあまり役に立たなかった。筆者自身、事実の報道に意味があると信じて30年も記者生活を送ってきたが、嘘も百回言えば真実になってしまうような姿を目の当たりにすると、本当に恐ろしくなった。

　ソーシャルメディアには、仲間とつながり、社会を便利にする多くのメリットがある。他方、真実から目を背け、みたいものしかみないという人間の弱さを助長してしまうのだろうか。みたくないものと向き合うのがつらいのは、むろん筆者も例外ではない。そうした人間の弱さについても振り返るきっかけになった。

　と同時に、トランプの精神面の不安定性については、安全保障や通商政策を考えるうえでも、まじめに研究する必要があると感じた。トランプに、核の使用に直結したブリーフケースを携えた米軍の将校が寄り添うことになるのは、どの程度危険なことなのか。

　ワシントン・ポストのボブ・ウッドワード（Bob Woodward）の2018年の著書 *Fear: Trump in the White House*（『FEAR 恐怖の男——トランプ政権の真実』日本経済新聞出版社）は、トランプが、ロシア疑惑などをめぐって不満を爆発させ、仕事も手につかない状態になる姿を描いている。

　同書によれば、トランプは、就任1カ月後の2017年2月に、軍の制服組トップであるダンフォード（Joseph Dunford）統合参謀本部議長に対して、北朝鮮への先制攻撃計画を要求した。2018年の年初には、北朝鮮の金正恩・朝鮮労働党委員長が、自らの執務室のデスクに核ボタンがあるといったのに対して、「私も核ボタンを持っている」「彼のよりもずっと大きく、もっとパワフルだ。それに私のボタンはちゃんと機能する」などとツイートしたが、そのころトランプは在韓米軍の家族を、アメリカに退去させることも一時検討したという。軍の帯同家族の避難は、戦争に向けての最後通牒の意味を持つ。その後、米朝関係は緊張緩和に向かい、2018年6月にはシンガポール

で米朝首脳会談も行われたが、北朝鮮がそう簡単に核を廃棄するとは考えにくく、今後の情勢は予断を許さない。

　大統領選挙期間中、過去に共和党政権で高官を務めたことがあるトランプ陣営の選対幹部は、筆者の取材に対して「保護主義、移民反対などのトランプ発言は大統領選に勝つための『戦略』であり、大統領になったら現実的な政策をとるようになる。心配しなくていい」と話していた。

　しかし、共和党穏健派に根強かったそうした予想や期待は、裏切られている。トランプの大統領就任後、環太平洋経済連携協定（TPP）交渉からの脱退、中国製品などに高関税をかけるといった保護主義な政策は公約どおり行われた。「反移民」の象徴として選挙戦中に主張したメキシコとの間の「壁の建設」にもこだわり続け、議会民主党との対立で、連邦政府が1カ月以上も閉鎖された。

　虚偽発言も、さらに増えている傾向にある。ワシントン・ポストのファクトチェックによれば、トランプは就任してから2018年末までの段階で、事実に反する発言を約7,600回以上行った。2018年は1日平均で15回以上、事実関係に誤りのある発言があり、2017年に比べて3倍近い頻度にのぼったという[1]。

　トランプは、単なる嘘の多い人物、あるいは通常のナルシシストの範囲なのか、それとも「自己愛性パーソナリティー障害」「サイコパス（psychopath）」「ソシオパス（sociopath）」といわれるようなパーソナリティー障害なのか、もしなんらかの異常があるのなら、どう対処すべきなのか。

　それは次第に大きな話題となり、心理学者や精神科医などの専門家も含めた論議に発展した。大統領の任務を全うできる状態ではなく、合衆国憲法修正第25条4項を適用し、大統領を罷免すべきだという署名活動も行われた。

---

[1] Kessler, G. "A Year of Unprecedented Deception: Trump Averaged 15 False Claims a Day in 2018," *Washington Post*, Dec. 30, 2018.
https://www.washingtonpost.com/politics/2018/12/30/year-unprecedented-deception-trump-averaged-false-claims-day/?utm_term=.e8901bec1bc0

この章では、そうした論争の中でクローズアップされたアメリカ精神医学会の「ゴールドウォーター・ルール（Goldwater Rule）」を取り上げる。また、同ルールがメディアに与えた影響や、トランプの特異な性格をめぐる報道のあり方についても考察する。

I　精神医学界の論争

(1) 共和党候補者ゴールドウォーターとルールの誕生

　トランプが2016年の大統領選の中で、人種差別的・女性差別的な発言や虚偽の発言を繰り返すにつれ、過去に同様のケースはあったのか、という議論にもなった。その中で話題にのぼったのが、約半世紀前、1964年の大統領選で共和党の大統領候補となったバリー・ゴールドウォーター（Barry Goldwater）（1909－1998年）と、「ゴールドウォーター・ルール」である。

　アリゾナ州出身のゴールドウォーターは、1952年に上院議員に当選、64年の大統領選に立候補した。穏健派のネルソン・ロックフェラー（Nelson Rockefeller）・ニューヨーク州知事との指名争いに勝利して共和党候補となったが、本選挙では、その前年のケネディ大統領暗殺のあと大統領になっていた民主党のリンドン・ジョンソン（Lyndon Johnson）に、選挙人票で486票対52票の大差で敗れた。ゴールドウォーターの選挙戦の特徴は、人種や宗教による差別を禁止する公民権法に反対したことだった。その戦略は、大統領選には敗れたという意味では失敗だったが、公民権法への反発が強かった南部の白人票を取り込み、共和党が南部に進出するきっかけを作った。それまで民主党の牙城だった南部は、共和党支持へと大きく変容していく。ゴールドウォーターは、ベトナム戦争への核兵器の使用にも言及するなど、その発言はしばしば物議をかもし、民主党員と一部の共和党員から「扇動的な政治家」「極右のリーダー」として絶えず批判を受けていた。

このような状況の中、1964年9月、『ファクト・マガジン（Fact Magazine）』が、「保守の無意識：バリー・ゴールドウォーターの精神に関する特集」を発表した。
同誌は、ゴールドウォーターが心理学的に大統領にふさわしいかどうかについて、1万2,356人の精神科医に問い合わせた結果、2,417人の精神科医のうち、1,189人がゴールドウォーターは精神障害があり大統領にふさわしくないと回答したことを大々的に伝えた[2]。

ゴールドウォーターが精神的な面から大統領にふさわしいかどうかについて特集記事を載せた『ファクト・マガジン』

ゴールドウォーターは、1966年になって、ラルフ・ギンズバーグ（Ralph Ginzburg、『ファクト・マガジン』発行人・社長・編集人）とウォーレン・ボロソン（Warren Boroson、編集長）と同誌を名誉毀損で訴えた。連邦控訴裁判所は1969年、補償的損害賠償として1ドル、懲罰的損害賠償として被告に7万5,000ドルの支払いを命じた（ギンズバーグに対し2万5,000ドル、『ファクト・マガジン』に対し5,000ドル）。1970年、最高裁判所は、この判決に対する上告を棄却した[3]。

アメリカ精神医学会（American Psychiatric Association）はこの件に直接関係はしていなかったが、この事件を精神医学にとっての汚点だと考える向きもあり、1973年に同会の倫理委員会によって、医学倫理規程第7条3項が採択された。「ゴールドウォーター・ルール」とは、この条項を指す。

アメリカ精神医学会　医学倫理規程第7条3項

精神科医は、公衆の注目を集めている人物や、または公共のメディア

---

[2] *Barry M. Goldwater, Plaintiff-appellee, v. Ralph Ginzburg, Defendant-appellant, Warren Boroson, Defendant, And Fact Magazine, Inc., Defendant-appellant*, 414 F.2d 324 (2d Cir. 1969).
https://law.justia.com/cases/federal/appellate-courts/F2/414/324/84727/

[3] 396 U.S. 1049 (90 S.Ct. 701, 24 L.Ed.2d 695), *Ralph Ginzburg et al., petitioners, v. Barry M. Goldwater*, No. 687.
https://www.law.cornell.edu/supremecourt/text/396/1049

を通じて自身に関する情報を公開した人について、意見を求められることがある。このような状況では、精神科医は、精神医学問題全般に関する専門知識を一般の人々に共有することができる。しかしながら、自身が実際に検査を行い、且つそのような発言に対して適切な認可を与えられていない限り、精神科医が専門家の意見を提供することは非倫理的である[4]。

この条項が、ゴールドウォーターと、ゴールドウォーターに精神障害があると見なした精神科医たちの見方を伝えた雑誌との間で争われた訴訟をきっかけに生まれたため、「ゴールドウォーター・ルール」と呼ばれるようになった。

ゴールドウォーター・ルール違反に対する罰則はとくに定められていない。民間の団体が内規に違反した会員を学会から追放することは適法だが、これまでにこのルールに対する違反を理由に追放されたケースはないという。また、アメリカ精神医学会は違反した会員が属する州の医療当局に苦情申し立てを行うことが可能だが、このようなケースも存在しないという。

(2) 2016年大統領選と、専門家によるルールへの反発

ゴールドウォーター・ルールができて半世紀、公の場で議論の対象になることはほとんどなかったが、この状況を大きく変えたのが2016年の大統領選である。連日報道されるトランプ候補の極端な言動に注目が集まった。

当初から、トランプを形容する言葉として、アメリカのメディアは、「ナルシシスト」という表現を頻繁に使っていた。ナルシシストといえば、一般に自己愛が強い人を指す。だれしも自己愛はあるとはいえ、政治家を目指す人は、一般よりナルシシズムは強いだろう。

---

[4] American Psychiatric Association. "The Principles of Medical Ethics with Annotations Especially Applicable to Psychiatry," 2013 Edition.
https://www.psychiatry.org/psychiatrists/practice/ethics

2016年の共和党大会で演説をするトランプ

何せ選挙に勝つためには、自分をできる限り、露出する必要がある。テレビに出たり、演説をしたり、自らの名前を記した看板をたてたりしなければならない。

ただ、トランプのナルシシズムが、よくみられる政治家よりも過剰なのは、その言動から明らかだった。

2015年夏の出馬表明時の演説では、「私は自分の築いた資産を誇りに思っている」「私はすばらしい仕事をしてきた」「私は、自分が良い人間だと思っている」などと述べた。

正式に共和党の候補に指名された2016年7月の共和党大会での演説では、アメリカの腐敗した政治経済の姿を示しつつ、「私以上に、このシステムを知っている人はいない」「だからこそ、私だけが、それをただすことができる」。

トランプは、ささいなことでも、政敵からの批判にいちいち反論してしまう。共和党の指名を最後まで争った上院議員のクルーズはトランプを「病的なナルシシスト」と評した。

こうした事態から、2016年夏までにはさまざまな新聞や雑誌に、トランプに精神障害の疑いがあるというコラムや記事が載るようになった。

例えば、ワシントン・ポストのコラムニスト、ユージーン・ロビンソン（Eugene Robinson）は、「彼は、crazy like a fox（ずる賢い）のではなく、単に狂っているのだと私は確信している」と表現[5]。ニューヨーク・タイムズ（The New York Times）のコラムニスト、デービッド・ブルックス（David Brooks）も「トランプは精神的におかしい（off the chain）ので、周りは抑制

---

5 Robinson, E. "Is Donald Trump Just Plain Crazy?," *Washington Post*, Aug. 1, 2016.
https://www.washingtonpost.com/opinions/is-donald-trump-just-plain-crazy/2016/08/01/cd171e86-581d-11e6-831d-0324760ca856_story.html?noredirect=on&utm_term=.806cdfd5f5dd

できない」「彼のスピーチのパターンは、精神医学の教科書のようだ」などと書いた[6]。

犯罪心理学者によるチェックリストを用いて採点した結果、トランプは精神障害と診断される点数に達しているという雑誌記事も出た[7]。

こうしたコラムや記事などもきっかけとなって、ゴールドウォーター・ルールの遵守が本当に望ましいことなのかどうかに関する議論が活発になった。

精神科医の中には、専門家である自分たちが声を上げないのは公益に反する行為だと考え、ゴールドウォーター・ルールを無視してトランプの不安定かつ衝動的な行動に対して懸念を表明する人々が出てきた。一部の精神科医は、ゴールドウォーター・ルールを一種の「言論統制法」だと批判、精神科医にはトランプの共感能力の欠如、衝動性、集中力持続の困難、自己愛、被害妄想などの特質が大統領としての執務能力を損なうものだと国民に警告する義務があると主張している。

トランプが大統領に就任した直後の2017年2月、著名な精神科医であるランス・ドーズ（Lance Dodes）とジョセフ・シャクター（Joseph Schachter）はニューヨーク・タイムズへの投書（他33人の精神科医の署名付き）で、下記の趣旨の主張をした[8]。

> 精神保健団体は自ら課したゴールドウォーター・ルールに従い沈黙してきたため、この重要な時期に、不安を抱くジャーナリストや議員に対し精神医学の専門知識を与えられなかったが、もうこれ以上沈黙を続けるわけにいかないほど状況は危機的だと懸念する。トランプ大統領の発

---

6 Brooks, D. "Trump's Enablers Will Finally Have to Take a Stand," *New York Times*, Aug. 5, 2016.
https://www.nytimes.com/2016/08/05/opinion/trumps-enablers-will-finally-have-to-take-a-stand.html
7 Olbermann, K. "Could Donald Trump Pass a Sanity Test?―What Do You Think?," *Vanity Fair*, Jul. 21, 2016.
https://www.vanityfair.com/news/2016/07/donald-trump-keith-olbermann-sanity-test
8 Dodes, L. and Schachter, J. "Mental Health Professionals Warn about Trump," Letter to the Editor, *New York Times*, Feb. 13, 2017.
https://www.nytimes.com/2017/02/13/opinion/mental-health-professionals-warn-about-trump.html

言と行動は、共感能力の深刻な欠如（自分の意見と異なる意見に耐えられず激怒で反応）を示す。このような特質を持つ人物は、自分の心理的状態に合わせて現実を歪め、事実と事実を伝える人々（ジャーナリストや科学者）を攻撃する。権力を持つリーダーとなると、自身の偉大さを確認するために、そのような攻撃性が増す可能性が高い。トランプ大統領の言動は、深刻な情緒不安定を示しており、我々は、トランプは大統領職を安全に務める能力がないと考える。

　また、ハーバード医科大学の精神科医レオナルド・グラス（Leonard Glass）は、記者や評論家や政府関係者がトランプのツイッターなどからトランプの異常な行動を説明しようと手探りする中で、専門家である精神科医が、そのような行動の根底にある感情、思考パターン、信念に関する分析を提供することを許さないゴールドウォーター・ルールは、「国民が専門的判断に接する機会を奪い、精神科医が大統領の精神状態についての理解を国民に伝えることを妨げるものである」との見方を示した。

　ゴールドウォーター・ルールの根拠の1つは、精神科医が患者を適切に評価するためには患者を実際に診察する必要があるということだが、実際には、国務省その他の連邦政府機関は、これまでも精神科医に対し外国の指導者の心理学的状態についての意見を述べるよう求めてきた。グラスは、これは政府当局が、公的な行動や言動を分析することで精神状態について情報に基づく推論を行うことが可能であると考えている証拠だと指摘する。しかもトランプの場合には、本人が直接発信するSNSや動画を含め、判断の根拠として利用できる発言や行動が非常に豊富であるため、「確定的ではないが、情報に基づいた仮説」を提供することが可能だと主張している[9]。

　これに対し、後述するようにアメリカ精神医学会は、ゴールドウォー

9　Begley, S. "Psychiatry Group Tells Members They Can Ignore 'Goldwater Rule' and Comment on Trump's Mental Health," STAT, Jul. 25, 2017.
　https://www.statnews.com/2017/07/25/psychiatry-goldwater-rule-trump/

ター・ルールについて再確認した。診断しないままコメントすることをすべて禁止するような広い解釈だと受け取ったグラスは強く反発、2017年7月、「サイキアトリック・タイムズ（Psychiatric Times）」に寄稿したエッセイの中で、「このようなコミュニケーションの禁止は、国民の啓発に有意義な問題を議論する権利と義務に対する容認できない侵害」だと述べ、41年間にわたり所属したアメリカ精神医学会からの退会を表明した[10]。

2017年10月には、グラスやドーズを含む27人のメンタルヘルス専門家の論考をまとめた *The Dangerous Case of Donald Trump*（『ドナルド・トランプの危険な兆候――精神科医たちは敢えて告発する』岩波書店）という本が出版され、話題を呼んだ。

(3) アメリカ精神医学会は、ゴールドウォーター・ルールを再確認

一方、アメリカ精神医学会会長（当時）のマリア・オクエンド（Maria A. Oquendo）は、2016年8月、会員向けのブログで、ゴールドウォーター・ルールを破ることは無責任であり、非倫理的だと強調した。特定の個人（とくに公人）の豊富な情報に簡単にアクセスすることができる時代において、大統領選候補者の頭の中をのぞいて理解したいという願望があることには一定の理解を示したが、精神科医が患者に実際に面談することなく診断を行えるということになれば、一般の人々は精神医学への信頼を失い、患者も診断を信用しなくなってしまう可能性があると主張した[11]。

また、ドーズらの2017年2月のニューヨーク・タイムズへの投書を受けて2017年3月に改めて声明を出し、ゴールドウォーター・ルールへの支持を再確認した。同時に、アメリカ精神医学会倫理委員会の意見を公表し、「精神科医は、公衆の注目を集めている個人が国や国家の安全保障に脅威を

10　Glass. L.L. "Dealing with American Psychiatry's Gag Rule," *Psychiatric Times*, Jul. 20, 2017.
　　http://www.psychiatrictimes.com/couch-crisis/dealing-american-psychiatrys-gag-rule
11　Oquendo, M.A. "The Goldwater Rule: Why Breaking It Is Unethical and Irresponsible," American Phychiatric Association, Aug. 3, 2016.
　　https://www.psychiatry.org/news-room/apa-blogs/apa-blog/2016/08/the-goldwater-rule

与えていると信じる場合、その個人について意見を述べることができるか？」という質問に以下のように回答している[12]。

アメリカ精神医学会倫理委員会の意見

「医学倫理規程［とくに精神医学に適用される注釈付き］」の第7条3項（「ゴールドウォーター・ルール」）には、精神科医は一般的な精神医学問題に関する専門知識を共有することができるが、精神科医が実際に診察をすることなく公表された情報に基づいて専門的意見を提供することは非倫理的であると明記されている。論理的根拠は以下の通り。

① 精神科医が、同意を得ることなく公人の行動、症状、診断などについてコメントした場合、「精神医学的評価は同意またはその他の許可を得て行われる」という基本原則に違反する。精神科医と患者との関係は相互の同意に基づかねばならない。（ただし、法医学的評価のような状況においては、精神科医は、裁判所命令その他の法的認可に基づいて個人を評価可能。）

② 精神医学的診断は、徹底的な問診、診察、および付随的な情報に基づいた評価という文脈で行われる。精神科診療の基準に従った評価や診察を行うことなしに意見を出すことは、職業の方法論からの逸脱であり、精神科医個人と職業自体の品位を汚すものである。

③ 精神科医が一度も診察したことのない個人についての医学的意見を提示するという行動は、精神疾患を持つ人々の精神科医、臨床ケア、診断、機密保持に対する信頼を損なう可能性がある。

---

12 American Psychiatric Association. "APA Reaffirms Support for Goldwater Rule," Mar. 16, 2017. https://www.psychiatry.org/newsroom/news-releases/apa-reaffirms-support-for-goldwater-rule

ロサンゼルス・タイムズ（Los Angeles Times）の記事によれば、アメリカ精神医学会の倫理委員会のコンサルタントであるレベッカ・ブレンデル（Rebecca Brendel）は、「医学的な身体状態を含め、個人の行動の根本的な原因を考慮した検討がなければ、医師は診断に達することができない」と語っている[13]。

これに関連し、アメリカや世界各国で精神障害の診断に対する指針となっている『精神疾患の診断・統計マニュアル』の執筆に参加した精神科医アレン・フランシス（Allen Frances）は、2017年9月に、「トランプは精神障害の基準を満たしているとは思わない」と寄稿[14]。その中で「トランプに対して最も頻繁に下される3つのアームチェア診断（実際の診察を伴わない診断）──①自己愛性パーソナリティー障害、②妄想性障害、③認知症──は、どれもひどい誤解だ」と述べ、同マニュアルが政治的に利用されることへの危惧を表明している。

フランシスによれば、トランプは間違いなくナルシシズムの典型ではあるが、成功者の中には、きわめて自己愛が強いが精神障害にはあたらないという人も多い。トランプが「自己愛性パーソナリティー障害」にはあたらないと考える理由について、そうした人物は、利己的で共感性に欠けた自己陶酔と同時に、自分の中に相当な苦悩や障害を抱えるものだが、「トランプ氏はたしかに、他人にそうした苦悩や障害を与えているものの、彼のナルシシズムが彼自身にそういう悪影響を与えているようにはみえない」と指摘している。

なお、トランプの精神状態について、心理学者は、より自由に発言する傾向がみられる。アメリカ心理学会（American Psychological Association）は、会員が実際に診察していない人の心理について「意見を述べない方が好まし

---

[13] Lee, K. "Trump and the Goldwater Rule: When Is It OK to Voice a Professional Opinion about the Mental Health of the President?," *Los Angeles Times*, Jun. 19, 2017.
　http://www.latimes.com/nation/la-na-goldwater-rule-20170619-htmlstory.html
[14] Frances, A. "I Helped Write the Manual for Diagnosing Mental Illness. Donald Trump Doesn't Meet the Criteria," STAT, Sep. 6, 2017.
　https://www.statnews.com/2017/09/06/donald-trump-mental-illness-diagnosis/

い」としているものの、倫理規程にゴールドウォーター・ルールは存在せず、今後採択することも検討していない。また、アメリカ精神分析学会（American Psychoanalytic Association）は、2017年7月に会員向けに発信した電子メールで、精神分析学会はゴールドウォーター・ルールを支持するものではないと明言した。

II 憲法修正第25条で「解任」運動も

(1) 独裁的な政治手法を問題視

　前述したように、2016年の大統領選をカバーした筆者にとって、トランプの精神状態は最も気になる事柄の1つだった。精神状態が不安定な人物が超大国であるアメリカのトップに立ったとき、世界が恐ろしい事態に直面することにならないか懸念したためである。

　そんな中、有力誌『アトランティック（The Atlantic）』が2016年6月号で掲載した「The Mind of Donald Trump（ドナルド・トランプの精神）」は興味深い長文の記事だった。心理学者で、ノースウエスタン大学教授のダン・マクアダムス（Dan McAdams）が、トランプの著書などからこれまでの人生を検証し、考察した論考だ[15]。

　人間の性格は、大きく5つの因子によって特徴づけられる。① Extroversion（外向性）、② Neuroticism（神経症傾向）、③ Conscientiousness（誠実性）、④ Agreeableness（協調性）、⑤ Openness（開放性）だが、トランプの気質の特徴は、並外れて高い外向性（sky-high extroversion）と、ぶっちぎりに低い協調性（off-the-chart low agreeableness）のコンビネーションだという。

　マクアダムスは、トランプの高い外向性と低い協調性の背後には「怒り

---

[15] McAdams, D.P. "The Mind of Donald Trump," *Atlantic*, Jun. 2016.
https://www.theatlantic.com/magazine/archive/2016/06/the-mind-of-donald-trump/480771/

（anger）」の感情があるのではないかと推測する。「怒り」は敵意を煽り、他者から賞賛されたいという欲求をかき立て、社会的優位性への意欲を刺激し得る。トランプの政治的レトリックは「怒り」に満ちており、ユーモアの才能と組み合わさった「怒り」が、トランプのカリスマ性の核心にあるとみる。

　ナルシシズムはトランプの1つの特徴だが、歴史家などからナルシシスト的だとみられているアメリカの大統領は、過去にもたくさんいる。ナルシシストには、社会倫理にもとる行為をする傾向がある一方、説得力を持って民衆に語れるといった面がある。ナルシシズムは、「両刃の剣」であり、負の面ばかりではないという。

　マクアダムスのみるところ、トランプの特徴は、最近の大統領であるオバマ（Barack Obama）やブッシュ（George W. Bush）に比べて、大統領としての「人生の物語」がないことだ。オバマは、奴隷解放と人権擁護の道を開いた先人たちの継承者として、アメリカ国民が自由と平等、正義に向かって進歩していく長い歴史の壮大な物語の主人公として自らを位置づけていた。ブッシュは、乱れきった生活から宗教によって立ち直るといった個人的な経験をもとに、「思いやりのある保守主義」によってアメリカ社会に健全な価値観を取り戻せるという信念を持っていた。それぞれの「人生の物語」は、大統領になる動機や、大統領として成し遂げたいことと結びついていた。しかし、トランプからは、ナルシシスト的な動機と「どんなことをしても勝つ」という個人的な物語以上のものは感じられず、大統領になって何をしたいかではなく、大統領選の勝利そのものが目的化していると分析する。

　トランプは演説などで、世界の危険性を繰り返し語り、容赦のない適者生存の原理を信じていることがうかがえる。「人生の物語」の出発点は幼小期の記憶だが、この点については、不動産業を営む父から影響を受けたとマクアダムスはみる。

　トランプの自著には、父親と一緒に家賃の集金のために治安の悪い地域のアパートを回る場面がある。そのとき、父はドアのベルを鳴らしたあと、必ずドアの横に立った。その理由をトランプが尋ねると、父は「彼らはときど

きドア越しに銃撃してくることがあるからね」と答えた。トランプは「大家であることは楽しくはない。タフでなければ務まらない」と記している。また、1981年の『ピープル（People）』誌のインタビューでトランプは「人間は、すべての動物の中で最も邪悪であり、人生とは、勝利か敗北かのどちらかに終わる戦闘（battle）の連続である」と述べている。父はトランプに「killer（殺し屋）になれ」と教えた。

マクアダムスは「世界は危険な場所であり、いつも戦いに備えなければならない」という父から学んだ教訓をトランプは忘れたことはなく、ずっと「勝つために戦い続けている」とみる。

記事を読んだあと、シカゴのマクアダムスに電話インタビューをした。まず、「トランプ氏は、単なるナルシシストなのか、自己愛性パーソナリティー障害なのか。その2つの違いの線引きは何か」と聞いたところ、「私は臨床の心理学者ではないし、精神科医でもないので、その線引きについては議論しない。そもそも、統合失調症や躁鬱病などの例外を除くと、パーソナリティー障害を区別することは、有益だとも思わない」と答えた。

『アトランティック』の記事で、トランプのナルシシズムについて分析したのは、トランプの動機と目的を考察するためだという。ナルシシストとは「基本的に、目標や動機が自分を宣伝することにある人物」で、アメリカ人には自己宣伝をするタイプが多いが、トランプはアメリカの基準に照らしても、その度合いはextraordinary（顕著）だと述べた。

また、「トランプ氏は危険だと思うが、それを精神障害と関係づける必要はない。独裁的なリーダー（authoritarian leader）は、人々の怒りや恐怖に訴え、支持者からは『救世主』と思われるような行動をとる。『私を信じろ。私があなたを救える』と唱えるトランプ氏の手法は、そうした独裁的リーダーの手法だ。ものすごく危険な政治手法だが、それは、彼の性格（personality）から生じている。精神障害かどうかということと関係なく、トランプ氏の共感力の乏しさ、傲慢さ、衝動性は、大統領になったとき、間違いなく危険だ」と話していた。

第5章
トランプ大統領の気質とメディア

このインタビューは大統領選挙の前に行ったものだが、2017年1月の大統領就任後は、トランプの衝動性がさらに強まったとの見方もある。トランプの大統領就任式の観客数が、前大統領オバマの就任時より明らかに少なかったにもかかわらず報道官に過去最大の数といわせ、大統領選でヒラリー・クリントンに総得票数で負けたのは、不法移民が数百万人もクリントンに投票したためだと根拠のない主張を続けた。

(2) 悪性ナルシシズムとの指摘も

臨床も行う精神分析医で、The Dangerous Case of Donald Trump の筆者の1人でもあるジョン・ガートナー（John D. Gartner）は、トランプの行動を分析し、「加虐性、妄想性なども含まれる『悪性ナルシシズム』を持つ初のアメリカ大統領で、きわめて危険だ」と警鐘を鳴らした。

専門家を対象に、大統領の交代を求める署名活動を始めたところ、2週間で2万人以上、最終的には約7万人が署名した。ガートナーが使っている「悪性ナルシシズム」は、ナチス・ドイツから逃れてアメリカに移住した社会心理学者、エーリッヒ・フロム（Erich Fromm）がヒトラー（Adolf Hitler）を説明するために導入し、精神科医・精神分析学者のオットー・カーンバーグ（Otto Kernberg）が発展させた概念である。自己愛性パーソナリティー障害、反社会的行動、妄想性、サディズムの混合からなる心理学的症候群を指す。

ガートナーが適用すべきだと主張したのは、合衆国憲法修正第25条4項である。

この条項では、副大統領および閣僚の過半数が、上院議長および下院議長に対し、大統領が職務遂行能力に欠けると宣言する文書を送付すれば、副大統領は直ちに大統領代理として、大統領の権限と義務を遂行することになる。

一方、大統領が上院議長および下院議長に対して、不能が存在しないと宣言する文書を送付する場合、大統領は職務を再開する。ただし、4日以内に副大統領および閣僚の過半数が、大統領が職務遂行能力に欠けると宣言する

文書を再び送付する場合には、48時間以内に議会を招集し、21日以内に結論を出す。

この条項は過去に一度も発動されたことがないが、ガートナーはアメリカや世界に危険が迫っているとして、この条項の発動を求めた。

日本でもそのころ、トランプが、パーソナリティー障害の一種である「サイコパス」であるとの脳科学者の見方が月刊誌に掲載されるなどしていた[16]。

サイコパスというと、冷酷無慈悲な殺人者というようなイメージが浮かぶが、決して珍しい存在ではなく、ビジネスリーダーの25人に1人がサイコパスだというアメリカの研究もある。しばしば魅力的でカリスマ性があるが、平気で嘘をつき、他人との共感性が乏しい。普通の人物だと心の痛みを感じる人員整理などのリストラも躊躇なくできるがゆえに、名経営者と持ち上げられるケースもあるといわれている。

ちなみに、類似の概念として「ソシオパス」という精神障害もあり、前述のドーズは、トランプを「ソシオパシー（社会病質）」の特徴を強く持つ人物だと指摘している[17]。

ドーズによれば、ソシオパシーの核心は「共感性の欠如」だという。罪悪感に欠け、他人を意図的に操り、個人的な権力や満足を得るために、他人をコントロールしたり、サディスティックに傷つけたりするといった特徴がある。また、ソシオパシーとサイコパシー（精神病質）は同義語として使われている場合もあるが、少し違う定義をする研究者もいる。

ソシオパシーは、「悪性ナルシシズム」の重要な側面であり、「反社会性パーソナリティー障害」とほぼ同義語である。

筆者はガートナーにも電話インタビューを行った。ガートナーは「悪性ナルシシズム」かどうかの診断には「社会的規範を遵守しない」「嘘の多さ」「衝動性」「いらだちや攻撃性」など7つの基準があると説明。3つ以上でそ

---

[16] 中野信子「トランプはサイコパスである」『文藝春秋』2017年3月号：108-115。
[17] Dodes, L. "Sociopathy" *The Dangerous Case of Donald Trump*; 83-92.

れにあてはまると考えられるが、トランプは少なくとも6つにあてはまると説明した。

インタビューは、2017年2月、トランプが大統領就任後、初の日米首脳会談のタイミングだった。ガートナーは、「悪性ナルシシスト」であるトランプを操作（manipulate）するのは容易であり、彼をすばらしいと褒め、ビジネス上で得をさせればよく、安倍首相は賢い対処をしている、とみていた。ただ、今後、安倍がトランプをいらだたせたり、トランプの利益に反するようなことをすると、「一瞬のうちに、友人から敵に変わりうる」とも話した。

トランプの精神状況や、合衆国憲法修正第25条4項の発動をめぐっては、その後も議論が続いている。

ニューヨーク・タイムズは、2018年9月5日、匿名の政権幹部の論考を掲載した[18]。

その中で、幹部は「トランプ氏に任命された者の多くは、トランプ氏が政権から出ていくまで、彼の見当違いの衝動を防ぎながら、民主的な制度を維持するためにできることをやると心に誓った」「トランプ氏は会議で、話題が大きく変わり、脱線する。繰り返しわめくし、衝動的に物事を決めるため、生煮えで情報不足、時折無謀な決断をしてしまう」などと書いている。

合衆国憲法修正第25条の発動も政権内でささやかれたが、大統領の罷免へのプロセスは複雑で、憲政上の危機を引き起こすおそれがあるため、トランプ政権が終わるまで、政権内で正常化のために努力することにした、という趣旨のことも書かれている。

また、ニューヨーク・タイムズは2018年9月21日の記事で、司法副長官のローゼンスタイン（Rod Rosenstein）が、トランプの発言を隠れて録音することを司法省の同僚に提案、大統領の職務が果たせないことを示して合衆国憲法修正第25条を適用できるとの考えを示唆していたとも伝えた。ロー

18　"I Am Part of the Resistance Inside the Trump Administration," an Anonymous Op-Ed Essay, *New York Times*, Sep. 5, 2018.
　　https://www.nytimes.com/2018/09/05/opinion/trump-white-house-anonymous-resistance.html

ゼンスタインは同紙に対して、そうした事実はないと否定したが、ロシア疑惑の捜査ともからみ、この騒動は大きなニュースとなった[19]。

(3) ゴールドウォーター・ルールのジャーナリズムへの影響

ゴールドウォーター・ルールの存在は、メディアにどのような影響を与えているのだろうか。ジャーナリストも、このルールの影響でトランプは精神的に問題があるという内容の記事を書きにくくなっているのだろうか。

ワシントン・ポストでメディア分野を担当するコラムニスト、マーガレット・サリバン（Margaret Sullivan）は、2018年1月、興味深い記事を書いている[20]。

ゴールドウォーター・ルールはアメリカ精神医学会に所属する精神科医に適用されるものであり、ジャーナリストを拘束するものではない。それでもなお、ジャーナリストたちは、トランプについて「精神障害だ」と推測・断定するような書き方には注意を払う必要があると考えていることを指摘している。

例えば、MSNBCのホストであるジョー・スカボロー（Joe Scarborough）がワシントン・ポストのコラムに「トランプ大統領は認知症の可能性がある」と書こうと2回試みたが、同紙の論説主幹であるフレッド・ハイアット（Fred Hiatt）は2回とも許可しなかった。

彼のレポートが具体的な医学的診断を示唆していること、とくにその診断が非専門家かつ匿名の情報源によるものであることから、好ましくないと感じたという。トランプが大統領職にふさわしいかどうかという大きな懸念に

---

19 Goldman, A. and Schmidt, M.S. "Rod Rosenstein Suggested Secretly Recording Trump and Discussed 25th Amendment," *New York Times*, Sep. 21, 2018.
https://www.nytimes.com/2018/09/21/us/politics/rod-rosenstein-wear-wire-25th-amendment.html

20 Sullivan, M. "'We're Not Doctors': The Perils for Journalists in Assessing Trump's Mental Health," *Washington Post*, Jan. 9, 2018.
https://www.washingtonpost.com/lifestyle/style/were-not-doctors-the-perils-for-journalists-in-assessing-trumps-mental-health/2018/01/09/6e5d9fc0-f540-11e7-beb6-c8d48830c54d_story.html?utm_term=.55fc2992b7cb

とって、そのような情報は不要だという判断だった。

また、「ポリティコ（Politico）」の編集者、キャリー・ブラウン（Carrie Brown）も、トランプの精神状態について、「この件にあまり深入りするのは危険。デリケートな問題だし、私たちは医者ではない」とコメントした。

ワシントン・ポスト編集主幹のマーティン・バロン（Martin Baron）は、大統領を実際に診察したこともなく、個人的に会ったことすらないのに診断を提供する人々に信用を与えるような報道について、「非常に警戒している」と話す。また、前述の精神科医フランシスの論考（トランプの精神の異常性を否定）についても認識していた。

ただ、バロンは、2018年1月に出版されたジャーナリストのマイケル・ウォルフ（Michael Wolff）の著書 Fire and Funy: Inside the Trump White House（『炎と怒り――トランプ政権の内幕』早川書房）により、状況は幾分変わったと考えている。トランプが自らこの件を俎上に載せたからである。『炎と怒り』では多くの人が大統領は精神的に不安定だと考え、ホワイトハウス内で合衆国憲法修正第25条4項が話題になっていることも記されているが、本の発売の翌日、トランプはツイッターで自らについて「非常に精神が安定している天才」だとコメントし、大きな話題になった。

サリバンの記事は、ニューヨーク・タイムズ編集主幹のディーン・バケー（Dean Baquet）の見方も引用する。バケーは、自分が従うのはあくまでも「推測ではなく報道」の原則だと話す。大統領自身の衝動的な反応により問題は完全にオープンになったとはいえ、報道機関は、トランプの言動や行動の直接観察と、定期的にトランプとやりとりをする人々との会話に焦点を当て、描写することによって伝える形式の報道にこだわる必要があると考えているという。

筆者自身、アメリカのジャーナリストの知人たちに、この問題をどうとらえるか聞いてみたが、伝統メディアに勤める記者は、たとえトランプの精神状態に問題があると思っている場合でも、記事にそうは書かないよう書き方には気をつけているというケースが多かった。ゴールドウォーター・ルール

フレッド・ハイアット

を持ち出すまでもなく、良心的なジャーナリストであれば、「ウラが取れない」場合は慎重になる。ただ、会見やツイッターでの暴言は、暴言したことが事実であれば、それを伝えざるを得ない。それがトランプが話題作りのため、あるいは支持者に向けて、わざと行っているとしても、大統領の発言やツイッターは無視できないという意見が強い。

サリバンのコラムにも登場するフレッド・ハイアットには、2016年の7月、インタビューをした。トランプが正式の共和党候補に選ばれた直後に、「トランプはアメリカにとって危険だ」と題する長文の社説を出しており、その真意を聞いた。

ハイアットは自ら執筆した社説であることを認めたうえで、トランプについて「大統領になれる経験はなく、気質も向いていない」と言及した。「哀れなぐらい世界について無知。同盟の重要性を理解せず、民主主義の価値を軽視し、海外の独裁者に魅力を感じている」とも話した。

「最も懸念すべきは、憲法や民主的な規範をまったく尊重しないこと。他人を侮辱し、政治集会で暴力的な行為をたたえ、人種差別的だ。イスラム教徒の入国禁止、テロ容疑者の拷問、テロリストの家族の殺害など、違法な政策も提唱した。どれか1つでも大統領失格だが、全部まとめて考えると、トランプ氏は危険だ」として、ワシントン・ポストの社説が早い段階で「トランプ不支持」を打ち出した理由を説明した。

「気質」を懸念しつつも、経験や知識、打ち出している政策から総合判断して、トランプ不支持を決めたということがわかる。「病的かどうか」には踏み込む必要はないということだろう。

やはりワシントン・ポストの編集幹部で、ニクソン（Richard Nixon）大統領を辞任に追い込む「ウォーターゲート事件」の報道で知られるボブ・ウッドワードは、2018年に出版した *Fear: Trump in the White House* の中で、ホワ

イトハウスの中の混乱を活写している。衝動的なトランプの暴走を防ごうと、側近たちが苦闘する姿も描かれている。

冒頭の場面は、大統領の経済政策の首席顧問であるコーン（Gary Cohn）国家経済会議（NEC）委員長が、大統領の執務机で、米韓自由貿易協定（KORUS）を破棄するという親書を発見するところから始まっている。大統領が署名することを恐れたコーンは、それをこっそり机から盗み、「保管」ファイルに入れた。

在韓米軍や台湾を守る意義についてトランプはマティス（James Mattis）国防長官に対して質問、マティスが「我々は第三次世界大戦を防ぐためにやっている」と答えても納得しない場面も出てくる。マティスはトランプの振る舞いと理解力は「小学5、6年並みだ」と憤る（マティスは否定）。

ロシア疑惑をめぐっては、トランプが感情を爆発させる場面が多い。特別検察官モラー（Robert Mueller）の捜査が進む中、トランプはモラーによる事情聴取に前向きな姿勢を示したため、トランプの弁護士を務めたダウド（John Dowd）は、「模擬聴取」を行った。しかし、聴取が始まると、トランプは嘘をつき、冷静さを失い、怒鳴り散らした。このため、ダウドは聴取を受けると、偽証罪に問われかねないと判断した。ダウドも結局、トランプの弁護士を辞める。「あんたはくそったれの嘘つきだ」と思っているが、面と向かっていうことはできなかった。

日本経済新聞出版社から邦訳『FEAR 恐怖の男』が出版される直前に、ウッドワードは日本経済新聞ワシントン支局長のインタビューに応じている[21]。

その中では、2年近くかけて記録を集めたことを明かし、「実証的になにが事実かを追うのが私の流儀だ。ロシア疑惑だけを追うというのでなく、北朝鮮や中東、中国に対する外交政策、税制や貿易など経済政策を全面的に検

---

[21] 「大統領側近も取材に協力」──『恐怖の男』ボブ・ウッドワード氏に聞く、日経新聞電子版、2018年11月17日。
　https://www.nikkei.com/article/DGXMZO37903270X11C18A1I00000/

証した。結論は至って単純。政府が善悪の判断を見失う機能不全の状態にあるということだ。大統領は現実外れの持論で政策のギャンブルをしている。ホワイトハウスは新しいカジノだ」と話した。

　また、2018 年 11 月、ホワイトハウスが大統領に批判的な CNN 記者の取材証を剥奪し、それを不服として CNN が提訴した件への質問について、「メディア側に問題を作らせるのが政権の戦略だ。トランプ氏は常にメディアを批判し、その政権のワナにかかったメディアが大統領の個人攻撃を始めている。必要なのは政策、議論、結論を入念に検証することだ。ジャーナリズムの根幹は徹底した細部にある」と述べている。

　"Fear" という本のタイトルは、ウッドワードが行った 2016 年のトランプのインタビューで「真の権力とは……この言葉は使いたくないが……恐怖だ（fear）」と答えたことからつけたのだという。トランプが「真の権力」を「恐怖」ととらえていることは、前述の心理学者マクアダムスの考察とも重なる。

　トランプはナルシシストであるとはいえ正常の範囲なのか、何らかの精神・人格障害と見なすべきなのか、その結論は出ていない。トランプは専門家に対して、直接の診断を依頼しないであろうから、その結論は永遠に出ないだろう。

　その状況下での全体の傾向としては、デジタルメディアや雑誌、新聞でも筆者の主観を出すコラムでは、トランプに精神障害があるという論考が載ることもあったが、伝統的な新聞のニュース記事の中では、概して慎重に対応しているといえるだろう。

　実際に診断しない限り、専門的な判断はできない、というアメリカ精神医学会の精神が、健全なジャーナリズムの精神と一致するともいえるだろう。特異な言動はファクトとして書きつつも、それが精神障害によるものかどうかまでは踏み込まないという態度は理解できる。一方で、心理学者や精神科医などの間で繰り広げられている論争については、冷静に整理しつつ伝えていくのもメディアの役割だろう。

事実と意見が混在しがちな現在のメディア環境では、メディア自身が事実と意見を厳密に分離して報道することの重要性は今後ますます増しているともいえる。

第 **6** 章　津山恵子・山脇岳志・五十嵐大介・宮地ゆう

伝統メディアと
デジタルメディアの攻防
主戦場はオンラインに

　インターネットが登場する前は、アメリカ人のニュースの消費の仕方はシンプルだった。朝、家に届いたり、駅で購入したりする新聞を読み、仕事が終わったあと、家族で3大ネットワークテレビのイブニングニュースをみる人が多かった。しかし、1990年代以降のインターネットの普及によるデジタル革命、さらにスマートフォンの登場で、いつでもどこでもニュースがみられるようになり、ニュースの消費は24時間続くようになった。

　デジタル革命は、メディア業界に大きな変革をもたらした。従来の新聞やテレビとは異なる、独自のやり方で記事を出すオンライン専業のデジタルメディアが次々に誕生した。

　アメリカの首都ワシントンのホワイトハウス記者会でも、デジタルメディアが記者席を持つようになるなど、その存在感は伝統メディアとほぼ同等になった。

　一方で、「ニューヨーク・タイムズ (The New York Times)」や「ワシントン・ポスト (The Washington Post)」「ウォール・ストリート・ジャーナル (The Wall Street Journal)」など主要新聞も、デジタル版を充実させ、デジタルメディアに反撃している。「メディアはアメリカ国民の敵」だと公言する

第6章 伝統メディアとデジタルメディアの攻防

トランプ（Donald Trump）大統領のもとで、伝統メディアは、デジタルメディアを驚かせるような有料のデジタル購読者数を獲得している。

伝統メディアやデジタルメディアの報道が大統領選に与えた影響については、第2章でも触れた。

この章では、より詳しく、主要な新聞の新しい戦略を取り上げる。他方、全体的には新聞業界が苦境にあることや、廃刊になった地方紙とその地域への影響について探る。最後に、存在感を示している新興デジタルメディアの戦略や特徴を概観する。

I 伝統的な新聞の挑戦

(1) ニューヨーク・タイムズのデジタル版300万人超

　有力紙「ニューヨーク・タイムズ（以下、この章ではNYT）」は2018年9月末、有料デジタル購読者数が309万5,000人超に達し、300万人の大台を突破した（クロスワードとクッキングのアプリ購読者を含む）。紙面の宅配購読者と合わせると、400万人の大台も突破した。デジタル購読者の好調な増加で、宅配だけの時代は100万部超の発行部数だったが、いまは4倍の数の購読者を引きつけている。NYTのデジタル版は、なぜ成功しているのか。

　NYTが、ウェブサイトを立ち上げて以来、無料で読めたデジタル版を有料化したのは、2011年3月である。アメリカではそれまで、デジタル版を有料化していたのは経済紙「ウォール・ストリート・ジャーナル」ぐらいだった。無料読み放題から一夜にして有料になるということで、「読者離れが起きる」と専門家や社内でも反対するデスクがいた中での有料化スタートだった。しかし、その後デジタル購読者は順調に伸びてきた[1,2]。

　有料化から7年がたち、NYTが発表した2018年第3四半期決算によると、7−9月期にデジタル版のみの新規購読者は20万3,000人増加し、309万

図表 6 − 1 「ニューヨーク・タイムズ」のデジタル購読が 250 万件を突破

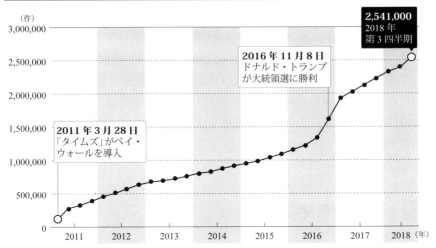

(注) クロスワードパズルとクッキングアプリの購読者を除く、NYT のデジタル有料購読者数。
(出所) Statista より（脚注 1）。

5,000 人を達成。四半期としての純増数は、デジタル購読の急増が起きた「トランプ景気（Trump bump）」、つまり、2016 年第 4 四半期（トランプは 16 年 11 月に大統領に当選）以来で最高となった。このうちニュース購読者は 14 万 3,000 人。残りの 6 万人は、クロスワードとクッキングのアプリをダウンロードし月額購読料を払うユーザーで、紙面での人気コーナーはデジタルでも定評がある。

購読収入全体は前年同期比 4.5％増の 2 億 5,779 万ドルで、デジタル購読収入は 18.1％増の 1 億 120 万ドル。つまり、購読収入の約半分が、デジタルによるものだ。

1　Richter, F. "The Failing' NY Times Passes 2.5 Million Digital Subscriptions," Statista, Nov 22, 2018. https://www.statista.com/chart/3755/digital-subscribers-of-the-new-york-times/
2　NYT の有料購読は「ペイ・ウォール」と呼ばれる。有料化直後は月 20 本まで、現在は 10 本まで無料で読めるが、それを超えて読みたければ有料購読することになる。

一方、広告収入はデジタル広告が前年同期で17.3％増の5,780万ドルにのぼり、広告収入全体の47.5％を占めて5割に迫った。紙の広告収入は0.7％減となったが、全体で7％増の1億2,167万ドルだった[3]。

アメリカの新聞社の収入はかつて、広告収入が購読収入をはるかに上回っていた。豊富な広告収入を背景に、新聞料金を安く設定し、人々が駅売りの新聞を、50セントや1ドルで購入できた。しかし、NYTではすでに、購読収入が広告収入の2倍となり、逆転している。NYT発行人、アーサー・グレッグ・サルツバーガー（Authur Gregg Sulzberger）は、この変化について、こう語る。

「NYTでは、広告に代わり、紙面とデジタルの購読料が主な収入源になった。これはジャーナリズムの使命とも合致し、お金を払う価値のある報道を生み出すことが、成功を意味する」[4]。

図表6－2　「ニューヨーク・タイムズ」データ

ジャーナリストの数	1,550人	出所(3)
スタッフが話す言語数	55カ国語	出所(3)
全世界の月間読者数	1億5,000万人	出所(3)
読者がいる国・地域の数	208カ国	出所(2)
宅配発行部数（平日）	54万部	2017年　出所(2)
宅配発行部数（週末）	106万部	2017年　出所(2)
デジタル版のみの有料購読者数	約309万5,000人	2018年9月末（脚注3）
アメリカ国内月間ユニークビジター数	1億465万人	2018年11月　出所(1)
売上高	16億7,563万ドル	2017年12月期　出所(2)
純利益	429万ドル	2017年12月期　出所(2)

（注）ユニークビジターは、集計期間における重複を除く訪問者数を指す。
（出所）（1）https://www.comscore.com/Insights/Rankings
　　　　（2）https://s1.q4cdn.com/156149269/files/doc_financials/annual/2017/Final-2017-Annual-Report.pdf
　　　　（3）https://www.nytco.com/company/（2019年3月17日アクセス）

3　"The New York Times Company Reports 2018 Third-Quarter Results," Nov. 1, 2018.
　https://investors.nytco.com/investors/investor-news/investor-news-details/2018/The-New-York-Times-Company-Reports-2018-Third-Quarter-Results/default.aspx

図表6－3 「ニューヨーク・タイムズ」の購読料（週あたり、2018年12月）

パソコン、スマートフォン、タブレット	3.75ドル
宅配、パソコン、スマートフォン、タブレット	9ドル

（出所）NYTのウェブサイトなどを基に作成。

つまり、広告ありきで、ジャーナリズムをディスカウントして売る紙面本位の時代は去った。品質の高いジャーナリズムに対し、相応の対価を払ってもらうというのが、新聞の収入構造の姿だ、という。デジタル購読の定着は、アメリカの新聞社の営業戦略を変化させた。

NYTは、購読料を頻繁に変えているが、デジタル版は値下げが続いている。以下は、筆者（津山）の経験だ。

筆者は2003年、宅配購読を始めた。2011年にNYTがデジタル購読を有料化した際は、宅配料金にデジタル購読料が含まれていた。しかし、宅配料金は、コスト増を理由に毎年値上げが続き、月額53ドルにも上っていた。このため、カスタマーサービスに電話し、当時35ドルだったオールデジタル（パソコン、タブレット、スマホ）に切り替え、宅配を止めると告げた。すると「長年の購読者であるため、特別なパッケージがある。月額17.5ドルでオールデジタルと、土曜・日曜版を宅配する」という。つまり、オールデジタルの料金を半額にしてでも、平日版よりは広告単価が高い週末版の宅配を抱き合わせで購読させようという狙いだ。

2018年12月現在、ベーシックと呼ばれるデジタル購読料（パソコン、タブレット、スマホ）は、月額15ドルと、大幅に下がった。クロスワードパズルとクッキングアプリを含めなければ、月額7ドルになる。

---

4 「朝日新聞×ニューヨーク・タイムズ提携90周年記念シンポジウム」朝日新聞デジタル、2018年11月20日
　https://www.asahi.com/articles/DA3S13776269.html

(2) デジタル版で広がる読者層

NYTが、広告代理店向けに公開している読者層のデータをみると、デジタル版が、紙面だけでは獲得できなかった新たな読者層にリーチしていることがわかる。

注目すべき点は、平均世帯収入だ。紙面の読者は、1世帯19万1,000ドルで、夫婦共働きとすると1人が10万ドル近く稼いでおり、アメリカ人の平均年収4万2,988ドル（2017年、労働省統計局）の2倍以上となる。NYTが高級紙と呼ばれてきたのは、高所得層の読者が中心だったのが背景というのがよくわかる。

読者は、最高経営責任者（CEO）、最高財務責任者（CFO）など「C-suites」と呼ばれる企業の経営トップや、政治家、官僚幹部など政策決定者も多く、影響力があるオピニオン・リーダーと呼ばれるエリート層の57％にリーチしている。

こうした新聞読者のイメージが、NYTなどの主要メディアが、「エスタブリッシュメント」と同一視され、トランプ支持者に嫌われる理由でもある。

ところが、デジタル版の読者層をみると、平均世帯収入が9万6,000ドルと紙面購読世帯の半分となり、夫婦共働きとすると、1人あたりの収入が5万ドル弱でアメリカ人の平均収入に近づく。また、ミレニアル（1980年前

図表6-4 「ニューヨーク・タイムズ」の読者層

	紙面	デジタル
男女比	男性62％、女性38％	男性47％、女性53％
平均年齢	45歳	48歳
平均世帯収入	19万1,000ドル	9万6,000ドル
中心となる読者	オピニオン・リーダー エリート	ミレニアル

（出所）以下のサイトを基に作成（2019年3月現在）。
https://nytmediakit.com/index.php?p=newspaper
https://nytmediakit.com/index.php?p=digital

後から2000年代初頭に生まれた世代）は、デジタル購読者の最大の世代層で、3分の1を占めるという。4分の3の購読者が、「モバイル・ファースト」という傾向を代表し、記事をモバイル端末だけで読んでいる。

デジタル版は、NYTの紙面がリーチできなかった若い年齢層、そして平均的な所得層に広がっていることがわかる。

厳選されたブロガーだけを集めた人気のブログサイト「ミディアム（Medium）」は2018年1月、「NYTを購読する価値があるか」というブログを掲載した[5]。筆者は、テクノロジー専門ライターのミレニアル、アンソニー・マイオラーナ（Anthony Maiorana）だ。

彼は、オールデジタルと日曜版宅配のパッケージで、1週間5ドル（通常10ドル、当時）の購読を申し込み、その価値があるかどうかを検証した。ディスカウント期間を過ぎれば、1カ月に40ドルを支払うことになる。これはミレニアルにとってかなりの出費だ。

購読開始後、彼は4日間で16本の記事を読むか、流し読みした。有料購読者でない場合、月に10本まで無料で読めるが、彼のペースで読むと月に100本を超えてしまう。

また宅配の日曜版には、平日版の分冊に加えて、「サンデー・レビュー」（長文の寄稿・オピニオン）、「ブック・レビュー」（本の売れ筋紹介）、「トラベル」「サンデー・スタイルズ」（ファッション）、そして人気のNYTマガジンがついてくる。

マイオラーナの結論は、月10本を超えて、デジタル版で読み放題になるだけでもかなり満足できるというものだ。タイムズを読みたいが、すぐに無料枠の10本に達してしまい、無料で読める他紙の記事をグーグルで検索する必要がなくなるだけで、フラストレーションが解消される。

「（NYTは）いつも、贅沢品だと思っていた。でも、変化の早い世界のことを考えると、贅沢品ではなく、必需品だと思うようになった」（マイオ

5　Maiorana, A. "Is the New York Times Subscription Worth It?," Medium, Jan. 1, 2018.
　　https://medium.com/@Maioranaa/is-the-new-york-times-subscription-worth-it-bba68d8bff7e

ラーナ）という。

(3) デジタル版はなぜ成功したのか

　NYTのデジタル版の成功は、紙面時代から構築したブランドと信頼によるところも大きい。

　筆者（津山）が、宅配されたNYTを持ち歩いていたころは、電車の通勤客、スターバックスのお客などに声をかけられることがしばしばあった。

　「ビジネス（あるいはスポーツ、トラベル）欄を貸してくれませんか」。

　「オプエド（opposite the editorial page）のページだけみせてもらえますか」。

　「『ニューヨーク・タイムズ・マガジン』を借りてもいいですか」。

　「今日は日曜日だから、クロスワードをやってもいいですか」。（注：クロスワードは、月曜日が最も簡単で、土・日が最も難しい。）

　前述のように、紙面時代のNYTは、月に50ドル超、年間600ドル超を払うことができる高所得層向けの新聞だった。しかし、今ではデジタル購読料が値下がりし、過去に「NYTを読みたい」と思っていた中間層や若者が、新たな読者となっている。

　第2に、「トランプ景気」と呼ばれるデジタル購読者の増加は、「読みたい」から「読んで理解しなくてはならない」という読者の希求にも支えられている。

　実は、NYTのデジタル購読者は、トランプが大統領になってから100万人超増えた。「なぜそのようなことが起きているのか」という疑問に答える記事があったからだと、NYT最高経営責任者（CEO）のマーク・トンプソン（Mark Thompson）は、2018年第3四半期決算のカンファレンス・コール（注：企業が設定する電話会議）で語った。

　「2016年末から2017年にかけて、アメリカの政治についての非常に強い関心が、デジタル購読の増加につながった。しかし、私たちの戦略やデジタル版の成長は、その関心の強さや、特定のニュース報道（注：トランプ関連の報道）に頼っていたわけではない。それは、私たちの報道の幅広さ、つま

り、NYTの品質の良さを、新たな分野やメディアに広げることができると証明できたこと、それによって、他の誰よりも早く、深く、私たちのデジタルビジネスを広げることができたというのが要因だ」。

「カバノー（Brett Kavanaugh）連邦最高裁判事の就任や『匿名』オピニオン記事など、NYTの強みにつながるニュース環境が続いた」。

ブレット・カバノー判事は2018年、学生時代に性的暴行事件を起こしたとして告発され、告発者の連邦議会証言まであったが（カバノーは否定）、最終的に上院の承認で就任した。一時、NYTの「最も読まれている記事」の20本中17本がカバノー関連という事態になった。

トンプソンが挙げた「匿名」オピニオン記事は、第5章でも取り上げた。NYTは、トランプ政権内の高官という立場にいる筆者の希望で、2018年9月、「匿名」で記事を掲載するという異例の決断をした。

匿名の高官は、記事でこう訴えた。「この混乱した時代には大した慰めにはならないかもしれないが、アメリカ国民には、政権内部には、大人もいるということを知って欲しい」。メディアから批判を受けているホワイトハウスのスタッフでさえ、トランプが暴走しないよう、みえない努力を積み重ねていることを明らかにした。

この記事は、あっという間にソーシャルメディアで拡散した。NYTは珍しく、スペイン語、中国語、日本語、韓国語でも記事を配信した[6]。ニュース番組はこぞって、「政府高官」とはどのランクのスタッフを指すのか、筆者が誰なのかを論じ、それがさらに記事へのアクセスを急増させることになった。

NYTは、トランプから嫌われ、ツイートではしばしば「倒産しそうな（failing）」あるいは「フェイクニュース」という形容詞付きで呼ばれるが、

---

[6] 「オピニオン：私はトランプ政権内部のレジスタンス（抵抗者）です」ニューヨーク・タイムズ（日本語版）、2018年9月7日。
　https://www.nytimes.com/2018/09/07/opinion/contributors/trump-white-house-anonymous-resistance-japanese.html

NYTは、トランプのロシア疑惑や脱税疑惑、また過去のビジネスでの非人道的雇用環境などの調査報道を続けている。

このほか、映画プロデューサー、ハーヴェイ・ワインスタイン（Harvey Weinstein）のセクハラ・性的暴行に関する調査報道は、女性に対する差別や暴行をなくそうという「#MeToo運動」につながり、社会を動かすきっかけさえ生み出した。NYTは、FOX NEWSの人気アンカー、ビル・オライリー（Bill O'Reilly）のセクハラについても暴いた。

権力者をチェックし、人権を守ることに貢献しようとするNYTなど大手紙の報道姿勢は、多くの人の支持と共感を呼び、大手紙のデジタル購読者増につながっている。一方で、NYTなど伝統メディアの「反トランプ」色が強すぎ、かえって信頼をなくしているという見方も、保守層や中道層の一部に根強い。

NYTのデジタル戦略の成功を筆者なりに整理すると、以下のようになる。
・紙面だけだった時代から、ブランドと信頼、読者の愛着を獲得していた。
・デジタル購読料を値下げした結果、以前から「読みたい」と思っていた若い中間所得層の購読者を開拓した。
・トランプ政権下、NYTを読む必要性を感じさせる記事を次々に出している。
・調査報道やスクープ、「匿名」寄稿などが、ほかのメディアとの差別化に成功している。

さらに、デジタル版には、ハイパーリンクや豊富なグラフィックス、紙にはないサービスが多くある。写真やビデオも豊富だ。

NYTには、紙の時代からのレガシーもあるが、それをうまくデジタル時代に引き継ぎ、新たな読者にアピールしている。

(4) ワシントン・ポストと「ベゾス効果」

　ニューヨーク・タイムズとともに、創刊140年近い有力紙「ワシントン・ポスト」(以下、この章ではWP) も気を吐いている。
　ネット通販大手「アマゾン・ドット・コム (Amazon.com)」の創業者、ジェフ・ベゾス (Jeff Bezos) が2013年、オーナーとなり、「ベゾス効果」が浸透してきたことも背景にある。それによってWPが、紙面中心から「デジタルファースト」にいかに生まれ変わったかを探ってみよう。
　ベゾスの買収から2年後の2015年6月1日、ワシントン。そこで開かれた「世界ニュースメディア会議」には、70カ国以上から、報道機関の経営幹部ら900人が集まった。世界的に、若い世代の新聞離れが進み、経営が厳しくなる新聞社が多い中、参加者の注目を集めたのが、「アメリカの大手紙発行者からの前向きなシグナル」と題された討論だった。
　登壇者の1人はWP社長 (当時) のスティーブン・ヒルズ (Stephen Hills)。「今年第1四半期のユニークビジター (UV) 数の伸び率は、バズフィード (BuzzFeed)、ハフィントン・ポスト (The Huffington Post) などを上回り全米でトップだ」と胸を張った。
　ベゾスが、WPを個人資産で買収すると発表したのは、2013年。アメリカでは新聞社の倒産などが相次ぎ、WPも慢性的な赤字に苦しんでいた。人員削減で「縮小経営」に走る新聞業界の中で、WPは買収された後、逆張りの「拡張路線」に出る。記者や技術者を次々と採用し、ニューヨーク事務所の技術者も増やした。地方紙など約300の新聞社と「パートナー」となって、その地方紙の読者がログインすれば、無料でWPを読めるようにした。
　会議の約1カ月後の2015年7月、詳しい話を聞くために、ヒルズをインタビューした (津山、山脇)。
　ウォーターゲート事件で大統領のニクソン (Richard Nixon) を辞任に追い込むなど、輝かしい歴史に彩られるWPだが、その本社ビルは、古びた9階建て。7階の役員フロアの突き当たりにある社長室も、こぢんまりしている。

広告営業などの出身であるヒルズが力をこめたのは、「ジャーナリストと技術者との協業」だった。「ニュースの正確性や記事におけるジャーナリズム精神は、普遍的で神聖なものだ。しかし、スマートフォンで読むのか、タブレットなのか、パソコンなのかなどに応じて、編集者や技術者は、共同で顧客対応を考える必要がある。ビートルズでいえば、ジョン・レノンとポール・マッカートニーのように手を携えてね」。

「我々は優れたジャーナリストであり、優れたテクノロジストでもありたい。どちらかではなく、両方だ。ジャーナリストと技術者は、お互いに学びあっている。そして、新しい技術を使い、新しい端末に適したさまざまなやり方で、記事を創り出している」。

ベゾスの買収以来、何が変わったかという質問に対して、ヒルズはこう答えた。

「(前のオーナーの)グラハム家がオーナーだったころから、もともと長期的な視野で顧客志向ではあったが、ベゾスがオーナーとなってさらにその傾向が強まった。最も大きな変化は、ベゾスが社内のエンジニア精神を発展させたことだろう。アマゾンは、顧客にとって使い方がとても簡単だ。ベゾスが我々にもたらしたのは、物事をシンプルにして顧客が使いやすくすることだ」。

新興のデジタルメディアに脅威を感じているかについては、「ベゾスは『(同業他社といった)競争相手より、顧客に関心を集中させよ』といっており、良い考え方だと思っている。我々が開発した(記事と動画を管理する)新しいシステムには、他社も、ライセンス契約に強い関心を持っている。競争のことはあまり心配しておらず、我々の技術力に自信を持っている」と答えた。

非上場企業のWPは収益を公表していないが、1年前より、月間のUVは66%も伸びたと明かした。それに伴い営業収入も増えているという。

利益を度外視してもシェアを取れば、あとから利益はついてくる。現在のWPの方針は、アマゾンを成長させた際にまず規模の拡大に集中したベゾス

図表6−5　アメリカの主要新聞社のユニークビジター（UV）数
（パソコン＋モバイル、2018年11月）

USAトゥデー	1億3,264万人
ニューヨーク・タイムズ	1億465万人
ワシントン・ポスト	9,090万人

（出所）以下のサイトを基に作成。
https://www.comscore.com/Insights/Rankings

流と重なる。

　ネット調査会社コムスコア（Comscore）によると、UVは2015年10月には7,160万人となり、デジタル戦略では先駆けていたNYT（6,880万人）を初めて抜いて、業界を驚かせた。2018年末現在は、表のように「USAトゥデー（USA Today）」とNYTがややリードしている。

(5) オフィスの変化と働き方の変化

　2016年1月、WPは新社屋に移転し、式典を行った。真新しいビル。昼過ぎの式典なのに、バンドがジャズを演奏し、華やかな雰囲気だ。会場には、ジョン・ケリー（John Kelly）国務長官（当時）が駆けつけ、スピーチした。

　式典の最後に挨拶に立ったオーナーのベゾスは、こう語った。

　「過去を理想化しすぎると組織をまひさせてしまう。私は未来に前のめりになることが好きだ。この建物を我々の使命と冒険のために捧げたい」。

　テープカットも、本物のテープではなく、大スクリーンに映し出された「リボン」だった。

　新社屋には、デジタルコンテンツ作りのための仕掛けが至るところにある。IT企業のような広々とした編集局内では、記者、ビデオ制作、デザイナー、エンジニアが一緒に作業できるよう配置されている。あちこちにソファーや、ガラス張りの小さい会議室があり、

新社屋移転式典でのベゾス

キッチンなども置かれて、さまざまな職種の人が交流しやすいようになっている。

デジタル戦略室長、ジェレミー・ギルバート（Jeremy Gilbert）には、2016年2月に新社屋でインタビューを行った（津山、山脇）。ギルバートが強調したのは、「どうすればデザインや写真などを最適に融合できるか、記事を作る前に考えられるようにしたかった。エンジニアとの近さがカギとなる」という点だった。エンジニアは、インターネットで記事を拡散する方法を熟知しており、記事を出す前に、記事と動画や写真との融合を図るという。

また、オンラインの記事の量を増やしていると明かした。「ベゾス前」に比べると、2割以上も増えた。これは、NYTも同様だ。

同時に、フェイスブック（Facebook）や、ツイッター（Twitter）といったソーシャルメディアとの活用にも力を入れる。編集局では9人の専属スタッフが、記事がどう読まれているか、どんな記事が話題を呼びそうかを分析している。読者が画面をスクロールする速度や、どんなソーシャルメディアを使って記事を読みにくるのかを分析し、コンテンツの見せ方を工夫するという。

編集局の真ん中には、主要なテレビを含め20近い大きなモニター画面が並ぶ。中でも、ひときわ大きい画面には、WPのサイトで読まれている記事のトップ10とともに、サイトの訪問者数がリアルタイムで表示されている。

編集局を案内してくれた編集局次長のトレーシー・グラント（Tracy Grant）は、笑顔でこう話した。

「WPはかつてのピークで発行部数が100万部（日曜版）だった。いまは、世界中で毎月、7,000〜8,000万人の人が読んでくれている。ジャーナリストとしては、一番良い時期だといえる」。

デジタル化の加速は、WPの一線の記者の働き方も変えている。筆者（五十嵐）は2016年、インスタグラム（Instagram）などのソーシャルメディアを駆使し、ツイッターで約5万9,000人（2019年3月現在）のフォロワーを持つホワイトハウス担当、デビッド・ナカムラ（David Nakamura）に、メ

ディアの変化について聞いた。

ナカムラは、ソーシャルメディアやスマートフォンの誕生で、過去5年ほどで、「マルチメディア」化が進んだという。かつては、ある仕事をカバーする際に2つ以上のことをする記者は、どれもうまく両立できないという考えがあったという。例えば、写真を撮ることに気を取られれば、記者として良い記事を書くうえでの洞察ができなくなるかもしれないともいわれたが、いまは、スマートフォンでその場面を瞬時に記録して記事を書くのが当たり前になっている。

デビッド・ナカムラ

また、テレビは以前はたまに出演する程度だったが、いまでは頻繁に出演する。編集局内には数カ所、テレビ出演するためのミニスタジオがあり、記者が出演すれば、WPのロゴがテレビに映り、記者やブランドの宣伝になる。

ただ、ソーシャルメディアによる記者のブランド作りという意味では、落とし穴にはまる危険性もあると感じているという。

「ジャーナリストの最終的な目的は物事を洞察し、質問し、必要であれば背景に紛れて一般の人々に伝えることだ。我々がソーシャルメディアなどでその一部をみせびらかし、物語の一部になれば、そうした目的の一部を覆い隠してしまうこともあり得る」とナカムラは自戒する。

ナカムラのデスクのすぐ隣には、ソーシャルメディアと動画チームのスタッフがいる。そのうちの1人は、大統領選で、フェイスブックで一般の人から質問を集め、ベテラン政治記者が候補者に質問をする手助けをした。また、別のスタッフは、記事をわかりやすく説明するための動画を探し、編集して記事に盛り込む作業をしている。

ジャーナリズムにどの程度ソーシャルメディアを活用すべきかについては、意見の違いもある。ナカムラはWPが実験や新しい語り口の形にオープンである点が気に入っている。競争が激しくなっているデジタル空間において、自分たちを差別化することが重要だと感じているという。

第6章 伝統メディアとデジタルメディアの攻防

　第2章でも触れたが、WPは、大統領選にあたって、調査報道でも健闘した。

　大統領選の投票日まで約1カ月に迫った時点でWPが報道した、わいせつな会話の録音テープの中身は、大きな話題を集めた。トランプが2005年、NBCのテレビ番組の収録の際に語ったものを入手した（第2章Ⅱ(4)参照）。この報道のあと、トランプに性的な被害を受けたという女性が11人も名乗り出た。トランプの支持率は低下し、クリントン（Hillary Clinton）との差はいったん10ポイント以上に開いた。FBIがメール問題でクリントンに対しての調査を再開しなければ、このWPの報道が決定打となって、クリントンが勝った可能性も高かった。

　WPは2016年3月、トランプ、クリントンに関する調査報道のチームを作り、本格的に調べ始めた。トランプについては、約20人の記者で3カ月にわたって徹底取材をした。取材の成果は紙面だけでなく、単行本にもまとめられ、ベストセラーにもなった。

(6) トランプ政権とどう対峙するか

　トランプ政権が2017年1月に発足してから8カ月後、筆者（津山）は、再びWPを訪れる機会があった。WPのホワイトハウス担当チームは、7人と過去最大規模になっていた。

　デビッド・ナカムラ記者に、ホワイトハウス取材がどう変わったのか、聞いてみた。

　「トランプはメディアを攻撃する一方、メディアの注意を引きたいという欲望が強いという、二律背反がある」と話す。トランプは、過去の大統領に比べて、記者からの電話も自ら取る、ぶら下がりもオンレコで応じるなど、最もアクセスしやすいという。

　「例えば、フロリダのハリケーン被害を視察するのに、エアフォースワンに同乗したら、2回も非公式で、予定になかったチャンスにオンレコで応じた。飛行機を降りる際、記者団が質問を叫んでいたら、近づいてきて5分ぐ

らい質問に答えた。帰るときも駐機場でみんなが質問を浴びせかけたら、機内を指差して、搭乗してから記者団のエリアにやってきて、『質問はあるか？』というので、15分ぐらいオンレコで答えた。オバマ前大統領は、エリアには必ず来たが、いつもオフレコだった」。

ただ、「大統領として公式の声明で、ツイッターなど影響力がある手段を使って、主要メディアに対する疑念を抱かせ、私たちの信頼を失わせようとしていることに対しては、大きな懸念がある」と指摘する。

一方、編集局長のキャメロン・バー（Cameron Barr）は、穏やかながら、自信をこめてこういった。

「（メディアへの批判は）単なる言葉にすぎないともいえる。私は、トランプ政権が、私たちの報道の後にどういうアクションをとるかというのに興味がある。それこそが、報道の威力であり、ホワイトハウス、読者、そして我々にとって重要だ。例えば、WPの報道がきっかけで、トランプは、マイケル・フリン（Michael Flynn）国家安全保障問題担当大統領補佐官をクビにせざるを得なかった」。

フリン補佐官は、政権が発足する前に、駐米ロシア大使に会っていたことについて、マイク・ペンス（Mike Pence）副大統領らに正確な情報を伝えなかったというWPの報道で、解任された。ホワイトハウスにいたのは、わずか24日間と同職の任期として最短に終わった[7]。

「トランプの選挙は、広い意味で、ジャーナリズムにとっていいことだった」と、バーは話す。

ニューズルーム（編集局）が、「いい仕事、報道をしよう、と努力するきっかけになった。人々が入れないところに入り、何が起きたのか、その背景にあった決断や議論がどんな風だったのか、を探ろうとすることができた。

7　Miller, G., Entous, A. and Nakashima, E. "National Security Adviser Flynn Discussed Sanctions with Russian Ambassador, Despite Denials, Officials Say," *Washington Post*, Feb. 9, 2017.
　　https://www.washingtonpost.com/world/national-security/national-security-adviser-flynn-discussed-sanctions-with-russian-ambassador-despite-denials-officials-say/2017/02/09/f85b29d6-ee11-11e6-b4ff-ac2cf509efe5_story.html?utm_term=.17fc7dfa1287

そして、WP も、他の報道機関も素晴らしい仕事をした」と胸をはった。

WP は 2017 年 9 月の取材時点で、デジタル購読者が 100 万人の大台を突破したという。それは「人々が、私たちがやっている仕事を評価しているからだ」とバーはいう。

(7) ウォール・ストリート・ジャーナルのオンライン戦略と「会員化」

創刊が 1889 年の「ウォール・ストリート・ジャーナル（以下、この章では WSJ）」は、ニューヨークの金融街を指す「ウォール・ストリート」という通りの名を冠し、金融や経済情報に強い新聞として信頼を得てきた。また、独自のオンライン戦略で成長してきたことでも知られる。

WSJ は、インターネットの普及が進み、同社がウェブサイトを立ち上げた 1996 年から、デジタル版（以下、この章では wsj.com）に有料購読モデルを導入し、購読料を払わなければ wsj.com で記事の本文を読めないようにした。オンラインでの購読を、紙の新聞購読と同じ位置づけにし、ニュースを読むには課金するという戦略だった。

2018 年 12 月現在、デジタル購読者が世界で約 170 万人、紙の購読者が約 84 万人と、デジタル購読へのシフトが顕著に進んでいる。他の新聞社は当初、ウェブサイトはインターネットという新しいプラットフォームでの付加サービスであるとして課金しなかった[8]。一般紙である NYT が課金サービスにしたのは 2011 年で、このあと多くの一般紙も追随した。

WSJ が wsj.com での成功を収めたのは、ビジネスパーソンを中心とする読者をターゲットにしているからだ。そうした読者は、金融やビジネスの情報にお金を払うニーズがある。

少し古いが、2007 年 10 月のデータでは、購読者の平均年齢は 50 歳、84.3％が男性で、54％が企業の幹部クラスだった[9]。また、60％が「ブレー

---

[8] Salwen, M.B., Garrison, B. and Driscoll, P.D. *Online News and the Public*, Routledge, 2004.
[9] 津山恵子「特集　米国の『新聞紙』はマルチメディアの一部になった」『朝日総研リポート AIR 21』2008 年 3 月号．

キング・ニュース」、つまり速報をキャッチする登録をしていた。

　筆者（津山）も「ブレーキング・ニュース」を2005年ごろから登録した。四角い小さなポップアップが「ポーン」という音とともにパソコン画面に表れ、その中に見出しが表示される。そこをクリックすると、速報の本文に導かれるという仕組みである。スマートフォンがまだなかった時代、このサービスは非常に斬新で、購読者の投資・経営判断はスピードを必要とするという需要にマッチしていた。

　wsj.comでは、経済・金融データも紙の新聞よりもはるかに充実している。朝刊に印刷された市況欄は前日の終値であり、掲載できる情報の範囲も限定される。例えば、商品先物・卸売市場も、"代表的な"商品のみとなっている。

　これに対し、wsj.comでは、外国株なども含め、紙面よりもはるかに多い銘柄がリアルタイムでチェックできるほか、企業銘柄ごとに過去のチャート、過去のニュース、プレスリリースにいたるまで検索できる。政府発表の経済指標、自動車新車販売台数など、月に一度しか紙面ではみないデータや、企業のアナリスト・記者向け電話会見、決算発表、経済・ビジネスに関連するイベントの予定もある。

　WSJの親会社ダウ・ジョーンズ（Dow Jones）は2008年までに、「紙」至上主義を打破するとして、紙のWSJ、wsj.com、通信社（ダウ・ジョーンズ）と分かれていた編集部門を、1つのニュースルームに完全に統合した[10]。これに伴い、スクープであってもすべての記事について、すぐにwsj.comに出すようになった。今では、NYTなどアメリカの一般紙も、日本の新聞もそうなりつつあるが、当時は革新的だった。

　特定の銘柄に影響がある記事でも、市場があいているうちにアップするケースも出てきた。これも、購読者がリアルタイムで投資のポートフォリオを組み替えるのに役立つ、ということを意識したサービスである。

　このように、いち早く「オンラインファースト」戦略を取ったWSJだが、

10　脚注9に同じ。

さらなる「進化」を模索しているようだ。

2018年9月、筆者(津山)がWSJ本社を訪ねた際、WSJ研究開発チーフ、フランチェスコ・マルコーニ(Francesco Marconi)は、こう語った。

「新聞は、お金を払って得る製品(paid product)なので、私たちは、購読者(subscriber)ビジネスではなくて、会員制(membership)ビジネスという考え方にシフトしてきている」。

購読料を払って読んでもらうというよりは、払ってもらう金額に見合った、購読料も込みにした「会員サービス」を提供する。著名記者や論説幹部などのトークイベントなどに読者も参加してもらい、WSJとのかかわり(エンゲージメント)を増やして、解約を防ぐ戦略だという。

新たに設置した「オンラインメンバーシップ・チーム」で、会員(=デジタル購読者)を学歴、世代、所得、性別で8つのカテゴリーに分類し、それぞれにどんなアプローチをしたらエンゲージメントを増やし、解約を防げるか分析する。それを基に、どのようなタイミングでどんな記事やサービスの紹介をするのか、いつごろメンバーシップのアップグレードを提案するメールや情報を流していくのか、といった会員カテゴリーごとに異なるアプローチをしているのだという。

マルコーニはまた、「目下の最大の狙いは、学生と女性だ。若い世代は、ソーシャルメディアで育っているので、ニュースの鮮度はあまりこだわらず、例えば環境やエネルギーの問題など関心が高い分野の記事をアーカイブから探し、再利用(repurpose)したりする」とも話した。

デジタルシフトが進む中、アメリカの新聞社は最近、「読者(reader)」という言葉から離れ、「顧客(customer)」あるいは「購読者」という言葉を使うようになっている[11]。

WSJは「読者」「顧客」「購読者」からも離れ、「会員制」という新たなビジネスモデルを追求しているようだ。会員一人ひとりの属性に即したサービ

---

[11] 2015年にワシントンで開かれた世界新聞・ニュース発行者協会(WAN-IFRA)の「世界ニューズメディア会議(2014年まで世界新聞会議)」で、新聞社幹部からこうした発言が相次いだ。

スを新たに構築した点は、会員ビジネスで成功を収めて世界最大企業となったアマゾンやアップルの戦略とも重なるようにみえる。

(8) マードックの買収、ニューズルームは「紫（パープル）」

WSJ はオンライン戦略を進める中で、オーストラリア生まれのアメリカ人でメディア王、ルパート・マードック（Rupert Murdoch）が率いるニューズ・コーポレーション（News Corporation、以下、この章ではニューズ）に買収されるという激動もあった。

ニューズは 2007 年 8 月、WSJ の親会社ダウ・ジョーンズを 50 億ドルで買収することで合意し、同年 12 月ニューズによる買収が決まった。マードックが、ダウ・ジョーンズの中でもっとも欲していたのが、WSJ だった。

ニューズは当時、ニューヨークのタブロイド紙「ニューヨーク・ポスト（The New York Post）」、英国の「タイムズ（The Times）、「ザ・サン（The Sun）」といった新聞事業、FOX や英衛星放送「B スカイ B」などのテレビ事業、ハーパーコリンズ（HarperCollins）などの出版事業、20 世紀フォックスなど映画会社も持つ巨大なメディア・コングロマリットだった。

マードックは、発行部数わずか 7 万部超のオーストラリアの新聞社を父親から継承し、業績が好調だった時代に得た資金を元手に、新聞社の買収を重ね、テレビ・映画事業などにも手を広げていた。この「マードック帝国」がこの時ターゲットにしたのが、課金モデルで成功し、新聞としては珍しくオンラインでの成長が見込まれる WSJ である。

買収によって、新聞が変質するとも言われた。英国の「サン」の写真はよりセンセーショナルになり、「ニューヨーク・ポスト」も 2 度も手放しながら 3 度買収する中で、リベラルだった同紙はトランプもお気に入りの保守系タブロイドへと変わっている。

マードックが WSJ を買収することで、WSJ の保守路線が強まったり、大衆化が押し付けられるという見方もあった。また、記者がマネジメントに対して反抗すればリストラがあるという観測もあった[12]。

第6章
伝統メディアとデジタルメディアの攻防

　当時発行人だったL. ゴードン・クロヴィッツ（L. Gordon Crovitz）は買収合意直後の2007年8月、「読者への報告」とした記事で「誰がオーナーとなろうと、この新聞では、正確さ、公正さ、編集権限の基準を以前と同じに維持する」と述べた[13]。記事によれば、マードックとダウ・ジョーンズのオーナーだったバンクロフト家（Bancroft family）は、「正確で独立したジャーナリズムの重要性」について話し合い、マードックは、編集に干渉しないと約束したという。

　だが、紙面には徐々にだが、変化が表れた。もっとも知られているのは、マードックが「一般紙」化を目指したことだ。経済情報に強みを持つWSJだが、ニュースの面白さを重視し、かつてよりは一般紙的な記事が増えた。ただ、最近は、再び経済情報を重視する傾向にある。

　また、1本の原稿の長さが短くなった。アメリカの新聞は日本に比べて全体に記事が長く、複数ページにまたがることも少なくないが、WSJは全般的に短い記事が増えた。マードックが、長い記事を嫌うのはよく知られている。

　また、WSJは伝統的に写真の使用は限定されており、企業経営者の顔などは、独特の点描のイラストで掲載していた。しかし、買収以降は徐々にカラー写真が刷り込まれ、現在カラー写真が一面にあるのは一般化した。

　論調については、マードックの買収当時に噂された保守化が進んでいるとは必ずしもいえないようだ。社説・論説（Editorial）は保守的だが、トランプ以前の共和党主流派の意見に近く、保護主義、高関税を主張するトランプとは明確な違いをみせている。また、ニュース面のほうは、社説の論調と一線を画している。「社説は保守的だが、ニュースがストレートである（中立的で事実報道に徹している）のは称賛に値する」とジョージワシントン大学

12　ピート・ハミル『新聞ジャーナリズム』武田徹訳、日経BP社、2002年。
　　ピート・ハミルは1993年、マードックが「ニューヨーク・ポスト」を買収した際、編集長からヒラのエディターに格下げされた。
13　Crovitz, L.G. "A Report to Our Readers," *Wall Street Journal*, Aug. 1, 2007.
　　https://www.wsj.com/articles/SB118592510130784008

207

教授のフランク・セズノ（Frank Sesno）は話す。

その結果なのかもしれないが、WSJ で民主党支持者の購読者が増えているという。筆者（津山）が 2017 年 9 月、ワシントン支局を訪問した際、支局長のポール・ベケット（Paul Beckett）は、こう話した。

「トランプ氏の台頭後に新たに購読を始めた人たちは、中部（注：東西海岸ではなく、保守的な中西部などの地域）に住んでいる人が多く、購読開始の際のオンラインアンケートで、新規購読者のかなりの人が民主党支持者であることがわかった。彼らは、すごく若いとはいえないかもしれないが、私たちの読者の平均年齢を引き下げているモバイル・ユーザーだ」。

「WSJ のニューズルームは、赤（共和党）でも青（民主党）でもなく、紫（赤と青が混ざった色）だ」とベケットは語った。

(9) 10 年で 100 紙以上が消えた

2016 年大統領選挙は、ポピュリストで前例のない行動をするトランプの当選で、アメリカの主要メディア業界に、これまでにない衝撃と試練を与えた。しかし、新聞業界はかなり前から、地殻変動となる変化に見舞われていた。

ここに、象徴的なグラフがある。世界 4 大会計事務所の 1 つ、プライスウォーターハウスクーパース（PwC）が発表した「アメリカメディア業界の広告市場規模予想」である [14]。

グラフ（図表 6 - 6）は、2018 年と 2022 年（予測）のメディア別広告収入予想を比べたもので、大きな変化が 2 つ、読み取れる。

第 1 に、2018 年時点で最大市場規模のテレビ広告が、インターネット広告に抜かれ、さらに引き離されている。

第 2 に、インターネット、テレビ、ラジオ、雑誌、新聞という業種の中で、2022 年の予測で広告収入が減少しているのは、新聞と雑誌だけという点だ。

---

[14] "US Advertising Media Market Sizes ($B), 2018 v. 2022," PwC, Jun. 2018.
　https://www.marketingcharts.com/featured-104785/attachment/pwc-us-ad-market-sizes-2018-2022-june2018

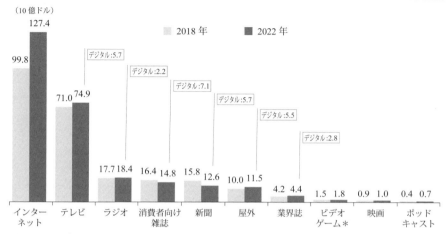

図表6-6 アメリカメディア業界の広告市場規模予想（2018年と2022年）

（注）伝統メディアの数字にはオンラインのものも含まれる（例えば115億ドルの屋外広告には55億ドルのデジタル広告分も含まれる。＊ただしビデオゲームのうちe-sportsは除く）。
（出所）PwCのデータをMarketingChartsが掲載したものを基に作成（脚注14）。

新聞は、18年の158億ドルから、22年には126億ドルと落ち込む。16年の実績は188億ドルだったため、新聞業界全体の広告収入は年々減少している。

この表から、NYTやWPがデジタル購読者を増やすのに腐心し、購読収入で広告収入の落ち込みを補わなくてはならない事情が伝わってくる。

アメリカの新聞業界は、2008年のリーマン・ショックによる金融危機以前から、困難な状況にあった。日本では考えられないほど多くの新聞社が経営破綻し、大都市の新聞ですら消えていった。生き残った新聞社でも、多くの記者やカメラマンがリストラされた。この傾向は、アメリカ経済が金融危機から立ち直り、景気拡大期に入っても変わっていない。

新聞編集者の会員団体アメリカン・ソサエティ・オブ・ニューズ・エディターズ（ASNE、本部ミズーリ州コロンビア）によると、全米の新聞社のニューズルーム（編集局）の従業員数は、1991年の5万5,700人をピークに、2015年には3万2,900人と、2万人超も減少した。2009年からは、調査開始

図表 6 − 7　新聞社の広告収入と販売収入の推移

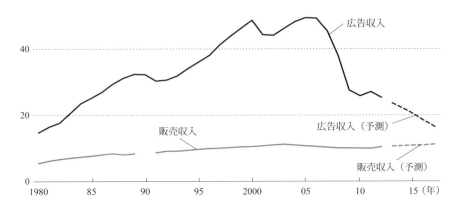

（出所）News Media Alliance, Formerly Newspaper Association of America (through 2012); Pew Research Center Analysis of Year-end SEC Filings of Publicly Traded Newspaper Companies (2013−2016). ピュー・リサーチ・センターまとめ。2013 〜 16 年は予測。

の 1978 年を下回る水準に突入している。新聞の「心臓部」にいる記者やカメラマン、編集者がそれだけリストラされたということだ[15]。

　また、新聞業界紙「エディター＆パブリッシャー（Editor & Publisher）」によると、1983 年には、全米で 1,730 紙もの新聞が発行されていた。これは、1 県 1 紙体制が確立した日本と異なり、アメリカは市、郡といった自治体の中に複数のローカル、コミュニティー新聞が発行されているためだ。図表 6 − 9 をみると、ニューヨーク州だけでいかに多くの新聞が発行されているかがわかる。

　しかし、2014 年には、1,331 紙にまで減少した。2004 年から 10 年で実に 100 紙以上が姿を消している。消えたのは、規模が小さいローカル、コミュニティー紙だけではない。新聞業界のリストラについてのニュースを集めた

15　"Table A-Minority Employment in Daily Newspapers," ASNE.
　　https://www.asne.org/content.asp?contentid=129

第6章
伝統メディアとデジタルメディアの攻防

図表6-8 アメリカの新聞の概況

	新聞の数	発行部数
朝刊紙	953	36,765,040
夕刊紙	402	3,654,749
合計	1,331	40,419,789

（注）2014年9月30日現在。朝刊と夕刊の両方を発行している新聞については合計では1紙と数えている。
（出所）Editor&Publisher Newspaper Databook 2015 を基に作成。

図表6-9 ニューヨーク州の新聞

日刊紙の数	56
日刊紙の発行部数	6,832,470
週刊紙の数	305
週刊紙の発行部数	3,161,878
ニューヨーク州の人口	19,726,416

（注）2014年9月30日現在。
（出所）Editor&Publisher Newspaper Databook 2015 を基に作成。

サイト「ニュースペーパー・デス・ウォッチ（Newspaper Death Watch）」によると、北米の大都市部で廃刊となった新聞は、「ロッキー・マウンテン・ニューズ（Rocky Mountain News）」（コロラド州都デンバー）など、2007年以降、15紙にものぼる[16]。

(10) 地方紙「ロッキー・マウンテン・ニューズ」の廃刊

2016年大統領選挙から18年にかけては、NYTやWPなどの有力紙が、デジタル購読者を増やし健闘したことは紹介した。

しかし、選挙戦最中ですら、大幅なリストラを発表した新聞もある。ペンシルベニア州第2の都市ピッツバーグの「ピッツバーグ・トリビューンレビュー（Pittsburgh Tribune-Review）」を発行する親会社トリブ・トータル・

---

16 http://newspaperdeathwatch.com/（ニュースペーパー・デス・ウォッチ）

図表6－10　アメリカのメディア分野別雇用者数推移（1990 − 2016年）

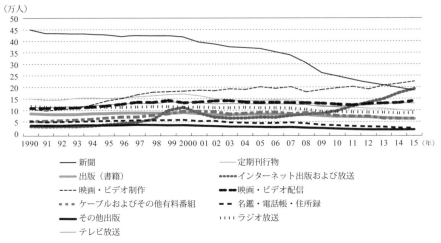

（出所）https://www.bls.gov/opub/ted/2016/imployment-trends-in-newspaper-publishing-and-other-media-1990-2016.htm

メディア（Trib Total Media）は、選挙が佳境に入った16年9月28日、紙の新聞を11月30日で廃刊し、報道は無料のウェブサイトに全面移行すること、これに伴い、全社員の約5分の1にあたる106人を解雇すると発表した。

「新たなチャプター（章）に入る準備はできている。ジャーナリズムは死なない」。

2016年11月30日、その「ピッツバーグ・トリビューンレビュー」は、最後の紙面に刷られた社説でこう宣言した。ルイス・ファブレガス（Luis Fábregas）が書いたものだ[17]。

紙面はなくなるが、従来の記事に加え、より説得力のあるグラフィックスやビデオを、スマートフォンやタブレット、パソコンに送り届けるという前向きな社説だ。

---

[17] Fábregas, L. "In Last Print Edition, Pittsburgh Trib Editor Says 'Journalism Isn't Dead'," TribLIVE, Nov. 30, 2016.
　　 https://triblive.com/opinion/luisfabregas/11476377-74/stories-journalism-bring

第 6 章
伝統メディアとデジタルメディアの攻防

最後の紙面の一面は、ピッツバーグの全景写真の青空の中に、大きな見出しが白く浮き出ていた。

「新たな 1 日　トリビューンはデジタル時代に突入　ジャーナリズムの維持を誓う」。

「新聞」という形態が、デジタルの世界だけになる。日本の新聞社には、未知の世界だ。しかし、インターネットでニュースに接する習慣が浸透し、「新聞は消えてしまうのではないか」といわれてきた中、「ピッツバーグ・トリビューンレビュー」の姿は、象徴的だ。

これより前、アメリカの新聞業界衰退の象徴として、大きな衝撃を与えたのは、2009 年の「ロッキー・マウンテン・ニューズ」(以下、この章では「ロッキー」)の廃刊・廃業だった。

「グッドバイ、コロラド」

「ピッツバーグ・トリビューンレビュー」の最後の紙面（1面）
（出所）https://triblive.com/opinion/luisfabregas/11476377-74/stories-journalism-bring

こう言い残して同紙は 2009 年 2 月 27 日で姿を消した。1859 年、西部開拓のまっただ中、コロラド州が誕生する前に創刊され、あと 55 日で、創刊 150 周年を迎えるはずであった。この廃刊は業界に大きなショックを与えた。廃刊したのは、親会社の新聞大手 E.W. スクリップス（E.W. Scripps）が、売却先を見つけるのに失敗したためだ。コロラド州は、人口約 519 万人と全米で 22 番目に大きな州だ。州都デンバーの人口は 61 万人。「デンバー・ポスト（The Denver Post）」と「ロッキー」が州を代表する新聞で、地域・コミュニティー新聞は州内で 50 紙以上発行されていた。

「ロッキー」は、調査報道や深い切り口の記事が特徴で、ピューリッツァー賞を 2000 年から 4 回も受賞している。受賞の 1 つは、イラク戦争で死亡した米兵の家族に死亡を通知する担当をしていた、海兵隊少佐の葛藤を追う記事だ。同紙の廃刊までの様子を記録したビデオの中で、調査報道担当キャッ

プだったローラ・フランク（Laura Frank）は、こう述べている。

「『ロッキー』は、パワフルな調査報道で知られてきた。複雑で深刻な問題に対して答えようという記事を書いてきた。私たちがいなくなったら、誰がそれを問うていくのでしょう」。

また、「ロッキー」廃刊後、ローカルニュースが減った。「ロッキー」は通信社サービスも提供し、他の地元紙にコロラド州内の自社記事を配信していたが、廃刊に伴い停止したからだ。AP通信などが、ローカルニュースを配信することになったが、「ロッキー」の記事の質と量には及ばなかった。AP通信が、地元の犯罪をこまめに追いかけたり、コロラド州の州議会、市議会、裁判所などの行政機関に記者を配置するのは難しい。

非営利のジャーナリズム研究機関ポインター（Poynter Institute）は2013年2月、「ロッキー」の廃刊が同州内のメディア業界に起こした影響を調査し、報告した[18]。

コロラド州とニュー・メキシコ州との州境にあるデュランゴで発行されている「デュランゴ・ヘラルド（The Durango Herald）」は、「ロッキー」に地域の記事を提供する代わりに、州都デンバーやほかの地域ニュースを得ていた。しかし、「デュランゴ・ヘラルド」は、「ロッキー」があったころの幅広い州内ニュース、とくに州都デンバーのニュースを掲載することができなくなった。「デュランゴ」の読者は以前とは異なり、自分たちが得ているものは物足りないと感じるようになる。また、「デュランゴ」は、デンバーにある放送局の受信はできず、より近いニュー・メキシコ州かユタ州の放送しかないため、「ロッキー」の廃刊で、州都からの「疎外感」を以前にも増して感じることになったという。

ただ、「ロッキー」の廃刊後残されたメディアによる協力体制が生まれた

---

[18] Tenore, MJ. "How the Media Scene Has Changed in Colorado Since the Rocky Mountain News Folded," Poynter Institut, Feb. 12, 2013.
https://www.poynter.org/reporting-editing/2013/how-the-media-scene-has-changed-in-colorado-since-the-rocky-mountain-news-folded/

という。前出の「ロッキー」の元調査報道担当キャップ、ローラ・フランクは、4万ドルの助成金を得て、「ロッキー」廃刊後、「ロッキー・マウンテン・インベスティゲイティブ・ニュース・ネットワーク（通称 I - ニューズ）」を創設した。調査報道記事を中心に配信する目的だった。編集の独立を守るため、非営利団体とし、当初は無料で記事をオンラインで提供し、評判を得たのち、課金を目指した。

さらに、I - ニューズは、同州最大手の公共放送ロッキー・マウンテンPBS（RMPBS）、ラジオ局 KUVO/KVJZ の2社と合併した。I - ニューズはその後、RMPBS の編集局に吸収された。チームを PBS の中に新設し、元ロッキーのベテラン調査報道記者6人と PBS 記者と合わせた計12人の体制を組んだ。放送だけでなく、ウェブ記事やグラフィックスなどへの対応を強化した。彼らの地元密着の深掘り記事が、PBS 発で、オンラインやラジオを通じて、コロラド州全体に行き渡る。また、ジャズや民族音楽のラジオ局を通じて、黒人やヒスパニック系住民にもニュースを伝えることが可能になったという。

ハーバード大学のジャーナリズム研究機関ニーマン・ラボ（Nieman Lab）も、フランクが立ち上げた I - ニューズの成長を追ったリポートを出した[19]。

それによると、RMPBS の社長兼 CEO ダグ・プライス（Doug Price）は、I - ニューズとの合併費用が年間50万ドルかかり、RMPBS をサポートする会員を7,000〜8,000人増の7万人超にする必要があったというリスクを承知で、合併に踏み切ったという。RMPBS を寄付で支える会員は2018年12月現在、8万5,000人に達した。複数のテレビ、ラジオ放送とオンラインのサービスは、コロラド州の98％の住民にリーチしているという。

19　Ellis, J. "Better Together: Colorado Nonprofit News Site I-News and Rocky Mountain PBS Join Forces," Feb. 5, 2013.
　　http://www.niemanlab.org/2013/02/better-together-colorado-nonprofit-news-site-i-news-and-rocky-mountain-pbs-join-forces/

⑾ 投資対象となる地方紙、空白地帯で社会的悪影響も

　アメリカは「地方紙王国」ともいえる。全米の空港のニューススタンドで売られており、全国紙とみなされているのは WSJ、NYT、「USA トゥデー」の 3 紙である。一方、日刊では朝夕刊紙合わせて 1,331 紙が発行されており（2014 年 9 月現在、211 ページの図表 6 − 8 参照）、3 紙以外は、すべて「地方紙（local newspapers）」といってもいい。部数でみても、圧倒的に地方紙が優勢である。

　日本では、地方紙というと県内で力を持っている「県紙」のイメージもあるが、アメリカの地方紙は、メトロと呼ばれる州都などの都会で出ている新聞に加え、市町村レベルの新聞、文化的背景を共有している複数の行政地域をカバーする地域・コミュニティー新聞なども非常に多い。

　だが、その「地方紙王国」は、揺らいでいる。前述のように、読者の新聞離れのため廃刊が相次ぎ、生き残っている新聞も、「紙」ではなく、「デジタル」への切り替えを急いでいる。メディアアナリスト、ケン・ドクター（Ken Doctor）の推計によると、主な日刊紙の約 6 割が、オンライン版を有料化し、デジタル購読者が増えている。多くの地方紙が月に何本かは無料で読めるがそれ以上はデジタル購読料を払うという「ペイウォール」を導入している。

　「USA トゥデー」ほか 100 紙以上の地方新聞とローカルニュース・スポーツのウェブサイトを傘下にするメディア企業ガネット（Gannett）の 2018 年第 4 四半期決算によると、新聞部門は大幅減収だが、デジタルのみの購読者数は前年同期比 46.3% 増と大幅に増加した [20]。

　ガネットは 2019 年 1 月、メディア企業 MNG エンタープライジズ（以下、

20　"Gannett Reports Fourth Quarter and Full-Year 2018 Results," Gannett, Feb. 20, 2019.
　　https://investors.gannett.com/press-release/gannett-reports-fourth-quarter-and-full-year-2018-results
　　Sullivan, M. "Cancel in Protest? Or Stay with a Local Newspaper That's Being Strip-Mined for Profits?,"
　　Washington Post, Jan. 28, 2019.

この章では MNG) から、13 億ドルで買い取るという敵対的買収案を提示された。ガネットは、買収金額が過小評価されているとして、提案を拒否したが、この買収提案が話題になったのは、MNG の親会社が、ヘッジファンドのオルデン・グローバル・キャピタル（Alden Global Capital）だったこともある。

ガネットがヘッジファンドの傘下に入れば、「USA トゥデー」や多くの地方紙が、大幅なリストラに遭うのではないかという観測が広がった。

MNG は、「新聞大手で最も強欲」（ダン・ケネディ、ノースウェスタン大学教授）といわれる[21]。地方紙では、全国紙には入らないローカル広告があり、徹底的なリストラをすればまだ利益が出る。ファンドによる経営陣は、徹底的な人員削減を行い、利益を出す。報道の質の低下で読者離れが進む「幽霊新聞（ghost paper）」となったら、売却する。売却先が見つからなければ、廃刊する。

ファンドにとって、新聞社は投資対象であり、地域の民主主義やジャーナリズムを守るという視点は意識されにくい。事業としての将来性が乏しいため買収コストは安いが、当面の利益は出せる構造の中で、ガネットも投資対象の候補となった。

前出の「デンバー・ポスト」も MNG の傘下にある。かつて 300 人いたニューズルームの人員は、60 人にまで削られた[22]。読者に人気の地元のプロフットボールチーム「デンバー・ブロンコス」の取材チームも縮小したという。

地方紙が消えると、どういう現象が起きるのだろうか。

連邦通信委員会（FCC）が 2011 年にまとめた調査報告書「インフォメー

---

21 https://www.washingtonpost.com/lifestyle/style/cancel-in-protest-or-stay-with-a-local-newspaper-thats-being-strip-mined-for-profits/2019/01/27/90fe140a-201a-11e9-9145-3f74070bbdb9_story.html?utm_term=.9be-84b37a937
22 鵜飼啓「特派員リポート（@デンバー）消えた記者、ファンド経営であえぐ地方紙」朝日新聞デジタル、2018 年 7 月 4 日。
　https://www.asahi.com/auticlis/ASL6Z3KDXL6ZUHBI00S.html

ション・ニーズ・オブ・コミュニティーズ（The Information Needs of Communities)」によると、例えば税金を使った州政府の歳出が増加しているにもかかわらず、州政府担当記者は2003年から2008年の間に、ニュージャージー州で35人から15人、カリフォルニア州で40人から29人、テキサス州で28人から18人などと激減した。また、地方紙の記者が削られている分野は、裁判、教育、農業、環境と多岐にわたる。この結果、警察の不祥事や汚職など社会的悪影響が増えたという。

報告書は、カリフォルニア州ベル市で起きた市役所の不正事件も取り上げている。同市をカバーする地方紙がなくなった後、市の重要行政ポストであるシティ・マネジャー（市政担当官）、警察本部長などの給料が引き上げられていた。市のナンバー2ともいえるシティ・マネジャーの年俸は、5年間で10倍以上になっていた。「ロサンゼルス・タイムズ」が2010年、調査報道に乗り出してようやく発覚した[23]。

また、地方メディアに関する研究機関「ローカル・ニュース・ラボ」は2018年6月にまとめた報告書で、地方メディアがなくなった「ニュース砂漠（news desert）は、民主主義を脅かす」と指摘した。読者が、選挙戦や候補者の公約の違いに関するニュースを目にする機会が減り、選挙の投票率が低下するという。住民の自治体選挙への関心が低下する結果、候補者の数が減ったり、現職が再選を続けたりして、それがさらに投票率を下げるという悪循環にもつながるという。

地方紙の生き残りの道は、どこにあるのか。AP通信とシカゴ大学が提携して設立したジャーナリズムの研究機関、AP-NORCセンター・フォー・パブリック・アフェアズ・リサーチと「アメリカン・プレス・インスティチュート（API）」が、共同で行った調査は参考になりそうだ。調査は、18カ月にわたり、全米90の地方紙を有料購読する4,113人の読者を対象に行い、

---

23 Waldman, S. *et al.* "The Information Needs of Communities: The Changing Media Landscape in a Broadband Age," Federal Communications Commission, Jul. 2011.
 https://transition.fcc.gov/osp/inc-report/The_Information_Needs_of_Communities.pdf

2018年2月に発表された[24]。

　報告書によると、新たに地方紙を購読する理由は、「ローカルニュースに接したい」が60％で、次に「購読料の割引・無料期間があった」が45％。「ローカルジャーナリズムを支援したい」も31％あった（複数回答可）。

　購読を続けるために重視しているのは、「信頼できる正確な事実を得られる」が78％、「すべての立場を公正に扱っている」が68％だった。ローカルニュースへの需要はあり、「正確で信頼できる事実」を求めている層がいることがわかる。

　報告は、多くの発行人が利益を出すため、ニュースルームのリストラを進めていることにも警鐘を鳴らしている。「発行人は、購読を始めたいと思っている人々の需要に応えるため、コンテンツの品質に投資をするべきだ」と指摘している。報道の質が下がれば、購読したいと思っている層も離れてしまうからだ。

　紙とデジタルの購読者の違いも浮き彫りになった。デジタル購読者の方が、若く、高学歴で、特定のニュースに対する反応が高い。「特定の話題について、品質が高い報道に関心を持つ」のはデジタル購読者が38％に対し、紙の購読者が25％となっている。「ローカル・ジャーナリズムを支援したい」と回答したのも、デジタル購読者が38％、紙の購読者が29％で、デジタルの方が多かった。調査結果は、若い世代を中心に、報道の質が高く公正であるならば、お金を払ってでもデジタルで読もうというニーズがあることを示している。

---

[24] The Media Insight Project. "Paths to Subscription: Why Recent Subscribers Chose to Pay for News," American Press Institute, Feb. 27, 2018.
　　https://www.americanpressinstitute.org/publications/reports/survey-research/paths-to-subscription/

II　台頭するデジタルメディア

(1) デジタルメディアがホワイトハウスの記者席を獲得

　首都ワシントンにある報道機関にとって、ホワイトハウスで日々行われる記者会見は、アメリカ大統領や政府要人の肉声を直に聞ける重要な場である。青いエンブレムの前で行われる記者会見は、テレビなどで中継され、瞬く間に全世界に発信される。世界中のメディアが注目するその舞台で、異変が起きている。

　新聞やテレビ・ラジオ、通信社といった伝統的メディアだけに許可されていた記者会見席に、オンラインだけのデジタルメディア（デジタルネイティブとも呼ばれる）が参入してきたのだ。

　記者会見席は1列が7席で7列あり、計49席が並ぶ。座席はテレビ局や通信社、新聞社など有力メディアに1つずつ割り当てられている。事前に座る記者が決まっているため、テレビの生中継でも、大統領に質問している記者の名前がテロップに出るほど、固定化している。外国のメディアで席があるのは、英国の「フィナンシャル・タイムズ（Financial Times: FT）」、中東の「アルジャジーラ（Al Jazeera）」などほんの一握り。個別に席を割り当てられた日本メディアはまだない。

　この座席に、オバマ前大統領時代から、デジタルメディアが登場しはじめた。政治ニュース専門サイト「ポリティコ（Politico）」や「ハフィントン・ポスト（The Huffington Post）」「バズフィード（Buzzfeed）」「Yahoo!」にも席がある。

　さらに、記者会見室ではまだ席を獲得できていないものの、ホワイトハウス記者会には、「YouTube」「ヴォックス（Vox）」「ヴァイス（Vice）」といったデジタルメディアも記者を送り込んでいる。ホワイトハウス取材は、もはや伝統的メディアだけのものではなくなった。

第6章 伝統メディアとデジタルメディアの攻防

図表 6 - 11 ①　記者会見席一覧（トランプ大統領就任後の 2017 年）

演壇

NBC	FOX News	CBS News	Associated Press	ABC News	Reuters	CNN
WSJ	CBS Radio	Bloomberg	NPR	WP	NYT	USA Today
AFP	AP Radio	McClatchy	American Urban Radio Networks	Politico	Tribune	ABC Radio
MSNBC	Foreign Pool	Washington Times	The Hill	FOX News Radio	Voice of America	National Journal
Bloomberg BNA	TIME	Sirius XM	Regionals	Christian Science Monitor/ New York Post	RealClear Politics	Al Jazeera/ PBS
Washington Examiner	Yahoo! News	Salem Radio Network	Newsmax	Daily Mail	HuffPost/ New York Daily News	Westwood One
Talk Radio News Service/ Univision	Dallas Morning News	Boston Globe/ Roll Call	CBN	BBC/ OAN	BuzzFeed/ Daily Beast	FT/Guardian

図表 6 - 11 ②　記者会見席一覧（オバマ前大統領時代の 2015 年）

演壇

NBC	FOX	CBS	AP	ABC	Reuters	CNN
WSJ	CBS Radio	Bloomberg	NPR	WP	NYT	AP Radio
AFP	USA Today	McClatchy	AURN	Politico	Tribune Co.	ABC Radio
Foreign Pool	MSNBC	Washington Times	The Hill	FOX Radio	Voice of America	National Journal
BNA	Time Magazine	NY Daily News	Hearst/ Chronicle	NY Post	RealClear Politics	Chicago Sun-Times/ Al Jazeera
Washington Examiner	Yahoo!	Salem Radio	Media News/ Daily Beast	CS Monitor	Sirius	Dow Jones
Talk Radio	Dallas Morning News	Roll Call	CBN	BBC/ Boston Globe	Scripps/ BuzzFeed	FT/ Guardian

（出所）脚注 25 による。

また、トランプ政権発足後の2017年7月に行われた「席替え」で、新たな変化があった[25]。ウェブサイト、雑誌、ケーブルニュース局を持つ保守系メディア「ニューズマックス（Newsmax）」と保守系の英国タブロイド紙「デイリー・メール（Daily Mail）」が席を獲得した。ホワイトハウス記者会によると、「席替え」はクラブのボードメンバーが、各社の出席率やオーディエンス層を精査し、さらにメディア業界の変化も考慮したうえで決定した。つまり、記者会の自主判断による変更だという。

　デジタルメディアは、過去10年前後に少人数で設立された、いわばベンチャーだ。アメリカの新聞が誕生してからは300年以上、ラジオが90年以上、テレビが80年以上経っているのに比べると、その歴史は浅い。10年以上前には影も形もなかったメディアだが、いまやその影響力は巨大である。

　「ポリティコ」は、2007年設立だが、ホワイトハウスで3列目、つまりNYTや主要ネットワークテレビ局の真後ろに記者席を持つに至っている。

　デジタルメディアの急進は、どのように起きたのか。

(2) 先駆者——ハフポスト（ハフィントン・ポスト）

「ザ・ハフィントン・ポスト（2017年にThe Huffington PostからHuffPost［ハフポスト］に改名）」は、デジタルメディアの「元祖」といえる。伝統メディアが築いた、「総合」「政治」「経済」といったニュースカテゴリーにとらわれず、オンラインで読者が読みたいと思った話題は、幅広く掲載している。

ハフポスト社内

　筆者（山脇、津山）は2015年夏、ニューヨーク・マンハッタンの中心街、AOL本社ビルの中にあるハフポスト（当時はハフィントン・ポスト）を訪ねた。

25　2017 Briefing Room Chart（2017年6月30日決定）
　　ホワイトハウス記者会のボードの決定に基づき、会員あてのメールで新旧座席表が周知された

第 6 章
伝統メディアとデジタルメディアの攻防

　ハフポストは、作家でコラムニストのアリアナ・ハフィントン（Ariana Huffington）が 2005 年、数人の仲間とともに立ち上げた。大富豪の妻で、政界などに豊富な人脈があったハフィントンはさまざまな著名人に声をかけ、ハフポストは多くのブログを集めたリベラルなサイトとして急成長した。2009 年には、オバマ大統領の当選直後の記者会見で、大統領に質問することができたことも話題を呼んだ。

　ハフポストの人気は、掲載される記事の硬軟おりまぜた幅の広さにある。1 日にアップされる記事は 1,200 本、カテゴリーは 50 分野に及ぶ（2015 年取材時点）。ローカルニュースのほか、「ゲイ」「ヘルスケア」「フード」「メディア」といった細かいカテゴリーがあり、政治やビジネスの主要ニュースから、ゴシップ、話題のオンラインビデオまでがチェックできる。やわらかい記事やコメントで読者を集める一方で、硬派な話題やニュースにも切り込む。ハフィントンはそれを「ハイブリッド型」と表現していた。

　2011 年にインターネットサービス大手 AOL に買収された後、月間のユニークビジター（UV）は世界で 2 億人に達し、日本を含むアジア・欧州など十数カ国で各国版を開設するなど、国際的にも強い存在感がある。

　本社内に足を踏み入れると、黒の色調に統一されたモダンなインテリアがまず目に飛び込んできた。入ってすぐ、大きなスタジオの横を通る。デジタルメディアというよりテレビ局のようだ。

　その先に、記者が集まる広いニューズルームがあった。カジュアルな服を着た若者たちが、リラックスした表情でそれぞれ、パソコンに向かっていた。

　一番奥に、ハフィントンポスト CEO（当時）、ジミー・メイマン（Jimmy Maymann）の個室があった。デスクと、来客用の椅子を置けば、ほとんど身動きできなくなるような小ぶりの部屋だ。

　当時 45 歳のメイマンは、デンマーク出身。長身で細身のスーツを身にまとい、まるでモデルのようだ。

ジミー・メイマン

もともとオンラインビデオ事業を成功させた起業家である。自ら手掛けたオンラインビデオ事業がAOLに買収された後、ハフィントンポストのCEOに抜擢された。その後、UV2億人を達成し、海外戦略の立役者にもなった人物だ。

「なぜ、これほど成功できたのか」。

筆者の質問に対して、メイマンは、成功のカギとして、技術革新に伴う「5つのトレンド（傾向）」を挙げながら、説明を始めた。

「最初のトレンドは、10年前に人々が盛んに使い始めたブログ。ハフィントンポストは開設とともに、こうしたブログを取り入れてきた。100年以上の間、メディアは何がニュースかを決めて、一方的に伝えてきた。技術の進歩によって読者の反応を得られるようになってから、ニュースは『会話』になった。いま、我々は10万人以上のブロガーを抱えている」。

「2番目はグーグル検索。多くの読者を得るには、その記事が発見されなければならない。ハフィントンポストは、この検索の重要性を当初から理解していた」。

「3番目はソーシャルメディア。ハフィントンポストはコミュニティーをつくる場でもあり、ソーシャルメディアとの親和性が高い」。

「4番目には、読者のスマホやタブレットへのシフトがある。モバイル端末での読者に対しては、記事や写真も変えている」。

「5番目は、ビデオ。我々は毎日8時間、スタジオからライブ映像を流している」。

ハフポストは、事業の成長とともに独自の調査報道にも力を入れるようになる。

2012年には、イラク戦争とアフガニスタン侵攻による負傷兵を追った10回連載「Beyond the Battlefield（戦場の向こう）」で、アメリカのジャーナリズムで最も権威があるピューリッツァー賞を受賞した。デジタルメディアとして初の快挙だった。

受賞記者のデービッド・ウッド（David Wood）は、『タイム』誌や「ロサ

ンゼルス・タイムズ（Los Angeles Times）」などで40年以上の戦場記者経験があり、2011年にハフポストに移った。「シニア・ミリタリー・コレスポンデント」として、軍事・安全保障関連の記事を担当した。

受賞記事の連載の取材には、8カ月を費やした。イラク戦争とアフガニスタン侵攻で手足を失うなど重傷を負った兵士を探し出し、全米各地に飛んで、本人や家族、医療関係者、義手義足師、退役軍人省（DVA）などを網羅的に取材した。

「記者として戦場にいると、負傷兵は手早く応急処置を受けて、ヘリコプターが来て、舞い上がる塵の中で、どこかに消え去る。彼らにその後、何が起きたのかまったくわからなかった。そして、それをずっと知りたいと思っていた」。

「国家のために働いた末、苦悩している元軍人や家族がいることを、より多くのアメリカ人が知って、もっと手を差し伸べるべきだということをわかってもらいたいと思った」。

負傷兵に焦点を当てた連載の狙いを、ウッドはビデオインタビューでこう語った。彼の記事中には、退役軍人を支援するためのサービスや機関、基金などへのリンクも張られ、反響を呼んだ。

ハフポストは、AOLが2015年、通信大手ベライゾン（Verizon）に買収されたことで、その傘下に入った。ベライゾンは、Oathという子会社をつくり、ハフポストのほか同様に買収したYahoo!とAOLのサービスも提供している。

(3) 速く、おもしろく——バズフィード

ハフポストを猛追したデジタルメディアが、1年遅れの2006年に設立された「バズフィード」（本社ニューヨーク）だ。

ハフポストは、アメリカで多くの新聞名に使われてきた「ポスト」という言葉を用いた。これに対し、バズフィードは、「バズ」=「蜂がぶんぶん」という音のように話題が広がっていく情報を「フィード」=「供給する」という意味があり、新興デジタルメディアらしい媒体名だ。

同社が仕掛けるメディアのコンセプトは、「バイラル（ウィルスのように広がる）」。可愛い動物のビデオやクイズ、芸能ネタを「とにかく速く、おもしろく」（ジョナ・ペレッティ［Jonah Peretti］、共同創業者兼 CEO）提供するのが売りで始まった。

　同社によると、月間ユニークビジターは 2 億人超（2017 年末）。75％のトラフィックが、フェイスブックなどソーシャルメディア経由で、60％がモバイル端末からのアクセスだという。さらに、ビデオの月間アクセス数が 10 億回を超える。ソーシャルメディアを駆使し、ビジュアルに訴えるニュースや情報を、若者にフィードし続けるという、まったく新しいビジネスモデルだった。

　例えば、ある夫が、がんで闘病中の妻に笑顔を取り戻したいと、ピンクのバレエのチュチュを着て、全米を踊ってまわるビデオをアップし、大ヒットした。

　国際ニュース部門バイス・プレジデントのスコット・ラム（Scott Lamb、2013 年当時）は「単におもしろおかしいだけでなく、夫の妻に対する気持ちが感動を呼んだ。このように、人々を驚かしたり感動させたりする、ほかのメディアとは異なるコンテンツを常に探し求めているのが、バズフィードの特徴です」と筆者（津山）のインタビューに答えた。

　ラムが「コンテンツ」と呼ぶのは、従来のようなお決まりのニュースや情報ではなく、若い世代向けに加工したものである。

　だが、バズフィードの特色は、芸能ネタや「お笑い」ビデオの軟派路線だけではない。2011 年末、当時ポリティコの敏腕記者で、WSJ 欧州版などの記者だったベン・スミス（Ben Smith）を新しい編集長として引き抜いた。その後、ホワイトハウス記者会見室に席を獲得し、2015 年 1 月には、11 人の記者を集めた「調査報道チーム」を新設した。

　2014 年には、炭鉱で 35 年働き、炭粉による黒肺塵症を主張したものの、全米一の病院に否定されて亡くなった男性の司法解剖結果を報じて、黒肺塵症だったことを暴いた。オバマ政権が、タリバンの捕虜となっていたアメリ

カ兵の帰還のために、収容していた5人のタリバン兵と交換した交渉の中身をスクープしたこともある。欧米では、調査報道記事がよく読まれる傾向が広がっており、それに対応している。

(4)「ニュースの解説」を目指す――Vox

　ワシントンの記者らの間に衝撃が走ったのは、2015年2月6日のことだった。大統領2期目のオバマは1月末、1年間の政策の指針を議会で発表する「一般教書」演説を終えたばかり。その直後、設立間もない新興デジタルメディア「Vox（ヴォックス）」がオバマの単独会見のデジタル記事を掲載したためだ[26]。

　テレビ局や新聞社など報道機関にとって、大統領との単独会見は常に「喉から手が出る」ほど欲しいコンテンツである。その単独会見をわずか1年4カ月前に誕生したばかりのVoxがデジタルメディアとして初めて射止めた。

　「オバマ Vox カンバーセーション」。こう名づけられた会見内容は、2編の長文記事とビデオで構成され、従来の会見記事や映像とはまったく異なっていた。記事は一問一答形式で、その左右には、オバマが語る内容を裏づけるグラフやミニ解説が付き、ひと目で事実関係を確認できる。テキストの間には、短いビデオがはさまれ、暗いスタジオで語るオバマの映像にも、グラフやキーワードが重なって表示される洗練された「会見ビデオ」に仕上がっていた。

　Voxは、スポーツ、ゲーム、ファッション、グルメ、テクノロジーなどのサイトを運営するVoxメディアが、ニュース専門のデジタルメディアとして2014年4月にサービスを開始した。同社は「世界で約1億6,500万人の教養ある富裕な若い世代につながっている」と標榜し、個人利用者を示すユニークビジター数も1年あまりで、月間1,400万人に達していた。

　設立間もない新興メディアがなぜ、大統領との単独会見にこぎつけられたのか。

26　Vox.com/ "OBAMA The Vox Conversation."
　　https://www.vox.com/a/barack-obama-interview-vox-conversation/obama-interview-video

Vox を運営する Vox メディアの創業者・会長兼 CEO であるジム・バンコフ（Jim Bankoff）は 2015 年 3 月、テネシー州ナッシュビルで開かれたアメリカ新聞協会（NAA）の大会で、会見を実現できた背景を明らかにした。
　バンコフによると、決め手になったのは、設立後 1 年あまりで月間 1,400 万人のユニークビジター数を達成した Vox の「成長率」と、会見に関して従来とは異なる「報道スタイル」を提案したことが大きかったという。この 2 つをホワイトハウスが評価し、デジタルメディア初の単独会見につながったという。
　「Vox がほかのメディアと最も異なっていたのは、大統領への質問の内容だ。オバマの"政策"の背景を徹底的に探る質問が中心で、ワシントンの政治や時流を探るという近視眼的なものではない。従って、20 年後にみても、オバマがなぜこのような決断を下したかという背景がわかる内容になっている」とバンコフ。
　Vox で、オバマ大統領をインタビューしたのは、編集長のエズラ・クライン（Ezra Klein）だ。WP の元人気ブロガー兼コラムニストで、Vox の立ち上げを宣言するコラムにこう書いている。
　「新聞では、記事が最新であるということが、足かせになっている。新聞のスペースには限りがある。このため新聞にできるのは、（例えば）月曜日に起きたネタだけを、読者が知る必要があると報じている。Vox の使命は、報道すると同時に、説明することにも秀でたサイトになることだ」。
　Vox のスローガンは「ニュースを説明する」。従来の新聞とは違う報道のスタイルを目指している。

(5) 専門性で勝負――ポリティコ

　2015 年 6 月 12 日夜、アメリカ議会下院。人影がまばらになった記者室で、政治ニュースサイト「ポリティコ」記者のダグ・パーマー（Doug Palmer）がパソコンに向かっていた。
　この日、環太平洋経済連携協定（TPP）のカギを握る貿易法案の一部が否

決された。大統領のオバマが2年ぶりにアメリカ議会に直接乗り込み、民主党幹部らを説得、それでも大差で否決された。「この先どうなるかわからないね」。パーマーはそう苦笑しつつ、「オバマの貿易政策に疑問」という記事をウェブで流した。

　直近まで「ロイター通信（Reuters）」に勤めていたパーマーは、当時55歳。25年以上のキャリアを持つ貿易分野のベテラン記者である。ロイターから、新興メディアのポリティコに移った理由は、「新しいメディアを作るというアイデアが気に入った。自分たちがどれだけ読者を取れるか、試したかった」と語る。だが、現場での仕事は多忙だ。1日に何本もの250語以内の単文ニュースのほか、週5本のニュースレター、長文の分析記事も書く。「『ポリティコ』での仕事は楽しいけど、要求が高い職場でもある」という。

　ポリティコが誕生したのは、2007年。WPの花形政治記者ジム・バンデハイ（Jim VandeHei）と編集者の2人が中心となり、テレビ局の経営者が出資した。この2人の記者は、社内で政治ニュースでネット配信を優先する「ウェブファースト」のメディアを提案したが断られ、独立した。ポリティコはウェブに力を入れつつ、議会や政府関係者が手にとりやすい紙の新聞も発行している。

　「スピードを敵ではなく、仲間にしようと考えた。世界が変わる中、自分たちも変わらないと死んでしまう」。

　ポリティコの編集主幹（当時）、ビル・ニコルズ（Bill Nichols）はワシントンでの講演でそう話した。彼自身、20年以上勤めた「USAトゥデー」を辞め、創業メンバーに加わった。

　ポリティコの最大の特徴は、徹底的な専門性にある。

　無料サイトでも、政治の内幕などの記事が読めるが、有料サイト「ポリティコ・プロ（Politico Pro）」では、さらに深い分析記事が読める。農業、教育、貿易、税、エネルギー、テクノロジー、サイバーセキュリティーなど専門分野のメニューが並び、各分野の専門記者が、連日記事を配信している。冒頭のパーマーの記事も「プロ」でしか読めない。

「我々の成功のカギは、政治や政策に強い関心を持っている読者だけに向けて、ユニークな価値の提案をしていることだ」。

「ポリティコ・プロ」編集長のマーティン・ケイディ（Martin Kady）は15年6月、筆者（五十嵐）の電話インタビューで、こう話した。

「人々は独立したニュースメディアに飢えている。我々は独立した政治ニュースの媒介役を担っている」。

「プロ」の読者は、弁護士、ロビイスト、医師など、日々の仕事でワシントンの政治、議会の情報が必要な人たちだ。忙しい読者に向け、毎朝、電子メールで要点を絞った「アラート」を送るなど、スマートフォンなどのモバイル環境を重視したつくりになっている。「とにかく速く、多くの特ダネを書くこと。ツイッターのフォロワー数などは気にしない。何人が読んでいるかではなく、影響力を持っている人が読んでいるかどうかが重要だ」とケイディはいう。

専門性を高めるうえで重要なのが、特定の分野に精通する記者の確保だ。ポリティコの記者たちの前職は、新聞や通信社、通商専門誌の記者など幅広い。未明にメールで届くニュースレター「プレイブック（Playbook）」は、議会やホワイトハウスなど政府関係者、企業幹部に広く読まれている。

ケイディは「大メディアでも、人知れぬ小さなニュースレターでもいい。我々の目標は専門分野でのスターを雇うこと。メディアの未来において専門性はとても重要だ」という。引き抜きの武器にもなる給料の詳細などは明かさなかったものの、「最も優秀な人材には、競争力のある条件を提示している。ベテラン記者らは、給料が下がるのなら我々のところには来ないでしょう」と笑った。

大学を出たばかりの新卒の若い記者の場合、給料はさほど高くない。だが、ケイディが強調したのは、彼らの「出世」の速さだ。従来の大手メディア企業では、アメリカでも編集幹部になるまでには長い年月がかかる。だが、ポリティコでは、20代の記者で編集のトップクラスのポジションについている人間が何人もいる。

設立から8年の2015年、当初30人だったポリティコの従業員は400人になった。2015年6月、ポリティコはワシントンD.C.からポトマック川を渡ったバージニア州のビルの新オフィスに移転した。西海岸のIT企業さながら、果物や飲み物をそろえたカフェもある。収益は公表していないが、設立2年目からすでに黒字になった。

編集主幹のニコルズはいう。

「（いままでのやり方に縛られない）おもしろいジャーナリズムが提供できれば、利益は出せる」

(6)「読者第一」を徹底追求——AXIOS

前述のように、新聞など伝統メディアが続けてきたニュースを「政治」「経済」など分野別に分けるやり方を改め、読者からの需要があるニュースへのアクセスを優先したのがハフポストなどの第1世代のデジタルメディアだ。

2015年ごろから、第2世代デジタルメディアといえるサイトが登場した。世の中の出来事を取材し、伝え、読者のアクセスを待つのではなく、「どうニュースを読んだらいいのか」「何がニュースなのか」を追求し、異なるアプローチを取り始めた新世代で、その象徴的存在が「AXIOS（アクシオス）」である。AXIOSは、ギリシャ語で「価値ある（worthy）」という意味だ。

AXIOSは、伝統メディアも驚かせるようなスクープも放つが、同時に、「読者第一」「読者をより賢くさせる」を掲げる。そのため「賢い簡潔さ（smart brevity）」「エレガントな効率性（elegant efficiency）」という記事スタイルとサイトのデザインを追求する。記事は、300ワード以内ときわめて短く、伝統メディアの記事では使わない箇条書きを多用する。箇条書きは、「いま知るべきことは、これとこれ」と、読み手に早く理解させるのに役立つ。サイトでは、記事は最初の3分の1程度だけが表示され、「もっと詳しく」というボタンをクリックすると、全文が現れる。

AXIOSが、こうしたスタイルを作り出したのは、「メディアは崩壊してい

る——ほとんどがペテンだ」という洞察からだ（マニフェストより）[27]。

　「記事が長すぎる。そして、つまらなすぎる。（中略）フォード（Ford）が、人々が本当に欲しいと思うようなすごいトラックを市場に出す代わりに、F-150（注：フォードを象徴するピックアップトラック）のエンジンの唸りやデザインにエンジニアがひどく執着している状況を想像できるか？　あり得ない。でもそれが、デジタルメディアの企業がよくやっていることだ。彼らは、ジャーナリストがやりたいがままに、ジャーナリズムを生み出している」。

　AXIOS のマニフェストは、新聞のデジタル版や多くのデジタルメディアが、紙面の時代と同じスタイルのままであることを批判する。人々の生活が過去に比べてはるかに忙しくニュースや情報を消化しなければならない時代に、新聞スタイルの記事は合わないというわけだ。また、ポップアップやバナー広告が多い、広告に頼ったデジタルメディアのビジネスモデルも否定している。AXIOS では、ネイティブ広告だけしか表示せず、収入の半分は有料の情報サービスから得ているという。

　2017 年 1 月 24 日、就任直後のトランプ大統領についての AXIOS の記事は、トランプのニュースの接し方を描いて興味深い[28]。

　大統領のトップ顧問の 1 人が「トランプはアナログ人間だ」と明かす。

　この人物は、トランプが新聞をめくっている姿や、携帯電話で誰かに話している姿しかみたことがない。また、多くの側近が、トランプが本を読んだり本について語るのをみたことがない。

　トランプはまず、主要テレビ局の朝と夕方のニュース番組を、「TiVo」という録画機を使って保存し、トップニュースをすべてみる。新聞は、配達された NYT と保守系タブロイド「ニューヨーク・ポスト」をくまなく読み、

---

[27] https://www.axios.com/about（AXIOS）
[28] VandeHei, J. and Allen, M. "Trump 101: What He Reads and Watches," AXIOS, Jan. 24, 2017.
　　https://www.axios.com/trump-101-what-he-reads-and-watches-1513300066-41aaed6d-20e3-4022-acaa-f0099058d9e3.html

WSJを斜め読みする。選挙戦中、スタッフは、彼の名前が出ているニュースをすべて網羅するオンラインクリッピングサービスを契約したが、それをすべて印刷してトランプに渡さなくてはならなかった。

トランプは、反論したい記事をみつけると、黒の油性ペンで批判的なコメントと担当者の名前を書き込み、その新聞を直接手渡すか、そばにいるスタッフにスキャンさせてPDFファイルを作らせ、それを担当者にメールさせる。

彼のこうしたアナログぶりを、当時、誕生したばかりだったAXIOSがどうやって知り得たのか。

記事の筆者は、雑誌『タイム』を経てポリティコの花形ホワイトハウス担当記者だったマイク・アレン（Mike Allen）と、ポリティコの共同創業者だったジム・バンデハイ（Jim VandeHei）の2人だ。2人は2016年ポリティコを離れ、AXIOSを創業し、アレンは創業者兼エグゼクティブ・エディター、バンデハイが創業者兼CEOに就任した。

アレンは、すでにホワイトハウス担当ではなかったが、長年の人脈で、政府高官や大統領側近からの情報が集まってくる。特ダネも多い。

アレンはポリティコ時代、前述のプレイブックを成功させた立役者だ。アレンは、これと同じように「Axios AM」というニュースレターを始めた。しかし、スタイルはプレイブックと大きく異なる。

まず、プレイブックではニュースのサマリーの箇条書きが長く続いていたのに比べ、Axios AMの要点は10項目だけ。AXIOSの記事だけでなく、主要メディアから読み応えがある記事を選び、核心部分の引用をしてハイパーリンクが張られている。あるいは「読むに値する」というボタンが最後にあり、ハイパーリンクが連動している場合もある。

最初の項目は必ず「Big Thing（一大事）」で、2019年1月12日は「1、一大事：過去最長の政府閉鎖で、トランプ支持の州に打撃」となっている。2018年末に始まった政府機関の閉鎖は、トランプが主張するメキシコとの国境の壁に関する予算をめぐり、民主党と対立した結果起きた。しかし、皮

肉なことに、トランプ支持者が多い州にそのしわ寄せが大きいことを、AXIOSのビジュアル・ジャーナリストが明らかにしたという。短い説明のあと、箇条書きが続く。「なぜこれが重要か」「AXIOSの分析」「データが語ること」「もっと詳しく」（サイト記事へのハイパーリンク）とスムーズに読める。

Axios AMの画面

この日は、NYTのロシア疑惑に関する特ダネ記事、ジョー・バイデン（Joe Biden）前副大統領が2020年大統領選挙に出馬する可能性、過去の政府閉鎖期間をグラフでみる、などが続いた。AXIOSの記事だけでなく、ほかのメディアのスクープや調査報道は積極的に紹介している。

箇条書きという特徴に加えて、「民主党幹部が私（あるいは担当記者）に電話で語ったところによると」「ホワイトハウスの情報筋からのeメールには」と取材先の言葉がカギカッコつきで頻繁に出てくる。アレンや他の記者が取材する過程や、ホワイトハウス内の様子が、リアルに伝わってくる。取材結果を完成品としてまとめる新聞記事とはかなり異なるスタイルである。

(7) 記事のバラ売り──ブレンドル

アメリカメディアとも提携しているオランダのベンチャー企業の試みも紹介したい。新聞や雑誌の中で、読みたい記事にだけお金を払って「つまみ読み」し、価値がないと思った記事は「返品」できる、そんな記事の「バラ売り」を始めたのが「ブレンドル（Blendle）」である[29]。

2014年に創業、同年イタリア・トリノで開かれた世界新聞会議（現・世

29　https://launch.blendle.com/（ブレンドル）

第6章
伝統メディアとデジタルメディアの攻防

界ニュースメディア会議）に登壇したブレンドルの創業者のアレクサンダー・クロッピング（Alexander Klöpping、当時27歳）は、こう語った。

「僕らの世代は、新聞でニュースを読まない。それなら、ジャーナリズムはどうリーチしたらいいのか考えてみた。オンラインで記事をバラ売りすれば、ジャーナリズムの救済にもつながる。アップルの iTunes が、世界の音楽ビジネスを救ったようにね」。

利用者はアプリをダウンロードし、提携している新聞や雑誌の読みたい記事だけを買う。売り上げは、メディアに7割、ブレンドルに3割で分配される取り決めで始まった。

2014年4月にオランダでサービスを開始すると、急速に利用者を増やし英国、ドイツなど欧州の主要メディアと次々に提携。NYT、WSJ、WP などのアメリカの主要紙や雑誌も加わった。

共同創業者兼 CEO マーティン・ブランケシュテイン（Marten Blankesteijn）は「2万人の登録で成功」と考えていたが、1年で登録者は30万人を超えた。

ブランケシュテインとクロッピングは、もともとオランダの有力紙記者だった。購読者の減少を目の当たりにし、「世界中で優秀な記者がいい記事を書いているのに、ニュースは無料という考えが広がり、報道にお金を払う人が減っているのはなぜか」と考えた。そして、記事を1本だけ読みたい場合、月間購読ではなく、その記事だけを買えると便利だと思い至った。

一方、記事がネット配信されるいま、「見出し勝負」の記事が大量に出回る。そこで、読者が購入した記事に不満を感じたら、理由を記せば返金するというやり方に踏み切った。

メディアからすれば戦々恐々の契約方法だが、実際の返品率は「全体の5％程度」という。「質の高い新聞や雑誌の記事の返品率は非常に低いが、低俗なゴシップなどの返品率は高い。返品率を知ることで、ジャーナリズムの質を上げてほしい」という。

ブレンドルは、メディアからニュースを集めて無料で読者に提供するさまざまなアプリと競合する。だが、広告収入に頼らず、課金する点で、これら

235

のアプリとは一線を画す。

「質の高い記事はただでは手に入らないし、人はいいものにはお金を払う。良質のジャーナリズムは無料ではない」。

(8) 読者と共同作業——デ・コレスポンデント

ブレンドルと同じオランダ発で、興味深い試みがある。読者との共同作業で、ニュースを発信するデジタルメディア、「デ・コレスポンデント（De Correspondent）」である。

もともとはオランダ語で、オランダ人の記者を雇っていたが、ビジネスモデルとして成功したため、英語版のサイト「ザ・コレスポンデント（The Correspondent）」を立ち上げた[30]。2019年半ばからのアメリカでの本格サービスを目指し、アメリカ人記者も雇い始めている。

同社CEOのエルンスト・フォース（Ernst Pfauth、当時28歳）は2014年6月、前述の世界新聞会議で、「なぜ、新聞は失敗したのか？」と問いかけた。

新聞読者は世界的に減少傾向で、デジタルメディアの広告モデルも飽和状態になる可能性がある。「どうしたら、読者に記事を読ませることができるのか」と追求した結果、たどり着いたのが、以下のビジネスモデルだという。

1. 原稿を書く前に、読者が読みたい、知りたいことを聞く。
2. 会員制で購読料を取り、広告は取らない。
3. 決して妥協をせず、徹底的に長文で深い記事だけを掲載する。

2013年3月、サイトを立ち上げるためにクラウドファンディングを開始し、1万9,000人から90万ユーロを集めた。

同時に記者を公募し、1,800人の応募があった中から8人を選んだ。選んだ基準は、「徹底的に専門性が高く、オタクっぽい人」という。

ある記者は、兼業である。週4日間は教職についていて、現場からの声を聞きつつ、教育のニュースを書く。別の記者は、格差・開発担当のジャーナ

---

30 https://thecorrespondent.com/（ザ・コレスポンデント）

リストとして、6カ月間このテーマで、会員の読者とともにネタを探し、取材・報道するという。

記者単独で記事を書くのではなく、会員の読者や専門家などが参加して、協業で記事を書くというスタイルを徹底させている。

2013年9月にサービスを開始した際の会員読者は、2万人超だったが、2018年末には6万1,000人に達した。ジャーナリストの数も52人にまで増えた。

英語でのサービスのために2018年末に再びクラウドファンディングを行い、約4万6,000人から260万ドルを集めた。会員はすでに130カ国から4万7,000人が登録している。購読料は年間25ドルから2,500ドルまで選べる。寄付金の意味をこめて購読する人もいる。

ザ・コレスポンデントのサイトを開くと、「10の創業ルール」というのがある。その日に起きたことを伝えるのではなく、日常に起きていることの本質を伝える、問題を知らせるだけでなく何がなされるべきかを報道する、といった目標が示されている。

多くのデジタルメディアのように広告に頼ることはせず、読者から会費を取る代わりに、読者が関心を持つ事柄を徹底して取材するという新しいスタイルで勝負しようとしている。

(9) 政治的分断の改善を――スマートニュース

アメリカでさまざまなデジタルメディアの盛衰が激しい中、スマートニュース（SmartNews）が急速に存在感を強めている。

スマートニュースは2012年に日本でサービスを開始したスマートフォン向けのニュースアプリである。新聞紙や雑誌などと連携し、ニュースを配信している。トップニュースのほか、ジャンルごとに、エンタメ、スポーツ、政治、経済、国際などに分けられ、ニュースが手軽に読めるようになっている。

東京・渋谷に本社を置き、アメリカには2014年に進出、サンフランシス

コとニューヨークに拠点を置いている。従業員数は2019年1月時点で150人。

　世界100カ国以上でサービスを行い、2019年2月には、世界全体で4,000万回のダウンロードを達成、月間で1,000万人以上が利用している。

　Parse.lyというアクセス解析会社が発表しているreferrer（参照元）のランキングというのがある。ウェブ上で読者があるページをみているときに、その前にどのサイトから流入しているかというアクセスを解析することで、サイトの影響力を測るランキングである。1位は圧倒的に検索大手のグーグル、2位はフェイスブックで、他を大きく引き離すが、ツイッターなどに続いて、2018年12月時点の英語圏における調査で、スマートニュースが10位にランクインした。

　スマートニュースは、「偏らず、トレンドをとらえて、信用できる（impartial, trending and trustworthy）」ニュースサイトとアメリカでうたっている。ニュースの選択は人がやっているわけではなく、コンピューターのアルゴリズムを使っているが、保守層とリベラル層のどちらのユーザーに対しても、保守層が好みそうなニュースとリベラル層が好みそうなニュースの両方が表示されるようなアルゴリズムにしている。

　2018年秋から、FOX NEWSとCNNに出しているテレビコマーシャルも話題になっている。キャッチフレーズは、「あらゆる立場からのニュース（News From All Sides）」。赤い帽子をかぶった年配の白人男性が「Let's make America great again」とトランプのキャッチフレーズをいうと、隣にいたアフリカ系アメリカ人の若い女性が「Yes, we can, together」とオバマ的な台詞を言う。

　そして、スマホの画面を男性にみせながら、「ほら、私のいうことが合っていたでしょう！」というと、男性が「物事にはなんでも初めてというのがあるんだね」とにこやかに返す。保守派とリベラル派、人種や年齢が異なる男女が、1つのスマートニュースの画面について対話するイメージを出した。

　スマートニュース代表取締役会長（共同CEO）の鈴木健は、2014年の

ピュー・リサーチ・センターの調査結果をみて、アメリカ国内の政治的な分断が進んでいることに危機感を持った。鈴木は、フェイスブックなどのソーシャルメディアのアルゴリズムによって、自らと異なる考えの意見やニュースに触れる機会が少なくなる「フィルターバブル」といった現象がアメリカで起きていることを憂慮、「フェイスブックと真逆のアルゴリズム（両方の角度のニュースをあえて出す）にしよう」と決意し、大統領選の前からはそのように対処したという（フェイスブックや、フィルターバブルについては第8章で詳述）。

「偏らないように」を主眼とするアルゴリズムを入れたのは、ニュースアプリの成長（ページビューの増加＝収益の増大）という視点からではなかった。アメリカ市場での会社の成長を考えると、このやり方はあまり受けないのではないかと思っていたというが、その後のスマートニュースの急成長の理由の1つがそのアルゴリズムにもあるのなら、新たな潮流として興味深い。

鈴木は、2016年大統領選の終盤、アメリカに直接足を運び、トランプやクリントンの政治集会などを肌で経験した。トランプが勝利した大統領選当日は、ニューヨークにいた。「アメリカの政治的な分断の深まりは民主主義の危機であり、世界の危機でもある」ととらえる鈴木の現在の最大の関心は、「偏らないニュース」からさらに一歩進め、どうやって違う立場の人たちの間に「共感」を呼び起こせるのか、である。教育や政治といった他の分野の人々と協力しつつ、分断を促すようなメディアではなく、ポジティブな「共感」を促すようなメディアにできないか、研究しているという。

⑽ デジタルメディアの将来

デジタルメディアは、ハフポストに始まり、バズフィード、Vox、ポリティコなど驚くほどの急成長を遂げてきた。しかし、トランプ政権発足と前後して、成長に陰りがみえてきたともいわれる。

通信会社ベライゾン傘下に入ったハフポストは、2015年に達成した月間2億ユニークビジター（UV）という数字をウェブサイトから消している。

バズフィードも、17年末に2億UVとしていた数字はサイトから消えている。その代わり、世界のユーザー数は6億5,000万人で、1カ月に90億超のコンテンツビューがあるとしている³¹。

　前述したように、トランプ政権発足で、NYTやWPなど新聞のデジタル版が、購読者を急速に増やした。CNN.comやFoxNews.comなどテレビ局のオンラインサービスも、政治への関心が強まるのに伴い、好調にアクセスを増やしている。

　つまり、デジタルメディア、新聞、テレビといった新旧メディアが、オンラインという「主戦場」で激しい競争を繰り広げる時代に突入した。「トランプ景気」と呼ばれる特殊環境の中で、デジタルメディアが伝統メディアのデジタル版にやや押し返されているようにもみえる。このため、一部のデジタルメディアではリストラが始まっているものの、全体としては、新規雇用が解雇を上回っている。一方で、新聞業界のニュースルームのリストラは、新聞社のサイズを問わず続き、従業員数は純減している³²。

　民間調査機関のピュー・リサーチ・センター（Pew Research Center）のジャーナリズム・リサーチ、ディレクターのエイミー・ミッチェル（Amy Mitchell）は、デジタルメディアについてこう指摘している。

　「デジタルオンリーのスタートアップ（ベンチャー企業）のいくつかは、苦戦しています。注目されて、投資家のお金は入ってきても、長期的な財務を支える展望がまだないためです」。

　また、テクノロジー重視のデジタルメディアでは、経営側とジャーナリストとの間で衝突が起きているともいう。

　「ジャーナリストが、報道の質やニュースルームのあり方を考えている間に、テンポが早く、テクノロジー重視の経営陣は、コストを削減しようとす

31　https://advertise.buzzfeed.com/#contact-form?country=en-ca
32　Grieco, E., Sumida, N. and Fedeli, S. "About a Third of Large U.S. Newspapers Have Suffered Layoffs since 2017," Pew Research Center, Jul. 23, 2018.
　　http://www.pewresearch.org/fact-tank/2018/07/23/about-a-third-of-large-u-s-newspapers-have-suffered-layoffs-since-2017/

るからです」。

　デジタルメディアは、伝統メディアよりもコストがかからないビジネスモデルが特徴だが、広告収入に頼ることのリスクも表面化しているといえる。

III　鍵を握るミレニアル世代

　「ミレニアル世代の読者をどう取り込むか」。

　若者の新聞離れが深刻化する中で、ミレニアル世代（1980年前後から2000年代初頭までに生まれた世代）を対象にした研究や戦略を模索する動きが広がっている。

　アメリカ新聞協会（NAA）が2015年発表したミレニアルを対象にした調査結果（「ザ・メディア・インサイト・プロジェクト」）が、話題を呼んだ[33]。新聞を読まないミレニアルが実は、ニュースに積極的に接していることや、ニュースで行動を起こす能力が高いという結果が出たのだ。

　調査は、NAAの関連団体である非営利法人（NPO）の「アメリカン・プレス・インスティチュート（API）」と、AP通信とシカゴ大学が提携して設立したAP-NORCセンター・フォー・パブリック・アフェアーズ・リサーチが共同で行った。対象は、アメリカ在住のミレニアルだ。それによると、ミレニアルがニュースをどうみているか、いくつかの特徴が浮かび上がる。

　「少なくとも自分に重要と思うニュースを追いかけている」（85％）

　「ニュースを毎日入手する」（69％）

　「定期的に硬派のニュースを5本以上みる」（45％）

　「ソーシャルメディアで多様な意見を読んでみる」（86％）

　「ニュース媒体のサービス、アプリ、デジタル購読版の少なくとも1つを契約している」（40％）

---

[33] Young, E. "How Millennials Get News: Inside the Habits of America's First Digital Generation," Mar. 2015. http://www.mediainsight.org/PDFs/Millennials/Millennials%20Report%20FINAL.pdf

こうした結果を踏まえ、APIはこう指摘する。

「ミレニアル、つまりアメリカの若い成人は、ニュースに接しない、ニュースに興味を持たない、受け身的だと思われていたが、それとはほど遠い」。

ミレニアルは、新聞やテレビなど伝統的メディアが「今日のニュースはこれだ」と伝える形式には、抵抗を感じている。新聞のように「総合百貨店」的なニュースの提供は必要としていない。一方で、環境や格差の問題などに非常に高い関心があり、毎日続報やニュースを読みたいと思っている。

さらに、ニュースをみて「行動に移す」というのもミレニアルの大きな特徴だ。もっとも簡単な方法が、おもしろいと思った記事をすぐにソーシャルメディアでシェアをすることだ。もう少し突っ込んで意見を述べたければ、親しい友人か、あるいは限られた友人とのグループメッセージでニュースをシェアして、盛んに意見交換する。さらに、ツイッターでつぶやいたり、政治家やセレブにメッセージを送るのもいとわない。また、集会やセミナーへの参加を呼び掛けたり、オンラインで署名運動を始めるといった行動まで起こす。

前出のピュー・リサーチ・センター、ジャーナリズム・リサーチ・ディレクターのエイミー・ミッチェルは、筆者（山脇、津山）の取材に、ワシントンの本部で応じてくれた。

「ニュースを主にデジタルで得るようになり、受け手がニュースに接している量は増えているか」という質問にはこう答えた。

「スマートフォンの普及やソーシャルメディアの影響で、とくに若い人は、ニュース体験が増えています。新聞を読んでいた時代のように探さなくてもニュースに接しているのです。うちの子どもたちは『ニュースにつながらされている』とまでいっています。ニュースとのタッチポイント（接点）は増えているのです」。

「ただ、私が懸念しているのは、気をそらされず、

エイミー・ミッチェル

第6章
伝統メディアとデジタルメディアの攻防

記事を最後まで読んでいるのか、どれほど深くニュースに引き込まれているかということです。ニュースとはつながってはいます。でも、知識につながっているのか、社会に何が起きているのか理解しているのか、どんなニュース体験が足し算となっているのか、まだよくわかりません」。

また、オンラインでニュースに接するようになって、送り手と受け手の間に起きている変化については、こう指摘した。

「ジャーナリストにとっては、常に何かを生産しなければならないというプレッシャーが増して、原稿が短くなっています。一方、ニュースの受け手側は、もはや紙の新聞は読んでいないにもかかわらず、フェイスブックなどで最低限のニュースには接することができるという利点もあります」。

第7章　　　　　　　　　　　　　　　　　　津山恵子・山脇岳志・宮地ゆう

規制緩和とテクノロジーの進展
放送業界と報道現場の変貌

　新聞や雑誌の印刷メディアと地上波放送を中心に発展してきたアメリカのメディア市場は、20世紀後半以降、ケーブルテレビ（CATV）などの普及による多チャンネル化、デジタル放送への移行、インターネットの普及などさまざまな技術的な進展によって、大きく変化してきた。

　メディア環境に適合した法制度をいかに設計するか、経済を活性化させながら言論の自由と多様性をいかに確保していくか。共和党と民主党の考え方の違いの中で方針の振れもありつつ、メディアに関する規制は大きくいえば緩和の方向で動いてきた。

　本章の前半では、アメリカのメディア規制の流れ、それがメディア企業の再編・合従連衡（がっしょうれんこう）に与えた影響、OTT（Over The Top）といわれる動画配信を行う企業の発展、それに対するテレビ局の対応などについて概観する。

　テクノロジーの発達は、デジタル化や「通信と放送」の融合だけにはとどまらない。人工知能（Artificial Intelligence: AI）の発達が、報道の現場を大きく変えつつある。

　AIを利用したロボットが、経済やスポーツ記事を書きはじめている。また、AIがツイッターを監視することで、事件・事故の発生やその信憑性までチェックすることができるようになった。章の後半では、AIの進展とその影響についてみていく。

第7章　規制緩和とテクノロジーの進展

I　メディア規制の変化と合従連衡

(1) 放送業界の成り立ちと業態

　放送は大きく、公共放送と民間放送に分けられるが、アメリカは全米をカバーする3大ネットワークテレビ局（ABC、CBS、NBC。FOXを入れて4大ネットワークと呼ばれることも多い）をはじめ、多数のケーブルテレビや、民間ラジオ局があり、民間放送の力がきわめて強い。

　先進国の代表的な公共放送である日本のNHKや英国のBBCは、法律をもとに設立され、国民が納める受信料を主な財源として運営されている。これに対して、アメリカの公共放送は、受信料を徴収していない。

　アメリカの公共放送には、1967年の公共放送法によって設立され、1970年に放送を開始したPBS（Public Broadcasting Service：公共放送サービス）がある。PBSには、地域のコミュニティーや大学などによって運営されている350の放送局が加盟し、CPB（The Corporation for Public Broadcasting）と呼ばれる運営主体が全般的な運営を行っている。連邦政府などの資金は、CPBを通じて、プログラムの制作に流れていく。連邦政府に任命されるCPBのスタッフは、番組への政治的な影響を避けるため、制作現場には直接関与できない。

　CPBは、PBS加盟の放送局に対して、どの番組を採用すべきという指示はできないながらも、ある種の番組には補助を出す一方で、ある種の番組には補助を拒否するといった形で影響力を及ぼすことができるため、番組への関与をなくすことにはなっていない[1]。

　1967年の公共放送法によって、NPR（National Public Radio）ラジオも創設された。NPRは1971年に放送を開始、1,000以上の非商業的なラジオ局

---

[1] Graber, D.A. and Dunaway, J.L. *Mass Media and American Politics* (Tenth Edition), Washington D.C.: CQ Press, 2018; 30

と連携して、教育的・公益的な番組を中心に放送している。NPRの予算の大半は、政府ではなく、視聴者、財団、大学などからの寄付によってまかなわれている。

共和党の議員などには、NPRがリベラル色が強いという批判もある。2011年には、保守派の政治活動家が、NPR幹部の共和党への批判発言を隠し撮りし、幹部が辞任する騒動もあった。ちなみに、NPRは現在、トランプ（Donald Trump）政権には厳しい報道を続けており、トランプが「フェイクニュース」と攻撃する対象になっている。

民間放送の所有の形態は以下の4つに分類される。現在、主要都市部のメディアの大部分が下記②、③、④に該当する。問題点は以下の通りである[2]。

①インディペンデント（独立）
　個人、家族や企業が1つのメディアを所有（現在、この所有形態はまれ）。

②メディアチェーン
　個人および企業がいくつかのメディア（主にラジオやテレビ局、ケーブルチャンネル、新聞など）を所有。現在はこの所有形態が最多。提供されるニュースの均質化の度合いが高まる恐れがある。

③クロス・オーナーシップ（相互所有）
　個人および企業がプラットフォームを横断する形で複数のメディア事業を所有。1つの企業が同一市場のすべてのニュースメディアを支配することになると、言論の多様性確保が困難になる恐れがある。

④コングロマリット
　個人および企業が、異なる業界の事業と並行してメディア企業を所有。非メディア事業の利益がニュース報道の政策に影響を与える恐れがある。

2　脚注1；32–34。

（2）メディア規制の理念と対立軸

連邦通信委員会（The Federal Communications Commission: FCC）は、「1934年通信法（Communications Act of 1934）」に基づいて、通信・放送分野の規制と監督を担ってきた。

初期のFCCは、メディアの独占を防ぎ言論の多様性を確保するため、規制の基本的な枠組みを作った。「電波の希少性（scarcity）」と放送の持つ「社会的影響力（pervasiveness）」を根拠として、1970年代まで積極的に規制の制定・介入が行われた。

放送に関する構造的な規制には2つの分類がある。1つは、放送産業における独占を制限する「放送局所有規制」、もう1つは、ABC、CBS、NBC等のネットワークと系列局や独立系番組提供者との関係を対象とする「ネットワーク規制」である。

この章では所有規制をみていくが、所有規制はさらに2つの種類に分けられる。1つ目は、放送事業者が所有できる放送局の数の規制、2つ目は異なったメディア間の相互所有規制である。

1970年代までの主な規制の変遷は、1940年に初の所有規制が制定（FM局は6局、テレビ局は3局）され、1953年にはテレビ局が5局、AM局が7局、FM局も7局とする新たな所有規制が発効した。1970年には、一事業者による同一市場における地上波放送局とケーブルテレビ局の相互所有が禁止され、1975年には同一市場における新聞社（日刊紙）と放送局（テレビ・ラジオ）の相互所有が禁止されるようになった。

FCCの放送規制の理念には、対立軸がある。1つは民主的な政治プロセスの維持を重視して、放送事業者を公共受託者（public trustee）ととらえ、情報の多様性を確保するための政府規制を肯定する「公共の利益アプローチ」（public interest approach）である。もう1つは、思想の自由市場への政府介入を警戒し、放送事業者を単なる市場参加者ととらえ、放送事業者間の競争によって情報の多様性を確保すべきとする「市場主義的アプローチ」（marketplace approach）である。FCC も、基本的に 1970 年代までは「公共の利益アプローチ」を採用してきたと考えられるが、1980 年代以降は、共和党政権は「市場主義的アプローチ」、民主党政権は「公共の利益アプローチ」を基本的に採用している[3]。

FCC が、「市場主義アプローチ」に大きく舵を切ったのは、共和党のレーガン政権の下である。レーガノミクスと呼ばれる経済の自由化政策が進められる中、放送メディア分野でも、マーク・ファウラー（Mark Fowler）委員長が規制緩和を進めた。

経済分野の自由化と技術発展に伴うケーブルテレビ等の多チャンネルメディアの普及を背景に、1984 年、FCC は、従来の所有規制を 1990 年に全廃する方針を打ち出し、移行措置として新所有規制を提案した。これに対し、言論の多様性の確保や寡占に関し懸念が表明されたため、FCC が検討した結果、従来の所有規制を 1990 年に全廃する方針は撤回されたものの、1985 年に新所有規制が発効した。所有できる局数はラジオに関しては AM、FM ともに 12 局に緩和され、その後 1992 年に 18 局、1994 年には 20 局と拡大された。テレビに関しては、全米テレビ視聴世帯の 25％をカバーする範囲以内で 12 局（UHF の条件付きで 14 局）まで所有できるようになった[4]。

(3) 1996 年電気通信法と寡占化への懸念

情報通信産業の急速な発展や、デジタル化の進展などメディアをめぐる環境が大きく変化する中で、1990 年代には、放送事業者を中心に地上波放送のみが厳格な規制を課される従来の制度に対する批判が高まった。

これに対応する形で、情報通信産業振興政策と競争政策を基本とし、電信

---

[3] 放送産業の規制の理念については、佐々木秀智「アメリカにおける放送産業の構造規制——メディア市場の変化と連邦通信委員会の政策アプローチの変容」『法律論叢』第 77 巻第 2・3 合併号（2004 年 12 月）および「アメリカ電気通信法におけるテレビ局の複数所有規制」『法学論叢』第 77 巻第 4・5 合併号（2005 年 1 月）で整理されている。

[4] アメリカの所有規制の流れについては、上原伸元「米国の放送メディアをめぐる所有規制の推移——放送メディアの発展と規制緩和の論理」『コミュニケーション研究』35: 2005; 105–116 を参照。
http://dept.sophia.ac.jp/human/journalism/Communications/CR-no35-uehara.pdf

第 7 章
規制緩和とテクノロジーの進展

電話、放送、ケーブル、データ通信の分野を包括的に視野に入れた法律として誕生したのが、1996 年電気通信法である[5]。同法は、1934 年通信法以来 62 年ぶりにアメリカの通信の基本的な枠組みを改正するものだった。

公共の利益にそぐわなくなったとみられる規則を、2 年ごとの規制の見直し（後に 4 年ごとに変更）によって、規則を廃止または改正することも規定された。

1996 年電気通信法により、ラジオ、テレビともに所有局数の上限が撤廃され所有する局数に制限がなくなった。また、テレビ局の所有規制についても、「全米テレビ所有世帯の 35％ をカバーする範囲以内」に緩和された。

1980 年代、FCC は複数所有規制の緩和と並行して、ラジオ事業者に対する放送免許の付与を積極的に行い、その結果として 2,000 以上のラジオ局が新たに誕生していた。しかし、この時期には MTV やケーブルテレビの音楽番組との競争が激化したため、急増したラジオ局が十分な広告収入を確保することは容易でなく、まもなく約 1 万 1,000 のうちラジオ局の半数以上が赤字経営という厳しい状況に陥った。

1996 年電気通信法で、ラジオ局の全国レベルでの複数所有規制が一気に取り払われたことで、潤沢な資本を蓄えたメディア企業は、より多くの局を所有することで利益率の上昇と効率的経営を目指す戦略をとり、同法成立後すぐにラジオ局の買収が活発化した。2002 年 3 月までにラジオ業界内で成立した売買件数は 1 万件を超え、総額 1,000 億ドルに達した。結果として約 1,100 のメディア所有者（企業）がより大きなメディア資本に吸収されていった[6]。

規制緩和が推進された 1980 年代は、大規模なメディア企業の合併・買収の幕開けであった。この時代にみられる合併・買収の特徴は、「垂直統合型」

---

[5] 1996 年の電気通信法の影響については、金山勉「米メディア競争環境の変化と大規模なメディア合併・買収──1980 年代の規制緩和政策、96 年電気通信法、地上放送デジタル化のインパクト」『立命館産業社会論集』第 52 巻 3 号（2016 年 12 月）を参照。
[6] 脚注 5；8。

だったことである。垂直統合とは、放送、ケーブル、衛星、通信など既存のメディア産業分野の内部で展開され、メディア・コンテンツの制作から販売、流通に至るまでを、すべて同一のメディア企業内に収めようとする経営手法である。

　これに対し、1996年電気通信法は、これまで個別の分野に閉じていたメディア経済基盤を横断的にとらえることにより、より大きなメディア資本の集中を許す余地があるというメッセージを示した。その結果、放送・通信という垣根を越えた合併・買収とメディア資本の集中統合が加速した。

　例えば、総合的なメディア・エンターテインメント企業とインターネット事業者間での大型合併・買収案件なども促進することになり、メディア間の合併は、1990年代半ばまでの「垂直統合型」を超えて、メディアの業種を横断してさらに高度化した総合的なメディア企業体形成に向かう、いわゆる「水平統合型」へと形態を変化させていったとみられる[7]。

　元ジャーナリストで、カリフォルニア大学バークレー校でも教えたベン・バグディキアン（Ben Bagdikian、2016年死去）は、こうしたメディアの合従連衡による寡占状況に警鐘を鳴らした。バグディキアンの著書には、1983年には50社がアメリカのマスメディアを「支配（dominate）」していたが、2003年までには5社のトップが支配していると書かれており、5社は、タイム・ワーナー（Time Warner）、バイアコム（Viacom）、ディズニー（Disney）、ニューズ・コーポレーション（News Corp）、ベルテルスマン（Bertelsmann）だという[8]。「5社は、カルテルの特徴の多くを備えており、アメリカ国内の大半の新聞や雑誌、出版、映画、スタジオ、ラジオやテレビを所有している」とある[9]。「支配」の意味は明確ではないが、5社がマスメディアの90%を所有しているとの報道もみられる。6社がメディアの90%を支配しているとの記述もあり、大統領選の民主党候補をクリントン（Hillary Clinton）

7　脚注5：3。
8　Bagdikian, B.H. *The New Media Monopoly*, MA: Beacon Press, 2004; 27.
9　脚注8：3。

と争ったサンダース（Bernie Sanders）上院議員も、この数字を使ってメディアの寡占状況を批判している[10]。

このバグディキアンの記述には批判もある。コロンビア大学経営大学院教授のエリ・ノーム（Eli Noam）は、「ベルテルスマンの売り上げは、全米で13位にすぎず、（5社に入っていないケーブル会社の）コムキャスト（Comcast）の売り上げは、その4倍もある」などと、その信憑性に疑問を投げかけている[11]。また、「大半を支配している」という点についても、ノームは、自らのデータに基づいた分析ではもっと低い数字が出ているとして、疑念を呈している。

メディアが寡占状況といえるのか、それをどのような基準や指標で測るべきなのかという点はなかなか難しい論点だが、デジタル化の進展や規制緩和によって、放送、新聞、通信などの業界を超えた統合が進み、メディア企業の数がかつてよりも相当数減っていることは間違いなさそうである。

2000年以降の主な動きとしては、2001年にテレビネットワーク局の複数所有規制が緩和された。4大テレビネットワーク（ABC、NBC、CBS、FOX）間の合併は従来どおり禁止しているが、4大ネットワークが後発ネットワーク（UPN［United Paramount Network］、WB［The WB、母体はThe Warner Bros.］、Pax［Pax TV］）を所有することを承認した。

このルールが提案されたのは、2000年にバイアコムによるCBS買収が承認された直後である。同買収承認の条件として、FCCはバイアコムのUPNの持分を1年以内に売却することを求めていた。この新しいルールにより、バイアコムはUPNを保有できるようになったものの、買収後のテレビ視聴世帯カバー率を合わせると41％に達し、カバー率35％以内ルールに抵触してしまうため、他の放送局を売却した。

FCCは2003年、ブッシュ（George W. Bush）政権に指名されたマイケル・

---

10 Sanders, B. "How Corporate Media Threatens Our Democracy," Jan. 26, 2017.
　http://inthesetimes.com/features/bernie-sanders-corporate-media-threatens-our-democracy.html
11 Noam, E.M. *Media Ownership and Concentration in America*, Oxford University Press, 2009; 19.

パウエル（Michael Powell）委員長の下、さらなる所有規制緩和案の採決を行った。全米のテレビ視聴世帯カバー率の上限を35％から45％に引き上げようという見直し案が可決された。大手ネットワークは上限の完全撤廃を望んでいたが、小規模な放送局は、番組編成の独自性を奪うべきではないとして反対していた。

　この採決に対しては、市民グループから反対運動が起こり、議会にも広がった。共和党の有力上院議員がカバー率を35％に戻す法案を提出し、ホワイトハウスと議会の間で調整・交渉が行われた結果、上限を39％にすることで決着した。

　言論の多様性確保の観点から、FCCは、新聞と放送といったプラットフォームを横断するクロス・オーナーシップ（相互所有）にも制限を課してきたが、1996年電気通信法成立以降、FCCは、この面での規制緩和も行った。

　1970年に制定された地上波放送局とケーブルテレビ局の相互所有規制に関するルールについては、2002年に連邦控訴裁から見直しが命じられ、2003年に廃止された。

　FCCは2007年、一事業者が全米上位20位までの放送市場において新聞社と放送局（テレビ・ラジオ）を同時に所有できるようにする規制緩和を決めた。この提案は、新聞社の経営が悪化し、新聞の廃刊が相次ぐ中、新聞と放送局の相互所有を認めることにより経営の安定を確保させるという考えに基づいていた。しかし、小規模な地方放送局や消費者団体、リベラル派の議員などから批判が巻き起こり、2011年、連邦控訴裁判所はFCCが新規制の内容に関しパブリックコメントの適切な機会を与えなかったとして、新規制の見直しを命じる判決を下した。

(4) トランプ政権下のFCC、放送所有規制の大幅緩和

　1996年の電気通信法がメディアビジネス全体の合従連衡に大きな影響を与えたのは前述の通りだが、その後、放送事業者に対する所有規制の緩和に

ついては、リベラル派からの反対論も強く、なかなか進まない面もあった。だが、共和党のトランプ政権は、大きな規制緩和に踏み出した。

　2017年1月に発足した政権は、FCC委員長に市場主義者として知られるアジット・パイ（Ajit Pai）を指名。FCCは3カ月後の同年4月に、前年に撤廃されたばかりの「UHFディスカウント」ルールを復活させた。その前年のオバマ（Barack Obama）政権下のFCCは、1985年に導入された「UHFディスカウント」（周波数の高いUHFはVHFに比べて電波が弱いとの理由から、世帯カバー率の計算でUHF局分はVHF局の半分として扱う特例）を、デジタル時代にそぐわないとして撤廃していた。このルールの復活は、放送事業者が合併しやすくなる「規制緩和」とみてよい。前述のように「世帯カバー率39%」というルールは残っている中で、「UHFディスカウント」が復活することによって、買収や合併がしやすくなるからだ。

　この措置に続いて、2017年12月には、1975年から続いてきた新聞社と放送局の相互所有規制を撤廃した。

　FCC委員長のパイは、その決定に先立って撤廃が必要な理由についてニューヨーク・タイムズに寄稿[12]。「1975年当時は道理にかなった規制だっただろうが、インターネットがニュース全般を支配している今、このルールはもはや必要なく、むしろ視点の多様性を阻害しているかもしれない」と記した。

　寄稿の中でパイは、新聞の苦境を挙げている。1975年以降、4分の1の新聞は消え、残っている新聞の多くの経営も厳しい。一方で、過去半世紀の間に、テレビ局とラジオ局の数は2倍に増えた。1975年の規制の例外として新聞とテレビの相互所有が認められた企業グループは、そうでない企業よりも、多くのローカルニュースを流している。相互所有を認めることで、情報の収集やニュースの報道が、従来よりもコストをかけずにできる。また、グーグルなどの巨大な新興メディア企業には規制がなく新聞社もいくらでも

---

[12] Pai, A.V. "Ajit Pai: Media Ownership Rules Must Adjust to the Digital Era," Nov. 9, 2017. https://www.nytimes.com/2017/11/09/opinion/ajit-pai-media-ownership.html

買収できるのに、小さなラジオ局ですら地方紙を買収できない現行ルールは不公平だ、などと説明。「新聞産業は死にかけており、いくつかの新聞にとっては、このルールは、おそらくその消滅を早めている」として、規制緩和がローカルニュースの減少を防ぐことになるとの見解を示した。

また、ローカルテレビ局同士の合併についても、合併後も同一市場内で所有者が異なるテレビ局が少なくとも 8 局存在することを条件とする規制を撤廃した。さらに、1 つの地域でテレビ局のシェア上位 4 局のうち 2 局の合併を「公益に資することが明らかな場合」に限っては、認めることにした。

この FCC の発表の直後、シンクレア（Sinclair Broadcast Group）は、トリビューン・メディア（Tribune Media）を 39 億ドルで買収することを発表した。シンクレアは 193 局を運営するアメリカ最大のローカルテレビ事業者で、トリビューンは 42 のローカルテレビ局を運営する。もしこの買収が承認されれば、全米のテレビ視聴世帯の約 7 割の世帯で視聴可能になる予定だった。これは「39％ルール」に抵触するが、トランプ政権で「UHF ディスカウント」が復活したことや、シンクレアの資産売却によって FCC の承認を得るはずだった。

第 1 章Ⅱ(3)でもみたようにシンクレアは、「トランプ支持」のスタンスで知られている。同社のトリビューンの買収には、民主党議員などから批判の声が上がった。結局 FCC は、シンクレアの資産売却案が不十分だとして買収案を承認しなかった。トランプはツイッターで「FCC が買収を承認しないのは、とても悲しいし、アンフェアだ」などとつぶやいた。

2018 年 8 月、トリビューンは買収合意を破棄し、シンクレアによるトリビューンの買収は頓挫したが、トランプ政権下の FCC の規制緩和によって、合従連衡が進みやすい環境になったのは確かである。

2017 年末には、ウォルト・ディズニー（The Walt Disney Company）による 21 世紀フォックス（21st Century Fox）の大部分（映画・TV スタジオ、ケーブルネットワークの大部分、海外の資産、Hulu の持分など）の買収を発表、2019 年 3 月に買収が完了した。Fox グループのうち Fox ネットワー

クスと Fox News Channel、Fox Business Network、ロサンゼルスのスタジオ、いくつかの全国スポーツチャンネルは買収対象に含まれていない。ディズニーは映画業界3位の Fox を手に入れるだけでなく、テレビにおいても、もともと持っていた ABC、スポーツチャンネル ESPN 等に加え、FX［Fox extended］、ナショナル・ジオグラフィック（National Geographic）、人気アニメ『ザ・シンプソンズ（The Simpsons)』などを保有することになった。

　一方で、トランプ政権がメディア再編にいったん「待った」をかけた例もある。通信大手 AT&T によるタイム・ワーナーの買収案件だ。タイム・ワーナーは、CNN や HBO などのチャンネルなどを持っており、ライバル企業を妨害する可能性があるとして、司法省は 2017 年 11 月に、反トラスト法（独占禁止法）による差し止め訴訟を起こした。CNN は、トランプが「フェイクニュース」と批判する対象でもあり、政権に批判的なことから、政権が買収を後押ししたようにもみえたシンクレアとの違いが話題になった。

　ただ、ワシントンの連邦地裁は 2018 年 6 月、司法省の訴えを棄却し、買収は予定どおり実行されることになった。タイムワーナーは AT&T に買収された後、ワーナーメディア（Warner Media）と社名変更された。

　ディズニーが所有する ABC 以外の大手ネットワーク局をみると、NBC はケーブルテレビ会社のコムキャストが所有している。コムキャストは、ケーブル専門チャンネルの MSNBC（リベラル系）、CNBC（経済ニュース専門）なども傘下に置くほか、映画スタジオのユニバーサルピクチャーズ（Universal Pictures）も保有する大手メディア企業である。

　ネットワーク最大手の CBS は、大手メディア企業のバイアコムの創業者家族が所有する会社が大株主である。かつて、CBS はバイアコムによって買収された後、会社分割により分離された経緯がある。創業者側は再統合を望んだが条件が折りあわず、2018 年には訴訟に発展。2019 年になって合併交渉の再開も報道されている。今後とも、テレビ放送局、ケーブルチャンネル、映画スタジオなど業種を超えた合従連衡は進んでいきそうだ。

(5) 映像業界図を変えるネットフリックス

　前述のようにウォルト・ディズニーが買収した 21 世紀フォックスは、ハリウッド映画の「宝庫」の 1 つだ。とくに『スター・ウォーズ（Star Wars）』シリーズや『タイタニック（Titanic）』『アバター（Avatar）』など人気の映像資産を数多く保有する。買収合戦にはケーブルテレビ大手コムキャストも名乗りを上げたが、ディズニーの買収金額のほうが上回り、断念した。

　このような大型買収が起きた背景には、「ネットフリックス（Netflix）」「Hulu」「アマゾン」のような動画配信サービスの勃興がある。これらのサービスは、アメリカではストリーミング・サービス、あるいは OTT と呼ばれる。OTT は、通信や放送などのインフラを「飛び越えた」という意味で、インターネットにつながっていれば、ユーザーのパソコン、テレビ、スマートフォンなどに、映画の名作やテレビドラマがいつでもどこでも提供できる。ネットフリックスのような有料サービスもあれば、YouTube のように無料で視聴できるものもある。

　欧米では若者を中心に、テレビ放送ではなく、ネットフリックス、Hulu、アマゾンで、映画やドラマシリーズをみることが定着し始めている。こうした中、ディズニーもコムキャストも、より多くの映像コンテンツを手に入れようと 21 世紀フォックスをめぐる買収合戦になった。

　ディズニーの資産は、テレビ・ケーブルテレビ、映画制作、テーマパークなどすでに複数のプラットフォームにまたがり、垂直統合を果たした巨大メディア企業であるのは間違いない。ただ、OTT に関しては、買収前は Hulu に一部出資するだけだった。そこで、買収計画を進めるうえで、ディズニーは 2019 年中に、大人向けと子ども向けの独自の動画配信サービスを立ち上げると発表している。サービス名は未発表だが、すでに保有するディズニーのアニメ映画や『トイ・ストーリー（Toy Story）』などのヒット作に加えて、21 世紀フォックスが保有する映画、ドラマが、そのサービスの主力になりそうだ。

このようにOTTに力を入れる理由は、ネットフリックスの存在だけでなく、若者を中心とした消費者行動の変化にある。テレビ放送をみるために契約するケーブルテレビや衛星放送などは、月額100ドル前後となるのに対し、ネットフリックスの月額は8.99〜15.99ドル（2019年1月現在）と安く、「価格破壊」が起きているともいえる。

ネットフリックスは独自の作品「ネットフリックス・オリジナル」を制作し、その第1弾は2013年、『ハウス・オブ・カーズ（House of Cards）』だった。シーズン1の13話を一挙に公開したため、数話を一度にまとめてみる「ビンジ・ウォッチング（binge watching）」という言葉も生まれた。OTTの登場によって、ドラマの続きを知りたいと次の番組放送を待つ時代は去りつつある。

(6) OTTが放送業界を直撃

さらに、ネットフリックスが2016年1月、ラスベガスで開かれたコンシューマー・エレクトロニクス・ショー（当時、現CES）で発表した「ネットフリックス・エブリウェア（#NetflixEverywhere）」は、放送業界を驚かせた。基調講演に登場したリード・ヘイスティングス（Reed Hastings）会長兼CEOは、数千人の参加者の前でこう話した。

「現在、我々は60ヵ国でサービスを提供しているが、新たに130ヵ国にサービスを広げる。つまり、ほとんど世界の全部の国に我々のサービスが行き渡るということだ」（注：中国と北朝鮮を除く）。後方の大スクリーンには「#NetflixEverywhere」の文字が、パッと表示された。

「これは、『グローバル・ネットワーク・テレビ』の誕生だ！　もはや、待つ必要はない。その時間にみなければいけないということもない。世界のどこに行っても、フラストレーションはなくなる」。

ネットフリックスはその後も、オリジナル作品を各国のコンテンツ事業者と提携して、作り続けている。例えば、スティーブン・キング（Stephen King）の世界を彷彿とさせるSFドラマ『ストレンジャー・シングス（Stranger

Things)』、10代の自殺問題に正面から取り組み、医療関係者などが関わって脚本を完成させたドラマ『13の理由（13 Reasons Why）』などだ。

　また、2018年1月には、オバマが大統領を退任してから初の本格的インタビューを1時間番組として配信した。インタビュアーには夜のトーク番組の人気ホスト、デビッド・レターマン（David Letterman）を起用した。

　インタビューの間には、レターマンが公民権運動を振り返るビデオが挿入される。1965年3月、南部アラバマ州セルマで有権者登録を妨害された黒人らが行進し、白人警官の阻止で死者も出た「血の日曜日事件」の現場だった橋に、レターマンが訪問し、生存者とともに渡る。黒人らは、数日後に再度、橋を渡ることを試み、公民権法が制定される道を開く象徴的事件の1つとなった場所だ。ビデオのあと、「橋を渡った人々が、私を（大統領に）導いてくれた。いや、アメリカを導いてくれた」と語るオバマに、会場の聴衆からは拍手がわき起こった。番組全体が、オバマのアメリカ史における位置づけを強調する構成になっており、政策についての質問になりがちなテレビのインタビューとは一線を画していた。

　こうした独自路線で視聴者を引きつけようと、ネットフリックスの作品への投資額も圧倒的だ。2018年は、約80億ドル（約9,020億円）を作品制作と、世界のコンテンツ買収に投資すると発表した。

　ネットフリックスの2018年10-12月期決算によると、アメリカの契約者数は、12月末で約5,849万人と、テレビ視聴世帯1億1,900万軒（ニールセン推計）の半分に達している。しかし、多くの若者は、1つのアカウントを数人の友人や家族と共有しており、実際の視聴者数はこれをはるかに超えているのは確実だ。世界全体では、約1億4,000万人が契約している[13]。

　若い世代を中心に、テレビ離れが進み、映像をOTTでみる形に変わりつつある。もちろん、高齢者や子どもがいる家庭、オフィスやスポーツバーな

13　ネットフリックスの株主あて第4四半期報告（2019年1月17日）。
　　https://s22.q4cdn.com/959853165/files/doc_financials/quarterly_reports/2018/q4/FINAL-Q418-Shareholder-Letter.pdf

どでは、CATVや衛星放送による視聴が続いている。しかし、その市場をOTTが侵食し始めているのは、間違いない。CATVや衛星放送などの有料放送を解約する動きは、cord-cuttingと呼ばれ、年間に1～2%のペースで進んでいるともいわれる。

2018年7月、ドラマ界の最高峰を決める第70回エミー賞のノミネート作品数で、ネットフリックスが112作品と初めてトップになった。『セックス・アンド・ザ・シティ（Sex and the City）』などの人気作品を送り出し、これまで17年間トップだったドラマ専門ケーブル局HBOの108作品を抜いた。エミー賞は1949年から、テレビ作品とその技術に対して贈られてきたが、テレビ放送ではないオンライン・コンテンツの品質も高いことが証明された形となった。

こうした「ネットフリックス現象」と消費者行動の変化が、ディズニーが、710億ドルを21世紀フォックスに投じるという巨額の買収に走らせた動機にもなったのは前述の通りだ。ディズニーと21世紀フォックスの映像資産の強みを生かし、OTT時代にコンテンツと利用者を囲い込もうという狙いがある。

それでは、OTT市場は今後、どうなっていくのか。

ネットフリックスCEOのヘイスティングスは、契約者の視聴時間は依然として伸びているとし、「ファンダメンタルズはこれまでになく強い」と述べている。OTT収入は、契約料がより高いパッケージへの切り替えもあり、前年同期比で2桁増が続いている。

ただ、市場は次第に混み合ってきている。ディズニーが2019年に市場に参入するほか、アマゾンも、『マーベラス・ミセス・メイゼル（The Marvelous Mrs. Maisel）』などのヒットドラマを制作し、エミー賞とゴールデン・グローブ賞を受賞している。アップルが、米テレビ最大手CBSと共同制作した『カープール・カラオケ（Carpool Karaoke）』も、前出のエミー賞ノミネート作品に初めて選ばれた。

つまり、消費者はOTTにシフトしているだけでなく、まるでテレビの

チャンネルを切り替えるように、複数のサービスを行ったり来たりしている。アメリカで暮らす筆者（津山）のテレビのリモコンにもネットフリックスとアマゾンの専用ボタンがある。ディズニーがサービスを開始すれば、リモコンにはディズニーのボタンも追加されるだろう。

フェイスブックやグーグルも、スポーツなどの動画の独自配信を始めている。ネットフリックス、アマゾンだけでなく、アップル、フェイスブック、グーグルといった資金が豊富な企業が、OTTに乗り出している。企業の競争は激しくなる一方、消費者にとっては、さまざまな作品をオンラインでみる選択肢が増えるメリットがある。地上波放送やCATVがなくても困らない時代になってきている。

(7) テレビ局の対応と、マルチプラットフォーム展開

こうしたOTTの浸透に対し、既存の大手ネットワークのテレビ局はただ手をこまねいてみているわけではない。ピュー・リサーチ・センターの調査によれば、スマートフォンやタブレットのモバイル機器を使ってニュースをみる人は、2013年に54％だったのが、2016年には72％まで伸びた[14]。こうしたモバイル時代に対応し、2016年のアメリカ大統領選では、大手メディアもさまざまな対策をとった。

NHK放送文化研究所の藤戸あやは、2016年の大統領選にみるテレビメディアの変容を取材し、現地での調査やインタビューを踏まえてリポートしているので、以下、要約したい[15]。

まず大手テレビ局のABCは、2016年にフェイスブックとの提携を発表、ABCのニュース部門であるABC Newsは、共和・民主党大会の期間中、

14　Mitchell, A., Shearer, E., Gottfried, J. and Bartel, M. "The Modern News Consumer," Pew Research Center, Jul. 7, 2016.
　　http://www.journalism.org/2016/07/07/the-modern-news-consumer/
15　藤戸あや「2016年米大統領選にみるアメリカのテレビメディアの変容」『放送研究と調査』2017年6月号.
　　https://www.nhk.or.jp/bunken/research/oversea/pdf/20170601_9.pdf

ニュースの放送時間以外は、フェイスブックのライブ配信機能であるFacebook Live を活用して、現地の模様をライブで中継した。いわばソーシャルメディアを、放送のサブチャンネル的に位置づける戦略だった。

　ABC News は、この試みと並行して最大 8 つのライブストリームを同時に視聴できるよう、ウェブサイトのリニューアルを行い、iPhone、Android、Apple TV 専用のアプリなども党大会にあわせてリリースした。2016 年 11 月の選挙当日には、ニューヨークの中心、タイムズスクエアに、Facebook Live 専用のブースも設置して開票速報に使った。

　また、同じく大手の CBS は、2014 年に、インターネットで視聴できるニュース専門の無料ストリーミングチャンネルである CBSN を立ち上げているが、大統領選では、この CBSN を軸にマルチプラットフォーム展開を進めた。選挙期間中に、CBSN を Apple TV、Roku、Android TV のほか、ゲーム機の Xbox、PlayStation などにも立ち上げ、新たな視聴者層の開拓を試みた。党大会では、ツイッターとも提携して、CBSN をストリーミングしている。

　大統領選当日の開票速報では、地上波の CBS チャンネルと、ネットの CBSN で同じニュース番組を流し、テレビとネットの CBS ブランドの融合を図った。地上波のニュースの放送枠と関係なく、いつでもニュースを発信できる力があることを実績で示した形となった。選挙当日は、CBSN は史上初の 1,900 万ストリーミングを記録したが、そのうち 10％が PlayStation 経由だったという。

　こうした成果はありつつも、ポインター（Poynter Institute）講師のアル・トンプキンス（Al Tompkins）は「問題は、テレビ局の今後の成長はデジタルからしか見込めないのに、それが大きな収入につながらないことだ」という。「アメリカのテレビ局は収入の 90％ ぐらいを放送事業から得ていて、デジタルの収入は 10％程度にすぎず、今後、cord-cutting がさらに進んでいけば、一気に財政難に陥る可能性がある」と藤戸のインタビューに答えている。

　今後、テレビ局は OTT と競争しつつ協力関係も探る展開になりそうだが、

テレビ局も新聞社も地方を中心に経営難になることも予想される。この章の前半でみたような、FCCの規制緩和の影響もあって、業界の再編の動きは加速することになりそうだ。

(8)「ネット中立性」の規制撤廃をめぐる論議

　トランプ政権下のFCCは、放送の所有規制の緩和以外に、もう1つ大きな規制緩和を実行した。それは、通信会社などにインターネット上のコンテンツを平等に扱うことを求めていた「ネット中立性」の規制の撤廃である。今後のOTTサービスに影響を与えることが予想されるため、簡単に触れておきたい。

　この規制は、オバマ政権下の2015年にFCCが導入した。「通信会社やケーブル会社などのインターネットのブロードバンド接続事業者は、合法的なコンテンツやサービスをブロックしてはならない」「特定のコンテンツの流通を損なってはいけない」「特定のコンテンツを優遇してはならない」などの内容を含む規制である。

　そうした事業者は、回線を自ら持っているわけだが、その回線上で流通するコンテンツやデータの扱いに差をつけてはならない、という内容である。

　この規制に対して通信会社側の不満は強かった。通信回線などに巨額の設備投資を負担しているにもかかわらず、アマゾンやネットフリックスといったOTT、フェイスブックやツイッターといった「新規参入組」が、そうした設備投資の上に「ただ乗り」をしているようにみえるからだ。

　日本からみてこの問題がわかりにくいのは、AT&Tやベライゾン（Verizon）などの大手通信会社やケーブル会社などネット接続事業者を、アメリカは連邦最高裁の判断で「表現の自由を持つ（コンテンツを自らの判断で修正できる）」対象に位置づけたことにもある、と明治大学法学部教授の佐々木秀智はみる。

　通信業者は（合衆国憲法修正第1条に基づく）表現の自由を有するメディア企業そのものではなかったが、通信サービス以外の配信サービスが表現の

自由を有するという「中間的存在」とされたため、その設備を流れるコンテンツの一部をブロックしたり、優遇したりという「操作」が認められることになる。

　オバマ政権も、通信会社が「操作」できる権利を事実上認めたうえで、そこに「ネット中立性」という新たな縛りをかけることで、コンテンツを自由に流通させようとしたわけだ[16]。

　これに対して、日本の法律において、NTT などの大手通信会社やケーブルは、「表現の自由」に基づく操作は認められていない。

　ただし、2018 年春、日本政府が、漫画などの海賊版が大量に掲載された 3 つのサイトを指定、NTT グループ 3 社にそれらのサイトへの接続遮断（ブロッキング）を事実上要請した件は、波紋を呼んだ。ブロックは実施されたが、法曹関係者やジャーナリストの中には、憲法で保障されている「通信の秘密」を侵害しているとの反発が出た。ブロックを実施するには、海賊版利用者だけでなく、すべてのユーザーから情報を取得する必要があるためだ。

　アメリカの「ネット中立性」規制は 2018 年 6 月、正式にほぼ撤廃された。AT&T やベライゾンといった通信会社は、自社傘下にあるコンテンツの通信速度を上げ、他社の動画サービスには別料金を取ることなどが認められることになった。これに対し、ネットフリックスやフェイスブックなどが強く反発、民主党の強い州が提訴したり、「ネット中立性」と類似の規制を独自に導入したりする動きも広がっている。

16　オバマ政権の動きと憲法問題は、佐々木秀智「米国のネットワーク中立性原則と連邦憲法修正第 1 条」『別冊 NBL　情報通信法制の論点分析』No.153；297-322 に詳しい。

II　人工知能（AI）が変える報道現場

(1) AIが記事を書く——AP通信の試み

　デジタル技術を中心とする技術革新が、従来の放送、通信、新聞などの垣根を大きく崩し、業界を越えた企業の再編を促す一方で、人工知能（AI）の進展も、報道の現場を大きく変えつつある。AIが原稿を自動的に書き、ニュース原稿を読む、といった世界が現実的になってきた。

　2014年7月、AP通信は初めて、アメリカの主要企業から発表される2014年4-6月期の決算発表の記事を、AIに書かせて配信した。それがAIによって書かれた記事だったことに気づいた人は、ほとんどいなかった。

　人間の書く記事によって成り立ってきた通信社が、なぜAIに記事を書かせ始めたのか。

　筆者（宮地）は2015年春、ハドソン川のすぐ近くにあるニューヨークのAP通信本社に、このプロジェクトを始めた副社長（当時）のルー・フェラーラ（Lou Ferrara）を訪ねた。

　フェラーラが社内で最初に案内してくれたのは、過去に取材中に銃撃や事故などで亡くなったAPの記者やカメラマンらの写真が並ぶ一角だった。足元には小さな花瓶に花が生けられている。

　「2014年は1年で4人が亡くなる最悪の年だった。このカメラマンも、この記者も、親しい同僚だった」。そういって一番下の列に加えられた真新しい写真を指さした。

　「誰も行かない場所に行き、誰も報じないことを報じたい。でもそのためには、メディアとして収入を得る必要がある。この殉職した記者たちが目指したように、私の始めたプロジェクトは、世界で起きている、もっと重要な報道をする助けになると思う」。

　フェラーラがAIで記事を書くことを考えたのは、スポーツのセクション

に移ったあとの2012年だったという。多くのスポーツニュースはテレビやネットでライブ中継され、試合結果はすぐにツイッターなどで広がっていくことに気がついた。そしてAPの配信はこうしたソーシャルメディアなどに押され気味だったと感じたからだ。

　それまでにもAIが記事を自動生成する技術について聞いたことがあったため、自動で文章を書く技術をまずはスポーツ記事の配信に生かせないかと考えた。いくつかの会社に接触する中で、入力したデータから自動的に文章を作るソフトウェアを開発した会社「オートメーテッド・インサイツ（オート社）」に出合った。同社と検討を重ねたが、スポーツ記事の配信はいくつかの鍵となる試合や瞬間があり、人間が書いたほうが早い、という結論になった。次に考えたのが、企業の決算発表の記事だった。

　AP通信が当時、四半期ごとに報じてきた企業の決算は、時価総額が1億ドル（約120億円）以上の主要企業300社が対象だった。しかし、実際には1億ドル以上の企業数はアメリカに約3,000社あり、ほとんどカバーできていなかったという。

　「決算発表というのは、その日のトップ記事になることはまずない。たいていは4番目か5番目に来る記事だ。一方で、なくしてしまうわけにもいかない。そこにニュースがあれば記者が書けばいいが、ほとんどは基本的に数字の処理ですむ。自動配信すれば、記者の負担が減り、数値も速報できるし、その分を解説や調査報道などに振り分けたかった」。

　だが、この計画が明るみになると、現場の記者から「記者をリストラしたいのか」「機械に記事が書けるのか」と疑問や不安の声がわき上がった。

　フェラーラは「決算発表でピューリッツァー賞をとろうなんて誰も思っていない。記者になったときにやりたいと思った仕事に立ち戻ってほしいだけだ」と説明して回った。半信半疑の記者を抱えたまま何度も数字から記事を作るテストを行い、その結果を記者たちで共有して検討を繰り返した。

　企業決算をまとめているデータ会社からオート社に各社の数値を送り、オート社がそのデータをソフトに入力して処理。同社はできあがった記事を

APに流すというシステムを作った。

　2014年7月、初めてこのシステムを使った決算記事を配信。この時は念のため、1つひとつのデータを記者が読み合わせた。精度が上がった10月の決算発表時には読み合わせを行わずに直接配信した。このとき約3,000本の記事を配信したが、AIが書いた記事だと気づいた読者はほとんどいなかったという。

　当初は懐疑的だった現場の記者たちからは次第に「数字の処理に追われず、質問や分析に時間が割けるようになった」と前向きな声が上がるようになった。

　フェラーラはシステムの導入や維持にかかった費用は明らかにしなかったが、1年間の維持費は「記者1人の給料1年分くらい」という。

　このシステムの導入によって、解雇した記者は1人もいない。「これまでは決算発表の時期には決算ばかりに集中していた経済部を、もっと企業内部の物語や独自取材に割くよう再編しているところだ」。

　2015年春には、全米大学体育協会（NCAA）の野球の試合速報などにも配信を広げると発表。「需要が少ないために配信していなかったニュースにも手が届くようになる。将来はより個人の関心に合わせたニュースが配信できるようになるだろう」と述べる。

　いつか、すべての記事を機械が書く時代がやってくるのだろうか。この問いに、フェラーラは否定的だ。

　「機械ができるのは数字の処理の部分だけ。何をニュースとして取り上げるかを判断したり、法廷や市議会などで質問してさらに掘り下げるのは記者にしかできないことだ」。

(2) 決算原稿のミスは、記者執筆より低く

　AP通信がロボットによる原稿配信を始めてから4年後の2018年、再びAPを訪れた。

　「四半期決算の原稿の本数は、かつて1四半期に400本だったのが、人工

知能（AI）を使って3,700本に増えた。これによって、例えばフロリダ州の新聞や複数の郡だけで発行されている地域新聞が、フロリダ州、あるいは配達地域にある会社だけの決算特集や特定の業界まとめを出稿できるようになった」と、AP通信のニュース・パートナーシップ・ディレクター、リサ・ギブス（Lisa Gibbs）は筆者（津山）に話した。

　通信社にとって決算や株式、為替などのマーケット原稿、そしてスポーツは、「ブレッド・アンド・バター」、つまり主要な収入源になっている。

　決算原稿では、「APスタイル」というテンプレートをデスクが複数作った。AIは、そこに、発表された数字を自動的に当てはめる。事前の市場予想に比べて、1株あたりの利益がどの程度上下したのか、業績が前期・前年同期よりどれほど上下したか、何四半期、黒字あるいは赤字が続いているのかなども、過去データを使って自動的に計算する。AIは数字を入れるだけなので、デスクの手は入らず、一報として即配信される。一報と短信の配信時間は早くなり、記事に間違いがあるエラー率も4%以下と、全決算原稿を記者が書いていた時代より低下したという。現在、間違いの主な原因は、発表された決算の資料など入力そのものの誤りだ。

　以前ビジネス・ニュースのデスクだったギブスは、こういう。

　「四半期決算が集中する2週間は、デスクも記者も、取材に出ることを諦めて、総出で決算記事をまとめた。でも、AIによる一報が出ていれば、記者がカンファレンス・コール（注：アメリカでは通常、決算発表は会社が電話会議を設定し、記者がそこに参加する形で行われる）を聞いてから、分析して記事を書くことができ、他の取材に出る時間も生まれた」。

　筆者（津山）の共同通信時代の経験だが、四半期決算の記事執筆にかかる時間と神経、プレッシャーは、短い原稿であるにもかかわらず大きかった。アメリカの決算資料には、売上高、純利益の前年同期比増減率が書かれていないことが多い。これを自分で計算しなければならない。「何四半期ぶり」「何年ぶり」というのも、過去の四半期決算をサイトで次々に開いたり、経済ニュースのウェブサイトを使って調べていた。プレスリリースを読み取り、

計算し、間違えずに書くプレッシャーは大きい。通信社は、速報が命であるため、カンファレンス・コールを聞く時間がない。

もちろん、マーケットの読み取り方や、決算から企業の現状を読み取る能力は、自然と身についた。これは、財産ではある。このような能力を維持するために、APは現在、企業を3つのグループに分けて、決算原稿に対応している。第1グループは、アップル、アマゾン、グーグル、トヨタ自動車など注目の大企業の決算で、担当記者がカンファレンス・コールを聞き、一報はAI原稿を配信するが、記者が分析、質疑応答の内容などを追加して記事を差し替えていく。第2グループは、カンファレンス・コールを記者が一応聞くが、とくにニュース性がなければ、AIの一報で済ませる。第3グループは、記者はカンファレンス・コールにも参加せず、AI原稿だけを配信している。

メディアの広告収入が減少する中、コスト削減は、メディアにとって共通の重要な課題である。さらにニュースを、ウェブサイト、スマートフォン、タブレット端末、スマートウォッチなど複数の異なるプラットフォームにリアルタイムで配信しなくてはならない。一方で、フェイクニュースとのレッテルを貼られないために、正確さを維持し、ニュースのようにみえる間違った情報を素早く見分けることも必要だ。

APは、これらを解決する方法の1つとして、「自動化」と「AI」の導入に踏み切った。記事を作る時間を短縮するだけでなく、ビッグデータを使って、記者やデスクが新しい切り口の企画や特集を作り上げる助けにもなる。

(3) **事件事故を察知——ビデオ制作も**

一方、ロイター通信は、「ロイターズ・ニュース・トレイサー（Reuters News Tracer）」というツイッターの追跡・解析ソフトをAIを使って開発した。これによって、1日7億本にのぼる世界のツイートをフィルターし、事件事故、災害などを瞬時に察知できるようになった[17]。

ここまでは、日本のテレビ局にもある仕組みだが、トレイサーのアルゴリ

ズムはさらに、①フェイク（でっち上げ）ではないかどうか、②ニュース価値があるかどうか、も判断し、記者がいち早く速報を出すのを助ける。フェイクでないかどうかは、事件事故・災害について、地元の警察や消防、地方自治体がツイートしているかどうかなどを参考にして判断する。これによって、世界の通信社の一報（ブレーキング・ニュース）よりも8〜60分早く、配信する実績をあげた。

トレイサーの画面

　例えば、2016年4月14日の熊本地震は、日本時間21時26分に発生した。トレイサーは5分後の21時31分に「クラスター」というニュース性とその情報を示すグループを作り、ロイターはそのわずか4分後の21時35分に速報を配信したという。また、2017年に起きた英マンチェスター・アリーナにおける爆発事件も、発生から17分後に速報を出した。このように、記者がいない現場で起きたことも、ツイッターなどの投稿から、現場に居合わせた人や現地メディアの動きなどを把握し、速報につなげることができるようになった。

　ツイッターなどソーシャルメディアを通した情報は、現場にたどり着けなくてもスマートフォンなどでシェアされ、報道機関にとっても情報源になる。現場からのツイートや写真のシェアが、威力を発揮することは、東日本大震災で日本も経験ずみだ。

　一方、ニューヨーク・タイムズでは、デジタル版向けのビデオ制作で、AIによる顔認識技術を使う試みをしている。英国のヘンリー王子が2018年、アメリカの女優メーガン・マークルと式を挙げたロイヤル・ウェディングのビデオで、結婚式に呼ばれたセレブの顔が映ると、リアルタイムで誰である

17　https://agency.reuters.com/en/insights/articles/articles-archive/reuters-news-tracer-filtering-through-the-noise-of-social-media.html（Reuters News Tracer）

かを特定し、顔の下の部分に「デビッド・ベッカム、サッカー・レジェンド」といった名前と肩書きが出るものだ。これによって、映像をみながら「この人、みたことあるけど、名前が出てこない！」というフラストレーションを解消できる。また、見知らぬ人物が、ロイヤルカップルやセレブと一緒に写っていても、「花嫁の友人〇〇」という表示が出る。ニューヨーク・タイムズは、この顔認識ソフトの精度を上げるために、映画の米アカデミー賞授賞式や、過去のロイヤル・ウェディングのビデオで、実験を繰り返したという。

ニューヨーク・タイムズは2005年からオンラインビデオのサービスを始めているが、年々アクセスが増加している。

アメリカでは、CNN.comなどのケーブルテレビのサイトや、ハフポストなどデジタルメディア、そして新聞のサイトも、主要記事にはビデオが付くのが当たり前になってきている。ビデオの種類は主に以下の3つである。

・記事のサマリー（要約）として、静止画・動画を組み合わせ、字幕が付いたもの。
・記事の中に出てきた大統領や政治家、市民活動家、有名人の発言を、スマートフォンで撮影したもの。
・イベントなどのクライマックスを短く編集したもの。

主要記事すべてを読む時間がない読者は、記事に付いているビデオだけをみることが増え、動画配信の成長を支えている。また、政治家の発言などのビデオは、連邦議会議事堂内などで記者が政治家と歩きながら、あるいは取り囲んで取材する、いわゆる「ぶら下がり」の様子がわかり、文字だけではわからない臨場感が伝わる。

こうしたオンラインビデオの需要が、急速に高まっているため、AIによるビデオ自動制作ソフトも登場している。

ベンチャー企業のウェビッツ（Webbitz）は、機械学習・AIによるビデオ

制作ソフトの開発を手がけ、ブルームバーグ（Bloomberg）や CBS インタラクティブ（CBS のオンラインニュース）、『フォーブス（Forbes）』誌、USA トゥデー・スポーツなどの大手メディアがそのソフトを使っている。ウェビッツのソフトを使って、メディア大手やウェブサイトが制作するビデオは 2018 年 9 月現在、月に 2 万本にのぼる。同社によると、2019 年には、世界のインターネットのトラフィックの 80％が、ビデオ視聴とされる。

　AI が原稿のサマリーを作り、細かく分けた文章ごとに、ふさわしい写真をデータベースから呼び出してビデオを作成する。さらに、サマリーを読む自動音声をかぶせれば、ビデオの完成となる。平均制作時間は、たったの 5.2 分だという。

　AI は、自動運転や IoT（モノのインターネット）といった世界だけで発展しているのではない。メディアの世界でもその活用は急速に広がっている。

　従来メディア業界は、取材した事柄をより早く、より多くの人々に知らせるために、その時代の最先端技術を積極的に取り込んできた。新聞の印刷技術がそうであり、ラジオ・テレビの放送という技術も然りである。現代は、スピード感を持ってマスに伝えるというだけでなく、オンラインを含めたありとあらゆるソースから、ニュースを見出し、報道するために、AI という最先端の技術が採用され始めた。同時に、決算原稿の自動作成などは、記者や編集者が、本来行うべき分析や調査報道に費やす時間を確保するために生まれてきた解決策ともいえる。

第**8**章   津山恵子・宮地ゆう

ソーシャルメディアと
フェイクニュースの広がり
メディアリテラシーをどう身につけるか

　フェイスブック（Facebook）、ツイッター（Twitter）などのソーシャルメディアが産声を上げたのは2000年代半ばのことである。それからわずか10数年で、最大手フェイスブックのアクティブ・ユーザーは世界で22億人を超え、情報伝達の重要なインフラへと成長した。好きなニュースや情報を友人と「シェア」し、メッセージを交わし合うだけではない。フェイスブックを使って世界中に電話をかけたり、ビデオモードにして相手の顔をみながら話をしたりすることもできる。

　社会に不可欠なインフラとなったことで、ソーシャルメディアは、必然的に政治との結びつきをも深めている。

　2019年の初頭、2020年大統領選挙への立候補が相次ぐ中、候補者たちは、テレビや記者会見で表明すると同時に、支持者に向けたビデオをソーシャルメディアにアップするのが当たり前になっている。いまやソーシャルメディアは、政治家にとって、テレビに出演するのと同等か、それ以上に重要かもしれない。ソーシャルメディアでは、「シェア」機能によって、「読者」はネズミ算的に増えるし、なおかつ伝統メディアで露出する場合のようにチェックや批判を受けることなく、自分の主張を拡散できるからだ。

第 8 章
ソーシャルメディアとフェイクニュースの広がり

　オバマ（Barack Obama）前大統領は、2008 年の大統領選挙でフェイスブック、ツイッターなど複数のソーシャルメディアを効果的に使ったことでも、話題を呼んだ。しかし、オバマのソーシャルメディアの使い方は、主として、集会の様子などを知らせる「発表」にとどまっていた。

　2016 年大統領選でトランプ（Donald Trump）は、有権者に直接「メッセージ」を届けるツールとして、特にツイッターを多用した。オバマがシェアした「発表」内容は、短いものだったのに対し、トランプのメッセージはツイッターにしては長く、発信数も多く、しばしば 2 つ以上のツイートの連打となることも多い。事実と異なる情報が含まれているケースも多い。

　2016 年の大統領選は、「フェイクニュース（fake news）」という言葉が広く認知された年でもあった。第 2 章でも触れたように、「ローマ法王がトランプを支持」といった虚偽の情報が出回り、ソーシャルメディアで拡散された。選挙の終盤ではフェイクニュースがフェイスブックでシェアされた回数が、主要メディアの記事がシェアされた回数を上回っていたとも報道された。

　また、フェイスブックから漏洩した個人情報を使って、トランプ陣営が、特定の有権者を狙ってフェイクニュースを送っていたことも、選挙後に明らかになった。フェイクニュースが、大統領選挙にどの程度の影響を及ぼしたのかについては議論が分かれるが、ある程度の影響があった可能性は排除できない。

　さらに、今後、人工知能（AI）を使ったフェイク動画である「ディープフェイク（deep fake）」が広がっていく可能性も指摘されている。テキストや合成写真が使われているフェイクニュースが、動画になることで、インパクトはさらに強まる。ウォール・ストリート・ジャーナル（The Wall Street Journal）などアメリカのメディアはすでに、2020 年選挙に備え、ディープフェイク対策に乗り出し、記者やデスクの研修体制などを整備している。

　本章では、ソーシャルメディアの隆盛ぶりについて概観したのち、フェイクニュースの広がりや大統領選に与えた影響、フェイクニュースの拡散を防ぐための対策、読者がフェイクニュースにだまされないためのメディアリテ

ラシーなどについてみていきたい。

I ソーシャルメディアの現状とフェイクニュース

(1) 高まるソーシャルメディアの影響力

まず、ソーシャルメディアの影響力やニュース消費との関係について概観する。

最大手フェイスブックは2004年、マーク・ザッカーバーグ（Mark Zuckerberg）最高経営責任者（CEO）がアイビーリーグのハーバード大学在籍時代、寮の部屋で立ち上げたサイトに始まる。その後大学を中退して事業化に専念し、2012年に株式を上場した。2018年9月現在、世界で22億7,000万人がフェイスブックのアクティブ・ユーザーとなっている。世界の人口の3分の1近くが利用している計算になる[1]。

調査機関ピュー・リサーチ・センター（Pew Research Center）によると2018年1月現在、69％のアメリカ人が、ソーシャルメディアを使っている。年代別では、18〜29歳の88％がソーシャルメディアに接しており、最も高い割合である。しかし、30〜49歳も78％、50〜65歳が64％、65歳以上も37％が利用しており、決して若者だけのツールではなくなっている[2]。

ソーシャルメディア別では、フェイスブックを68％の人が使っており、インスタグラム（Instagram、35％）、ピンタレスト（Pinterest、29％）、スナップチャット（Snapchat、27％）、リンクトイン（LinkedIn、25％）、ツイッター（24％）と続く。

---

1 "Facebook Reports Third Quarter 2018 Results," Oct. 30 2018.
 https://s21.q4cdn.com/399680738/files/doc_financials/2018/Q3/Q3-2018-Earnings-Press-Release.pdf
2 "Who Uses Social Media," Social Media Fact Sheet, Pew Research Center, Feb. 5, 2018.
 http://www.pewinternet.org/fact-sheet/social-media/

第 8 章
ソーシャルメディアとフェイクニュースの広がり

図表 8 − 1　主要ソーシャルメディアの全世界の月間アクティブユーザー数

名称	月刊アクティブユーザー数	発表時期
Facebook	22 億 7,000 万人	2018/10
Instagram	10 億人	2018/6
Twitter	3 億 2,600 万人	2018/10
WhatsApp	15 億人	2017/12
LinkedIn	3 億 300 万人	2019/1
TikTok	5 億人	2018/7
LINE	1 億 9,100 万人	2018/10

（注）Facebook と LINE は、2018 年第 3 四半期決算より。
（出所）インスタラボまとめ。

　同様に、ピュー・リサーチ・センターによると、アメリカの成人の68％が、ニュースをソーシャルメディアで読んでいる。ソーシャルメディアで読むという人のうち、「頻繁に」が20％、「ときどき」が27％、「ほとんどない」が21％で、「決して読まない」という人は32％である[3]。

　フェイスブックはもはや、友人とつながるための交流サイトを超え、「メディア」としての影響力を持つようになった。初期には、ソーシャル・ネットワーキング・サービス（Social Networking Service: SNS）という呼び方が一般的だったが、今ではソーシャルメディアといわれることが多い。

　また2017年は、ソーシャルメディアからニュースを得るアメリカ人の割合が、紙の新聞をニュース源とする人の割合を初めて超えた。2018年は、ソーシャルメディアが20％で、新聞が16％である。テレビは、2016年の57％から2018年には49％と大きくシェアを下げている。このほか、ニュースウェブサイト（デジタルメディア）、ラジオも横ばいで、ソーシャルメディアだけがニュースをよくみるプラットフォームとして伸びている[4]。

---

[3] Matsa, K.E. and Shearer, E. "News Use Across Social Media Platforms 2018," Pew Research Center, Sep. 10, 2018.
　http://www.journalism.org/2018/09/10/news-use-across-social-media-platforms-2018/
[4] Shearer, E. "Social Media Outpaces Print Newspapers in the U.S. as a News Source," Pew Research Center, Dec. 10, 2018.
　http://www.pewresearch.org/fact-tank/2018/12/10/social-media-outpaces-print-newspapers-in-the-u-s-as-a-news-source/

図表 8 − 2　ニュース情報源として紙の新聞を追い越したソーシャルメディア

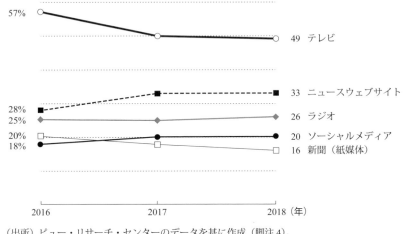

(出所) ピュー・リサーチ・センターのデータを基に作成 (脚注 4)。

図表 8 − 3　トランプ、オバマ、クリントンのフォロワー数

	Twitter	Facebook
ドナルド・トランプ	5,760 万人	2,379 万人
バラク・オバマ	1 億 43 万人	5,502 万人
ヒラリー・クリントン	2,390 万人	970 万人

(注) 2019 年 1 月 19 日現在。

　アメリカの政治家は、ソーシャルメディアを比較的早くから使っていたが、トランプはとくにツイッターを好み、「ツイッター大統領」とも呼ばれるほどである。ツイッターは、短い字数 (2017 年まで 140 文字、現在は 280 字) でいいたいことを効果的に発信できる。

　選挙戦中から @realDonaldTrump というアカウントを使ってツイートし、大統領に就任してからもこの個人アカウントを使い続けている。このアカウントは、トランプが当選した前後はフォロワーが 1,000 万人ほどだったが、当選後に膨れ上がり、2019 年 1 月現在 5,700 万人を超えている。

第 8 章
ソーシャルメディアとフェイクニュースの広がり

　フェイスブックなどソーシャルメディアが政治と密接な関係になったのは、政治家がこうした影響力に注目しただけではない。フェイスブックなどが積極的に政治家や選挙の立候補者に、その使用を働きかけてきた背景もある。

(2) フェイスブックの「選挙部隊」

　ワシントンの連邦議会議事堂からわずか 2 キロほどの大きな雑居ビルに、フェイスブックの「選挙部隊」はひっそりと本部を置いていた。筆者（宮地）は 2016 年 2 月、ここを訪ねた。中に入ると、民主党・共和党の大統領候補など政治家の写真やポスターが目に飛び込んでくる。

　オフィスができたのは 2007 年。ワシントン事務所の広報担当ジョディ・セス（Jodi Seth）は、「当時は、政府機関や議員にフェイスブックとは何かを説明し、使い方を広めるのがこの事務所の役割だった。いまは、いかに効果的にフェイスブックを使って選挙戦を戦い、ターゲットを絞った広告を流すか。まったく新しい段階に入っている」と話した。

　ワシントン事務所の政治・政府チームを率いるケイティ・ハーバス（Katie Harbath）は、予備選から、民主・共和両党の大統領選候補の選挙事務所に出向いてきた。

　「ビデオをみてもらえるのは、最初の 15 秒。長くても動画は 2 分以内に抑えたほうがいい。ただ、ライブの動画は長く試聴されるので、5 分以上は流す。画像は、舞台裏のものを使えば、多くの人に広がっていく」。そんなアドバイスをしてきたという。

　大統領選にかかわっているフェイスブック社員は全米で 100 人を超える。選挙チームには、政界で選挙にかかわってきた経歴を持つ人も多い。

　ハーバスは、「この 4 年で、利用者はパソコンからスマホに移行し、投稿も写真からビデオへと移りつつある。2012 年初めにはまだ利用者はパソコンが中心で、スマホ向けの広告もなかった。それが、その年の終わりには、スマホ向け広告が作られるようになった。パソコンからスマホへの移行は、選挙戦でも大きな変化だった」と話した。

候補者はフェイスブックで選挙戦の舞台裏を紹介しながら投票を呼びかけるだけでなく、新たな支持層を広げ、寄付やボランティアを募る道具にもなっている。
　また、利用者の数や裾野の広がりとともに、フェイスブックは広告媒体としての力を増している。特定の候補者を応援したり、逆に攻撃したりする広告を自由に流せるアメリカでは、選挙に費やされる広告費は桁違いに多い。その中で圧倒的な力を持っているのはテレビCMだ。ただ、近年、ソーシャルメディアがその割合を広げている。
　選挙で使われるフェイスブック上の広告は、通常のオンライン広告と同じ仕組みだ。広告を流したいと思う人は、自分のパソコンからでも、広告を流す対象を絞っていくことができる。住所、性別、年齢、人種、学歴、持ち家の有無、音楽やスポーツなどの趣味、好きな映画や店……。あらゆる要素から広告の対象が分類される。
　こうした利用者の属性は、「いいね！」やシェアしたページ、投稿した内容なども基になっている。保守かリベラルかといった政治的志向をプロフィールで明らかにしている人も多く、そうでなくても投稿などから推測できる。ただ、個人情報はフェイスブック側にあるため、広告主は具体的に誰に流れているのかを知ることはない。
　ハーバスは「数年前は、住んでいる地域や人種や性別などごく基本的な絞り込みしかできなかった。現在は細かくターゲットを絞れるようになったことで効果的に広告を出せるようになった」とも話した。
　フェイスブックの成長の背景には、利用者の大量の個人情報の分類をさらに細分化することで、より狙った層に広告を届けやすくなったという、技術上の進化がある。広告主は、その膨大なデータに着目しており、それがフェイスブックの巨額の広告収入につながる。フェイスブックは、売上高の約9割を広告収入に頼っている。4年に1回の大統領選はオリンピックやサッカーのワールドカップに並ぶ「稼ぎどき」だ。シェリル・サンドバーグ（Sheryl Sandberg）最高執行責任者（COO）も「広告収入の面で2016年の大

統領選は非常に大きい」と語っていた。

　さらに重要なのが、それぞれの属性にいかに相関関係を見出すかだ。

　「フェイスブックのツールを使うことで、例えば、共和党支持者には特定の車種が人気だ、といった特徴がみえてくる。こうした特徴を利用しながら、同じような属性を持つ人たちを割り出して、新しい支持者を開拓していく」（ハーバス）。

　米調査会社ボレル・アソシエイツ（Borrell Associates）によると、2016年選挙につぎ込まれた広告費の総額は98億ドルと過去最高だった。このうちテレビ広告は44.7％と最大のシェアだが、2012年の57.9％から大きく落ち込んだ。その代わり、2012年の8倍に拡大したのが、デジタルメディア広告で、シェアは1.7％から14.4％に急成長した[5]。

　このフェイスブックの広告機能が、フェイクニュースとフェイク広告の温床となったとして議論を呼ぶことになる。

(3)「トレンド」をめぐる論議

　フェイスブックは、記者がいて取材をしているわけではないが、ニュースを配信するプラットフォームとして存在感が増していることは前述した。

　メディアの1つの役割は、ニュースの重要度について「位置づける」ことである。新聞ならばどんな記事を1面に持ってくるか、テレビやデジタルメディアなら何をトップニュースとするか、その「判断」はメディアの肝ともいえる。フェイスブックの「メディア機能」のうち、ニュースの位置づけをめぐって、大きな論議が起きた。

　2016年5月、フェイスブックが保守系の政治家などに関するニュースを意図的に目に触れにくくする操作をしていたという疑惑が、報じられた。

　騒動の始まりは、IT情報系のメディア「ギズモード（Gizmodo）」が掲載した特ダネだった。元フェイスブックの複数の社員が、その時話題になって

---

[5] "The Final Analysis: Political Advertising in 2016—2016 Political Advertising Analysis Executive Summary," Borrell Associates, Jan. 3, 2017.

いるニュースを表示する「トレンド（英語ではTrending）」という機能を恣意的に操作していたと証言したというものだ。

「トレンド」は、2014年にフェイスブックが、アメリカなど英語圏のいくつかの国で始めた。メインの画面の右横に表示され、その時に話題になっているニュースをリアルタイムで表示する。

ギズモードによると、フェイスブックでニュースを扱う部署にいた複数の元社員が、トレンドに表示させるニュースについて「（保守強硬派の団体）保守政治活動会議や共和党の元大統領候補ミット・ロムニー（Mitt Romney）らに関する記事が上位に入ると、リストから外したり、話題になっていないCNNやニューヨーク・タイムズ（The New York Times）などのニュースを加えたりしていた」と証言したという。

フェイスブックの「トレンド」の説明には「最近フェイスブックで人気が急上昇しているトピックやハッシュタグが表示されます」とあり、「リストは、あなたが『いいね！』といったページや居住地、フェイスブック全体でトレンドになっているものなど、多くの要素にもとづいてパーソナライズされます」とある。つまり、機械的にニュースの人気投票をしているように説明していた。

「ギズモード」に続き、英ガーディアン（The Guardian）が、「フェイスブックの内部資料から、ニュースの選択は機械的に行われているのではなく、編集者が行っていることがわかった」と、内部資料を入手して報道した。米上院商業・科学・運輸委員会は、ザッカーバーグCEOに書簡を送り、記事がどのように選択されているのか、手順や方法などについて詳細に明らかにするよう求めた。

フェイスブックは「トピックはアルゴリズムによって選び出され、レビューチーム（人間）が現実のニュースであること、二重にリストされていないかなどを確認して載せている」と説明。チェック段階で人の手が加わっていることは認めたうえで、「フェイスブックはあらゆる政治的な視点を持つ人たちのための場であり、（トレンドの表示には）一貫性と中立性を保つ

ための厳正なガイドラインがある」と、恣意的な取捨選択はしていないと反論した。

　結局、この騒動後、フェイスブックは完全にアルゴリズムによってニュースを選択するように方針を変更した。ところが今度は、フェイクニュースが表示されやすくなるという問題が生じた。

　ウィルソン・センター・ケナン研究所のニナ・ヤンコビッチは、公共ラジオ NPR でのインタビューでこう批判した[6]。

「フェイスブックが、人間によるレビューを停止したために、アルゴリズムがミスリーディングな、あるいは間違った、党派が偏っているニュースを何百万もの人々に送り出した。ユーザーに情報を知らせるのではなく、間違った情報を伝えてしまった。真実であるかどうかの判断はしないと主張している組織（フェイスブックのこと）なので、そのアルゴリズムは、キュレーターとして機能し、センセーショナルなコンテンツを優先していた」。

　人間の手による操作を批判されて、アルゴリズムオンリーに切り替えた結果、人々が飛びつきやすいフェイクニュースをばらまくことになってしまったのである。

　フェイスブックのザッカーバーグ CEO は 2018 年 4 月、ユーザーの個人情報 8,700 万件が、政治コンサルティング会社、ケンブリッジ・アナリティカ（Cambridge Analytica）という第三者の手に渡っていた問題（(7)項で詳述）で、下院エネルギーおよび商業委員会で証言した。この際、「私たちは、テクノロジー企業だと考えている」として、メディア企業ではないという考えを示している[7]。「私たちが最も重要視しているのは、エンジニアがコードを書き、他の人に提供するための商品やサービスを構築することだからだ」というの

---

[6] Ingber, S. "Facebook Is Scrapping Its Troubled 'Trending' News Section," NPR, Jun. 1, 2018.
https://www.npr.org/sections/thetwo-way/2018/06/01/616289583/facebook-is-scrapping-its-troubled-trending-news-section

[7] Castillo, M. "Zuckerberg Tells Congress Facebook Is Not a Media Company: 'I Consider Us to Be a Technology Company'," CNBC, Apr. 11, 2018.
https://www.cnbc.com/2018/04/11/mark-zuckerberg-facebook-is-a-technology-company-not-media-company.html

が理由だ。

フェイスブックは、2018年6月になって、「トレンド」を廃止した[8]。英語圏でしか提供していなかったことや、メディアなどニュースの発信元へのクリックが1.5%以下にしか達していないことを廃止の理由としている。

(4) フェイクニュースが実際の事件に発展

2016年11月8日の大統領選投開票日を間近に控えた11月2日、「ピザゲート（#pizzagate）」という言葉が、フェイスブックやツイッターで猛烈に広がった。

トランプの支援者でトークラジオ番組の司会者でもあるアレックス・ジョーンズ（Alex Jones）が運営するサイト「インフォウォーズ（InfoWars）」などが報じたもので、その内容は、ヒラリーとビル・クリントン（Bill Clinton）夫妻が、ワシントン郊外の「コメット・ピンポン」というピザ屋の裏部屋で、誘拐してきた児童を虐待し、人身売買する「児童性愛パーティ」の常連だというものだ[9]。

2016年共和党大会で、ファンに囲まれるアレックス・ジョーンズ
（撮影）Morgan Freeman

パーティで供されるのが、母乳や血液など人間の分泌物が入った食事で、悪魔崇拝の儀式も行われているという。そして、ジョーンズは自らのラジオ局で「ヒラリー・クリントンは、自分の手で子どもたちを殺した。私はもはやその真実を隠しておけない」「ホワイトハウスに送るわけにいかない」と話した。

「コメット・ピンポン」のインスタグラムなどには、「殺してやる」などという脅迫のコメントが続々と寄せられた。ピザ屋のオーナーは、従業員やそ

---

8 Hardiman, A. "Removing Trending from Facebook," Facebook Newsroom, Jun. 1, 2018. https://newsroom.fb.com/news/2018/06/removing-trending/
9 該当や関連記事は2019年1月現在、インフォウォーズから削除されている。

の家族を守るために、米連邦捜査局（FBI）などにフェイクニュースであると報告し、捜査を依頼した。さらにフェイスブック、ツイッター、YouTube などに、記事やビデオを削除するように要請した。

　しかし、「#pizzagate」のハッシュタグはアメリカ国内だけでなく、世界に拡散していった。投開票日前後に店への嫌がらせがピークに達した。従業員がフェイスブックで特定され、家族の写真をばらまかれて2人が辞めた。

　選挙が終わり、クリントンが敗北してから1カ月経った12月4日、南部ノースカロライナ州の男性エドガー・ウェルチ（当時28歳）が、ライフルを持って「コメット・ピンポン」に現れ、「（ピザゲートを）自分で捜査する」として、裏部屋のドアを開けようとして発砲した。客や従業員は避難し、けが人は出なかったが、警察が周囲を閉鎖し、ウェルチを逮捕した。もちろん、彼が救おうとした児童など1人もいなかった。彼は後に、4年の禁固刑を言い渡されている。

　逮捕後にウェルチは、ニューヨーク・タイムズの単独インタビューに対し、アレックス・ジョーンズのラジオを聴いていたこと、そして「何か良い行いをしたかったが、やり方がまずかった」と語った。「情報が100%ではなかった」「（襲撃当時は）単に子どもがいなかっただけだ」として、ピザゲートがフェイクニュースだとは思っていないことをにおわせた [10]。

　ピザゲートは、フェイクニュースがもとになって実際の発砲事件にまで発展したケースである。そもそも、なぜこのような話が持ち上がったのだろうか。

　ニューヨーク・タイムズはオンラインで、ピザゲートがでっち上げられた過程を調べて記事化した。それによると、クリントンの選対本部長だったジョン・ポデスタ（John Podesta）のメールが内部告発サイト「ウィキリークス（WikiLeaks）」に漏洩し、公開された。すると、トランプ支持者や極右

10　Goldman, A. "The Comet Ping Pong Gunman Answers Our Reporter's Questions," *New York Times*, Dec. 7, 2016.
　　https://www.nytimes.com/2016/12/07/us/edgar-welch-comet-pizza-fake-news.html

系ユーザーが、クリントンを攻撃するために メールに何か不正なことが書かれていないか、粗探しを始めた。そしてあるユーザーが、メールに「cheese pizza」という言葉を見つけ「C.P. = child pornography」と関連づける書き込みを掲示板サイトにしたという。また、ポデスタが「コメット・ピンポン」のオーナーと連絡を取っていたことから、このピザ屋が

襲撃されたピザ屋「コメット・ピンポン」の店内で、応援の寄せ書きをする客

舞台となった。これがソーシャルメディアでシェアされるうちに、人身売買や悪魔崇拝、カニバリズムなどの尾ひれが雪だるま式についていったという[11]。

調査機関パブリック・ポリシー・ポーリング（Public Policy Polling）は、発砲事件から直後の12月9日、大統領選への投票者を対象にした調査を行った。その中に「ヒラリー・クリントンが、ワシントンのピザ屋を拠点にした児童性愛のネットワークに関与していると思うか」という設問があり、「思う」と答えた人が9％いた。「思わない」は72％、「わからない」が19％だった[12]。

(5) フェイクニュースの類型

2016年大統領選挙後にオンラインメディアの「バズフィード（BuzzFeed）」がまとめたデータで、選挙の終盤にフェイクニュースが、主要メディアの記事よりも多くフェイスブックの反応（シェア、コメント、いいね！）を得たことは、第2章で触れた。

バズフィードによると、最もシェアされたフェイクニュースのトップ5は

11　Aisch, G., Huang, J. and Kang, C. "Dissecting the #PizzaGate Conspiracy Theories," *New York Times*, Dec. 10, 2016.
　　https://www.nytimes.com/interactive/2016/12/10/business/media/pizzagate.html
12　https://www.publicpolicypolling.com/wp-content/uploads/2017/09/PPP_Release_National_120916.pdf

以下の通りである[13]。

1. フランシスコ法王が、トランプを大統領として支持した（96万回の反応）。
2. クリントンが、ISISに武器を売ったことを、ウィキリークスが確認した（78万9,000回）。
3. 勝負はついた。クリントンのISISメールが漏洩した（75万4,000回）。
4. 法律を解釈せよ。クリントンは、どんな政府機関にも不適格だ（70万1,000回）。
5. クリントンのメール流出問題を捜査していた連邦捜査局（FBI）捜査員が、自殺に見せかけて他殺された（56万7,000回）。

5つとも、トランプの支持を示す、もしくはクリントンを攻撃する狙いがみられる。クリントンについては、犯罪や違法行為とを結びつけて、「意外性」を引き出し、クリックを誘うようになっている。

オンラインニュースの事実確認をしているNPO「ファースト・ドラフト・ニュース（First Draft News）」の戦略・研究担当のクレア・ワードル（Clair Wardle）は、2017年2月にまとめた研究で、大統領選挙でのフェイクニュース問題を取り上げ、フェイクニュースなどの誤情報・虚偽情報を7つの類型に分けた[14]。

①風刺・パロディー：害を及ぼす意図はないが、だます可能性はある。
②違った関連づけ：見出し、映像、キャプションが、内容を補強していな

---

13 Silverman, C. "This Analysis Shows How Viral Fake Election News Stories Outperformed Real News on Facebook," Buzzfeed News, Nov. 16, 2016.
 https://www.buzzfeednews.com/article/craigsilverman/viral-fake-election-news-outperformed-real-news-on-facebook
14 Wardle, C. "Fake News. It's Complicated," First Draft, Feb. 16, 2017.
 https://firstdraftnews.org/fake-news-complicated/

い。
③間違った方向に導くコンテンツ：ある問題や個人について誤解を与えるように、情報を使っている。
④誤ったコンテクスト：事実に即したコンテンツが、誤ったコンテクストの情報とともにシェアされる。
⑤なりすましコンテンツ：事実にもとづいた情報源が、（だます目的で）なりすましのアカウントに使われる。
⑥加工されたコンテンツ：事実にもとづいた情報や画像をだますために加工する。
⑦捏造されたコンテンツ：だましたり、害を与える目的で、100％虚偽のコンテンツを新たに作る。

①から⑦になるにつれ、人々をだまそうとする意図が強まる。上記5つの最もシェアされたコンテンツや、ピザゲートは、7番目の「捏造されたコンテンツ」にあたる。

また、この研究は、フェイクニュースが流布するメカニズムにも言及している。普通の人々がチェックもせずにソーシャルメディアでシェアしてしまうだけではなく、組織化された人々が、世論に影響を及ぼすため、意識的にオンラインに誤情報、偽情報、フェイクニュースを流していることもある。また、後述する「ボット（bot）」や「トロール・ファクトリー（troll factory）」などを通して、虚偽情報のキャンペーンを展開し、意識的に流布することもある。

(6) ボットとトロール・ファクトリー

フェイクニュースを拡散するのは、人間だけではない。
「ボット（bot）」とは、ロボット（robot）のIT分野における略語で、ツイッター投稿などオンライン上の操作を自動で行うことを指している。あらかじめ設定したプログラムを使って、検索エンジンやツイッターに自動的に

情報を流したり、自動的にリツイートを繰り返すことができる。さらに、特定の言葉やハッシュタグに反応するように設定すれば、それをリツイートする。例えば選挙の場合は、特定の候補者、あるいは特定の候補者を批判する言葉に反応するように設定できる。ボットを使えば、人々がソーシャルメディアをよくチェックする時間帯に、フェイクニュースを大量に投入することもできる。ボットが2016年大統領選挙に影響を与えたとする報告書が、全米経済研究所（NBER）から出ているが、本章のⅠ(9)項で詳述する。

「トロール・ファクトリー（トロール・ファームともいう、trollはオンラインでは荒らすという意味）」は、ユーザーの意見や考え方を左右する目的で情報をオンライン上に流す組織や企業のことである。実在する個人やグループのように見せかけたアカウントを大量に作り、そこから情報を発信する。

アメリカ議会上院は2018年12月、英オックスフォード大学のコンピュテーショナル・プロパガンダ・リサーチ・プロジェクト（Computational Propaganda Research Project：コンピューターによる政治宣伝研究プロジェクト）とソーシャルメディア分析企業グラフィカ（Graphika）による研究報告書を公表した。報告書は、2016年大統領選挙の結果に影響を及ぼすため、ロシアが主要ソーシャルメディアすべてを利用したと報告している。それを主導したのが、ロシアのインターネット・リサーチ・エージェンシー（Internet Research Agency: IRA）という有名なトロール・ファクトリーだという[15]。

上院情報特別委員会に送付された報告書は、ツイッター、グーグル（Google）、フェイスブックが同委員会に提出した数百万件の投稿を分析した初の研究結果だという。

15　Howard, P.N., Ganesh, B. and Liotsiou, D. "The IRA, Social Media and Political Polarization in the United States, 2012-2018," Computational Propaganda Research Project, University of Oxford, Dec. 21, 2018.
　　https://comprop.oii.ox.ac.uk/wp-content/uploads/sites/93/2018/12/The-IRA-Social-Media-and-Political-Polarization.pdf

IRA の活動は、より多くの市民にリーチするため、フェイスブック、ツイッター、インスタグラム、YouTube、タンブラー（Tumblr）、グーグルプラス（Google +）といったソーシャルメディアだけでなく、寄付金を募るため、ショッピング決済大手ペイパル（PayPal）まで網羅していた。

　2015 〜 17 年に IRA が行ったフェイスブック上の書き込みは、3,096 万回シェアされ、3,882 万の「いいね！」がつき、539 万の「絵文字（Emoji）」の反応があった。コメントは 345 万件にのぼった。フェイク広告については同期間、フェイスブックで 2,855 件買われ、画面に表示される回数であるインプレッションは約 3,368 万、ユーザーのクリックは 313 万となっている。

　報告書によると、IRA のアメリカをターゲットにした活動は、2013 年に始まった。2016 年大統領選にロシアが介入した問題がアメリカで捜査対象になってからも停止せず、2018 年中間選挙中も続いた。活動の目的は、「アメリカ大衆を分断し、選挙に干渉する」ことだったという。具体的には、以下の内容のフェイクニュースなどをソーシャルメディアに投入した。

・アフリカ系アメリカ人有権者に対し、選挙をボイコットするか、間違った投票手続きに従うよう促すもの。
・極右系の有権者がさらに過激化するように促すもの。
・センセーショナルで陰謀論にもとづいた政治関連の虚偽情報を拡散するもの。

　IRA の書き込みはとくに、ソーシャルメディアに積極的にコメントするアメリカの保守層がターゲットで、リベラル寄りのアフリカ系、ヒスパニック系有権者の投票率を低下させることも狙いとしていた。「発信のすべてが明らかに共和党と、特にドナルド・トランプに利益をもたらそうとしていたのは明白だ」「保守派の有権者を狙ったキャンペーンでは、トランプの名が最も多く言及され、彼の選挙を支援することを促していた。IRA の戦略は長期的なものだが、2015 〜 16 年の活動は、トランプに利益をもたらすようにデ

ザインされていた」と報告書は指摘している。

　同時に報告書は、ソーシャルメディア各社の「遅れた、協調性のない対応」を批判している。IRAが広告枠をロシアの通貨であるルーブルで買っていることから、ソーシャルメディア各社はロシアの介入を早期に発見し、防げたはずだとしている。

　IRAとその従業員は2018年2月、ロバート・モラー（Robert Mueller）特別検察官が捜査しているロシアの介入疑惑に絡み、起訴されている[16]。

（7）個人情報の流出と、フェイスブックの責任

　ニューヨーク・タイムズと英オブザーバー（The Observer）（ガーディアンの日曜版）は2018年3月、フェイスブックを使うアメリカ人の個人情報5,000万人分が第3者に不法に流出し、2016年大統領選挙で、トランプ候補に有利になるように使われていた問題をスクープした。フェイスブックの責任問題が急浮上し、同社の時価総額は一時、500億ドルが吹き飛んだ。また、連邦議会がザッカーバーグCEOの証言を聴いた。

　報道のきっかけは、カナダ出身のデータサイエンティスト、クリストファー・ワイリー（Christopher Wylie、当時28歳）による内部告発である。

　ガーディアンに掲載されたワイリーの証言やビデオは、フェイスブックの個人データと、ソーシャルメディアの特徴を使って、いかに有権者の心理を操ったかが詳細に語られている。

　「（フェイスブックの個人データを基礎として）あなたが、どんな情報を信じやすくて、どんな文脈、話題、コンテンツに反応しやすくて、つまり、どんな情報に騙されやすくて、何回そういうことを考えてもらったらいいのか、そうして、さまざまな話題についてのユーザーの考え方を変えていくのです」（ワイリー、ビデオより）[17]。

　記事によると、フェイスブックの個人情報は当初、ケンブリッジ大学の教

16　"Russia-Trump Inquiry: Russians Charged over US 2016 Election Tampering," BBC News, Feb. 17, 2018. https://www.bbc.com/news/world-us-canada-43092085

員が、個人情報を吸い取る仕組みのアプリを使って得た32万人分だった。そのデータに友人や何に「いいね！」をしたのかなどの情報も含まれていたため、最終的に5,000万人分となった。これを、ワイリーが雇われていた政治コンサルティング会社ケンブリッジ・アナリティカが、100万ドルで購入したというのだ。フェイスブックは、報道を受けた社内調査で、ケンブリッジ・アナリティカに渡った個人情報は、5,000万人分ではなく、8,700万人分にのぼったことを明らかにしている。その8割にあたる約7,000万人がアメリカ人だった[18]。

　ワイリーは、極右ニュースサイト「ブライトバート（Breitbart）」会長で、後にトランプ選挙陣営最高責任者となったスティーブ・バノン（Stephen Bannon）とともに、2014年からケンブリッジ社で働き始めた。ワイリーとバノンは、ビッグデータとソーシャルメディアを使った「情報作戦」を大統領選挙に使ってみるという計画を練った。それには、有権者個人の心理と、政治志向を組み合わせて、有権者を細かく分類するプロファイル・データベースを作り上げる必要があった。フェイスブックが持つ個人データを利用することを考えついたのは、ワイリーだ。

　ワイリーは、ケンブリッジ社の親会社で、英国防省と国防総省（ペンタゴン）と契約しているSCLグループの研究成果を使うことも許された。それは、軍隊が使う「心理作戦」の手法で、説得工作ではなく、噂・虚偽情報・フェイクニュースを使って「情報コントロール」をすることで、有権者心理にインパクトを引き起こすというものだ。SCLグループは、英国の欧州連合（EU）離脱の是非を問う国民投票や小さな国の選挙で、こうした「情報コントロール」を使った実績があったという。

17　Cadwalladr, C. " 'I Made Steve Bannon's Psychological Warfare Tool': Meet the Data War Whistleblower," *Guardian*, Mar. 17, 2018.
　　https://www.theguardian.com/news/2018/mar/17/data-war-whistleblower-christopher-wylie-faceook-nix-bannon-trump

18　Schroepfer, M. "An Update on Our Plans to Restrict Data Access on Facebook," Facebook Newsroom, Apr. 4, 2018.
　　https://newsroom.fb.com/news/2018/04/restricting-data-access/

ワイリーが編み出した有権者のプロファイルデータは、クリエーターやビデオグラファー、エディターなどがいる編集チームに渡った。このチームは、プロファイルデータをみながら、記事や写真、ビデオを制作し、フェイクニュースやフェイク広告などの形で、ソーシャルメディアに投入していたという。

　ザッカーバーグは報道直後の3月25日、アメリカなどの主要紙に、異例の謝罪広告を掲載した。「私たちは、あなたたちの情報を守る責任がある。(情報の流出は)信頼に反することであり、当時もっと何かしなかったことについて謝罪する」とした。また、個人情報を吸い取る仕組みとなっているアプリを停止し、アプリの数も限定しているという。

　ロイター通信(Reuters)は報道を受けて、アメリカとドイツで行われた世論調査で、フェイスブックの個人情報の取り扱いをめぐり、両国で懸念が増していると報じた。

　ドイツの大手紙「ビルト(Bild)」によると、フェイスブックなどのソーシャルメディアについて「民主主義に与えるマイナスの影響を懸念している」と答えたドイツ人が60％にのぼった。「民主主義にプラスの影響を与えている」との回答は33％にとどまった[19]。

　また、ロイター／イプソス(Reuters/Ipsos)がアメリカで行った調査では、フェイスブックが個人情報保護法を順守すると信じていると回答したアメリカ人の割合は41％にとどまった。ちなみに、アマゾン・ドット・コム(Amazon.com)は66％、アルファベット(Alphabet)傘下のグーグルは62％、マイクロソフト(Microsoft)は60％とフェイスブックを上回った。

---

[19] Ingram, D. and Auchard, E. "Americans Less Likely to Trust Facebook than Rivals on Personal Data," *Rueters*, Mar. 25, 2018.
　　https://www.reuters.com/article/us-facebook-cambridge-analytica-apology/americans-less-likely-to-trust-facebook-than-rivals-on-personal-data-idUSKBN1H10AF

(8) 態度を変えたザッカーバーグ CEO

　2016年大統領選挙の最中から、フェイクニュースが撒き散らされ、何も知らない人々がそれをさらに拡散するにもかかわらず、フェイスブックが何も手を打たなかったことに批判が高まっていた。多くの専門家の予想を覆し、トランプ大統領が誕生したことでさらにフェイスブックへの逆風が増した。

　しかし、ザッカーバーグは投開票直後の2016年11月10日に開かれた会議で、フェイスブック上のフェイクニュースが、選挙結果に影響を与えたという批判に対し、「すごくクレイジーなアイデアだ」と一蹴した[20]。これに対しても大きな批判が巻き起こった。

　11月13日には、「フェイスブックのすべてのコンテンツの中で、ユーザーの目に触れる99%以上は信頼できるものだ。（中略）結果として、でっち上げが、何らかの方向に選挙結果を変えたというのは、起こりえない」という説明をフェイスブック上で公開したりもしたが、次第に問題を認め、対策を打ち出す姿勢に転換する[21]。

　12月15日には、具体的な対策を発表した。主な内容は、①ユーザーがフェイクニュースと思った場合の通報をしやすくする、②外部機関によってフェイクニュースと確認されたら、「真偽を問われている」と表示する、③フェイクニュースサイトの広告配信を停止する、といったものだ[22]。

　上院司法委員会は、2017年10月、フェイスブック、ツイッター、グーグルの顧問弁護士から、ロシアがかかわった広告についての証言を聴いた。この際、フェイスブックは、2015年6月から2017年8月にかけて8万件の投稿が、ロシア政府と関係あるロシア企業によって掲載されたことを明らかに

20　Solon, O. "Facebook's Fake News: Mark Zuckerberg Rejects 'Crazy Idea' That It Swayed Voters," *Guardian*, Nov. 11, 2016.
　　https://www.theguardian.com/technology/2016/nov/10/facebook-fake-news-us-election-mark-zuckerberg-donald-trump
21　https://www.facebook.com/zuck/posts/10103253901916271
22　Mosseri, A. "Addressing Hoaxes and Fake News," Facebook Newsroom, Dec. 15, 2016.
　　https://newsroom.fb.com/news/2016/12/news-feed-fyi-addressing-hoaxes-and-fake-news/

した。さらに、これがシェアされるなどして、2年間でアメリカ人の1億2,600万人に投稿が届いたand[23]。フェイスブックはこれ以前は、1,000万人がロシアが購買した広告をみたとしていたが、それをはるかに上回るユーザーが目にした可能性が浮上した。

　一方、同委員会でツイッターは、ロシアに関係する2,752のアカウントを発見し、3万6,000を超えるボットが、選挙戦中に140万回ツイートしたと報告した。同様にグーグルは、YouTubeにロシアが関係したビデオが1,108本アップされていたとした。共和党の上院議員リンジー・グラハム（Lindsey Graham）は、「これは21世紀の国家安全保障への挑戦だ」と述べ外国政府がアメリカの民主主義を攪乱しようとしているとして警鐘を鳴らした。

　フェイスブックCEOのザッカーバーグはまた、2018年4月にも上院の商業・科学・運輸委員会と司法委員会の合同公聴会で証言した。ケンブリッジ・アナリティカに8,700万人分もの個人情報が渡っていた問題で、「私の失敗だ。申し訳ない。私がフェイスブックを経営している。起きたことの責任は私にある」と謝罪した。

　ザッカーバーグは「（フェイスブックの）ツールが損害を与えるために使用されることを防ぐため、十分なことをしてこなかったのは明白だ。これは、フェイクニュース、選挙に対する外国の干渉、ヘイトスピーチ、そして開発者やデータ保護について、いえることだ」と認めた。同時に、ロシアによる2016年大統領選干渉疑惑を捜査する特別検察官ロバート・モラーに、フェイスブックが協力していることも明らかにした。

　この時、半年後に中間選挙を控えており、選挙に対する外国の干渉を防ぐ対策に取り組んでいることも明らかにした。

　「ロシアには、当社のシステムやその他のオンライン上のシステムなどを、

---

[23] Shaban, H., Timberg, C. and Dwoskin, E. "Facebook, Google and Twitter Testified on Capitol Hill. Here's What They Said," *Washington Post*, Oct. 31, 2017.
　　https://www.washingtonpost.com/news/the-switch/wp/2017/10/31/facebook-google-and-twitter-are-set-to-testify-on-capitol-hill-heres-what-to-expect/?utm_term=.0d9645687560

自分たちの利益のために利用することを仕事にする人々がいる。これは一種の軍拡競争だ。彼らは技術を向上させ続けており、当社も技術向上に投資する必要がある」と述べた[24]。

フェイスブックは、この間、セキュリティのための人員と投資を増やし、選挙にかかわる広告の透明性を上げ、個人情報保護を強化しているとしてきた。しかし、「十分ではない」とする批判は続いている。

2018年8月、フェイスブックは外部からの通報で、ロシアやイランに関連するアカウントで設けられた652のページを削除したと発表した。削除したページの1つ、「リバティ・フロント・プレス」はイラン国営メディアと関係しており、2013年にページが開設されたという。中東、アメリカ、英国関連の情報を本物のニュースのように加工して流し、フェイスブックで74のページと3つのグループを持ち、計15万5,000のアカウントがこれをフォローしていた。インスタグラムについても、76のアカウントを持ち、計4万8,000のアカウントがフォローしていた。このように、対策をとった後にまた別の虚偽のアカウントがみつかる状況で、フェイスブックとフェイクニュースやフェイク広告の発信源とは「いたちごっこ」の様相を呈している[25]。

フェイスブックの元最高セキュリティ責任者（CSO）で、スタンフォード大学非常勤教授に転職したアレックス・スタモス（Alex Stamos）は2018年8月、上記のアカウント削除の発表を受け、「2018年11月の中間選挙のセキュリティを効果的に修復するのはもう手遅れだ。だが、2020年大統領選挙には間に合う」と対策を促すブログを発信した[26]。

---

24 https://docs.house.gov/meetings/IF/IF00/20180411/108090/HHRG-115-IF00-Wstate-ZuckerbergM-20180411.pdf
25 "Taking Down More Coordinated Inauthentic Behavior," Facebook Newsroom, Aug. 21, 2018.
　 https://newsroom.fb.com/news/2018/08/more-coordinated-inauthentic-behavior/
26 Stamos, A. "How the U.S. Has Failed to Protect the 2018 Election—and Four Ways to Protect 2020," Lawfare, Aug. 22, 2018.
　 https://www.lawfareblog.com/how-us-has-failed-protect-2018-election-and-four-ways-protect-2020

ロシアの工作員が何年にもわたり、アメリカの技術やメディア、言論の文化を研究し、利用して、政治に対する不満を募らせようとしてきたことや、中国や北朝鮮などがアメリカの選挙に関与してくる可能性にも警鐘を鳴らした。

(9) 2016年大統領選への影響はあったのか

では、これまで述べたソーシャルメディア上の政治宣伝（プロパガンダ）やフェイクニュースは、2016年大統領選挙にどれほどの影響を及ぼしたのか。

フェイスブックの個人データを使ったケンブリッジ・アナリティカ問題の告発者、クリストファー・ワイリーは、「（心理作戦は）アメリカを変えたり、選挙に影響したりしたか」という「ガーディアン」の問いに、「おそらく、一部には影響したと思う。しかし、確信はない。トランプが当選したことや、極右が台頭したといった要因にどう働いたかは、確信はない」と答えている（前出のビデオより）。

ただし、ワイリーは、フェイスブックが個人データが第3者の手に渡っていたことを知りながら、それを解決しようとしなかったことは、厳しく批判している。また、ケンブリッジ・アナリティカは、アメリカと英国両国の司法当局の捜査を受けている。

一方、スタンフォード大学教授のマシュー・ジェンツコウ（Matthew Gentzkow）と、ニューヨーク大学准教授のハント・オルコット（Hunt Allcott）が2017年春に改訂・発表した「2016年大統領選挙におけるソーシャルメディアとフェイクニュース」という研究によると、フェイクニュースは、両候補者の得票率を大きく変えるほどではなかったと指摘している[27]。

この研究によると、主なファクトチェックサイトでフェイクニュースとされた記事は、トランプ支持のものが115本で、クリントン支持の41本を大きく上回る。また、シェアの数は、トランプ支持のものが3,000万件に対し、

---

27 Allcott, H. and Gentzkow, M. "Social Media and Fake News in the 2016 Election," *Journal of Economic Perspectives*, Vol. 31, No. 2, Spring 2017; 211–236.

クリントン支持は760万件だった。フェイクニュースの数とシェアは、圧倒的に保守的でトランプ寄りのものだったことがわかる。

　また、690のアメリカのニュースサイトと、69のフェイクニュースサイトが、どのような方法でアクセスされたのかを調べている。それによると、ニュースサイトは直接サイトにアクセスする人が48.7％だったのに対し、ソーシャルメディア経由は10.1％にとどまった。これに対し、フェイクニュースサイトは、ソーシャルメディア経由が41.8％にものぼり、直接サイトへのアクセスは30.5％だった。

　フェイクニュースの影響力を考察するため、ジェンツコウらは、テレビの選挙広告を1回放送すると「得票率が約0.02％変化する」という研究結果と比較しようとした。そして、「1本のフェイクニュースが、1回のテレビの選挙広告と同じぐらいの説得力があるとすれば、私たちがデータベースに集めたフェイクニュースは、やはり100分の1％（0.01％）単位で得票率を変化させていただろう。ただこれは、大統領選の結果を左右した激戦区でのトランプの得票差の割合よりも、はるかに小さい」として、フェイクニュースの得票率に及ぼした影響は、かなり限定的だったと結論づけている。

　一方、大統領選の結果を変えた可能性があるという見方もある。全米経済研究所（NBER）は、ツイッターに自動的に投稿する前述の「ボット」が大統領選挙の結果を限定的だが変えた可能性があると、2018年5月の調査報告書で指摘している[28]。

　ツイッターのボットは、トランプ大統領が誕生した大統領選の票差がわずかだったことから、「数字としては小さいながらも、おそらく決定的といっていい役割を果たした」と同報告書。ボットは、米大統領選ではトランプの得票率を3.23ポイント上昇させた可能性があるという。

　調査は2016年10月8日から12月8日まで、「Trump 」「Clinton」「Election

28　Gorodnichenko, Y., Pham, T. and Talavera, O. "Social Media, Sentiment and Public Opinions: Evidence From #Brexit and #USElection," NBER Working Paper No. 24631, May 2018.
　https://www.nber.org/papers/w24631

2016」「MakeAmericaGreatAgain」「ImWithHer」など、特定の言葉を含むすべてのツイート720万件を集めて、行われた。これをTextBlobという名詞の抽出やタグ付けなどによって、ツイートの感情分析をするライブラリ（プログラムの集まり）を使って分析した。その結果、大統領選について「中立（neutral）」のツイートは全体の61％、「前向き（positive）」なツイートは25％で、「否定的（negative）」なツイートは15％だった。

この中で、ボットから自動発信されたツイート（フェイクニュースを含む）は、人間のツイートよりも、反応と拡散のスピードが速いことがわかった。アメリカの大統領選や英国の国民投票など世論を2つに分ける大イベントの場合、情報の拡散は速く、一般的に50〜70分でツイッター利用者の間に広まった。

ボットが発した候補者支持のツイートに対しては、トランプ支持者は、クリントン支持者よりも反応が強かったとしている。ボットが拡散したメッセージが、ユーザーの意見をサポートする内容であれば、そのユーザーへの影響が最も大きいという傾向もわかった。

報告書は「選挙戦に絡みボットが果たす役割について、いくつかの問題が持ち上がっている。政策立案者らは、将来ボットの悪用を防ぐためのメカニズムを検討するべきである」と警鐘を鳴らしている。

2018年10月には、ペンシルベニア大学教授のキャスリーン・ホール・ジェイミーソン（Kathleen Hall Jemieson）が、*Cyber War*（未邦訳）という本を出版した[29]。ジェイミーソンは、ロシアのハッカーやボットなどオンラインの工作が、トランプ大統領を誕生させた可能性が高いと結論づけている。

政治家の発言をチェックする「FactCheck.org」の共同創業者でもあるジェイミーソンは、過去40年以上、政治家によるどんな説得が、どんな状況下で有権者に影響を及ぼすのか、というデータを集めてきた。最新のデータ分析も交ええ、オンライン上で展開されたロシアの作戦によって、ウィスコン

---

[29] Jamieson, K.H. *Cyberwar: How Russian Hackers and Trolls Helped Elect a President What We Don't, Can't, and Do Know.* Oxford University Press, Nov. 2018.

シン州、ミシガン州などの接戦州での選挙結果にどう影響したかを探った。ジェイミーソン教授は、『ニューヨーカー（The New Yorker）』誌の取材に対し、こう指摘している[30]。

「ロシア人たちは、投票マシーンのレバーを引いた（注：実際に投票した）のではなく、ある特定の候補に投票するのか、あるいはまったく投票しないのか、という点で、彼らは十分に足る数の有権者を説得できた」。

ジェイミーソンは、ロシアが接戦州において、メール問題や人格攻撃を行うことでクリントンの支持率を引き下げたり、トランプ陣営のメッセージを効果的に拡大したりする「世論工作」に成功したとみている。

⑽ エコーチェンバーとフィルターバブル

第2章で詳しくみたように、2016年大統領選挙は、保守とリベラルの分極化が大きく進んだ選挙だった。また共和党支持者でメディアへの信頼度が大きく下がり、民主党支持者でのメディア信頼度は上昇する傾向がみられた。

このような保守とリベラルの断裂に、フェイスブックなどのソーシャルメディアがかかわっていたという見方は強い。フェイスブックを使うと、自分と考え方が合うような友人の意見に触れる機会が多くなる。違う意見に触れることが少なくなる結果、分極化が進んでいるのでは、との見方である。

そうした現象を説明する際、「エコーチェンバー（echo chamber）」や「フィルターバブル（filter bubble）」という言葉が使われることもある。

「エコーチェンバー」は、もとはミュージシャンが使う音響室という意味だが、オンライン上の現象としては、自分の声が反響（エコー）で跳ね返ってくるように、閉じた空間の中で同じような意見ばかりに囲まれて、特定の意見や思想が増幅されて影響力を持つ現象を指す。

また「フィルターバブル」は、フェイスブックなどのソーシャルメディアや、「アップル・ニュース（Apple News）」などのニュースアプリ、グーグル

---

[30] Mayer, J. "How Russia Helped Swing the Election for Trump," Oct. 1, 2018.
https://www.newyorker.com/magazine/2018/10/01/how-russia-helped-to-swing-the-election-for-trump

などの検索エンジンで、自分がみたい情報しかみえなくなる現象を指す。ユーザーがよくクリックする情報が記憶され、その人に「最適化」されたニュースが表示されるようになる結果、その人に入る情報がますます狭くなる。いわば、ユーザーは「バブル（泡）」のような閉じた空間にとらわれてしまっている状況である。

　こうした現象を引き起こすのが、ソーシャルメディアなどのアルゴリズム（何を優先して画面に表示するかを決める仕組み）である。フェイスブックのユーザーは個人プロファイルに支持政党を入力することができる。支持政党を入力しなくても、共和党議員のページに「いいね！」をすれば、アルゴリズムはその人の政治志向が「保守」であり、民主党議員のページであれば「リベラル」と分類する。政治家のページに「いいね！」をしなくても、例えばオバマ前大統領を支持した企業ページやCMビデオに反応すれば、リベラルと関連づける。同様に、ペット、ファッション、グルメ、フィットネスなどあらゆる分野で、アルゴリズムは、ユーザーの志向を分類・記憶し、政治家や広告主がターゲットにしたいユーザーを割り出す膨大なデータとして保存する。例えば、トランプ陣営は選挙戦の際、「中道」と分類されたユーザーに対しても広告が表示されるようにソーシャルメディアに注文していたという[31]。

　こうしたデータにもとづき、フェイスブックのニュースフィードには、政治志向や趣味が共通の友人の書き込みが優先されて表示される。ニュースも例えば「保守」と分類した人には保守系メディアのニューヨーク・ポストが優先されたりする。このため、フェイスブックを開くごとに、志向が似た友人の情報やメディアのニュースに囲まれることが生じる。

　ソーシャルメディア上では通常、政治ネタだけでなく、ペットやグルメ、趣味に関するシェアも多いが、2016年選挙戦の際は、「銃規制」や「移民問

---

[31] Merrill, J.B. "Liberal, Moderate or Conservative? See How Facebook Labels You," *New York Times*, Aug. 23, 2016.
https://www.nytimes.com/2016/08/24/us/politics/facebook-ads-politics.html

題」など、センシティブな社会問題がトランプ支持者の間で積極的にシェアされた。

　アルゴリズムは、フェイスブックだけでなく、ツイッターやインスタグラムでも使われ、表示される情報を選択するだけでなく、「おすすめ」の情報や広告も表示する。例えば、ツイッターでは、よくリツイートするフォローしている人、あるいはトレンドになっているツイートを「もし見逃していたら（In Case You Missed It）」として、一番上に表示する機能がある。これは、ユーザーがどんな人のツイートをよく読み、どんな話題に反応したりリツイートするのか、どんなハッシュタグを追いかけているのかといったデータから、反応しそうなツイートをアルゴリズムが出している表れである。

　ソーシャルメディアや検索エンジンに表示される広告の裏でもアルゴリズムが働いており、クリックしたことがある、あるいはクリックしなくても滞在時間が長い広告が頻繁に出てくるようになる。

　筆者（津山）は2018年末、ニューヨーク大学スターン経営大学院教授のスコット・ギャロウェイ（Scott Galloway）にニューヨークでインタビューをした。ギャロウェイは、グーグル、アップル（Apple）、フェイスブック、アマゾンという巨大「プラットフォーマー（Platformer）」4社を批判する著書『the four GAFA——四騎士が創り変えた世界』（東洋経済新報社、2018年）で知られ、ソーシャルメディアのアルゴリズムを「中毒性の薬物」と厳しく批判した[32]。

　「ソーシャルメディアは、私が10代のころのタバコだと思う。吸いすぎると健康を害する。ソーシャルメディアのニコチンは、『広告モデル』のアルゴリズムだ。人格もない、礼節もない、単にクリックを増やすことにしか関心がない。最も素速く広告やメッセージのエンゲージメントを高めるのが、怒りを使うことだ。それがさらなる怒りと分断を引き起こす。私たちは、怒りへと導かれる中毒性の薬物を持ち、それがビジネスモデルに組み込まれて

32　https://book.toyokeizai.net/gafa/

いる」。

　フェイスブックとグーグルは 2018 年見込みで、アメリカのデジタル広告市場の 56.8％を占めている [33]。これほどの占有率になっているのは優れたアルゴリズムのおかげという面はある。

　フィルターバブルは、バイラルメディア「アップウォージー（Upworthy）」CEO で市民活動家のイーライ・パリサー（Eli Pariser）が 2011 年の著書で生み出した言葉だ [34]。2011 年の TED Talk で、パリサーは、フィルターバブルがどう起こるのか、具体例を挙げている [35]。

　「私は、進歩主義派で、フェイスブックを使い始めたのは、私と反対の保守的な友人の情報をフォローしたかったからだ。でも、いつしか保守的な友人が、私のフェイスブック（のニュースフィード）から消えた。フェイスブックは、目には見えないアルゴリズムを使って、私がどのリンクをクリックしたかを知っているからだ」。

　「グーグルも同じだ。ある日、友人 2 人にエジプトというキーワードで検索するように頼んだ。1 人の検索結果は、2011 年のアラブの春や中東危機が出たが、別の友人については、旅と観光などで、危機や混乱については検索の上位にないという結果が出た。検索エンジンとしての標準的なグーグルというのは、もはや存在しない」。Yahoo! ニュース、ハフポスト、ニューヨーク・タイムズのニュース表示も個人の趣向が反映されるという意味で同じだという。

　パリサーは、こうしたアルゴリズムによるフィルターによって「フィルターバブル」という現象が生じ、それを「あなた個人だけの、独自のオンライン上の世界」と定義した。外の世界と遮断され「バブル（泡）」の中にい

---

[33] "Facebook VS. Google Share of Total US Digital Ad Spending, 2016-2020," eMarketer, Mar. 12, 2018.
https://www.emarketer.com/Chart/Facebook-vs-Google-Share-of-Total-US-Digital-Ad-Spending-2016-2020-of-total-digital-ad-spending/217028
[34] イーライ・パリサーは、市民運動団体 Move On のボードメンバーでもある。
[35] Pariser, E. "Bewear Online 'Filter Bubbles'," TED, Mar. 2011.
https://www.ted.com/talks/eli_pariser_beware_online_filter_bubbles#t-514396

るような状態である。そこにある問題は、オンラインで「何を得られるのか、もはや自分で決められない、そして何が（自分向けに）編集されているかもみえない」ことだと指摘する。

　こうしたオンライン上の「フィルターバブル」、そしてそのことによって生じる「エコーチェンバー」の弊害を懸念する声は大きい。例えば、物理学者で科学ライターでもあるデービッド・ロバート・グライムス（David Robert Grimes）は、「ガーディアン」紙に「エコーチェンバーは危険だ」と題する記事を寄稿[36]。インターネットに対して、新しい考えをやりとりしたり他者の考えについて熟考したりといった思考を広げる「ユートピア」思想があった草創期にすら、それは人間の本質を高く評価しすぎているという考えを持つ学者もいたことを紹介している。

　「フィルターバブル」や「エコーチェンバー」によって、大統領選で陰謀史観などが広がりやすくなり、有権者の分断が激しくなっただけではない。科学面でみても、自閉症の原因になるという間違った情報で、子どものワクチン接種を拒否する動きが広がったり、地球温暖化は人類に起因するものではないという主張を信じる人が増えたりといった社会的な悪影響の原因となると指摘している。

　一方で、ソーシャルメディアのユーザーはさまざまな政治信条に接しているという調査結果もある。ピュー・リサーチ・センターが2016年大統領選最中の7～8月に約4,600人に対して行った調査の結果、フェイスブックで「似たような政治信条」の友人と接していると答えた人は23％、ツイッターでは17％にとどまった。逆に「政治信条が交じり合った」友人と答えた人がフェイスブックで53％、ツイッターは39％にものぼった（図表8－4）。

　ピューの調査では、ソーシャルメディアは「政治に関する対話によって、

---

[36] Grimes, D.R. "Echo Chambers Are Dangerous—We Must Try to Break Free of Our Online Bubbles," Dec. 4, 2017.
　　https://www.theguardian.com/science/blog/2017/dec/04/echo-chambers-are-dangerous-we-must-try-to-break-free-of-our-online-bubbles

図表8−4　フェイスブック・ツイッター上で接する人々の政治的信条

(出所) ピュー・リサーチ・センターのデータを基に作成（脚注37）。

新たな声を取り込んでいる」と感じているかも聞いている。これに対し、「強く感じる」と答えた人が21％、「多少感じる」とした人が53％いた[37]。

　こうした調査結果からは、アメリカ国民が、ソーシャルメディアを通じて、案外多様な意見に接している姿も浮かび上がってくる。

　ただ、自ら好むエコーチェンバーにいてニュースを読む場合と、自らの志向とは関係ないニュースをランダムに読んだ場合を比較する実験を行った報告書によると、後者の方が、自分の好みとは異なる切り口のニュースを読まされた結果、より極端な意見になったという研究もある[38]。エコーチェンバーにいると意見が偏ってしまうという見方が一般的だが、この研究結果が正しいのであれば、エコーチェンバーにいるほうが、そうでない状態よりも、むしろ意見の偏り方が少なくなるということになる。

　エコーチェンバー効果や、偏った情報にのみ触れることの弊害はやや過大に見積もられており、自分の政治的立場に合致しない情報を積極的にシャットアウトする傾向はさほど強くなく、いったん接すればそのような情報にも目を通すこと、そもそも政治的な内容には見向きもしない層も多いことから、

---

[37] Duggan, M. and Smith, A. "The Political Environment on Social Media," Pew Research Center, Oct. 25, 2016. http://www.pewinternet.org/2016/10/25/the-political-environment-on-social-media/
[38] Jo, D. "Better the Devil You Know: An Online Field Experiment on News Consumption," Mar. 18, 2018.

エコーチェンバーによる悪影響は限定的だという見方もある[39]。

(11) トランプ大統領の「フェイクニュース」の「定義」

「フェイクニュース」とは、事実と異なる、あるいは捏造されたニュースを指すのが一般的だが、トランプは、メディアの信頼を損ねるために、自分にとって好ましくないニュースを「フェイクニュース」と表現するようになっている。

トランプのツイートでは、「Fake News CNN & NBC、Dems & Fake News、The Fake News Media」、また「Fake News is the Enemy of the People!（フェイクニュースは、国民の敵だ！）」といったように、トランプに批判的なリベラル色の強いメディアを指して、「フェイクニュース」という言葉が使われている。

「トランプ・ツイッター・アーカイブ（Trump Twitter Archive）」というサイトによると、大統領に就任してから742日間で、ツイートに多く表れた言葉は以下の通りである（2019年1月31日現在）[40]。

- Russia and Collusion （ロシアと共謀、469回）
- Fake News（399回）
- Fox News or Sean Hannity（ショーン・ハニティーはFoxのアンカー、332回）
- Loser（敗者、234回）

「ロシアと共謀」は、特別検察官ロバート・モラーが、大統領選挙をめぐり、ロシアとトランプ選挙陣営が共謀したという疑惑について捜査中のときに、「No Collusion with Russia（ロシアとの共謀などはない）」というフレー

---

[39] Graber, D.A. and Dunaway, J.L. *Mass Media and American Politics* (Tenth Edition). Washington D.C.: CQ Press, 2018; 110.
[40] http://www.trumptwitterarchive.com/（トランプ・ツイッター・アーカイブ）

ズでよく使われており、トランプの大きな関心事であることがわかる。Fake News はこれによると、単純計算で 1 日に 1.8 回の割合で使われ、それがトランプ支持者を含む約 5,800 万人のフォロワーに発信されている。

　第 2 章でも触れたように、2016 年の選挙集会では、トランプと支持者が取材中のメディアに対し「世界で最も不誠実な輩だ!」と唱和することが多かった。2 年後の 2018 年に CNN のホワイトハウス担当記者ジム・アコスタ（Jim Acosta）がトランプの政治集会で撮影したビデオでは、トランプ支持者がメディアプールの柵の間際までわざわざ押しかけ、中指を立てたり、ビデオを撮りながら、「嘘をつくのをやめろ！　真実を語れ！」「フェイクニュース！」などと叫ぶ様子が映されている 41。

　アコスタはこのビデオを撮った直後の 2018 年 8 月に出演した夜のトーク番組『ザ・レイト・ショー・ウィズ・スティーブン・コルベア（The Late Show with Stephen Colbert）』（CBS）で、「ジャーナリストは、国民の敵ではない」と主張した。トランプ支持者がメディアを敵対視する背景として、「（トランプ大統領のメディア攻撃に対し）自分だけでなく、ホワイトハウス記者団は日々、大統領の嘘を押し返し続けている。それが、かえって多くのトランプ支持者をイライラさせる。なぜなら、彼らの目には私たちメディアが日がな一日、大統領をいじめているようにみえるからだ」と話している 42。

　ニューヨーク・タイムズ発行人の A.G. サルツバーガー（Arthur Gregg Sulzberger）は 2019 年 1 月 31 日、トランプに行ったインタビューで、大統領が「Fake News」「国民の敵」という言葉を広めた結果、ジャーナリストに対する脅しや攻撃、検閲が世界でいかに高まっているか、独裁者がそれを理由にジャーナリストを迫害する傾向が強まっているかを認識しているかどうか尋

41　アコスタのツイッター（2018 年 7 月 31 日付）。
　　https://twitter.com/Acosta/status/1024467940257738752?ref_src=twsrc%5Etfw%7Ctwcamp%5Etweetembed&ref_url=https%3A%2F%2Fd-15867090131831499907.ampproject.net%2F1901081935550%2Fframe.html
42　"Jim Acosta: From CNN to Fox News, No Journalist Is the Enemy," The Late Show with Stephen Colbert (YouTube), CBS, Aug. 9, 2018.
　　https://www.youtube.com/watch?v=gOFtYpYtJZI

ねた。この際、サウジアラビアのジャーナリストで、トルコのサウジアラビア領事館で殺害されたジャマル・カショギ（Jamal Khashoggi）の名前も出した。カショギは、中央情報局（CIA）が、サウジアラビアの皇太子ムハンマド（Mohammad bin Salman）の命令で殺されたとワシントン・ポストが伝えているが、トランプはこれを認めていない[43]。

インタビューでトランプは、「ニュースが正しく語られなければ、国にとっては良くないことだ。そして、正直なところ、私は不当な報道の犠牲者だ」と答えた。

ニューヨーク・タイムズは、このインタビューをまとめた記事で「大統領に就任後、ジャーナリストへの脅威が高まっていることに対する責任について、トランプは否定した」と書いている[44]。

⑿ フェイスブックのアルゴリズム変更の影響

フェイスブックのアルゴリズム変更によって起きた影響にも触れておきたい。

フェイスブックは2018年1月11日、ユーザーがコンテンツ（投稿）をみるニュースフィード（News Feed）で、メディアや企業からのニュースの表示の優先度を下げると発表した。アルゴリズムを変更し、ニュースよりも、友人や家族がシェアしたコンテンツを優先して表示するという。

ザッカーバーグCEOは、フェイスブックへの投稿でこう述べた[45]。

「パブリックコンテンツ（注：ニュースなど、メディアやブランド、企業がアップする情報）が友人や家族からの投稿を上回っていることで、ニュー

43　Dawsey, J. "Trump Brushes Aside CIA Assertion That Crown Prince Ordered Killing, Defends Him and Saudi Arabia," *Washington Post*, Nov. 22, 2018.
　　https://www.washingtonpost.com/politics/trump-brushes-aside-cia-assertion-that-crown-prince-ordered-killing-defends-him-and-saudi-arabia/2018/11/22/d3bdf23c-ee70-11e8-96d4-0d23f2aaad09_story.html?utm_term=.592baa0a919

44　Grynbaum, MM. "Trump Discusses Claims of 'Fake News,' and Their Impact, with New York Times Publisher," *New York Times*, Feb. 1, 2019.
　　https://www.nytimes.com/2019/02/01/business/media/donald-trump-interview-news-media.html

45　Mosseri, A. "Bringing People Closer Together," Facebook Newsroom, Jan. 11, 2018.
　　https://newsroom.fb.com/news/2018/01/news-feed-fyi-bringing-people-closer-together/

スフィードに表示されるもののバランスが、フェイスブックが貢献できる最も重要な使命から外れてしまった——その使命とは、私たちが互いにつながるのを助けることだ」。

「この変更を発表したことで、ユーザーが、ビジネス、ブランド、メディアによるパブリックコンテンツの投稿を目にすることは減るだろう。そして、ニュースフィードで目にするパブリックコンテンツは、（中略）ユーザーにとって、有意義なコミュニケーションを促すものである、という基準を適用する」。

なぜ、フェイスブックは、アルゴリズム変更に踏み切ったのか。外部に委託した報告書によれば、ニュースフィードを漫然と受け身で読んでいると、精神的健康（メンタルヘルス）に悪影響を及ぼす。一方で、家族や友人と双方向にコミュニケーションを取ることは、幸せや安心感（well-being）につながるという[46]。

フェイスブックはさらに2018年1月19日、表示するニュースは「信頼でき、ためになり、ローカルな」ものを優先すると発表した。

前述したように、フェイスブックは2016年大統領選挙以降、フェイクニュースの拡散で選挙に影響を与えた可能性があるという厳しい批判に晒され、フェイクニュース対策を進めてきた。

しかし、十分な成果が上がっていないという批判もあり、フェイスブックは、このアルゴリズムの変更によって、そもそもニュースの表示を減らそうとしたとの見方も強い。ジャーナリストの津田大介は「表向きには『知人同士のコミュニケーションを促進する変更』ということだが、実際にはフェイクニュースの問題にさじを投げたということなのかもしれない」と述べている[47]。

アルゴリズム変更の影響は、さまざまな形で表れた。ザッカーバーグは

---

[46] Ginsberg, D. and Burke, M. "Hard Questions: Is Spending Time on Social Media Bad for Us?," Facebook Newsroom, Dec. 15, 2017.
[47] 津田大介『情報戦争を生き抜く』朝日新聞出版、2018年：39ページ。同書には、次項で取り上げる「フェイクニュース対策」や、ネット上のヘイトスピーチ対策などについても詳しく書かれている。

2018年1月31日、ユーザーがフェイスブックで過ごす時間が1日あたり約5,000万時間、つまり従来より5％減少したことを明かした[48]。

また、シェアされやすいビデオなどを集めてクリックを稼ぐ「バイラルメディア」は、フェイスブックへの依存度が高かったため、軒並みにサイトへのアクセスが激減した。女性をターゲットに感動できるようなビデオや記事をシェアしてオーディエンスを集めていた「リトル・シングス（Little Things）」は2018年3月、閉鎖に追い込まれた。

また、フェイスブックの「ローカルニュース優先」路線の結果、フランスの反政権運動「黄色のベスト」のデモが勢いづいたという見方がある[49]。2018年11月に始まった抗議行動によって、12月22日までに10人が亡くなったが、バズフィードの「フェイスブックがローカルニュースに関わると、何が起きるか」は、「この厄介な運動が、フェイスブックで始まったと言っても過言ではない」と指摘する。記事は、高騰するガソリン代に反対する個人のオンライン署名などが、ローカルのラジオやサイトに取り上げられる度に劇的なシェアを得たこと、フランス各地に散在していたフェイスブックの「怒るフランス」の地元ページでシェアされることで、抗議運動につながっていった様子を詳細に追跡している。フェイスブックが、地域の人々を結びつけるという狙いで始めたローカルニュースの優先が、死傷者が出るほど抗議運動が過激化したことにつながったという見方で、「エコーチェンバー」現象のあらわれだともいえる。

フェイクニュースの拡散に対する批判を受けた措置が、今度は別の問題を引き起こす。ソーシャルメディアには人々をつなぐポジティブな面がある一方、負の側面も多いことが、さまざまな形で表面化している。

---

[48] Shinal, J. "Mark Zuckerberg: Facebook Changes Reduced Time Spent on Site by 50 Million Hours a Day in Q4," CNBC, Feb. 1, 2018 (updated).

[49] Broderick, R. and Darmanin, J. "The 'Yellow Vest' Riots in France Are What Happens When Facebook Gets Involved with Local News," Buzzfeed News, Dec. 6, 2018 (updated).

Ⅱ　フェイクニュースにどう対応するか

(1) フェイクニュースを見破る方法

　ソーシャルメディアが「いいね！」やクリックを狙うフェイクニュースやフェイク広告の土壌にもなっていることは、前述した。中には、アクセスの増加や、果てには大手メディアで採用された場合の謝礼金を狙って、合成（フォトショップ）した映像を積極的にアップするユーザーも多くいる。では、どうやって、「フェイク」を見破ることができるのか。
　NPOのファクトチェック（Factcheck.org）が提供する「フェイクニュースを見破る（Spotting Fake News）」というビデオによると、留意点は大きく分けて以下の5つである。

1. 情報源は、以前から知っているところか？　正規の機関か？　過去の情報が信頼できるものだったか？
2. 見出しがショッキングで目立つものだったら、シェアする前に中身を必ず読む。筆者名があるかどうか、あれば過去の経歴に不審な点がないかなどを調べる。
3. 記事の中の情報源が、きちんとしたところであるかどうか、実在する人物かどうか、その道の専門家かどうか、検索して調べる。
4. 過去にあった出来事をニュースのように仕立てていないかどうか、記事を読んで年月日などが記載されているか確認する。
5. 発信源とされる「ニュースサイト」で、他にどんな記事が掲載されているか調べる。

　ジャーナリストは、具体的にどういった作業で確認するべきなのか。筆者（津山）が2017年5月、ドイツ・ハンブルクで開かれた国際新聞編集者協会

(International Press Institute: IPI、本部オーストリア)の会議で学んだことを紹介する。品質が高いジャーナリズムと報道の自由を維持し、ジャーナリストやフォトグラファーの安全を守るために組織されたIPIでは当時、欧州連合（EU）脱退を決めた英国の国民投票と、アメリカの大統領選挙を受けて、フェイクニュースの広がりに対する危機感が高まっていた。

その中で、公共放送大手、北ドイツ放送（NDR）がワークショップを催し、具体的なフェイクニュースとフェイク映像を取り上げて、フェイクと見破る方法を5つ紹介した。

1. 何度も検索する

「(自転車ロードレース選手) ランス・アームストロングが死亡」というフェイクニュースが参考例となった。グーグルを使って、「アームストロングは死亡したのか（Is Lance Armstrong dead?）」と検索し、死亡記事が出てこないことを確認する。さらに、主要メディアのサイトでも「アームストロング」で検索する。検索で、通信社の速報などがヒットしなければ、偽情報と思って間違いない。大物の死亡や大きな事件事故となれば、なおさらメディアの記事がヒットしないのは、おかしい。

2. 写真の出所、撮影時期をチェックする

参考例は、ジャーマンウイングス9525便墜落事故（2015年3月24日、ドイツの格安航空社の便がフランスで墜落した）の直後にツイッターでシェアされた現場写真とされるものである。墜落した場所をまず地図で調べると山奥で、現場にたどり着くのはかなり困難な場所であることがすぐにわかる。

また、当該写真をグーグルの「映像検索」にかけると、写真がツイッターにアップされたのは、墜落事故より6年も前の2009年11月30日で、さらに調べると、写真そのものは、2007年にトルコで起きた墜落事故のものだということがわかる。

飛行機墜落や爆発事件など悲惨な事故、そして大きな自然災害は、い

かにも現場写真であるかのようにシェアされやすいため、警戒が必要だという。

3. コメントを読み、他人の意見を聞く

　ツイッターやフェイスブック、YouTubeでシェアされる目を引く情報には通常、コメントが多く寄せられる。その多くは、単純な感想だが、中には「この映像のこの点がおかしい。検索すると不審な点がある」というコメントもある。こうしたコメントが見つかれば、情報を疑ってみて、1, 2. などの確認作業をする。

4. おもしろビデオに騙されない

　「シドニー湾でホホジロザメと戦う」というビデオが、参考例として挙げられた。

　水着姿の若い男性が、小型カメラを身につけ、崖の上で、「あなたはヒーローよ！」と友人に言われながら、湾に飛び込む。その途端、友人が「サメだ！　後ろにいる！」と崖の上から叫ぶ。映像は、若者が浮かんだり沈んだりしながら泳ぎ、水中で、ホホジロザメが2度接近する様子を映す。手足でサメを追い払いながら、崖の下にたどり着いて、ことなきを得たというビデオだ。

　これが果たして本物の映像か確かめるには、いくつかのステップがある。まず、場所がオーストラリアのシドニー以外ではないことを確認するために、YouTubeの説明に入っている地名をグーグルマップに入力してみる。ビデオに映っている崖やフェンス、対岸の位置が、マップ上のものと一致するか確認する。さらに、グーグルで、ローカルメディアだけに絞った検索をして、ビデオが出現した時期や、真偽をめぐる報道がないか調べる。

　最後の決め手は、ビデオをコマ送りのようにみると、サメが水中で若者に近づいてくるところで、何か合成したような、つまりビデオをカット・アンド・ペーストしたようなスムーズではない違和感があることに気がつく。この違和感があるだけで、報道には使わない方がいいことが

わかる。

5. ファクトチェック・サイトを使う

おかしいと思う情報、あるいは記事を見たら、検索するだけでなく、Factcheck.org、Firstdraftnews.com など、事実確認に特化したデジタル情報サイトを使うのに慣れる。

NPO の Factcheck.org は、アメリカの政治家のテレビ CM、討論会、集会、インタビュー、記者発表での発言が事実にもとづいた正確なものであるかどうかモニターしている。これによって、有権者がだまされたり、混乱したりするのを防ぐのが狙いだ。ここでは日々、大統領だけでなく、民主・共和両党の政治家がモニターされ、誤解を招くような発言や引用をした場合、情報として提供されている。主要メディアで取り上げられないローカルの政治家のものもあり、便利なサイトである[50]。

同じく NPO の Firstdraftnews.com は、フェイクニュースの類型に触れた本章のⅠ(5)項でも紹介した。2015 年に設立され、メディア、大学、民間、市民団体などを巻き込み、フェイクニュース、誤情報、偽情報を見つけ出すためのフィールドワーク、ファクトチェックとフェイクニュースを防ぐための研究調査、そして啓蒙のための教育を行っている。フェイクニュースについては、主にソーシャルメディア上にある情報を探し、その正確さを確認したうえで、どうやってそれをソーシャルメディア上で発信し広めるかという基準づくりに取り組んでいる。

このように、フェイクニュース対策は、欧米では NPO が中心に行われていることが一般的である。報道機関やジャーナリストは、その活動を支援し、強化する形で協力している。

これに対し、報道機関内のファクトチェックは、取材し報道する政治家の発言やインタビューの内容が事実にもとづいているかどうか確認する作業を

---

[50] https://www.factcheck.org/（Factcheck.org）

行っている。NPOが、幅広い政治家や事柄について常にファクトチェックを行っているのとは異なり、チェックの対象を絞っている。したがって、報道機関がNPOからネタを見出し、再取材して報道することもある。

平和博(たいらかずひろ)は、著書『信じてはいけない——民主主義を壊すフェイクニュースの正体』(朝日新聞出版、2017年)の第6章「ダマされないためには」の中で、ユーザーができるさまざまな方法を取り上げている。また、アリゾナ州立大学ジャーナリズムスクール教授のダン・ギルモア(Dan Gillmor)の提唱する「スローニュース」という考えも紹介している。

「スローニュースとは要は、いったん深呼吸してみる、ということだ」という。情報の受け手として、まずは情報のスピードを落とし、その真偽をチェックするのが第一歩だとギルモアは説く。

メディアへの接し方については、①疑ってみる、②自分で判断する、③視野を広げる、④質問をし続ける、⑤メディアの手法を学ぶ、ことが重要なのだという[51]。

(2) 教育現場での模索

オンライン上にあふれるフェイクニュースを見破るため、子どもたちはどのような力を身につける必要があるのか。メディアリテラシーを高めるため、アメリカの教育現場では模索が続いている。

2017年夏、筆者(宮地)は、カリフォルニア州オークリーにあるオハラ・パーク中学校を訪ね、授業を見学した。約35人の中学2年生が4つのグループに分かれ、ネットに流れている新聞、テレビ、オンラインメディアなどの記事に線を引きながら読んでいる。

その日のテーマは「銃規制」。賛成派と反対派に分かれた生徒が次々と手を挙げ、「英国では銃の規制で殺人発生率が減ったと書いてある」「それはア

---

[51] 平和博『信じてはいけない——民主主義を壊すフェイクニュースの正体』朝日新聞出版、2017年；125–147。同書には、フェイクニュースに対抗するメディアの「ファクトチェック」についても、詳しく書かれている。

メリカで銃規制をする根拠にはならないんじゃない？」などと議論する。

　教員のヘザー・ユーコビッチが何度もたたみかける。「主張の根拠はどこに書いてある？　根拠がなくては、正当化できないよね」「みんな思い出して。意見とフェイク（偽物）とは違うよね」。

　ある生徒が「銃関連の犯罪の99％で、被害者は銃を持っていても使わなかった、と書いてある」と発言すると、ユーコビッチは「どこのデータが引用されているのかな」と問う。

　ユーコビッチがこの授業を始めたのは4年前。「フェイクニュース」という言葉が広まるずっと前のことだ。「子どもたちは、『スマホでこんなのをみつけた』という情報をすぐ信じてしまう。大量の情報を消費しながら、中身を疑う力がないことに気づいた」という。

　授業では、「何度も同じ主張を繰り返す記事には疑問を持つ」「感情に訴えているのか、論理に訴えているのかを見極める」と、具体的に体得させることを目指す。生徒は、メディアの記事を読み、社説や筆者の主張なのか通常のニュースなのかを見極める。小さなホワイトボードに、根拠としているデータや引用を書き出していく。

　ゾーイ・ガルシア（当時13歳）は「偏った記事は、書き方や表現でもわかるようになってきた。筆者や引用元もみるようになった」と話す。リアーナ・ヤネック（当時13歳）は「商品が本当に宣伝の通りなのかと疑うようになった」と、広告の見方も変わったと話した。

　「完全なウソを見破るのは比較的簡単。危ないのは、事実をねじ曲げたり勝手な解釈を加えられたりしたものに気づかないこと」とユーコビッチは話す。「批判的に物事を見る力をつければ、自然とフェイクニュースも見破れるようになるはず」。

　スタンフォード大学の研究グループは、2015〜16年に、真偽不明のあやふやなニュースを子どもたちがどれほど信じてしまうのかについて調査を行った。

　変形した花の写真を170人の高校生に見せ、「福島の花」として画像投稿

サイトにアップされたものだと説明した。「福島第一原子力発電所近くの状況を示す強い証拠となるか」と聞いたところ、約8割が「証拠になる」と答え、そのうち約4割は「写真があることが強い根拠だ」と答えた。疑問を持った生徒は2割程度だった。

調査をしたスタンフォード大学教授のサム・ワインバーグ（Sam Wineburg）は「写真があると信じやすい。数字や統計もうのみにし、意図を疑わずに信じてしまう傾向がある」と話す。

「若い世代だけの問題ではない」とワインバーグはいう。アメリカ大統領選でもフェイクニュースに大人たちが惑わされた。「車の運転に免許が必要なように、スマートフォンを使うときは情報を見分ける教育の場が必要だ」と提言する。

フェイクニュースが広がる中、ニュースを発信する側のジャーナリストたちも動き始めた。中でも、教育現場を助けようと始められた「ニュース・リテラシー・プロジェクト（NLP）」が注目を集めている。

設立のきっかけは、ピューリッツァー賞も受賞した「ロサンゼルス・タイムズ」の元記者アラン・ミラー（Alan Miller）が2008年に「信頼性のあるニュースを見分ける技術を教えたい」と、自分の娘の通う中学校で授業をしたこと。全米のジャーナリストらが協力し、翌年正式に発足した。

生徒は記者役や編集者役になって取材したり、ニュースを編集したりして、情報の見分け方や言論の自由について学ぶ。「報道の過程を知れば、きちんとしたジャーナリズムと、そうでないものを区別できるようになる」とミラーは期待する。2016年には、オンラインの教材も公開した。現在は有料と無料の教材に分かれており、両方を合わせると、世界103カ国の1万7,000人以上の教員が登録している。有料の教材に登録している生徒も約12万人いる。

(3) 「メディアワイズ」の試み

グーグルは2018年3月、フロリダ州のNPO、ポインター・インスティ

テュート（Poynter Institute）に300万ドルの支援金を出し、10代の若者向けにメディアリテラシーを教える「メディアワイズ（MediaWise）」と呼ばれるプロジェクトを立ち上げた。フェイクニュースなどの虚偽情報を見破る取り組みを、2020年までに100万人の若者に広げるというのが目標である。プログラムマネージャーのケイティ・バイロン（Katy Byron）は、100万人という数字を達成する「確固たる自信」があると、デジタルマーケティング情報サイト「ディジデイ（Digiday）」に話した[52]。

　グーグルは、1日に35億回行われている検索を通して、事実ではない情報を提供してしまうことがある。本章Ⅰ(4)で触れたピザゲートや、月着陸は嘘で、映画監督の故スタンリー・キューブリックが中央情報局（CIA）に依頼されて映像を製作したといった陰謀論までが、検索の網に引っかかる。その特定の陰謀論を検索すると、さらに多くの検索結果にたどり着く。こうした中、グーグルは2018年、デジタル時代のジャーナリズムのイノベーションや報道機関との協業を目的とした「グーグル・ニュース・イニシアティブ（Google News Initiative）」を立ち上げた[53]。

　メディアワイズはその中の1つのプロジェクトで、ポインターや、ローカルメディア・アソシエーション（Local Media Association）、メディアリテラシー教育を目的とした国際団体のNAMLE（National Association for Media Literacy Education）と協力する。

　メディアワイズはまず2019年1月、テキサス州ヒューストンの1,700人の学生を集めた全校集会で、計画をスタートさせた。バイロンは、画像の発信・提供元を確認するために使うグーグル画像の逆検索（((1)参照）や、「ポリティファクト（Politifact）」などのサイトを使った確認など、フェイクニュースを見分ける方法を学生に紹介する。

　「誤った情報が疾病だとするならば、メディアワイズは赤十字のような存

52　Flynn, K. "How Google-backed MediaWise Is Teaching Teens Media Literacy," Digiday, Jan. 7, 2019. https://digiday.com/media/google-backed-mediawise-teaching-teens-media-literacy/amp/
53　https://newsinitiative.withgoogle.com/intl/ja/（グーグル・ニュース・イニシアティブ）

在だ。若者、特に中高生が事実と作り話を見分ける手助けになっている」とバイロン。前述したスタンフォード大の調査結果で、高校生が「福島の花」を信じてしまった例などを、メディアリテラシーの欠如として懸念している。

また、若者に影響力が大きい YouTuber と協力して映像を作り、それをインスタグラムなど、やはり若者・中高生に浸透したソーシャルメディアで拡散させる予定である。

こうした取り組みに参戦するのは、グーグルだけではない。フェイスブックは、自社の「フェイスブック・ジャーナリズム・プロジェクト（Facebook Journalism Project）」の一環として、若者にフェイクニュースを見分ける支援をしているワシントン州の NPO、「ニュース・リテラシー・プロジェクト（News Literacy Project）」に100万ドルを提供している。

(4) WSJ の「ディープフェイク」対策

2018年11月の中間選挙が終わり、アメリカの政界とメディアは、2020年の大統領選挙を見据えた動きにシフトしている。

各メディアは現在も、オンライン上に飛び交うフェイクニュースや、トランプが日々発信するツイートのファクトチェックに力を入れている。さらに、AI（人工知能）技術を使った偽動画の「ディープフェイク」が、2020年大統領選挙に影響を及ぼすのを防ぐため、対策に乗り出している。

めざましい技術の進展に伴い、合成写真やでっち上げの原稿が組み合わされたフェイクニュースだけでなく、AI を用いた「ディープフェイク」と呼ばれる動画が広がる恐れが出てきた。ディープフェイクは、AI 技術を使った高度な動画の合成で、偽物と知らなければ本物と信じ込んでしまう可能性が大きい。

筆者（津山）は2018年9月、ウォール・ストリート・ジャーナル（WSJ）の研究開発（R&D）チーフ、フランチェスコ・マルコーニ（Francesco Marconi）から、ディープフェイクについて説明を受けた。マルコーニによると、ディープフェイクを形成する技術は現在、5つある。

1. フェイススワップ（face swap）
 　一般的に以前から流通しているディープフェイクは「フェイススワップ」と呼ばれるもので、ポルノ映像に多い。一般人の裸体などポルノグラフィーを使い、モデルや女優の顔を挿入するもので、別れた元恋人などにリベンジポルノとして悪用されることもある。
2. モーション・トランスファー（motion transfer）
 　ダンサーなどある人の動きを、他の人の映像に転写する技術。これまでに映画制作やアニメーションの分野で使われてきたが、機械学習の発達で、転写がより簡単になってきた。
3. ビデオ・フェイク（video fake）
 　「ビデオ・フェイク」は、動画のカット・アンド・ペーストで、時間や場所、天候、人物などを入れ替えてしまうものだ。2016年4月に発生した熊本地震の直後、「おいふざけんな、地震のせいで　うちの近くの動物園からライオン放たれたんだが　熊本」とする合成映像をツイッターに投稿した男性が、動物園の営業妨害として逮捕された。ビデオ・フェイクは、これを動画にしたものと考えていい。それだけ、インパクトが静止画より強くなり、シェアされる可能性が高まるため、災害や事故の際にビデオ・フェイクが出回るのには注意が必要という。
4.と5.　リップ・シンキング（lip synching）、フェイシャル・リイナクトメント（facial re-enactment）
 　「リップ・シンキング」と「フェイシャル・リイナクトメント（re-enactmentは再現の意味）」は現在、最も懸念されるディープフェイクの技術だ。リップ・シンキングは、俳優など話し手の唇部分の映像を、政治家などの映像にはめ込み、実際に発言していないことをいわせるビデオが作れる。例えば、オバマ前大統領のビデオを使って、「トランプ大統領は素晴らしい」といわせたり、逆に「トランプ大統領は、本当に間抜けだ」といわせるビデオを作成できる技術だ。さらにフェイシャル・リイナクトメントを使うと、発言だけでなく、俳優の顔の表情まで、政

治家の顔に転写することができる。リップ・シンキングだけだと、唇部分だけのすり替えで、不自然な表情になる可能性があるが、それを解消できる。現在は、フェイシャル・リイナクトメントを使って、俳優の顔をYouTubeにある画像にリアルタイムで転写、再現できる技術まで生まれている。

これが、2020年大統領選挙の際、悪用されると大きな問題になる。対立候補が不利になるような差別的な発言、あるいは本人が犯していない犯罪の告白などをしたディープフェイクのビデオを、意識的にメディア、あるいはソーシャルメディアで広めるといった事態も考えられる。

そこで、ウォール・ストリート・ジャーナルでは、ディープフェイク対策を進めるチームを結成した。

前述のマルコーニらが、ハーバード大学でジャーナリズムの研究をするニーマン・ラボ（Nieman Lab）に寄稿したレポートによると、チーム名は「WSJメディア・フォレンジックス・コミッティー（WSJ Media Forensics Committee）」。社内からは、倫理基準チーム、研究開発（R&D）チームが主導し、最高技術責任者（CTO）、編集局デスクなどが参加。ディープフェイクを見分けることができる編集局デスクが、ビデオ、写真、SNSなどのプラットフォームを研究し、編集局内のガイドラインを作成したり、記者を教育したりする。またエンジニアリングの研究が進んでいる大学と連携し、ディープフェイクを見分ける技術を開発していくという。

レポートの中で、倫理基準チームのデスク、クリスティン・グランシー（Christine Glancy）は「最新の技術について、編集局内での認識を高めることが重要だ。ディープフェイクが将来、どんな風に出回るのかまだわからない。だからこそ、偽情報を見つけるために全面的な監視が必要なのだ」と述べている。

第9章

奥山俊宏

報道機関への情報漏洩に対するアメリカ政府の「戦争」

リークを取り締まり、記者の取材源を摘発する司法省の活動

　バラク・オバマ（Barack Obama）政権（2009〜17年）は、公務員から報道機関など一般公衆の側への情報提供（リーク）を違法な秘密漏洩にあたるとして前例がないほど激しく取り締まった。アメリカの過去のどの大統領の政権よりも多くの容疑者を訴追し、厳しく処罰した。それは「リークを敵とするオバマの戦争」と呼ばれる。一方で、オバマは、おそらく過去のどの大統領よりも頻繁に、報道の自由や調査報道の大切さを格調高く口にした。実際、オバマは司法省に指示して、報道機関に対する捜査に新たな制約を設ける「改革」を実現し、訴追への動きに強力なブレーキをかけた。その効果なのか、オバマ政権の最後の3年間、リークの新たな訴追は途絶えた[1]。

　このように両面性あるオバマが8年間の大統領任期を終え、代わって、2017年1月、ドナルド・トランプ（Donald Trump）が新しい大統領に就任した。トランプは大統領として、伝統ある主流報道機関を「フェイクニュース・メディア（ニセ報道メディア）」と誹謗し、「人民の敵」呼ばわりして攻

---

[1] 奥山俊宏「報道機関に情報を提供する行為に対するアメリカ司法省による刑事責任追及の変遷」『マス・コミュニケーション研究』94号、2019年：73。

撃。政権内部から報道機関への情報漏洩に対する捜査と処罰を強化するようにと司法省や連邦捜査局（FBI）に指示した。いわば「指揮権の発動」をもいとわない姿勢を示している。一方で、トランプ政権発足後2年間のリーク摘発は5件で、オバマ政権初期の摘発の趨勢と肩を並べる程度にとどまっている。オバマ政権時代にリーク捜査に課された制約は引き続きブレーキとして効いたままとなっており、トランプ政権の司法省は、それを外す方向の検討に着手した。

　良心からの内部告発を含め、政府内部から報道機関へのリークが、アメリカの報道の活力の源となり、政治に影響を与え、歴史を動かしてきたことは紛れもない事実である。そのリークの源を刑罰で抑圧しようとするアメリカ政府の試みがどのように落着するかは、アメリカの今後を考察するうえできわめて重要な変数となるであろう。

I　リーキーな国だったアメリカ

(1) 20世紀中の起訴は4件、実刑は1件だけ

　20世紀、報道機関への情報漏洩が刑事事件として立件されることはアメリカでもめったになく、関係の学術研究や報道記事を網羅的に精査しても、4事件しか数えることができない。すなわち、1945年の『アメラシア（Amerasia）』事件、1957年のニカーソン（Nickerson）大佐事件、1971年のペンタゴン・ペーパーズ（Pentagon Papers）事件、1984年のサムュエル・ローリング・モリソン（Samuel Loring Morison）の事件しか見あたらず、おそらく、これに漏れはないと思われる[2]。つまり、そうした事件の起訴は十数年に一度あるかどうかの頻度である。

2　Pozen, D. "The Leaky Leviathan: Why the Government Condemns and Condones Unlawful Disclosures of Information," Vol. 127, *Harvard Law Review*, 512, 2013; 534–535 n.114.

最も著名なのは、空軍と密接なつながりのあるランド研究所に勤務していた元国防総省高官、ダニエル・エルズバーグ（Daniel Ellsberg）らが起訴されたペンタゴン・ペーパーズ事件[3]だ。

　エルズバーグは、ベトナム戦争に関する歴代政権の嘘を赤裸々にした国防総省の秘密報告書を勤務先のランド研究所から持ち出してコピーし、1971年、ニューヨーク・タイムズ（The New York Times）の記者にみせた。同年6月13日、それを基にした記事の連載が同紙で始まると、ニクソン（Richard Nixon）政権が連載の差し止めを求めて裁判所に仮処分を申請。下級審で差し止めが認められると、報道の自由と政府の関係をめぐる議論が起き、それを契機に世の中は大騒ぎになった。エルズバーグはしばらく行方をくらませ、逃亡先でテレビ局の取材に応じるなど自己の正当性を国民に訴えたうえで、同月28日に自ら当局に出頭して逮捕された[4]。

　起訴状に並べられた罪状は、政府財産の窃盗（合衆国法典18編641条）、国防関連文書の受け取り（793条(c)）、国防関連文書の伝達（793条(d)、(e)）、国防関連文書の保持（793条(e)）、それらの共謀（371条）だった[5]。起訴内容の主軸に用いられた合衆国法典18編793条は、スパイ行為を処罰するために第一次世界大戦中に制定された法律を起源としており[6]、一般にはスパイ防止法と呼ばれる。

　スパイ防止法に触れたとの罪に問われたものの、エルズバーグは外国のスパイではなく、自他ともに認める愛国者だった。ハーバード大学で脅迫の理論を学んで博士号を取り、あえて海兵隊入りを志願し、除隊後には国防総省

3　*United States v. Russo*, Criminal No. 9373-CD (C.D. Cal., Dec. 29, 1971).
4　Ellsberg, D. *Secrets: A Memoir of Vietnam and The Pentagon Papers*, NY: Penguin Group, 2002; 408.
5　Schrag, P. "Appendix B, the Indictment (December 29, 1971)," *Test of Loyalty: Daniel Ellsberg and the Rituals of Secret Government*, NY: Simon and Schuster, 1974; 382–395.
6　An Act To Punish acts of Interference with the foreign relations, the neutrality, and the foreign commerce of the United States, to punish espionage, and better to enforce the foreign commerce of the United States, to punish espionage, and better to enforce the criminal laws of the United States, and for other purposes, Jun. 15, 1917, Public Law 24 (Espionage Act).
　　https://www.loc.gov/law/help/statutes-at-large/65th-congress/session-1/c65s1ch30.pdf

で国防次官補の補佐官として働いた。国務省に籍を移してベトナムに赴任し、その戦場を自分の足で歩き、戦況の泥沼ぶりを知った。ニューヨーク・タイムズに秘密文書を提供したのは、ベトナム戦争の真相をアメリカ国民に知らせて、戦争をやめさせ、アメリカに正しい道を歩ませようという狙いからであり、「スパイ」とは無縁だった[7]。敵への漏洩でない限り、当時のアメリカ政府は、免職など人事上の処分や秘密取り扱い資格の剥奪など主に行政的な手段を漏洩者への制裁に用いるのが通例で[8]、記者へのリークで刑事責任を追及するのは異例だった。そんな中で、正義を求めて報道機関に内部告発する行為をスパイ防止法の罪で処断していいのか、裁判所の初判断が注目された。

　しかし、裁判所の判断は示されなかった。エルズバーグの電話がFBIによって盗聴されていたうえ、その記録が紛失していたことが明るみに出たため、1973年5月、裁判所は「裁判に対する政府の違法行為」を理由に起訴を棄却。スパイ防止法適用の是非の判断には踏み込まず、いわば検察の訴えを門前払いにしたのだ[9]。

　ペンタゴン・ペーパーズ事件に先立つアメラシア事件でも、ニカーソン大佐事件でも、検察側は、情報漏洩についてスパイ防止法を使って捜査し、公務員を起訴したが、最終的には、実刑を得ることができなかった。ペンタゴン・ペーパーズ事件もそれら先例と似た経過をたどったことになる。

　20世紀中に報道機関への情報漏洩を罪に問われて実刑となった唯一の事例は、海軍諜報支援センター分析官だったモリソンの事件だ[10]。

　判決によれば、モリソンは、偵察衛星によって撮影されたソ連軍事施設の写真を軍事専門誌『ジェーンズ・ディフェンス・ウィークリー（Jane's Defence

---

7　奥山俊宏『内部告発の力——公益通報者保護法は何を守るのか』現代人文社、2004年；82–88。
8　"The National Security Interest and Civil Liberties," *Harvard Law Review*, 85, 1972; 1130, 1206.
9　Nimmer, M. "National Security Secrets v. Free Speech: The Issues Left Undecided in the Ellsberg Case," *Stanford Law Review*, 26(2), 1974; 311–333.
　　https://www.jstor.org/stable/1227790
10　*United States v. Morison*, 844 F.2d 1057 (4th Cir. 1988).

Weekly)』に送り、その見返りに原稿料を受け取ろうとした[11]。衛星写真は秘中の秘である。しかも、それを漏洩することで私利を図ろうとした。そのように極端に悪質な事件だったから、かろうじてスパイ防止法を適用して有罪にすることができた、ということがうかがえる判断理由が控訴裁判所から示された。控訴裁判所の合議体3人の判事のうちの1人は補足意見の中で、「調査報道は、政府の説明責任に関する憲法修正1条の目標の重要な構成要素である」と指摘し、もう1人の判事とともにスパイ防止法の適用対象を限定的に解釈すべきとの考えをはっきりと打ち出した。これが確定した[12]。

このように、20世紀の間、報道機関に情報を漏洩する行為を処罰しようとする立件はわずかしかなく、また、訴追があったとしても裁判官は訴追側に冷淡だった。報道機関への情報漏洩はやむことなく続いたが、2003年まで、そうしたリークに対する取り締まりは総じて低調だった。

(2) ブッシュ政権中枢を標的に伝統破る大胆捜査

このような状況に変化が生じたのは2001年から2007年にかけてのことだったと思われる。きっかけは戦争だった。

G.W. ブッシュ（George W. Bush）政権が2001年に発足して間もなく、その高官たちはイラクとその大統領サダム・フセイン（Saddam Hussein）を相手に戦争を始める方針を早い時期に固め、それを正当化するための材料を探し始めた。「イラクはアフリカのニジェールからウランを購入した」との情報について副大統領から問い合わせを受け、中央情報局（CIA）は2002年、その真偽を探るため、ニジェール勤務の経験がある元外交官のジョセフ・ウィルソン（Joseph Wilson）を現地に派遣した。調査の結果、ウィルソンは「そんな取引はほとんどあり得ない」とCIAに報告した。ところが、大統領のブッシュは2003年1月28月、議会での一般教書演説で「サダム・フセインは最近、アフリカから大量のウランを買い求めた」と述べ、その揚げ句、

---

[11] *Morison*, 844 F.2d at 1061 n.2, 1062.
[12] *Morison v. United States*, 488 U.S. 908 (1988).

第9章
報道機関への情報漏洩に対するアメリカ政府の「戦争」

イラクが核兵器開発計画を秘かに進めていると決めつけ、同年3月19日、イラクを相手に戦端を開いた。しかし、米軍がイラク領内をいくら捜しても、核開発計画の痕跡さえ発見できなかった。

それから間もない5月6日、ウィルソンの名前を伏せて2002年のニジェールでの調査結果がニューヨーク・タイムズで報じられた。ブッシュの一般教書演説の言葉の正確性に疑問を投げかける記事だった。続けて7月6日のニューヨーク・タイムズにウィルソンの投書が掲載され、そこには「イラクの核兵器計画に関する情報のいくつかは、イラクの脅威を誇張するため、ねじ曲げられた」と書かれていた。つまり、ブッシュ政権は嘘をついてアメリカ国民を戦争に追いやった、というのだ。

ウィルソンの妻、バレリー・プレイム（Valerie Plame）がCIAに雇用されているとの話が記者たちの間に出回り始めたのはそのころのことだった。それまで情報機関の外では知られていない秘密だった。プレイムの友人も近所の人も学生時代の同級生も彼女に「別の生活」があるとは知らなかった。秘密が外部に流布されたのは、イラク戦争に懐疑的なウィルソンに対するブッシュ政権高官の嫌がらせだ、というのが多くの人の一致する見方だった。CIAのスパイなど覆面職員の属性の開示は特別法で禁止されており、15年以下の禁錮刑を科され得る重罪である[13]。

CIAの要請を受けて、2003年9月26日、司法省の了解のもとFBIが捜査を開始した。10月14日と11月26日の2度にわたって、FBIは、大統領補佐官と副大統領首席補佐官を兼務するルイス・リビー（Lewis Libby）に事情を聴いた。リビーは、自身による漏洩を否認し、「7月10日ごろに記者からウィルソンの妻がCIAで働いていると聞かされ、驚いた」と説明した。12月30日、司法省の副長官ジェームズ・コミー（James Comey）は、シカゴなどイリノイ北部地区の連邦検事を務めるパトリック・フィッツジェラルド（Patrick Fitzgerald）を特別検察官に任命し[14]、捜査・訴追の全権を託した。

13　50 U.S.C. § 3121.
14　https://www.justice.gov/archive/osc/documents/ag_letter_december_30_2003.pdf

特別検察官のフィッツジェラルドは、大統領のブッシュからも事情を聴くなど精力的に捜査を進めた。2004年8月、ブッシュ政権に深く食い込んで情報を得ていたと目されるニューヨーク・タイムズの記者ジュディス・ミラー（Judith Miller）に対し、前年7月6〜13日にプレイムについて政府高官と交わしたすべての会話をオフレコ分も含め証言するよう求める召喚状を出した。ミラーがこれに従うのを拒否すると、フィッツジェラルドは、法廷侮辱にあたると主張。裁判所の決定により[15]、ミラーは収監されてしまった。ミラーは結局、3カ月近くの刑務所暮らしの末に2005年9月30日、取材源だったリビーの了解が得られたとして連邦大陪審の前で証言した。
　この証言を待っていたかのように、10月28日、連邦大陪審はリビーを偽証、虚偽陳述、司法妨害の罪で起訴した。
　起訴状によれば、リビーは2003年6月中旬、国務次官から「ウィルソンの妻はCIAで働いており、国務省の人間は、ウィルソンの旅行の計画には妻が関わっている、といっている」との報告を受け、同じころ、副大統領やCIAからも同様の話を聞いた。それより後の7月8日朝、リビーはミラーと会い、「ウィルソンの妻はCIAで働いている」と教えた。その際、リビーは、記事の中で情報源を示す際には「政権高官」とするのではなく、「元議会スタッフ」としてほしいと依頼した。ところが、リビーは、FBIの事情聴取や連邦大陪審での証言で、自身による漏洩を否認しただけでなく、事実と異なる作り話までした。そうした嘘が、リビーが問われた罪状の内容だった。漏洩そのものについては、故意かどうか定かではなく、起訴の対象にされなかった。
　2007年3月6日、ワシントンの連邦地裁でリビーの罪状の大部分について有罪の評決が出された。6月5日、同地裁は禁錮2年6カ月、罰金25万ドル、保護観察2年の判決をリビーに言い渡した。
　ミラーに取材源との会話を証言させ、その証言を使って取材源の有罪を勝ち取ったことは、後述するように、記者に対する捜査の実務の常識を根底か

15　In re Grand Jury Subpoena, Judith Miller, 438 F.3d 1141 (D.C. Cir. 2006).

ら転換する先駆けになったのではないか、と思われる。

(3) 記者に対する捜査を抑制する連邦規則

　報道機関に対する情報提供を犯罪として捜査しようとするとき、もしそれが容易に可能ならば、もっとも手っ取り早く確実な方法は、記者や編集者に情報源の名前を証言させることだ。あるいは、記者の取材ノートや情報源との連絡の記録を押収することだ。実際、リビーに対する起訴状は、取材の過程でのリビーとのやりとりをミラーが詳細・具体的に証言しなければわかりようのない内容を含んでおり、ミラーの証言がリビー起訴の決め手の1つとなったことがうかがえる。

　このように、リークを捜査・訴追したい側にとって、記者の証言や取材資料は最強・最良の証拠だ。法廷侮辱罪を活用して記者を刑務所に送り込んだり、記者の通信や行動を徹底的に把握したりすれば、記者の取材源をあぶり出すことが可能であり、捜査当局者は、何も制約がなければ安易にそうした手法を採る誘惑に駆られやすい。しかし、そんな捜査が横行すれば、記者に秘密を打ち明ける人はいなくなってしまう。合衆国憲法修正第1条で保障されるべき取材の自由は絵に描いた餅になってしまう。

　そこで、司法省は1970年8月10日、「報道機関に対する召喚状のガイドライン」を施行し[16]、記者に対する捜査に一定の制約を課すことにした。1973年10月16日、このガイドラインを連邦規則に格上げし、「思想や情報の自由な流通に関する公益と、効率的な法執行や司法の公正な運用に関する公益のバランスを図らなければならない」と規定した[17]。

　こうしたルールができたことで、「司法省の検事にとって、記者に召喚状を出して従わせるということは、余計な時間と書類作成、何段階もの審査と

16　Mitchell, J. "Free Press and Fair Trial: the Subpoena Controversy," Address before the House of Delegates, American Bar Association, Aug. 10, 1970.
17　28 CFR 50.10, Policy with Regard to the Issuance of Subpoenas to, and the Interrogation, Indictment, or Arrest of, Members of the News Media, *Federal Register*, Vol. 38, No. 206, 29588, Oct. 26, 1973.
　　https://cdn.loc.gov/service/ll/fedreg/fr038/fr038206/fr038206.pdf#page=32

承認を意味する」「不必要な召喚状で報道機関を敵に回して、得られるものはほとんどなく、失うものは大きい」[18] というのが検事らの通り相場となった。

　このように記者を相手にした証拠収集には、憲法上の要請から、通常、幾重もの制約がある。しかし、プレイム事件を捜査した特別検察官は、司法長官から独立しており、司法省の官僚機構の手続きを経ず、制約をさほど気にせずに記者に手を出すことができた[19]。記者への漏洩を捜査するにあたって、記者の証言がほとんど唯一かつ最良の証拠であることは明らかで、だからこそ、しゃにむに記者の証言を求めて突き進んだ。そして、そのような捜査手法を採ったことで現職の大統領補佐官を起訴し、有罪を勝ち取った。

　このように、報道など表現の自由を定めた合衆国憲法修正第1条で保護されていると思われていた報道機関の記者に証言させて、それを証拠として、高級公務員の漏洩を摘発した前例が2005～07年にできたことは、その後の捜査に大きな影響を与えたと思われる。

II 「リークを敵とするオバマの戦争」の決着は？

(1) オバマ政権下で訴追が激増

　オバマ政権が発足して1年あまりを経た2010年4月5日、アメリカ陸軍がそれまで秘密にしてきたあるビデオが非営利組織「ウィキリークス（WikiLeaks）」のウェブサイトで公開された。

　その時点からさかのぼること3年前、ブッシュ政権下の2007年7月12日、

18　Elliason, R. "The Problems with the Reporter's Privilege," *American University Law Review*, Vol. 57, 2008; 1341, 1352.

19　Papandrea, M.R. "Leaker Traitor Whistleblower Spy: National Security Leaks and the First Amendment," *Boston University Law Review*, Vol. 94, 2014; 449, 460–461.

第 9 章
報道機関への情報漏洩に対するアメリカ政府の「戦争」

アメリカ軍のヘリコプターがイラクのバグダッド郊外でロイター通信カメラマンら歩行者を掃射して殺害した。その様子をヘリのカメラから撮影したのがそのビデオだった。

ビデオによれば、けが人を助け出そうと現れたワンボックス車の窓には 2 人の子どもの顔がのぞいていた。にもかかわらず、その車にも射撃は加えられた。ヘリに乗るアメリカ軍の兵士から「ハハ」という笑い声が漏れた。

米軍のヘリから撮影したビデオが公開されたウィキリークスのウェブサイト

そのビデオを、アメリカ陸軍はそれまで公開せず、秘密として扱っていた。被害者のロイター通信から開示を請求されても陸軍はそれを拒否した。ウィキリークスはそれを独自に入手したのだ。

ウィキリークスによると、ビデオを入手した後、それにかかっていた暗号を解除し、イラクに記者を派遣し、現地で被害者や目撃者に話を聴き、病院の記録など資料を集め、裏づけ取材をしたうえで、ビデオの公開に踏み切った、という。その公開は、誰の目からみても公益に資するものだったが、オバマ政権下の軍当局はそれを違法な秘密漏洩とみなした。

ウィキリークスがそのビデオをどうやって入手したのか、当初は不明だった。が、やがて、イラクで情報分析官として働く陸軍上等兵のブラッドリー・マニング（Bradley Manning、後にチェルシー・マニング［Chelsea Manning］と改名）が捜査線上に浮かんだ。

マニングは 2010 年 5 月 27 日に逮捕され、7 月 5 日に軍法会議（軍事法廷）に起訴された。罪状に挙げられたのは、国防秘密の無権限者への伝達（合衆国法典 18 編 793 条(e)）とコンピューター不正アクセス（同 1030 条）、統一軍事法典違反だった[20]。アメリカ政府当局がメディアへの情報提供そのも

---

20 USA v. Bradley Manning: Selected Case Files, Federation of American Scientists, Project on Government Secrecy.
https://fas.org/sgp/jud/manning/index.html

329

のを真っ向から取り上げてそれを793条、すなわち、スパイ防止法で起訴するのは、1984年のモリソン以来26年ぶりのことだった。

2013年8月21日、軍法会議は、起訴内容の多くを有罪と認め、禁錮35年の実刑判決をマニングに言い渡した。メディアへの秘密漏洩に対する量刑としては、後にも先にも例がないほどに重い処罰だった。

(2) 記者のメールや電話記録を押収、報道機関が猛反発

マニングが2010年に起訴された当時は特異な事件がたまたまあっただけであるようにみえた。しかし、2013年にマニングが判決を受けたころには、マニングの訴追は同種の事例がいくつかある中の一例にすぎないものであることがあらわだった。

オバマ政権が2009年1月に発足してから2013年秋までの5年弱の間に、報道機関など一般公衆の側への情報漏洩をスパイ防止法で立件した事件の数は8件にのぼった。ブッシュ政権以前の同種の事件をすべて足し合わせた数を上回る数字だった。

8人の過半数は、勤務先の組織の不正や不当な行為を世の中に内部告発しようという意図に基づく漏洩だったとみられるが、「スパイ行為」として立件の対象となった。大統領就任前のオバマは内部告発者保護の強化を唱えていたため、失望と非難の声はひときわ大きくなった。こうした政府の行動はやがて「リークを敵とするオバマの戦争」と呼ばれるようになった。

このような訴追の急増の大きな要因の1つは戦争だとみられる。2001年9月にニューヨークの世界貿易センタービルとワシントンD.C.近郊の国防総省庁舎を標的に同時多発テロが発生し、同年10月にアフガニスタン戦争が始まり、さらに2003年3月にイラク戦争が始まった。アメリカの政治と社会が戦時下に置かれたことが変化のきっかけの1つになったとみられる。

インターネットや携帯電話の普及など情報技術の進歩も大きな要因だ。新聞やテレビなど既存の大手報道機関に加えて、インターネットを発信の主な舞台とする報道機関やウィキリークスが登場し、一般公衆への情報の伝え手

が多様化した。リークの規模が大きくなり、態様も多種多様なものに変化した。捜査の技術も進歩した。電子メールや電話の履歴、携帯電話の位置情報を捜査に活用できるようになり、報道の情報源を特定するための捜査が以前より容易になった。

　2005年から2006年にかけて、リーク捜査を後押しする方向に法的環境の変化が生じたことも見逃せない要因である。国防総省のイラン担当官が、イスラエル寄りの有力ロビーイング団体の職員に情報を漏らした疑いで2005年に起訴された事件の判決で、翌2006年、スパイ防止法の適用の対象を大きく広げる判断が地裁から示された。プレイム事件の捜査で記者に証言を強制して大統領補佐官を起訴するのに成功した前例が2005年に生まれたことと併せ、証拠収集手続きの点と実体法の射程の解釈の点の双方で捜査・訴追への法的制約が二重に緩和された。

　訴追の激増があらわになるのに並行して、2013年、記者の通信記録を有無をもいわせず押収しようとする政府側の動きが表面化した。

　2013年5月13日、AP通信の記者の個人電話、ワシントンD.C.やニューヨークにあるAP通信の事務所の電話、そして、議会の記者室にあるAP通信の電話の記録が司法省によって電話会社から秘密裏に押収されていたことがAP通信によって報じられ、明らかになった[21]。イエメンでのCIAの作戦に関する前年5月の記事の情報源を突き止めようとする狙いだとみられるが、特定の通話を対象にしたのではなく、捜査に不必要なはずの記録も含めて、投網をかけるようにかたっぱしから通信記録を押収した司法省の姿勢に、記者や編集者たちから反発の声が上がった。

　記者に対する捜査への制約をかいくぐるため、FBIがFOX NEWSの記者を漏洩の共犯容疑者として扱い、その電子メールの記録をグーグルから差し押さえていたことも2013年5月に明るみに出た[22]。差し押さえの令状にはFOX NEWSの記者を容疑者と判断した根拠が列挙されていたが、それらは、

21　"Gov't Obtains Wide AP Phone Records in Probe," AP, May 13, 2013.
　　https://www.ap.org/ap-in-the-news/2013/govt-obtains-wide-ap-phone-records-in-probe

図表 9 − 1　報道の情報源と疑われた人物に対するアメリカ政府の訴追例

番号	被疑者・被告人	勤務先	報道機関	発端の報道の時期
①	Andrew Roth	海軍	雑誌アメラシア	1945 年 1 月 26 日
	Emmanuel Sigurd Larsen	国務省		
	John Stewart Service	国務省		
②	John Nickerson	陸軍	新聞コラムニスト	
③	Daniel Ellsberg	ランド研	NY タイムズ	1971 年 6 月 13 日
	Anthony Russo	ランド研		
④	Samuel Loring Morison	海軍	軍事専門誌	1984 年 8 月 8 日
以下⑤～⑦はブッシュ政権下の摘発				
⑤	Jonathan Randel	麻薬取締局	ロンドン・タイムズ	1999 年 7 月 17 日
⑥	Lawrence Anthony Franklin	国防総省	大手報道機関	2004 年 5 月 21 日頃
⑦	Lewis "Scooter" Libby	大統領府	政治評論家	2003 年 7 月 14 日
以下⑧～⑯はオバマ政権下の摘発				
⑧	Shamai Leibowitz	FBI	ブロガー	2009 年 4 月
⑨	Thomas Drake	NSA	ボルティモア・サン	2006 年 2 月 27 日
⑩	Chelsea Elizabeth Manning	陸軍	ウィキリークス	2010 年 4 月 5 日
⑪	Stephen J. Kim	国務省	FOX ニュース	2009 年 6 月 11 日
⑫	Jeffrey Sterling	CIA	NY タイムズ記者	2005 年 12 月 24 日
⑬	John Kiriakou	CIA	NY タイムズ	2008 年 6 月 22 日
⑭	Edward Snowden	NSA	ガーディアン	2013 年 6 月 6 日
⑮	Donald John Sachtleben	FBI	AP 通信	2012 年 5 月
⑯	James Cartwright	国防総省	NY タイムズ記者	2012 年夏
以下⑰～㉑はトランプ政権下の摘発				
⑰	Reality Winner	NSA	インターセプト	2017 年 6 月 5 日
⑱	Terry J. Albury	FBI	インターセプト	2017 年 1 月 31 日
⑲	James Wolfe	議会	バズフィード記者ら	2017 年 4 月 3 日
⑳	Joshua Adam Schulte	CIA	ウィキリークス	2017 年 3 月 7 日
㉑	Natalie Mayflower Sours Edwards	財務省	バズフィード	2017 年 10 月 29 日

(注)　逮捕・訴追の公表日の順。
(出所)　奥山俊宏「報道機関に情報を提供する行為に対するアメリカ司法省による刑事責任追及の変遷」『マス・コミュニケーション研究』94 号、2019 年の表を基に作成。

参考：報道の情報源と疑われた人物に対する日本の捜査当局の対応

外務事務官	外務省	毎日新聞	1972 年 3 月 7 日国会質問
捜査 2 課の警部補	神奈川県警	週刊誌	
1 等空佐（情報本部電波部課長）	防衛省	読売新聞	2005 年 5 月 31 日
医師	家裁鑑定医	講談社	2007 年 5 月 21 日書籍出版

(出所)　当時の報道を基に筆者作成。

第9章
報道機関への情報漏洩に対するアメリカ政府の「戦争」

報道側への反面捜査	逮捕・訴追の公表日	スパイ法適用	結果
捜索差し押さえ	1945年6月6日	あり	起訴取り下げ
			罰金500ドル
			不起訴
なかったとみられる	1957年3月5日	あり	降格、減給
なかったとみられる	1971年6月28日	あり	公訴棄却
なかったとみられる	1971年12月30日	あり	
なかったとみられる	1984年10月2日	あり	禁錮2年
なかったとみられる	2001年7月10日以降	なし	禁錮1年
なかったとみられる	2005年5月4日	あり	禁錮12年7月
捜査で証言を強制	2005年10月28日	なし	禁錮2年6月
なかったとみられる	2009年12月17日	あり	禁錮1年8月
なかったとみられる	2010年4月15日	あり	保護観察
不明	2010年6月7日	あり	禁錮35年
メールを押収	2010年8月27日	あり	禁錮1年1月
公判で証言を強制	2011年1月6日	あり	禁錮3年6月
なかったとみられる	2012年1月23日	あり	禁錮2年6月
なかったとみられる	2013年6月26日	あり	ロシア亡命
電話記録を押収	2013年9月23日	あり	禁錮3年7月
なかったとみられる	2016年10月17日	なし	恩赦
なかったとみられる	2017年6月5日	あり	禁錮5年3月
なかったとみられる	2018年4月17日	あり	禁錮4年
電話記録を押収	2018年6月7日	なし	禁錮2月
なかったとみられる	2018年6月18日	あり	
なかったとみられる	2018年10月17日	なし	

記者を逮捕・起訴	1972年4月4日	懲役6月執行猶予1年
聴取要請を拒否	2005年11月18日書類送検	停職処分、起訴猶予
なかった	2008年3月25日書類送検	懲戒免職、起訴猶予
著者、編集者に聴取	2009年4月15日	懲役4月執行猶予3年

333

ほとんどの記者の感覚からすれば通常の取材の域を出ない行為だった。にもかかわらず、それらを犯罪の共謀にあたる行為だとして、記者の取材記録を記者も気づかないうちに秘密裏に押収していたことに驚きが広がった[23]。

元 CIA 職員をスパイ防止法などの罪に問うて起訴した公判で、ニューヨーク・タイムズ記者のジェームズ・ライゼン（James Risen）に取材源を証言させようとする法手続きもそのころ進んでいた。2011 年の地裁の決定では、証言を強制する召喚状は無効とされたが[24]、司法省はこれを不服として控訴。2013 年 7 月 19 日に控訴裁判所は地裁決定を覆した[25]。つまり、記者に証言を命じる判断だった。

これらは、少なくとも「報道機関に対する召喚状のガイドライン」が1970 年に施行されて以降、2003 年までの連邦政府の捜査には前例が見あたらない捜査手法である。プレイム事件で特別検察官がミラー記者に証言を強いた先例が効いているということができる。

それらに加えて、2013 年 6 月に入ると、アメリカ政府の諜報機関 NSA（国家安全保障局）によって個人の通信の記録が大規模に収集されていたことが元 NSA 契約職員のエドワード・スノーデン（Edward Snowden）の内部告発で発覚した。いつ、何秒間、どこからどこに電話をかけたか、あるいは、インターネットでどんなメールを送ったか、どんなウェブサイトを閲覧したか、そんな情報が NSA によって秘密裏に収集され、保管されていたというのだ。テロリストや犯罪者をターゲットにするのではなく、ほぼ無差別にすべての人を対象にした、かつてない規模の監視で、記者にとっては、自分たちの情報や取材源の情報も政府によって把握されていると考えざるを得なくなった。

22　Marimow, A.E. "A Rare Peek into a Justice Department Leak Probe," *Washington Post*, May 19, 2013.
　　http://articles.washingtonpost.com/2013-05-19/local/39376688_1_press-freedom-justice-department-records
23　奥山俊宏「『自由重んじる国』アメリカの変容——日本の秘密保護法案に一層の懸念」『Journalism』283 号、2013 年：66。
24　*United States v. Sterling*, 818 F. Supp. 2d 945 (E.D. Va. 2011).
25　*United States v. Sterling*, 724 F. 3d 482 (4th Cir. 2013).
　　https://fas.org/sgp/jud/sterling/071913-opinion.pdf

NSA が収集した情報が情報漏洩の捜査で使われる可能性があることは司法省の高官も否定していない[26]。情報源に対する司法省の捜査・訴追の激化に、NSA の大規模な通信情報の収集の暴露を重ね合わせて考えると、記者たちとその情報源たちは、お互いに連絡を取り合うことそのものが刑事事件の捜査を誘発する危険性があると意識し、心配せざるを得なくなった。

 記者たちの情報源である公務員にとっては、逮捕されたり訴追されたりしなくても、疑われて捜査の対象とされれば、自腹で弁護士を雇わなければならなくなる。秘密文書を閲覧する資格（セキュリティ・クリアランス）を剥奪されれば、それだけで職を失い、年金など社会保険を失う。組織内での評判は地に落ちて、友人も離れていくかもしれない。そのような危険を冒してまで記者の取材につきあう必要があるのか、公務員らは真剣に考えざるを得なくなった。

 その結果、これまで取材に協力してくれていた情報源が取材に応じることを躊躇するようになった。突然、取材に応じなくなる情報源もいた。新たな取材源を開拓するのに従来以上に苦労するようになった。NSA がどのような方法でどの程度まで情報を把握しているのかがはっきりしないため、どこまで用心しても「これで大丈夫」と安心することができない状況になってしまった。

(3) 傷つけられたジャーナリズムと民主主義

 アメリカ政府による大規模監視はいかにジャーナリズムを傷つけているか——。人権団体「ヒューマン・ライツ・ウォッチ（HRW）」はニューヨークやワシントン D.C. で 46 人の記者たちにインタビューし、2014 年 7 月に報告書を発表した。そこには次のように書かれている。

 「1970 年代、多くのジャーナリストは情報源と電話で話をしていた。政府

---

[26] Human Rights Watch. *With Liberty to Monitor All: How Large-Scale US Surveillance is Harming Journalism, Law, and American Democracy*, Jul. 28, 2014.
　　http://www.hrw.org/reports/2014/07/28/liberty-monitor-all-0

は当時、すでに、その気になれば、それらを盗聴する技術を持っていたが、伝統的な手法による盗聴や物理的監視には莫大な時間と要員が必要だった。今日、多くのやりとりは電子的に行われるようになり、その結果、ある特定の人物の生活について、以前より多く、より簡単にアクセスでき、より簡単に保存できる記録が存在している。銀行での取引、インターネットの閲覧履歴、車の運転の習慣（通過記録、ナンバー読み取り装置やGPSの情報）、携帯電話の位置や通話、電子メールなどなど。宗教、病気、交友など個人のプライバシーがそれらでわかる。デジタル化が進めば進むほど、政府は、電子データを集め、保存し、分析し、吟味するための、より大きな技術的能力を得られるようになる」。

調査報道記者らの大会で、当局の監視を逃れるための「スパイのテクニック」を教示する講義が大人気だった

ワシントンD.C.で安全保障を担当する記者の1人は嘆いた[27]。

「かつては、十分に注意を払っていれば、情報源を守ることができる、と考えていた。いまや、そうではない、とわかった。外を歩けばそれが記録され、どこかにいればそれが記録される」。

スノーデンの内部告発に基づいてワシントン・ポストにNSAの記事を書いたバートン・ジェルマン（Barton Gellman）は「以前は、情報源を明らかにするのが非常に難しく、リーク捜査がそこまで進むことはなかった。しかし、デジタルツールによってそれははるかに簡単になった」という[28]。

ジャーナリストを標的にした監視を恐れる声もある。ある女性記者はHRWの聴取に次のように語った[29]。

「多くの情報源は、私（記者）が監視されている、と想定している。それ

---

[27] 脚注26：28。
https://www.hrw.org/sites/default/files/reports/usnsa0714_ForUPload_0.pdf#page=33
[28] 脚注26：27。
[29] 脚注26：28。

が本当かどうかはわからないが、私にはどうすることもできない」。

　使い捨て携帯電話を使ったり、電子メールを暗号化したりしている記者が多いが、それには手間ひまがかかる。情報源の公務員にも同様に使い捨て携帯電話や暗号化された電子メールを使ってもらわなければ意味がないが、公務員にとっては、何か悪いことをやっているように感じられて、気持ちをそがれる。記者が情報源として新たに開拓しようとする相手の公務員にそうした連絡手段を使ってもらうよう説得するのはさらに難しい。それに、当局が本気になった場合、使い捨て携帯電話も電子メールの暗号化もその有効性には疑問がある。当局がその気になれば、使い捨て携帯電話の位置情報を追跡することによって、その追跡結果とほぼ一致する動きを示す別の携帯電話を特定したり、使い捨て携帯電話の持ち主の自宅や職場のおおまかな場所を把握したりして、結局、それら携帯電話の持ち主を割り出すことができる。

　「1年前、中国政府が私たちをひそかに探っていると心配だった。でも、いまや、中国は2番手で、私たち自身の政府がはるか先を行っている」との声も上がった[30]。

　HRWは次のように結論づけた。

　「多くの記者たちは、情報を集めるのに以前より長い時間がかかるようになり、記事の本数が以前より減った、といっている」。

　「アメリカではいま、ジャーナリストやその情報源たちは、行動を変えつつあり、それは基本的人権や民主政の過程をむしばんでいる」。

　ピューリッツァー賞を2度受賞した経験のあるワシントン・ポスト記者のダナ・プリースト（Dana Priest）は、「私の仕事がやりづらくなるというだけの問題ではない」とアメリカ政府の秘密主義を批判する[31]。「それは国の安全を損なう。それは制度がよりよく機能するのを妨げる。それは腐敗の危険性を増大させる。秘密主義は私たち全員を害する」。アメリカの民主主義を機能させてきたとの自負がある記者たちにとって、自由な情報の流れが現

30　脚注26；48。
31　脚注26；45。

実に阻害される事態は、自らの「仕事」をやりづらくするだけの問題ではなく、自由と民主主義を骨抜きにする問題であるようにみえる。

オバマ政権に対する報道機関の側の反発は2013年に急激に高まった。

(4) 報道機関関連の捜査に新たな制約課す改革

大統領のオバマにとって、このような状況は深刻な悩みの種だったようだ。オバマは次のように胸の内を吐露した[32]。

「軍の最高指揮官として、私は、私たちの作戦と戦場にいる仲間たちを守るため秘密を保持しなければならない。そのためには、守秘義務に違反した者に報いを受けさせなければならない。しかし、一方で、報道の自由は私たちの民主主義にとって不可欠だ。それこそが私たちを私たちたらしめるものだ。私は、秘密漏洩に対する捜査が調査報道を萎縮させるのではないかと悩んでいる。ジャーナリストは、自分の仕事をすることによって法的なリスクにさらされるべきではない」。

2013年5月7日、オバマは、ホワイトハウスの執務室で、新しいFBI長官の候補者として元司法省副長官のコミーに会った。オバマはその機会を利用して、「秘密情報の漏洩を捜査する必要性と、自由な報道を支える必要性の間で自然と生じる緊張」についてベテラン検事のコミーに意見を求めた。特定の事件が話題にのぼることはなかったものの、コミーは「思慮深いリーダーシップによってバランスは見出されうる」「捜査の過程で記者から決して情報を得ようとしないというのには無理がある」「情報漏洩の捜査によって自由な報道が失われるというのは誇張だ」と述べたという[33]。

5月23日、オバマは司法省に対し、記者がからむ事件の捜査について検証を行うようにと指示した。これを受けて司法長官のエリック・ホルダー

---

32 White House, Office of the Press Secretary. "Remarks by the President at the National Defense University," May 23, 2013.
https://obamawhitehouse.archives.gov/the-press-office/2013/05/23/remarks-president-national-defense-university

(Eric Holder) は、報道機関の関係者や議員、報道の自由に関する学者や運動家に会うなど検討を重ね、7月12日、是正策をとりまとめた報告書を公表した[34]。2014年2月27日、報告書に沿って実際に規則を改訂した。

それによれば、取材資料を押収しようとする際は事前にその考えを報道機関に知らせて交渉し、また、裁判所への異議申し立ての機会を報道機関に与えるのを原則にした。記者の電子メールなど取材資料を対象とした捜索令状の使用は、司法長官の決裁を必要とするようにした。さらにメディア関係の捜査手続きの統計や概要を毎年公表し、また、報道機関と司法省高官が対話する場も持つことにした。司法省内に「報道メディア検討委員会」を設け、記者がらみの捜査について、捜査から離れた立場で司法長官らに助言できるようにした。

2015年1月21日、司法省は再び規則を改定し、捜査への制約をいっそう明確にした。

2015年1月12日、司法省は、元CIA職員を被告人とする公判で記者に対する証人尋問の申請を取り下げた。ブッシュ政権高官を標的にした捜査で特別検察官が記者の証人尋問を強硬に要求し、同記者を刑務所にまで送り込んで、いわば屈服させる形で証言を得たのとは対照的な対応だった。

2013年9月に元FBI職員を起訴して以降、オバマ政権下で、秘密漏洩そ

国防大学で演説するオバマ（2013年5月23日）

---

33 Comey, J. "A Higher Loyalty: Truth, Lies, And Leadership," NY: Flatiron Books, 2018; 119.
　同書ではコミーとオバマの面会の日付は特定されていないが、アメリカ国立公文書館がそのウェブサイト
（https://obamawhitehouse.archives.gov/briefing-room/disclosures/visitor-records）で公表しているホワイトハウスの訪問者記録により、5月7日と特定できる。コミーはその後、オバマによってFBI長官候補に指名され、就任した。

34 U.S. Department of Justice, Office of Public Affairs. "Statement of Attorney General Eric Holder on the Justice Department Report on Revised Media Guidelines," Jul. 12, 2013.
　http://www.justice.gov/opa/pr/2013/July/13-ag-783.html

のものを理由とした新たな起訴はなくなった。

　大統領任期の満了を3日後に控えた2017年1月17日、オバマは、情報漏洩に関連して訴追された2人の元軍人に減刑と恩赦を与えると決定した。元統合参謀本部副議長のジェームズ・カートライト（James Cartwright）は、情報漏洩に関する捜査を受けた際に記者との接触についてFBI捜査官に嘘をついたとして起訴されていたが、恩赦を与えられ、無罪放免となった。もう1人、マニングは、ウィキリークスにビデオなど秘密を提供したとして禁錮35年の刑で服役中だったが、大幅に減刑されてその年の5月に出所できることになった。

（5）オバマ大統領最後の記者会見

　2017年1月18日、オバマは大統領としての最後の記者会見を開いた。

　「あなた方は、へつらうのではなく、疑うことを期待されている。厳しく質問することを期待されている」。

　その冒頭発言でオバマが口にしたのは、ホワイトハウス担当記者らへの「権力者にタフであれ」というエールだった[35]。

　「あなた方は、権力者に対して、敬うのではなく、批判的な目を向け、人々への説明責任を果たさせることを期待されている。だからアメリカはあなた方を必要とし、私たちの民主主義はあなた方を必要としている。あなた方は、進歩へとつながる合理的な議論の出発点となる事実と証拠の基本線を確立する役割を果たす。だから、あなた方が必要なのだ」。

　自由と人権、民主主義の守護者としてのアメリカ合衆国、その頭領たるオバマの一面を表す発言である。

　しかし、そのオバマが大統領として政府を率いた8年間のうち最初の5年弱、その政府は、「権力者に対して批判的な目を向け、人々への説明責任を

---

[35] The White House, Office of the Press Secretary. "Remarks by the Presidenti in Final Press Conference," Jan. 18, 2017.
　https://obamawhitehouse.archives.gov/the-press-office/2017/01/18/remarks-president-final-press-conference

第 9 章
報道機関への情報漏洩に対するアメリカ政府の「戦争」

果たさせ」ようと記者たちに協力した下級公務員たち、「事実と証拠の基本線を確立する役割」を果たした報道の情報源らをかつてないほど数多く逮捕した。それは消すことのできない事実である。

　冒頭発言が終わってオバマから最初の質問者に指名されたロイター通信のジェフ・メイソン（Jeff Mason）が取り上げたのは、そうした下級公務員の1人、マニングの減刑についてだった。

　オバマは、「チェルシー・マニングは厳しい刑を科され、それを務めてきている」と答えた。「恩赦を与えるのではない。彼女はすでに相当に長く服役している。重要な秘密情報の開示をしても処罰されないという印象を他の人に与えることはない」。

　そのうえでオバマは内部告発者保護制度に触れた。「政府や上司の行動に懸念があるのならば、国家安全保障に関しては、正規のチャンネルを利用し、内部告発者保護を受けられるようにしてほしい」。

　アメリカの内部告発者保護法制の建前では、報道機関への内部告発も法的保護の対象となるが、軍や情報機関はその例外となっており、それらの職員は政府内部のチャンネル、つまり、内部通報制度を利用することを求められている。

　「それでは不十分だと思う人がいるのはわかる。私たちはみんな、大きな組織で働くとき、組織の方針と自分の考えが食い違うことがあり得る」。オバマはそう続けた。

　8年前、大統領就任前のオバマは、内部告発者保護を強化し、また、史上最も透明な政府にすると公約した。しかし、現実には、オバマ政権は、史上最も数多くの内部告発者を刑務所に送り込んだ。マニングはその1人だ。

　「国家安全保障については、人命、軍の安全、能力、情報機関や大使館の効率性に関わる。それを考慮しなければならない」。

　そうしたジレンマをしばしば言葉で表現してみせてくれたのもオバマ大統領の特徴だった。

　ベトナム戦争に関する国防総省の秘密報告書、ペンタゴン・ペーパーズを

暴露したエルズバーグ以降では最大の内部告発者と呼ばれたマニングの大幅減刑を決めたのも大統領オバマの両面性の表れなのだろう。

Ⅲ　トランプ政権「メディアとの戦争」

このようなオバマが 8 年間の任期を終え、代わって、2017 年 1 月、トランプが新しい大統領に就任した。

トランプは、就任翌日に CIA 本部での演説で、報道機関を「地球上で最も不正直な人間だ」と攻撃し、派手な宣戦布告で「メディアとの戦争」（War With The Media）を始めた [36]。

トランプはしばしばツイッターで「なぜ、ワシントンから違法な情報漏洩がこんなに多いのか？」などとリークやそれに基づく報道への不快感をあらわにした [37]。報道官のショーン・スパイサー（Sean Spicer）は「国家安全保障に関する秘密情報の漏洩の多さは、大統領にとって現実の懸念だ」と説明し、「大統領は漏洩を止めるために行動を続ける」と述べた [38]。

2017 年 2 月 14 日、トランプは、大統領執務室で、会議の終わり際に参加者の 1 人だった FBI 長官のコミーに 1 人だけ残るよう求め、2 人きりになったところで秘密の漏洩について苦情を延々と並べた。コミーが「メディアの人間に捜査上の接触を持たなければならず、立件が難しい」と説明すると、トランプは、記者を刑務所に入れて、しゃべらせた前例がある、と指摘した。2005 年に大統領補佐官リビーに対する捜査で「ニューヨーク・タイムズ」

---

[36] The White House. "Remarks by President Trump and Vice President Pence at CIA Headquarters," Jan. 21, 2017.
[37] https://twitter.com/realDonaldTrump/status/831510532318429184
[38] The White House, Office of the Press Secretary. "Press Briefing by Press Secretary Sean Spicer, 2/14/2017, #12," Feb. 14, 2017.
　　https://web.archive.org/web/20170215001724/https://www.whitehouse.gov/the-press-office/2017/02/14/press-briefing-press-secretary-sean-spicer-2142017-12

の記者を 3 カ月近く刑務所に入れた前例への言及だとコミーは受け止めた。トランプは、秘密情報の漏洩者をより激しく立件する方法について司法長官と話し合うようコミーに要求した[39]。

たしかに、トランプ政権発足後、秘密の漏洩は「爆発」するように増えた。2017 年 8 月に記者会見した際の司法長官ジェフ・セッションズ（Jeff Sessions）の説明によれば[40]、秘密漏洩について司法省は政権発足半年で過去 3 年分と同数の被害届を受け、捜査中の事件数はオバマ政権が終わった時点に比較して 3 倍以上に増えた。司法長官退任直前の 2018 年 10 月にセッションズは「司法省の歴史の中でたぶん私たちは最も積極的にリーク捜査を遂行している」と述べた[41]。

トランプ政権発足当初の 2 年の間に司法省が摘発を公表した漏洩関連事件は全部で 5 件だった。ブッシュ政権以前に比べれば非常に多い数だといえるが、オバマ政権発足当初の 2 年の摘発が 5 件だったのと同じ程度の多さだともいえる。大統領や司法長官がこぞって漏洩捜査の強化を唱え、また、漏洩そのものの数が増えているという割には、5 件の摘発はむしろ少ないとみることもできるだろう。

セッションズはまた、2017 年 8 月の記者会見で、報道機関から強制的に証拠を得るための召喚状に関するガイドラインの見直しに着手したと発表した。これはすなわち、オバマ政権の遺産である捜査手続き厳格化がトランプ政権下の捜査にも効いていて、司法長官が思うようには捜査や訴追を進めることができていない実情を裏づけているともいえる。

2019 年 1 月の時点では、ガイドラインや連邦規則が改められたとの発表

39　脚注 33：254。

40　U.S. Department of Justice, Office of Public Affairs. "Attorney General Jeff Sessions Delivers Remarks at Briefing on Leaks of Classified Materials Threatening National Security," Aug. 4, 2017.
　　https://www.justice.gov/opa/pr/attorney-general-jeff-sessions-delivers-remarks-briefing-leaks-classified-materials

41　U.S. Department of Justice, Office of Public Affairs. "Former FBI Agent Sentenced for Leaking Classified Information," Oct. 18, 2018.
　　https://www.justice.gov/opa/pr/former-fbi-agent-sentenced-leaking-classified-informationo

はなされていない。その結論は、トランプ大統領の、言葉だけではない、本当の「メディアとの戦争」の行方に大きな影響を与えるだろう。

第10章　　　　　　　　　　　　　　　　　　　　　　奥山俊宏

アメリカにおける調査報道の現在と今後
非営利組織が寄付で取り組むジャーナリズムの隆盛

　非営利組織（Non-Profit Organization: NPO）が、財団や読者の寄付で記者や編集者を雇い、ジャーナリズムの原則に従って調査報道を実践する。そんなムーブメントは2006年以降、アメリカで盛り上がり、ジャーナリズムの景色を大きく変えてきている。
　インターネット上の自らのウェブサイトに記事や映像を掲載するだけでなく、それら非営利組織の多くは、新聞や放送など既存のマスメディアと提携し、共同で取材したり、それらマスメディアの伝送路を通じて取材結果を発信したりすることで、発信の内容の質を高め、また、そのインパクトを大きくしようとしている。最新の情報技術を駆使して世界規模でそれを行い、国際社会を現実に動かしつつある「国際調査報道ジャーナリスト連合（International Consortium of Investigative Journalists: ICIJ）」のような組織もある。アメリカのジャーナリズムの世界で最高の栄誉とされるピューリッツァー賞を次々と受賞するなど実績を上げて生き残りへの地歩を確立した「プロパブリカ（ProPublica）」のような組織もある。
　こうした動きは、インターネットに広告を奪われて縮小を強いられた新聞やテレビなど既存マスメディアの惨状に多くの人が抱いた危機感に支えられ

ている。埋もれた不正や不当、不合理など公共の問題を政府や政治から独立した視点で発掘し、それらを公益目的で世の中に示そうとする調査報道を生き残らせる必要性が、豊かな経済基盤を持つ知識層に認識されたため、非営利の報道機関に寄付が流れ込み、ブームともいえる隆盛を生じさせている。それは、記者がいなくなって生じた報道の空白を埋めようとする試みであり、調査報道劣勢への反動のムーブメントだともいえる。

I 調査報道NPOの歴史と現状

(1) 2009～10年にブーム

　日本に共同通信社やNHKがあるのと同様に、アメリカにも、非営利組織の形態をとる報道機関は古くからある。

　世界に支局網を張りめぐらせる非営利の協働組合組織、AP通信（Associated Press、ニューヨーク）を筆頭に、高級紙からネットメディアに衣替えしたクリスチャン・サイエンス・モニター（The Christian Science Monitor）（マサチューセッツ州ボストン）、雑誌の『マザー・ジョーンズ（Mother Jones）』（カリフォルニア州サンフランシスコ）が有名だ。テレビのPBS（Public Broadcasting Service、バージニア州アーリントン）、ラジオのNPR（National Public Radio、ワシントンD.C.）系列の公共放送も各地にある。

　しかし、主流メディアと呼ばれる新聞やテレビの大部分は、営利を目的とする株式会社を母体にしている。伝統的に調査報道はそれら株式会社で取り組む事例がかつては多かった。ウォーターゲート事件とホワイトハウスの関係を暴き、リチャード・ニクソン（Richard Nixon）大統領を辞任に追い込む契機をつくったワシントン・ポスト（The Washington Post）紙も、深掘りのドキュメンタリーテレビ番組『60ミニッツ（60 Minutes）』の放送を長年続けてきているCBSも、株式会社の下にある。

第 10 章
アメリカにおける調査報道の現在と今後

　それら営利企業の制約の下での報道に飽き足らないジャーナリストらによって、調査報道に特化した非営利組織をつくる動きはウォーターゲート事件の余韻が冷めやらない1970年代に始まった。ローウェル・バーグマン（Lowell Bergman）らによって1977年に「調査報道センター（Center for Investigative Reporting: CIR）」がカリフォルニア州オークランドで設立され、その12年後の89年に、『60ミニッツ』のプロデューサーを辞めて間もないチャールズ・ルイス（Charles Lewis）によって「センター・フォー・パブリック・インテグリティ（The Center for Public Integrity: CPI）」が設立された。いずれも、特定の団体の財源に頼るのではなく、広く社会に寄付を求め、ビジネスや市場から独立して、取材・報道を実践しようと試みた。
　西海岸を拠点にしたCIRに対し、CPIは東海岸の首都、ワシントンD.C.に事務所をかまえ、「力の強い公的機関、私的機関による権力乱用、腐敗、怠慢を明るみに出し、それら機関をして、正直に誠実に運営させ、説明責任を履行させ、公益を第一とさせる」との目的を掲げた。インターネットが普及する前から、ニュースレターや報告書、書籍の形で取材成果を発表し、主流メディアも記事として扱うスクープを連発した。1997年にはCPIの国際報道プロジェクトとして国際調査報道ジャーナリスト連合（ICIJ）もスタートした[1]。
　とはいえ、20世紀、このような調査報道特化の非営利組織は決して数多くあったわけではない。報道NPOが急激に増え始めたのは2006年以降のことで、中でも大きなインパクトを世の中に与えたのは2007年のプロパブリカの旗揚げだ[2]。
　2007年10月15日、金融業で財をなしたカリフォルニア州のハーバート・

---

[1] Lewis, C. "The Growing Importance of Nonprofit Journalism," Joan Shorenstein Center on the Press, Politics and Public Policy, Working Paper Series, Harvard Kennedy School, Apr. 1, 2007.
https://shorensteincenter.org/the-growing-importance-of-nonprofit-journalism/
[2] ProPublica, "New Non-Profit Investigative News Organization to be Led by Paul Steiger," Oct. 15, 2007.
https://www.propublica.org/atpropublica/new-non-profit-investigative-news-organization-to-be-led-by-paul-steiger

サンドラー（Herbert Sandler）が自ら会長として率いる報道NPOを新たにつくると発表した。サンドラーの財団が少なくとも3年は年1,000万ドル（10億円あまり）の予算を支えると公約。経済紙ウォール・ストリート・ジャーナル（The Wall Street Journal）の編集局長を16年にわたって務めたポール・スタイガー（Paul Steiger）を編集主幹に招き、「強者による弱者からの搾取に明かりを照らす公益のためのジャーナリズムに取り組む」と宣言した。

「インターネットの時代、たくさんのさまざまなプラットフォームが爆発するように生まれ出ている。しかし、それら新顔の中に、オリジナルの、深掘りの報道を手がける者はほとんどいない。つまり、意見に関する情報源は増えているが、それら意見の基礎となる事実に関する情報源は縮小している」とスタイガーは指摘した。だからプロパブリカの存在意義があるというのだ。「調査報道はとくに危険な状況に置かれている。多くの報道機関は調査報道をぜいたくだと見なすようになり、厳しい経済状況の中で調査報道を脇に追いやろうとしている」。

財政基盤の潤沢さと、目指す理想の高さで、プロパブリカの登場は多くのジャーナリストを触発した。予想をはるかに上回る1,400人もの求職者がプロパブリカに殺到した。ニューヨーク・タイムズ（The New York Times）で安全保障や調査報道を担当したスティーブン・エンゲルバーグ（Stephen Engelberg）が編集局長に採用され、選考を進めた。スタート時までに採用が決まった30人の中には、ピューリッツァー賞を受賞した報道にかかわった記者や編集者が7人いた。

プロパブリカほどの規模ではないものの、州レベル、町レベルで、同様の動きがこのころ全米で起こりつつあった。カリフォルニア州の「サンディエゴの声（Voice of San Diego）」は、「地を掘る調査報道を発信する」という使命を掲げ、成功した投資家と地元紙の元ベテラン記者によって2005年2月に設立された。ミネソタ州の「ミンポスト（MinnPost）」は2007年11月に、バーモント州の「VTディガー（VTDigger）」は2009年9月に誕生した。「テキサス・トリビューン（The Texas Tribune）」は2009年11月にウェブサイト

を開設した。

　大学を拠点にして調査報道の実践に取り組む組織も相次いで生まれた。2008年6月にワシントン D.C. のアメリカン大学が「調査報道ワークショップ（Investigative Reporting Workshop）」の設立を発表し、2009年3月に記事の発信を始めた。ボストン大学は 2009

アメリカン大学のチャールズ・ルイス

年1月に「ニューイングランド調査報道センター（New England Center for Investigative Reporting）」を設けた。「ウィスコンシン調査報道センター（Wisconsin Center for Investigative Journalism）」はウィスコンシン大学マジソン校に事務所を置いて 2009年1月にスタートした。

　2009年7月1日、これら 27 の非営利報道機関のジャーナリストがニューヨークにあるロックフェラー兄弟財団のポカンティコ・センター（The Pocantico Center）に集まり、調査報道の将来を話し合った。

　「いま、民主主義にとってきわめて重要な調査報道が脅威にさらされている。人々により良く奉仕するための、新たな調査報道のエコシステムを育て、維持することが急務である」。

　この「ポカンティコ宣言」に基づいて、調査報道 NPO が相互に助け合うための連合体として「調査報道ネットワーク（Investigative News Network: INN）」は発足した。

　2009 年から 2010 年にかけての 2 年間は「ブーム」といえるほどに新たな報道 NPO の設立が相次いだ。2013 年に発表されたピュー・リサーチ・センターの調査によれば[3,4]、2012 年までの 25 年間に全米の 41 州で 172 の非

3　Mitchell, A., Jurkowitz, M., Holcomb, J. and Anderson, M. "Nonprofit Journalism: A Growing but Fragile Part of the U.S. News System," Pew Research Center, Jun. 10, 2013.
　http://www.journalism.org/2013/06/10/nonprofit-journalism/
4　Lewis, C. and Niles, H. "The Art, Science and Mystery of Nonprofit News Assessment," Jul. 10, 2013.
　https://web.archive.org/web/20130720182807/http://investigativereportingworkshop.org/ilab/story/measuring-impact/

営利ニュースサイトが発足した。そのうち21%は調査報道に特化している。

2014年にINNの加盟組織は100に達した[5]。2015年にINNは名称を「非営利報道協会（Institute for Nonprofit News）」と変更[6]。2018年秋の時点で180の加盟組織を数える。

(2) 持続可能性を危ぶまれながらも成長を続け、実績も拡大

2018年10月にINNがとりまとめた報告書によれば、180の加盟組織では2,200人のジャーナリストを含む3,000人のスタッフが働いており、それら組織の年間収入の合計は3億5,000万ドル近くになる。そのうち6割弱が財団からの補助、3割あまりが会費など個々の寄付で得られている。残りの1割は広告やイベントで稼いでいる。多くの組織は財政的に脆弱ではあるが、過半数の組織は2017年度に50万ドル以上の収入を得ている[7]。アメリカン大学Jラボの集計によれば、2005年から2012年までの間に308の報道プロジェクトが279の財団から総計2億4,852万ドルの支援を受けた[8]。

「非営利のジャーナリズムという概念そのものの中心に、それを本質的に不安定にする弱点が存在する」と疑問視する識者もいる。「資金提供者が心変わりするとか、資金がなくなる、飽きる、あるいはただ何か違うことをしたいと考えるかもしれない」[9]。

アメリカン・プレス・インスティチュート（American Press Institute）の

5　Williams, L. "INN Reaches 100 Member Milestone," Apr. 29, 2014.
　　https://web.archive.org/web/20140626000456/http://investigativenewsnetwork.org/2014/04/inn-reaches-100-member-milestone/
6　Institute for Nonprofit News Staff. "INN Is Now the Institute for Nonprofit News," Mar. 10, 2015; 3, 4, 7, 9.
　　https://inn.org/2015/03/inn-is-now-the-institute-for-nonprofit-news/
7　Institute for Nonprofit News. "INN Index: The State of Nonprofit News," Oct. 2, 2018.
　　https://inn.org/2018/10/inn-index-2018-released-today/
8　J-Lab: The Institute for Interactive Journalism, a Center of American University's School of Communication. "Meet the New Media Makers—and the Foundations That Make Their News Sites Possible."
　　https://web.archive.org/web/20130522091005/http://www.kcnn.org/toolkit/funding_database/
9　Jones, A. *Losing the News: The Future of the News that Feeds Democracy*, NC: Oxford University Press USA, 2009.（『新聞が消える――ジャーナリズムは生き残れるか』古賀林幸訳、朝日新聞出版、2010年；296: 4–6）

2015年の調査によれば、ほとんどの財団にとって、報道機関への寄付はその財団の寄付のうちごく一部を占めるにすぎないが、他方、多くの非営利報道機関にとっては、10に満たない数の財団からの寄付で収入の大部分を得ている実情がある[10]。

持続可能性を危ぶまれながらも、しかし、非営利の報道機関は存在し続け、規模を大きくしている。

2015年4月にナイト財団が発表した報告書によれば[11]、特定の地域を対象に報道するNPOで最も規模が大きいのは、「テキサス・トリビューン」で、年間予算は700万ドル、常勤ジャーナリストは42人いる。議員や市長ら公職者へのインタビューや教育や住宅など社会問題に関するシンポジウムを公開イベントとして毎週のように開催し、読者を招くとともに、その映像を発信している[12]。

ミネソタ州ミネアポリスの「ミンポスト」は設立5年弱の2012年の時点で20人のスタッフを抱え、40人あまりの外部ジャーナリストと契約し、連日、ウェブサイトを更新している。ワシントンD.C.に専属記者を置いて、ミネソタ州選出の上下院議員やミネソタに関わる国政の動きを取材している。約3,000人が支援者として寄付をしてくれている。その額は50ドルほどから1万ドル超までさまざまだという[13]。

バーモント州の「VTディガー」は発足5年後の2014年、地元のリゾート業者の不正に関する調査報道を始めた。当初、業者は地元の行政当局とともに不正を否定した。だが、翌2015年、証券取引委員会（SEC）の調査が

---

10 Rosenstiel, T., Buzenberg, W., Connelly, M. and Loker, K. "Charting New Ground: The Ethical Terrain of Nonprofit Journalism," Apr. 20, 2016.
　https://www.americanpressinstitute.org/publications/reports/nonprofit-news/
11 John, S. and James, L. "Gaining Ground: How Nonprofit News Ventures Seek Sustainability," Knight Foundation, Apr. 8, 2015.
　https://www.knightfoundation.org/press/releases/new-report-nonprofit-news-organizations-move-close
　https://knightfoundation.org/features/nonprofitnews-2015/
12 柴田厚「多様化するアメリカの非営利メディア——彼らはどんな役割を果たしているのか・現地調査より」『放送メディア研究』9号、2012年；177、188–189。
13 脚注12；180–186。

始まり、やがて記事の正しさが裏づけられ、業者に制裁が科された。人々が「VTディガー」に寄せる信頼は一気に高まり、それに伴って2017年にメンバーシップ収入は33万ドル近くに、企業からの協賛金は40万ドル近くに、年間予算は150万ドル近くに増えた。記者の数も増えて、2011年にたった1人だったのが、2012年に2人になり、2013年に4人になり、2018年には11人になった[14]。

　全米規模で活動する報道NPOのウェブサイトで紹介されているスタッフを数えてみると、2016年6月の時点で、カリフォルニア州の「CIR」には記者や編集者らジャーナリストだけで50人おり、そのほかの職を合わせるとスタッフは合計69人。ニューヨークのプロパブリカは60人で、ジャーナリストはそのうち49人。いずれも数年前に比べると、大きくなっている。ワシントンD.C.のCPIのスタッフは36人で、これとは別にICIJのスタッフが13人いた。これらはいずれも既存の新聞社や放送局の調査報道チームを大きく上回る人数だ。

II　新聞社の凋落への危機感を背景に寄付金流入

(1) 証券市場とビジネス上の制約に抗する

　非営利調査報道のこのような急拡大は、既存の新聞やテレビなどのマスメディアの構造不況と裏腹の関係にある。

　日本とは異なり、アメリカでは、放送局だけでなく、新聞社の多くも株式を上場している。かつては新聞社の多くはそれぞれの地元の名士による家族経営だったが、20世紀に入ると少しずつ、新聞チェーンなど大企業に売却されていった[15]。これはすなわち、新聞編集の現場がビジネス上の要請や

14　Griggs, T. "VTDigger: A Rising Star in Nonprofit News," May 21, 2018.
　　https://inn.org/2018/05/vtdigger-a-rising-star-in-nonprofit-news/

証券市場の規律を直接的あるいは間接的に受け入れざるを得なくなることを意味する。

2018年に公開されたスティーブン・スピルバーグ監督の映画『ペンタゴン・ペーパーズ 最高機密文書』（原題『The Post』）ではそんな編集現場と証券市場の規律の衝突が描かれている。

1971年6月15日、ワシントン・ポスト社は株式をニューヨークのウォール街にある証券取引所に上場した。それまでは社主のキャサリン・グラハム（Katharine Graham）に所有される家族経営だったのが、この日から、一般の投資家に会社の所有権を開放したのだ。適法な業務運営の下で、株主に配当し、株価を上昇させることが経営者の責務となった。そこでは不可避的に、ジャーナリズムの原則と資本の論理が衝突する。家族経営ではなく、広く社会に散在する一般の株主、そして、潜在株主を擁する証券市場、つまり、ウォール街の期待・要請に従った会社経営を求める「コンプライアンス（法令遵守）」と、会社法上のシェアホルダーだけでなく、もっと広いステークホルダー、現在の読者はもちろん未来の読者や社会の期待・要請にも応える本当のコンプライアンス（規範遵守）の衝突である。

6月17日、記者の1人がトップ・シークレット（最高秘密）に指定された国防総省の内部文書を入手して、編集主幹ベン・ブラッドリー（Ben Bradlee）の自宅に持ち帰った。編集主幹や記者たちは翌18日の朝刊でそれを記事にするべく、作業に猛進した。しかし、弁護士から疑問が提起される。法を無視しているとみられる恐れがあるのに、記事を出すのか──。アメリカの法律では、公務員だけでなく、誰であっても、国防に関連する文書をそれを受け取る権限のない人に伝達する行為を刑罰で禁止している。ポスト社が罪に問われて起訴されれば、株式引受会社は契約を破棄するかもしれなかった。弁護士資格を持つビジネス部門の首脳からは、証券市場向けの株式発行目論見書に「ワシントン・ポストは地域社会と国民の福祉に献身する」

15　脚注9；204–205。

と記載されているのに、国防秘密を記事にして公表するのはまさに国民の福祉に反する行為ではないか、と株式引受会社から問題にされるのを恐れる声も上がった[16]。

そうしたリスクがあっても、グラハムは「やりましょう。私たちは記事を出します」と決断する。その様子が映画の最も劇的な場面として描かれている。狭い意味の法令遵守ではなく、グラハムは、ジャーナリズムの原則に従った本当の意味のコンプライアンス経営をこのとき選択した、といえる。裁判所によって違法と判断される恐れが相当程度あるとしても、それでも記事を出すことが、ここでは本当のコンプライアンスである。ウォール街の要請に従った判断ではなく、取材・報道の現場の判断こそが、読者を含む広いステークホルダーの期待・要請に従ったものであることに、グラハムは思い至ったのだろう[17]。この秘密文書は後に「ペンタゴン・ペーパーズ」と呼ばれるようになり、それに基づくワシントン・ポストやニューヨーク・タイムズなど新聞の報道は、法的にも政治的にも道徳的にも、報道機関が政府に勝利した事例として歴史に刻まれることになる。

このように上場直後の1971年にグラハムは正しい決断を下すことができた。しかし、そのための葛藤は、それまで家族経営だったころに比べれば格段に大きなものとなった。そうした背景が映画からもグラハム社主の著書からもうかがえる。

1992～93年にコロンビア大学ジャーナリズム大学院に留学し、アメリカの調査報道記者たちに取材した文藝春秋の下山進は著書の中で「『株の上場』は、アメリカの新聞史上、決定的な転換点となった」と指摘。「ウォールストリート至上主義に編集サイドが蝕まれ、記者、編集者はなすすべもないのである」と結論づけている[18]。

---

[16] Graham, K. *Personal History*, NY: Vintage Books, 1998; 448: 8–23.（『ペンタゴン・ペーパーズ「キャサリン・グラハム わが人生」より』小野善邦訳、CCCメディアハウス、2018年）

[17] 奥山俊宏「ジャーナリズムにおける真のコンプライアンス」日本記者クラブ『取材ノート』2018年3月。
https://www.jnpc.or.jp/journal/interviews/34930

1979年の著書『メディアの権力 [19]』でワシントン・ポストなど報道機関の生態を活写したデイヴィッド・ハルバースタム（David Halberstam）は、「無数の株主の貪欲な"見えざる手"」が新聞経営に影響を及ぼした、と下山に指摘したという。

「要するに新聞の経営がウォールストリートの冷徹な市場の論理に委ねられることになったのです。経営陣は株価の下落を恐れ、四半期ごとの利益を出すことに汲々とし、経営に長期的な視点が失われることになりました [20]」。

インディアナ州のインディアナポリス・スター（Indianapolis Star）紙の調査報道チームで医療界の不正に関する連載を手がけ、1991年のピューリッツァー賞を調査報道部門で受賞したものの、その後まもなく同紙を辞めざるを得なくなったジョー・ハリナン（Joe Hallinan）は下山に次のようにいったという。

「賞を受賞したその2カ月後に、調査報道班を解散させるなんて馬鹿げている。私にはとても理解できなかった。が、1989年に会社が株をウォールストリートに上場してから新聞は変わってしまった。多くの調査報道記者がその変化についていけず新聞を去っている [21]」。

このように新聞編集の現場は証券市場の論理から来る制約を受けるようになった。とはいえ、そうした中でも21世紀初頭までは新聞社で調査報道は続けられていた。ビジネスとして新聞業が儲かる間はそれが可能だった。

1980年代から90年代にかけて、波はあったものの、総じて新聞社や放送局は全産業の中でもとても儲かるビジネスだった。利益率は2割から3割にのぼった [22]。新聞社の株価は上昇した。だからこそ証券市場も新聞の編集現場のやり方を容認していた [23]。

18　下山進『アメリカ・ジャーナリズム』丸善、1995年；155: 14、181: 5–6。
19　Halberstam, D. *The Powers That Be*, NY: Dell Pub, 1979.（『メディアの権力』筑紫哲也ほか訳、朝日新聞社、1999年）
20　脚注18；156: 8–11。
21　脚注18；153: 2–6。
22　Benson, R. "Can Foundations Solve the Journalism Crisis?" Vol. 19(8), *Journalism*, 2017; 1059, 1060. https://www.researchgate.net/publication/319421504_Can_foundations_solve_the_journalism_crisis

(2) インターネット普及で凋落した新聞業

そうした「黄金時代」は、しかし、今世紀に入って高速インターネット回線が各家庭に普及したことで終わってしまった。

ピュー・リサーチ・センターによると、2005年にアメリカ国内の新聞社は494億ドルの広告収入を得ていたのに、2010年に258億ドルまで減り、2013年に236億ドル、2017年には165億ドルになった[24]。8年で半減し、12年で3分の1近くに激減したことになる。

「クラシファイド・アド」と呼ばれる個人向けの小さなお知らせ広告を紙面に多数載せることで稼いでいた地域の新聞社のビジネスモデルが崩壊したのが大きかった。求人や中古車販売、不動産販売などの案内広告はテレビやラジオに適しておらず、かつては地元の新聞しか掲載媒体がなく、そのため、その利益率は非常に高かった。ところが、今世紀に入って、「クレイグズリスト（Craigslist）」というウェブサイトが登場し、インターネット上で、もっと便利に無料または安価でお知らせ広告を載せる電子掲示板を各地で提供するようになった[25]。新聞広告の相当部分がクレイグズリストに取って代わられてしまったのだ。

広告収入の減少に比べると緩やかではあるが、部数も減少した。新聞（平日版）の購読数は1984年に6,334万あり、2007年までは5,000万を超えていたが、2008年以降は大きく減り続け、デジタル版を合わせても2017年には前年より11％減って3,095万になったと見積もられている[26]。1980年代の最盛期に比べると30年弱で部数が半減したことになる。

このような部数の減少と広告収入の急減を反映して、ウォール街はむきだ

---

[23] 脚注9：213: 1–5。
[24] "Estimated Advertising and Circulation Revenue of the Newspaper Industry," Pew Research Center, Jun. 13, 2018.
http://www.journalism.org/fact-sheet/newspapers/
[25] 脚注9：47、223–224。
[26] 脚注24の "Total Estimated Circulation of U.S. Daily Newspapers."

しの影響力を新聞編集の現場に行使するようになった。アメリカの新聞社は2007年以降、記者や編集者の数を減らしてきている。雇用統計によると、新聞社で記者や編集者として働く人の数は、2006年には7万4,410人だったが、2009年に6万770人へと激減し、以後、毎年減り続けて、2017年には3万9,210人になった[27]。記者や編集者の数が減るということは、すなわち、報道の質と量が減る、あるいは、報道が対象とする領域が狭くなる、ということを意味する。

多くの新聞社で真っ先にそのような削減の対象とされたのが調査報道（investigative reporting）だった。

政治、経済、社会の組織やシステムに根を張る構造的な不正、腐敗、不合理を記者の独自の徹底取材によって見つけ出し、裏づけて、ニュースとして取り上げ、報道機関の責任で報じる調査報道は、本来的に手間ひまとコストがかかる。時間と経費を投入して取材しても記事にできるかどうかは最後まで定かではない。裏づけを取りきれなければボツにせざるを得ないから、100を取材して1を記事にする、というのが実情だ。しかも、リスクが大きい。調査報道の対象とされ、書かれる側はたいてい権力者や大企業であり、法的あるいは社会的な権力を持ち、反撃するための弁護士を雇う資力がある。往々にして訴訟を起こしたり、広告を引き揚げたり、抗議文の送付など嫌がらせをしたりしてくる。

高水準の利益が出ているときならば別として、そうでないときに、営利企業でこのような調査報道を続けていくのは株主に説明しづらい。

元ニューヨーク・タイムズ記者でハーバード大学ケネディ行政大学院のメディア研究機関ショーレンスタイン・センター（Shorenstein Center）の所長を務めたアレックス・ジョーンズ（Alex Jones）の著書『新聞が消える――ジャーナリズムは生き残れるか』（朝日新聞出版、2010年）によれば、「実のところ、退職勧告や解雇の対象になっている記者の中には、最高の実力を

---

[27] 脚注24の "Total Number of Newsroom Employees in the Newspaper Sector."

持つベテランのジャーナリストが大勢含まれ、その者たちは自分の将来について落胆し、意気消沈している」という。「彼らは地方の大学や、企業の広報担当といったより給料が高く安定した道を選ぶ可能性が最も高い人たちである[28]」。

公的機関や公職者、大企業などを監視し、それらに説明責任を果たさせ、また、社会問題や環境破壊を早くみつけ出して警鐘を鳴らす調査報道は民主主義にとって必須の存在だが、絶滅の危機に瀕している。その担い手を維持し、民主主義を機能させるためには、調査報道NPOへの寄付が必要だ。そんな考え方が、報道に携わる狭義の利害関係者だけでなく、政治家、有識者、一般の人たち、そして、寄付先を探す大金持ち、大富豪、財団の間にも広がった。それら財団で意思決定を下すのは一流大学の教授などインテリであることが多く[29]、そうした知識層にとくにその発想は受け入れられやすかったとみられる。

(3) 調査報道NPO支援の必要性の認識と人材流動性

このように、「市場の失敗」を修復し、補完するために、調査報道NPOに寄付が寄せられるべきだという考え方が2006年以降、社会に広く共有されるようになった。

カリフォルニア州の「サンディエゴの声（Voice of San Diego）」の編集長だったアンドリュー・ドノヒュー（Andrew Donohue）は2008年5月の筆者のインタビューに、ジャーナリズムの危機が非営利の調査報道を成功させる素地になっている、と分析した。

「サンディエゴの声」の事務所（2008年5月19日）

「新聞社が縮小を始め、調査報道が少なくなった。多くの人たちが、伝統ある新聞社

---

28 脚注9；240: 14–16。
29 脚注22；1063。

で起こっていることを心配し、ジャーナリズムの危機だと考えている。そして、ジャーナリズムは公の仕事だと人々が気づき始めた。オペラやホームレスにお金を寄付していたのと同じ人たちがそのことを理解しつつある。だからこそ、私たちは、異なる方法で新しい調査報道を創ることができる[30]」。

ミネソタ州の「ミンポスト」など非営利組織に寄付した経験のある人を対象に2011年7月にアンケートした研究によれば、回答した465人の87％は、寄付の動機について「ジャーナリズムの質」と答えた。ある回答者は次のように述べた。「地元の新聞の質が下がってきている。地元の報道機関を支援する必要性があるようだ」[31]。

プロパブリカを設立したサンドラーは「健全なジャーナリズムが機能しない社会で、人々の生活が豊かになるとは思わない。だから私は支援するんだ」と説明した[32]。

2009年3月24日、議会上院に新聞活性化法案（Newspaper Revitalization Act）が提出された[33]。新聞社を非営利組織として運営できるように税法を改め、広告収入を非課税にできるようにする、という内容だ。寄付した側についてもその分の税を免除できるようにする。

提案者のベンジャミン・カーディン（Benjamin Cardin、民主党、メリーランド州）は「私たちは新聞産業を失おうとしている」と指摘した。「新聞のビジネスモデルは壊れてしまった。全米のあちこちのコミュニティと私たちの民主主義にとって、それは本当の悲劇だ」[34]。

成立には至らなかったものの、この法案は多くの人の危機感を映したもの

30　奥山俊宏「米国で広がる非営利の報道——ジャーナリズムの危機への処方箋として」『新聞研究』705号、2010年：36–37。

31　Powers, E. and Yaros, R.A. "Cultivating Support for Nonprofit News Organizations: Commitment, Trust and Donating Audiences," *Journal of Communication Management*, Vol. 17 Issue: 2, 2013; 157, 162–164.
　　https://doi.org/10.1108/13632541311318756

32　立岩陽一郎『NPOメディアが切り開くジャーナリズム——「パナマ文書」報道の真相』新聞通信調査会、2018年：106。

33　S.673—A Bill to Allow Certain Newspapers to Be Treated as Described in Section 501(c)(3) of The Internal Revenue Code of 1986 and Exempt from Tax Under Section 501(a) of Such Code.
　　https://www.congress.gov/bill/111th-congress/senate-bill/673/text

といえる。

　新聞社を辞めざるを得なくなった記者や編集者らに「ジャーナリズムを続けたい」という強い思いがあったことも見逃せない。PR 会社や各種団体の調査員など転職先はいろいろあったが、他業界に移るのではなく、あくまでもジャーナリストの仕事をやっていきたい、という人が少なからず存在した。そういった人たちが非営利の報道機関に人材として流入し、その基礎を築いた。多くの記者や編集者が職にあぶれたからこそ、新顔の非営利組織であっても、優秀な人材を採用できた、ともいえる。2008 年にプロパブリカが発足した際の求人に 1,000 人を超える応募があったのは、プロパブリカの編集局長エンゲルバーグがいうように「アメリカのジャーナリズムが絶望的な困難にあることの 1 つの表れである」。

　インターネットに広告収入や読者を奪われて、2006 年以降、既存の報道機関は利益を確保するため記者の数を減らしていった。こうして人材の流動性が高まる一方、調査報道の衰退への危機感が社会に共有されるようになった。それが非営利調査報道の隆盛の要因となった。

III　既存マスメディアと NPO の連携が進む

(1) 有力紙に NPO 記者の署名入り記事

　これらアメリカの調査報道 NPO の多くは、自らのウェブサイトだけでなく、新聞社や放送局など既存のマスメディアと提携し、新聞紙面やテレビ、ラジオの番組の中でも取材結果を発信している。NPO の記事をほぼそのま

---

[34] "Senator Cardin Introduces Bill That Would Allow American Newspapers to Operate as Non-profits," Mar. 24, 2009.
　https://www.cardin.senate.gov/newsroom/press/release/senator-cardin-introduces-bill-that-would-allow-american-newspapers-to-operate-as-non-profits

ま紙面に掲載する例もあれば、NPO の記者と新聞社の記者が共同で取材にあたり、執筆は新聞社の記者が担当する例、新聞の地域版の制作をその地域の NPO にページごと任せる例など、提携の形はさまざまだ。

　調査報道 NPO の記者の署名の入った記事を有力紙の紙面で見かけることも珍しくなくなった。「訴訟費用ローンが新たなリスクを生む」という見出しで 2011 年 1 月 17 日のニューヨーク・タイムズに掲載された記事の本文には、その記事の内容が「調査報道 NPO であるセンター・フォー・パブリック・インテグリティ（CPI）とニューヨーク・タイムズによる調査の結果」であると明記され、さらに、「このプロジェクトは CPI によって主導された」とのおことわりが脇に添えられている。ワシントン・ポストに 2012 年 9 月 16 日に掲載された「医師たちは以前より高い料金を取っている」という記事には筆者として 3 人の署名があり、その下に、その 3 人の所属先「CPI」の名前が明記されている。そして、「CPI は非営利・独立の調査報道機関である」との説明文が記事の末尾に添えられている。

　アメリカン・プレス・インスティチュートの 2015 年の調査に回答した営利企業の報道機関の 70％は、非営利報道機関の記事や番組を掲載したり放送したりしたことがあると答え、54％は取材や編集で非営利報道機関と協働した経験があると答えた[35]。

　ワシントン・ポストの編集トップを長年にわたって務めたレナード・ダウニー（Leonard Downie）は 2012 年 6 月、筆者らのインタビューに次のように答え、この変化を前向きに受け止めている。

　「新聞ビジネスがうまくいっていた 10 〜 15 年前なら社外の人の記事を載せるなんてことはまったく考えられなかった」「いまは協働が進んでいる」「ワシントン・ポストは NPO の記事を載せたり、NPO と一緒に記事を作ったりしており、こうしたことは全米で起こっている[36]」。

35　脚注 10 に同じ。
36　奥山俊宏「米国の調査報道 NPO との提携──新しい手法を取り入れ、紙面の価値を高めるために」『新聞研究』736 号、2012 年：32、34。

このような報道NPOと既存マスメディアの協働の中で最も成功した事例だといってよさそうなのが、ICIJが主導し、新聞チェーンのマクラッチー（McClatchy）やフロリダ州の地方紙マイアミ・ヘラルド（Miami Herald）などアメリカのメディアを含む世界100以上の報道機関が協力して、タックスヘイブン（租税回避地）の秘密ファイル「パナマ文書」を取材・報道したプロジェクトだろう。

(2) ICIJのタックスヘイブン報道

ICIJは非営利の報道機関CPIのプロジェクトとしてチャールズ・ルイスによって1997年に立ち上げられた。各国のジャーナリストをメンバーとするネットワーク組織で、世界にまたがる問題を一緒に取材・報道するための協働の要となることを目的としている。2017年2月、ICIJはCPIから離れ、報道NPOとして独り立ちしている。

2019年1月時点で、筆者を含め83カ国の220人あまりがICIJのメンバーとなっている。ICIJ自身も自前の取材チームを持っており、その人数は2012年7月の時点ではわずか4人だったが、2016年3月までに13人となり、2019年1月時点では事務局長以下29人のスタッフがそのウェブサイトで名前を紹介されている。ワシントンD.C.に事務所を置いているが、そのスタッフはアメリカだけでなく、オーストラリア、フランス、コスタリカ、スペイン、ハンガリー、ドイツ、英国に散らばっている。

「私たちは、世界で最も有名な100以上のメディア組織とも提携している。それにはBBC、ニューヨーク・タイムズ、ガーディアン、そして朝日新聞から、地域の小さな非営利調査報道センターまで含まれている」。

ICIJのウェブサイトにはそのように記載されている[37]。メンバーや提携先だからといって自動的にICIJの報道プロジェクトに参画できるわけではなく、プロジェクトごとにICIJの事務局で協働する相手を選んで打診し、

---

37 https://www.icij.org/about/（ICIJ, about）

合意できた相手と守秘義務などの書面を交わすのを通例にしている。

　2017年の収入は699万ドルで、ほとんどが財団からの寄付で占められている。ICIJのウェブサイトでその名前が公開されており、オランダのアッデシウム財団、アメリカのオープン・ソサエティー財団、フォード財団、ハリウッド外国人映画記者協会などが名を連ねている[38]。

　筆者は2009年3月から9月まで、調査報道NPOとしてルイスの尽力でアメリカン大学に設立されたばかりの草創期の「調査報道ワークショップ」に半年間在籍し、そのあと、ルイスの推薦を受けて2011年12月にICIJのメンバーになった。翌2012年6月には、筆者の勤務先である朝日新聞社としてICIJと提携することになり、同年7月にICIJの記事を初めて朝日新聞本紙に掲載した。同年8月から筆者はタックスヘイブン（租税回避地）に関するICIJの取材に加わった[39]。

　タックスヘイブンは決して新しい問題ではない。古くから繰り返し議論され、問題視されてきた。筆者自身、1990年代から経済事件の取材の過程で時折、英領バージン諸島やケイマン諸島などタックスヘイブンに出くわすことがあった。しかし、その実態はなかなかみえなかった。具体的な固有名詞とともにその利用のされ方が明らかにされることはめったになく、あっても断片的だった。タックスヘイブンが出てくると、たいてい、取材はその先に進めなくなった。これは警察や検察、証券取引等監視委員会などの捜査や調査についても同様であるようだった。その上、タックスヘイブンの問題は日本の多くの人にとって縁遠い話にしか感じられず、記事に取り上げづらかった。

　ICIJの事務局長、ジェラード・ライル（Gerard Ryle）は、オーストラリアの新聞社に勤務していた2011年初め、タックスヘイブンに法人を設立するサービスを請け負う2つの業者の内部文書の電子ファイル260ギガバイト分

---

[38] https://www.icij.org/about/our-supporters/ （ICIJ, about, our-supporters）
[39] 奥山俊宏『パラダイス文書——連鎖する内部告発、パナマ文書を経て「調査報道」がいま暴く』朝日新聞出版、2017年。

を匿名の人物から受け取った。ライルは、それを生かす目的もあって、同年9月、ICIJ に転職した。筆者が ICIJ のメンバーに加えられたのはその年の12月で、それもライルによる戦略的なネットワーク拡充の一環だったのだろう。

2013年4月、ICIJ は南ドイツ新聞（Süddeutsche Zeitung）や朝日新聞など世界各地の報道機関とともに、260ギガバイトの電子ファイルに基づく報道を始めた。2014年1月には、同じファイルに基づき、中国の共産党幹部の近親者がタックスヘイブンを利用していた事実を報じた。ICIJ はこれらの報道を「オフショア・リークス」と名づけた。

以後、ICIJ は、大手会計事務所 PwC（プライスウォーターハウスクーパース）のルクセンブルク法人の内部資料に基づき 2014年11月に「ルクセンブルク・リークス」の報道を展開し、金融大手 HSBC の富裕層向けサービス部門から持ち出された口座関連情報に基づき 2015年2月に「スイス・リークス」報道を手がけた。

2.6テラバイトにのぼるパナマ文書の電子ファイルは、南ドイツ新聞に在籍する ICIJ のメンバー、バスティアン・オーバーマイヤー（Bastian Obermayer）に匿名の人物によって提供され、ICIJ に持ち込まれた。ICIJ の技術陣によって、検索容易なデータベースに加工され、インターネット上の特別に保護されたサイトを介して、朝日新聞、共同通信を含む 76 カ国の100 以上の報道機関、400 人近くのジャーナリストの閲覧に供された。

タックスヘイブンに設立された 21 万余の法人の株主や役員らに関する具体的な情報がそこに含まれていた。世界中に散らばった記者たちが共同作業を行う場として、ICIJ は外部から厳重に遮断された専用サイトを設置。そこに記者たちは日々、取材結果やアイデアを持ち寄った。イタリア人の記者から、日本の高級官僚と同じ読みの名前があると連絡を受け、調べると同姓同名の別人だったということもある。

世界各地の記者たちが分析と取材を加え、原稿や映像を作成し、ICIJ のコーディネートのもと、2016年4月3日（日本時間では4日）、一斉に報道

を開始した。

　反響はすさまじかった。5日、タックスヘイブンに会社を持っていたと報じられたアイスランドの首相が辞任した。アメリカ大統領のバラク・オバマ（Barack Obama）が記者会見して、「パナマから出てきた大量のデータに基づくニュースは、税逃れがグローバルな大問題だということを思い起こさせてくれた」と述べた。「多くは適法だが、そのことが問題だ」と指摘し、制度の不備を是正する必要性があると言及した。

　パナマ文書の取材・報道にはその後、NHKやニューヨーク・タイムズも加わった。

　「いろんな使い道がありましたよね。お客さんが名前出せないとか、あるじゃないですか」。文書に名前のあった元証券マンは、東京・浅草のホテルで、朝日新聞、共同通信、NHKの共同インタビューにそう答えた。租税回避地にある法人の匿名性を隠れみのに「株価操作」をしたり「節税対策」をしたりしたという。

　息子や娘の会社がタックスヘイブンに会社を持っていたことが報じられたパキスタンの首相は、報道が始まって1年3カ月あまりを経た2017年7月に辞任に追い込まれた。日本でパナマ文書をきっかけに国税当局が把握した所得申告漏れは少なくとも40億円弱にのぼった[40]。

　ICIJが主導したタックスヘイブン取材の結果は、パナマ文書を筆頭に大きく報道され、大きな反響を得た。タックスヘイブンに対する市民社会の批判が高まり、各国政府の対策が進むようになった時期と、ICIJのタックスヘイブン報道がなされた時期は重なり合う。

　これらは、史上最大の調査報道であり、また、非営利組織による調査報道の隆盛の最高の到達点でもあるといえるだろう。

---

[40] 磯部征紀、田内康介「国内、31億円申告漏れ　パナマ文書、国税当局の調査」「朝日新聞」1面、2017年8月24日。

(3) 内部告発と調査報道の連鎖にNPOの力

パナマ文書の報道が始まって1カ月が過ぎた2016年5月、筆者はICIJ事務局長、ジェラード・ライルに電話でインタビューした。以下にそれに基づく原稿の抜粋を再録する[41]。

ライルは1965年、アイルランド人の両親のもと、英ロンドンで生まれ、1歳児だったときにアイルランドに移り住んだ。アイルランド、オーストラリアの新聞社で26年にわたって働いた。その間、2005～06年にミシガン大学に研究員として在籍。オーストラリアではシドニー・モーニング・ヘラルド（The Sydney Morning Herald）紙で編集幹部を務めた後、グループ企業のキャンベラ・タイムズ（The Canberra Times）紙に送り込まれて編集局ナンバー2の副編集局長を務めた。

ICIJ事務局長のジェラード・ライル（2017年3月27日、独ミュンヘンの南ドイツ新聞社で）

——なぜタックスヘイブンの問題に注目したのですか？

オーストラリアで新聞記者だったとき、私は、1億ドル規模のある巨額詐欺事件を取材しました。その犯人がオフショアのタックスヘイブンを使っていました。彼らは英領バージン諸島に会社を設立し、その株を人々に売っていました。「魔法の燃料」に投資していると称し、オーストラリアで人々からカネをだまし取りました。タックスヘイブンについて、それまでの私は何もわかっていませんでしたが、そのときに初めて関心を持つようになりました。9年前の2007年のことです。

その詐欺事件について最終的に私は本を書きました。そうしたところ、

---

41 このインタビュー原稿の初出は、奥山俊宏「パナマ文書スクープの非営利組織ICIJ　ジェラード・ライル事務局長にインタビュー　タックスヘイブンにはグローバルな取材が必要　10年前なら不可能な報道、技術の進歩で成功」『Journalism』315号、2016年；87-93。

匿名の人物がその本を読んで、それに触発されて、私に260ギガバイトの電子ファイルを送ってきました。その詐欺事件について取材を始めて4年後の2011年はじめのことでした。実際、その電子ファイルの中に、その詐欺事件に関する情報が含まれていました。詐欺事件の背後でどのようにタックスヘイブンを使っているのかが、その情報でわかりました。

ライルは2009年に著書 *Firepower: The Most Spectacular Fraud in Australian History*（ファイアパワー――オーストラリアの歴史で最も壮大な詐欺［未邦訳］）を出版した。その本を読んだとみられる人物によって、タックスヘイブンに関する秘密ファイルがライルに送られてきた。ライルはそのファイルをどのように生かしていくべきかを考えた。

そのころ、ミシガン大学にいたときの指導教官からICIJ事務局長の仕事の紹介があり、面接を受けるようにと勧められた。いったんは「あまりに遠い」と難色を示したものの、心を揺り動かされるものがあった。オーストラリアの大手紙グループでのキャリアを捨てるのは、客観的にみれば無謀な転職であることが明らかだったが、ICIJには大きな可能性があると思った。ICIJは数人のスタッフしかいない小さな組織だったが、「ちゃんとやれば、本当に大きくできる」とも考えた。

思案の結果、オーストラリアから米ワシントンD.C.に引っ越しし、2011年9月、ICIJの事務局長になった。

　　　私はオーストラリアでの仕事を辞め、ICIJに来ました。私には野心がありました。
　　ICIJはグローバルな調査報道チームなのだから、タックスヘイブンのようなグローバルな問題に注目する必要がある。ICIJは小さな組織だが、大きなスケールでこれをやれるかもしれない――。
　　この種の記事はグローバルに取材しないとモノにできないと私は思っています。タックスヘイブンは世界中の異なる国々とつながりがありま

す。日本、ブラジル、ヨーロッパなど、あらゆる場所に。
　私がICIJに移った時点ではこの仕事（ICIJ事務局長の職）は現実の名声（プレスティッジ）を伴っていませんでした。資金の提供もなく、実際、私の給与はここに来て大きく減りました。当時、それは確かに大きなリスクを取ったことになります。
　しかし、ここ（ICIJ）には時間がありました。調査報道記者にとって、最も価値あるものごとは、誰もあなたに「早く終わらせろ」といわないということです。ICIJでは、記事を仕上げるのに必要なだけの時間を持てます。私はオーストラリアで取材に充てる十分な時間がないことにフラストレーションがあったのだと思います。

　ライルがオーストラリアの新聞社にいた2011年に受け取った260ギガバイトの電子ファイルの分析と取材には、ICIJのネットワークを通じて、朝日新聞を含め世界各国の大手マスメディアの記者が参加した。その結果に基づく記事は2013年4月に各国一斉に発信され、朝日新聞や欧州の有力紙に大きく掲載された。文書を受け取ってから最初の記事を出すまでに約2年もの時間がかかったことになる。通常の新聞記者の仕事のサイクルからすれば、それはとても長い。ライルは、取材にふんだんに時間をかけられることに大きな価値を見出している。
　2014年11月に、ICIJは、南ドイツ新聞、朝日新聞などパートナーの報道機関とともに、ルクセンブルクの税務当局が多国籍企業の税逃れを手助けしていると暴露する記事を出し、それは「ルクセンブルク・リークス」と名づけられた。それから間もなくして、パナマ文書の情報源となった匿名の人物は南ドイツ新聞に初めて連絡したと報じられている。

　——パナマ文書の情報源について私たちが議論すべきでないことはわかっているのですが、私は、その匿名の人物は「ルクセンブルク・リークス」に触発されたのかもしれないと推測しています。どう思います

か？

　正直いって、私はそれについては知りません。情報源と接触してきた唯一の人間は、私たちのドイツの同僚、バスティアン・オーバーマイヤー（南ドイツ新聞記者）です。それは彼の情報源です。私が知っていることのすべてはバスティアンが私に話したことです。

　情報源とつきあうのは簡単なことではありません。家族が1人増えるようなものです。情報源を管理する責任を負うということは、大きな負担です。ジャーナリストにとって最も重要なことは、情報源が突き止められるようなことはしない、ということです。ジャーナリストとして、自分の情報源を保護することは基本的な責任です。バスティアンはそれについて素晴らしい仕事をしてきたと思います。

　――パナマ文書についてはじめて話を聞いたとき、どう感じましたか？

　まずは文書をみたいと思いました。バスティアンはとてもエキサイトしていましたが、私は、実際に文書をみるまでは確信を持てなかった。ですので、私は、ミュンヘン（南ドイツ新聞があるドイツ南部の都市）に飛んで、数日間、バスティアンとフレデリック・オーバマイヤー（Frederik Obermaier）とともに文書確認の作業をしました。

　その時点で、300万の文書がありました。その後、それがさらに増えていくとは当時はわかっていませんでした。

　すぐに、私は、これは大きな記事になるだろうと思いました。良い名前（ニュース性の高い人物の名前）が文書に含まれていました。バスティアンは1日目から、これはとても良い結果になる、といっていましたが、それは正しかった。

　――パナマ文書に関するICIJの当初の報道は、各国の首脳ら公職者やその親族とタックスヘイブン法人との関わりにとくに焦点を当てました。とても良い選択だったと思います。

　私たちはなぜ公職者に焦点を当てたのか。それが義務だからです。

ジャーナリストとして、こうした匿名情報源の文書を持っているということは、公益上の特別な義務を伴います。そして、公益に資するために最も簡単で最も良い方法は公職者に焦点を当てることです。だから一連の私たちの報道では政治家やその家族、関係者に重点を置きました。

　――アメリカについても日本についても、公職者を見つけることができませんでした。そのため、アメリカ政府がこの暴露の裏にいるという人もいます。

　日米の政治家がいなかったのは、それがモサック・フォンセカ（Mossack Fonseca：パナマ文書の流出元となったパナマの法律事務所）というタックスヘイブン業者だったからです。そのほかの業者が日本人相手にサービスを提供しているということだと思います。世界には800の業者があります。私たちが入手したのはそのうちの1社の文書であるにすぎません。すべての業者の文書を入手できたならば、おそらく日本やその他の国の公職者を見つけられるでしょう。

　アメリカでも政治家は見あたりません。それだけのことです。私たちはたいへん努力して政治家を探しました。ドナルド・トランプ（Donald Trump）を探しました。ヒラリー・クリントン（Hillary Clinton）を探しました。でも、見つけられませんでした。したがって、記事は出せなかった。

　私たちに見落としがあるのは間違いありません。一般の人たちが私たちの見落としについてヒントをくれるだろうと私は期待しています。

2016年5月9日午後（同10日未明）、ICIJは、パナマ文書に登場する21万4,000の法人とその株主らの名前や住所を、すでに2013年にインターネット上に設置していた「オフショア・リークス・データベース」に追加する形で公開した。

　――パナマ文書やタックスヘイブンに関するICIJの報道に対する世

第 10 章
アメリカにおける調査報道の現在と今後

界の反応をどのようにみていますか？
　私たちの報道への強い反応が続いています。私たちが正しかったと、そして、これは現実に重要なことだということで、私個人としては、とてもうれしいです。しかし、ジャーナリストの仕事は記事を出すことです。そのうえで私たちは引き下がらなければなりません。そして、当局に当局がやりたいことをやらせなければなりません。私たちは政府機関になることはできません。社会には役割分担があります。私たちの役割は暴露される必要があると思われるものを単純に暴露することです。そして、私たちは引き下がり、その次の段階には関わらず、介入しないようにする必要があります。いま前面に出て、この問題にどう対応したいかを決める責任は、政府当局または一般の人々にあります。
　──なぜ、このような大きな反応があるのだと思いますか？
　一般の人々はこの問題に本当に関心があるのだと思います。人々は、選挙で選んだ公職者が何をしているのかに関心があります。みんなが税金を払っているがゆえに、みんな税金の問題に関心があります。税金だけでなく、犯罪や資金洗浄などが行われています。人々にとって本当に基本的に重要な問題だと思います。
　──ICIJ に来たときに、パナマ文書の報道で得たような大きな反響を世の中に起こすことができると予想していましたか？
　はい。予想していたと思います。これを世界的な規模でやれば、そうした可能性があると思っていましたから。
　ウィキリークスが前例としてありました。小さな組織ですが、世界のジャーナリズムを動かしました。世界は変わってきています。以前は不可能だったことが技術によって可能になっています。10 年前だったらICIJ は決して成功しなかっただろうと思います。技術によって、私たちは簡単に意思を疎通できますし、ビッグデータを読み解くことができます。
　正直いって、私はこれを夢みていました。これまでの過程で幸運が多

くありました。良いタイミングで内部告発者が現れ、私たちは彼らに多くを頼っています。また、私たちは多くのメディア・パートナーに頼ってきました。

　ウィキリークスは、米軍のヘリコプターがイラクでロイター通信カメラマンら歩行者を掃射して殺害した様子をヘリのカメラから撮影したビデオを独自に入手し、取材のうえで、2010年4月、ウェブサイト上で公開し、注目を浴びた（第9章参照）。その後、同年夏に、アフガニスタン戦争に関するアメリカ政府の秘密情報を米ニューヨーク・タイムズや英ガーディアン（The Guardian）に提供して一部を公開し、続けて同年秋に、そのほかのアメリカ政府の秘密公電を同様にガーディアンなどに提供して一部を公開した。ウィキリークスは、入手した秘密情報を大手マスメディアに提供し、その取材を経て、公益性に配慮しながら情報の一部をみずからのウェブサイトで公開するという手法を当初は採った。ライルはそれを先例として参考にしたというのだ。

　ICIJのタックスヘイブン報道には見逃せない特徴がある。内部告発をきっかけにした調査報道が不合理な歪みを明るみに出して世の中に知らせ、その問題提起が是正への動きを後押しし、そのことそのものがさらなる内部告発と調査報道を呼び起こしている。つまり、内部告発と調査報道が互いに互いの契機となる循環が生じている。

　——内部告発による情報提供（リーク）とICIJの調査報道の連鎖反応が起きているように私にはみえるのですが、どう思いますか？
　それはまさに5年前、この仕事（ICIJ事務局長の職）を検討していたときに私が考えていたことです。情報を扱うことについて評判を得ることができれば、人々（情報源たり得る人たち）はあなた（調査報道記者）を見つけるでしょう。タックスヘイブンに限らず、薬でも食糧でも、ある問題に関心があるということを一般の人々に知らせることができれ

ば、人々（情報を持っている人）があなた（調査報道記者）を見つけます。

　メディアが忘れがちなことですが、最良の情報源は読者や視聴者だというのが私の哲学の1つです。人々は情報を持っています。政府の内部関係者や広報担当者ではなく、そのへんにいる普通の人が、あなたが知っている以上のことを知っています。あなた（記者）がやるべきことは、自分が何に関心があるかを人々に知らせることです。人々はあなたを見つけるでしょう。そして、それこそが私たち（ICIJ）が見出していることです。人々が私たちを見つけています。

　その結果、記事を出すたびに、あなたに興味深い何かを提供してくれる新しい誰かを見つけられる可能性が高まります。

　このインタビューの後、ICIJ は 2016 年 9 月、バハマに設立された 17 万あまりの法人の登記関連情報に基づいて「バハマ・リークス」の報道を手がけた。2017 年 11 月には、バミューダ島を発祥の地とする大手法律事務所「アップルビー（Appleby）」など複数の先から流出してきた「パラダイス文書」に基づく報道を世に送り出した[42]。筆者はいずれにも参加し、調査報道と内部告発の連鎖はさらに続いていると感じた。

　記者はともすれば目の前で起きていることに目を奪われ、日々、やっつけ仕事に没頭しがちとなることが多い。それとは対照的に、ライルは、何年も先を見通して戦略を描き、それを実行に移してきた。そして思惑の通りに成功を得ている。

　報道 NPO は、既存の報道機関ではなかなかその役割を果たしづらい、報道機関同士の連携の扇の要となることができる。また、どんな大手報道機関でも単独では難しいような形態で、その連携をグローバルに広げ、何年もの長きにわたって取材を継続できる。報道 NPO はそういう新しいやり方を提

---

[42] 朝日新聞 ICIJ 取材班『ルポ タックスヘイブン——秘密文書が暴く、税逃れのリアル』朝日新聞出版、2018 年。

案できる可能性を持っている。ICIJ はそれを示して見せている。

(4) トランプ大統領の反動で盛り上がる調査報道

　2016 年 11 月 8 日にドナルド・トランプが大統領選に勝利した直後、非営利の報道機関への寄付が急増した。

　12 月 9 日、ニューヨーク・タイムズに「非営利メディアに寄付の洪水」との見出しで掲載された記事によれば[43]、CPI も ICIJ も前年同期に比べると 7 割ほど個人寄付が増えた。刑事司法システムを専門に報道する「マーシャル・プロジェクト（The Marshall Project）」は 2 割増え、プロパブリカでも小口寄付が急増した。

　「説明責任を追求する独立のジャーナリズム（independent accountability journalism）は、大統領選の結果と政治的分裂を心配する多くのアメリカ人に新たな支持を得ようとしている」。

　ニューヨーク・タイムズの記事はこのように指摘している。

　プロパブリカの成長はその後も止まらない。2017 年にイリノイ州に出先を設け、その年の寄付収入は 4,306 万ドルに達した。2019 年 1 月の時点でウェブサイトに掲載されているスタッフを数えると 127 人にのぼる。編集主幹は年間 44 万ドルの報酬を受け取り、編集委員クラスの記者の年収は 20 万ドルを超えている[44]。

　量だけではない。質も高い。プロパブリカは、アメリカの報道界で最高の栄誉とされるピューリッツァー賞を 2010、2011、2016、2017 年の 4 回にわたって受賞した。

　プロパブリカ以外にも非営利の報道機関のピューリッツァー賞受賞が当た

43　Fandos, N. "Nonprofit Journalism Groups Are Gearing Up With Flood of Donations," *New York Times*, Dec. 7, 2016.
　　https://www.nytimes.com/2016/12/07/business/media/nonprofit-journalism-groups-are-gearing-up-with-flood-of-donations.html
44　ProPublica, Annual Report on Form 990, 2017.
　　https://assets.propublica.org/propublica-990-2017.pdf

り前になってきている。2013年には非営利の環境問題専門ニュースサイト「インサイド・クライメット・ニューズ（InsideClimate News）」が受賞。2014年には老舗格のCPIが初めて受賞し、2017年にはICIJが「パナマ文書」の報道で受賞した。

このように非営利の調査報道が盛んになったとはいえ、それが新聞記者の減少を補いきれてはいないのも現実である。

非営利の報道機関を含めデジタル発信を主とする報道機関で働く記者や編集者の数は、ピュー・リサーチ・センターの分析によると、2008年には7,400人だったが、2017年には1万3,260人に増えた[45]。しかし、同時期に新聞社の記者や編集者の総数は7万1,070人から3万9,210人へと3万2,000人近く減っており、それを埋め合わせるにはとうてい足りない。

とはいえ、報道NPOの記者や編集者たちには楽観的な人が多い。ICIJでオンライン編集長を務めるハミッシュ・ボランド・ルダー（Hamish Boland-Rudder）は2018年暮れ、書籍 *The Rise of NonProfit Investigative Journalism in the United States*[46]（アメリカにおける非営利調査報道の興隆［未邦訳］）を出版したビル・バーンバウアー（Bill Birnbauer）にインタビューした際に次のように質問を切り出した。

「2018年は、調査報道にとって、とても大きな年だったように感じられます。政治環境が熱くなったのを受けて、調査報道に再投資があった、あるいは、新たな注目があった、と考えますか？」。

古くからのICIJメンバーで、現在はオーストラリアの大学で客員教授としてジャーナリズムを教えるバーンバウアーは「質の高いジャーナリズムが読者とともに復活した年として私たちは2018年を振り返ることができるかもしれません」と答えた。

「トランプ大統領は質の高いメディアに大きな収入をもたらしてきていま

---

45 "Employment in Digital-Native newsrooms," Pew Research Center, Jun. 6, 2018. http://www.journalism.org/fact-sheet/digital-news/

46 Birnbauer, B. *The Rise of NonProfit Investigative Journalism in the United States*, Routledge, 2018.

す。2007〜09年の金融危機の際にも調査報道チームを守ったニューヨーク・タイムズ、ワシントン・ポストといった数少ないメディア組織はいまや恩恵を享受しつつあります。そして、インターネット上の新しい報道機関は調査報道のブランドにメリットがあるとみるようになっています」。

「こんにち、伝統ある報道機関と非営利メディアの間でかつてないほど多くのコラボレーション（協働）があります[47]」。

非営利調査報道のブームが始まって10年。消えてしまった報道NPOももちろんある。しかし、ますます規模を大きくしている報道NPOも多い。既存のマスメディアに取って代わるというよりも、それを補完する役割を期待され、少なくともそれについては十二分に責任を果たしている。一過性の流行に終わるのではなく、なくてはならない不可欠なものとして、非営利の調査報道はアメリカの政治・社会に定着した、ということができる。

47　Boland-Rudder, H. "How Nonprofit Newsrooms Have Featured in a 'comeback' Year for Investigative Journalism," Dec. 27, 2018.
　　https://www.icij.org/blog/2018/12/how-nonprofit-newsrooms-have-featured-in-a-comeback-year-for-investigative-journalism/

終章　　　　　　　　　　　　　　　　　　　　　前嶋和弘

アメリカの政治過程におけるメディアの今後

　第1章でもみたように「メディアの分極化」は、アメリカの政治とメディアとの関係を考える意味できわめて深刻な状態となっている。さらに各章では技術的な変化をはじめとし、アメリカの政治過程におけるメディアとの関係が激しく変わるさまざまな現状が浮き彫りになった。全体像をみれば「メディアを中心に動く政治」の状況はまったく変わっていないものの、具体的な状況は大きく変貌しつつある。終章ではアメリカの政治過程におけるメディアの今後を展望してみたい。

(1) 処方箋としてのファクトチェックの可能性

　まず、現在の危機的な状況の向こう側になんらかの処方箋はないだろうか。
　第10章で論じられているように、民間財団などが資金を提供することで、公共性に即した客観的な調査報道を行う非営利報道機関として2008年にスタートした「プロパブリカ（ProPublica）」は注目されている。客観性の衰退が叫ばれる中、完全に左右に分かれて批判合戦している現状にうんざりした層からは大いに期待されているが、政治に関連する情報が飽和状態の中、全米で強い存在感を示しているとまでは言い難い。
　その中で注目されるのが、政治情報の真偽を検証・確認するファクトチェックの存在である。諸説あるが、現在の形に似たファクトチェックは

CNNが1990年代初めにニュース番組内の1つのコーナーとして導入したといわれている。政治家や識者のさまざまな発言や政府の方針、メディアの報道などの真偽をジャーナリストたちが集めた情報で確認するのはいまも変わらない。ファクトチェックがアメリカで盛んになっている環境の一因には、このメディアのバイアスがある。ファクトチェックの隆盛の背景には、保守とリベラルの2つの極に分かれる政治的分極化や「メディアの分極化」の中で、メディアの言説や政治家の発言が信じられなくなっているという、アメリカ政治の病理的な問題があるのはいうまでもない。

ファクトチェックは過去25年ほどの間に完全に定着するとともに、爆発的に普及したインターネットにも場所を移している。現在はテレビ、ラジオ、新聞だけでなく、ハフポスト（Huffpost）などのネットメディアや政治ブログ、非営利のメディア監視団体（media watchdog group）などがさまざまな形式のファクトチェックを行っている。また、名称もさまざまだが、裏づけ情報を取るという基本姿勢は変わっていない。

基本的には、ファクトチェックは通常の報道よりもさらに俊敏に情報を提供する"ジャーナリズムの進化形"であると考えられる。報道に客観性を持たせ、民主主義を情報面で支えるツールがファクトチェックの位置づけである。テレビ、ラジオの多くは自分たちの報道と連動させ、ファクトチェックを提供している。タンパベイ・タイムズ（Tampa Bay Times）の有名な「ポリティファクト（PolitiFact）」（2007年創設）のように、政治情報の真偽を検証・確認し、それをネットの情報で報じる。つまり、既存のメディアである新聞の取材活動の一環として、機動力を持たせたチェックサイトから情報を補完しようとする動きである。

いずれも、できるだけ早い情報分析がポイントであり、2016年9月から10月に3回にわたって行われた大統領候補同士の討論会では、発言がすぐさま俎上に乗り、徹底的に分析された。トランプ（Donald Trump）のイラク戦争の賛否や、クリントン（Hillary Clinton）のTPPについての過去の発言が鋭く暴かれていった。

終 章
アメリカの政治過程におけるメディアの今後

　ファクトチェックは民主主義を情報面で支えるものとしては興味深い。しかし、2016年大統領選挙で、ファクトチェックが世界中に知られるようになった理由は、報道機関の「客観」情報ではない。クリントン陣営のサイト内に設けられた「リテラリー・トランプ（Literally Trump：文字通りのトランプ）」という選挙戦略上の道具としてのファクトチェックであった。

　大統領選挙討論会の1回目にクリントンが「私のホームページにファクトチェッカーのサイトを作りました。事実を知りたい人はぜひ見に行ってほしい」と突然、訴えた。「何が起こったのだろう」という興味本位の人たちも含めて、1時間以内にクリントン陣営のサイトには200万ものアクセスがあった。この数はクリントンの選挙公式サイトの1時間単位のアクセス数の最高の数の10倍だったという。さらに、ソーシャルメディアでも伝播していった。

　「リテラリー・トランプ」は、トランプの発言の1つひとつを取り上げて、瞬時に間違いを指摘するものだったという意味では、報道機関のファクトチェックと大きな違いはないかもしれない。しかし、「リテラリー・トランプ」はそもそもトランプを攻撃するためのネガティブキャンペーンのツールであり、トランプの発言に否定的な報道などへのリンクを入念に埋め込んでいる。かなり我田引水的な引用もあり、客観性などが担保されていない。トランプ陣営や支持者にとってみれば、「リテラリー・トランプ」はクリントン陣営のプロパガンダそのものだ。

　問題なのは、ファクトチェックを行っているメディア監視団体そのものも、偏っている団体が少なくないという点である。メディア・リサーチ・センター（Media Research Center）、アキュラシー・イン・メディア（Accuracy In Media）などの保守派の団体は民主党の政治家やリベラル派の識者の発言を狙い撃ちしているほか、リベラル色が強い報道機関の報道を徹底的に批判する。一方、メディア・マターズ・フォー・アメリカ（Media Matters For America）、FAIR（Fairness & Accuracy in Reporting）、センター・フォー・メディア・アンド・デモクラシー（Center For Media and Democracy）などのリベラル派の

メディア監視団体は共和党の政治家に非常に厳しく、保守派の報道機関に非常に批判的である。

メディア監視団体の多くが、実際には保守系とリベラル系に分かれており、各団体を支援する市民が政治イデオロギーごとに分かれて、それぞれの自分と立場を同じくする団体を支援する傾向がある。そして、それぞれのアドボカシー活動を続けている。

CNNでファクトチェックのコーナーを始めたブルックス・ジャクソン（Brooks Jackson）が創設した「ファクトチェック・ドット・オルグ（FactCheck.org）」（2003年創設）のような比較的客観派として知られているメディア監視団体もあるが、これはむしろ少数派かもしれない。

このジャクソンに筆者は何度か話を聞いたことがある。ジャクソンは「客観的なメディア監視の運動を続けるのは資金や人材面の課題が尽きない」という。「ファクトチェック・ドット・オルグ」は大学や財団からの基金や助成を基に活動が可能だが、多くの場合はもっと政治的である。リベラル派の監視団体にはリベラル派の、保守派の団体には保守派のそれぞれ、資金が寄付の形で集中し、その結果、監視対象を選び、分析する。各団体の生き残りのために、ファクトチェックの担当者に政治的偏りが生まれていくのは必然ともいえる。民主主義を情報面で支える"ジャーナリズムの進化形"としては興味深いが、政治的分極化の中、ファクトチェックの限界も垣間見える。

(2) 政治的分極化の終焉の可能性

それでは「メディアの分極化」の大きな原因の1つである政治的分極化そのものの今後に着目してはどうか。もし、政治的分極化が終焉した場合、世論を反映し、左右に異なった情報提供を行う「メディアの分極化」も終わるのではないか、という見方である。

研究者の中には、政治的分極化を長期的なスパンの中で考えてその意味を考えようとする見方もある。議会研究者のローレンス・ドッド（Lawrence Dodd）は、政党中心の政治と委員会中心の政治の両極で揺れ動くと指摘する。

終　章
アメリカの政治過程におけるメディアの今後

　ドッドの説を説明すると次のようになる。まず、国民を割るような政治的な争点が浮上した場合、賛否それぞれの主張を代弁してくれる政党を国民は2つに分かれて支持する。しかし妥協がないまま政策は膠着(こうちゃく)してしまうため、結局、政策は生まれない。そのため、この膠着状態を合理的に回避するため、国民は分極的な行動をやめ、政策を効率的に生み出す議会の委員会中心の政治を志向するようになる。「政党中心の政治」が政治的分極化であり、「委員会中心の政治」が超党派の政治であり、この両者は循環的（cyclical）であるという説である[1]。

　ドッドの説は、アンソニー・ダウンズ（Anthony Downs）の合理的選択論[2]を現在の分極化の分析に応用したものである。ドッドによると、過去にも南北戦争以降のリコンストラクション期に分極化が進み、その後、委員会中心の政治になっていったという例もある。ただ、一方で、民主党がリベラル派の東部と保守派の南部が同時期に共存した時代の方が例外的である、という他の研究者の見方もある[3]。ただ、議員にとっては、そもそも「動かない」連邦議会への国民世論の批判がこれだけ強い中、超党派の妥協を訴えていくことは、自分の議席を守るために合理的な選択という見方もできるであろう。

　このような純粋な理論的議論以外でも、分極化の今後について、さまざまなシナリオが考えられている。長期的に考えれば、現在、拮抗している民主党と共和党のバランスが変わっていく要因はいくつかある。その代表的なものが移民の存在である。移民が増えていけば、所得再分配的な政策や政府による人権保障を志向する層が増え、それが民主党側の支持者を増やしていくという見方である。

　実際、アメリカを目指す移民の数は現在、歴史上、最も多くなっており、一種の移民ブームとなっていた。2001年から2010年までの10年間に永住

1　Dodd, L.C. "Congress in a Downsian World: Polarization Cycles and Regime Change," *Journal of Politics*, Vol.77, No.2, 2015; 311–323.
2　Downs, A. *An Economic Theory of Democracy*, Harper, 1957.
3　Lee, F.E. *Beyond Ideology: Politics, Principles, and Partisanship in the U.S. Senate*, University of Chicago Press, 2009.

権を与えられた移民の数は1,050万人を超えており、10年単位ではアメリカの歴史上最も多くなっている[4]。

　移民増と民主党支持者の関係については、ジュディス（John B. Judis）とテシーラ（Ruy Teixeira）による *The Emerging Democratic Majority*（やがて来る民主党多数派の時代［未邦訳］）という2004年に発表された書籍が広く議論されてきた。この本によると、民主党支持者には次のような変化がみられており、人口動態の変化から、民主党優位の時代がやってくるという主張が展開されている。具体的には、民主党支持者の場合、かつては「ラストベルト」と呼ばれた工業地帯での支持が多かったが、シリコンバレーやノースカロライナ州のリサーチトライアングルなどのハイテク地域での支持が増えており、その中でも専門職を持つ層や、働く女性、アフリカ系、アジア系のほか、なんといっても人口が急増しているラテン系からの支持が増えていることが大きいという。さらに、市場経済については、経済成長のために必要ではあると考えているが、経済の自由化によって、環境保護がおろそかになったり、労働者搾取が進んだり、市場に不正がはびこることには強く反対したりする傾向が顕著にみられている[5]。

　ラテン系の台頭が民主党を支え、いずれは多数派となるという見方は、政治学者の中で広く読まれ、賛否が論じられてきた。ただ、著者のテシーラ自身がラテン系であることから、「バランスを欠いているのではないか」「アイデンティティの政治（自分のエスニシティや人種などを政治的争点とすること）」ではないのか、などと揶揄もされてきた。また、移民は一枚岩ではない。ヒスパニック系の中でも、とくに、革命をきっかけに移ってきたキューバ系の中には反共主義の人も多く、共和党支持は根強い。もちろん、すでに共和党は必死にヒスパニック系やアジア系のつなぎとめを急いでいる。2016年の大統領選挙の共和党候補者指名争いに立候補をしたマルコ・ルビオ（Marco Rubio）、テッド・クルーズ（Ted Cruz）両上院議員もキューバ系であ

4　http://www.census.gov/
5　Judis, JB. and Teixeira, R. *The Emerging Democratic Majority*, Scribner, 2004.

る。

　しかし、例えば、ユダヤ系のように所得や社会的な階層が高くなっていっても、毎回の大統領選挙の出口調査をみても7割以上が民主党候補に投票しているケースもあり、ヒスパニック系全体の政党支持態度というのはなかなか変わらないかもしれない。そうすると、ヒスパニック系移民やアジア系移民が増え続ければ、当面は低賃金労働を行う層となるとみられているため、所得再分配的な政策に積極的な民主党の支持層が増えていくと考えられる。

　膠着していた共和党と民主党のバランスが変わればそれは世論が変わることでもある。それぞれの党が推進する政策そのものを大きく変えていく可能性もある。政治的分極化が収まっていっても、「メディアの分極化」がすぐ解消できるとは限らないが、人口動態の変化は政治情報にも大きく影響するだろう。一方で、それは今後、少数派となる層への情報をないがしろにすることかもしれない。人口動態でいえば、少数派となるのは保守の中でもまさにトランプ支持者の根幹である白人ブルーカラー層であろう。民主主義の血液である政治情報を提供するメディアにとっては、これが果たしていいことなのかはやはり疑問が残ってしまう。

(3) 新しい技術革新の可能性

　一方で、本書のさまざまな章で論じられたように、アメリカの政治過程におけるメディアの今後を支えるのは、新しい技術なのだろう。「メディアの分極化」の中の情報のゆがみに対して、第8章で論じられた「ディープフェイク」への対応や、第7章のAIによる自動記事制作は、効果的な処方箋でもある。第6章で取り上げたスマートニュースのように「フィルターバブル」を超えるようなアルゴリズムを入れる動きもある。とくに重要なのが、技術発展の中、一般の国民にとってアメリカの選挙産業が使うようなビッグデータに立ち向かうには、新しい技術を使った対応しか対抗策がないとみられる点である。

　第1章や第8章で論じたケンブリッジ・アナリティカ（Cambridge Analytica）社は破産しても、ソーシャルメディアを利用した各種選挙マーケティングはすでにアメリカ政治の中に深く組み込まれている。近年の選挙の場合、民主党なら労組加入者や人種マイノリティ、共和党なら宗教保守派や銃規制反対派などを各種データから徹底的に洗い出すマイクロターゲティングのために、近年はいわゆるビッグデータの分析の担当者が選挙産業に加わっている。2016年選挙の場合、民主党の候補クリントンも行っていたほか、2012年選挙では現職の大統領オバマ（Barack Obama）が圧倒的なビッグデータの利用で、共和党候補者のロムニー（Mitt Romney）を圧倒した。同年のオバマ陣営はフェイスブックやツイッターなどのソーシャルメディアを自動的に分析する仕組みなどを作り出し、データ化していったといわれている。さらに、そもそも嘘の情報を流すのは、徹底的に相手陣営をたたく「オポジション・リサーチ」の常套手段である。際どい手法は、今後も消えることはない。つまり、ケンブリッジ・アナリティカ社の手法は、不正に情報を手に入れた点は非難されるが、それ以外のことは既存の選挙マーケティングとまったく同じである。

　アメリカの選挙ではソーシャルメディアはすでに人々が自由につながっていく手段ではなく、選挙陣営が動員を促進するための道具に成り下がっている。とくに2012年のビッグデータの本格導入が進んだ後は、その傾向に拍車がかかっている。アメリカで、ソーシャルメディアを人々のものに取り戻すことができるのかどうか。ケンブリッジ・アナリティカ社に象徴される闇は非常に深い。

　IoTやAI技術の進展でさらに政治家や候補者側、あるいは意図的に政治情報をゆがめようとする第三者の能力は向上しつつある。この不正を暴き、政治報道の信頼を回復するために、ジャーナリストも自分たちのエンパワメントの道具として、新しい技術に積極的にならないといけない。また、第6章でふれられているように若い世代がどのようにメディアを消費するかを把握するのも大きなポイントとなる。ただ、既存のメディアが置かれている状況とは大きく異なるため、それぞれの記者にとっては、新しいスタイルを生

むまでの当面の期間は、もがき続ける苦悩の時代がやってくるのかもしれない。

(4) そして、日本――

　私たち日本人がアメリカのメディアからの情報を得るとき、「どこの情報か」をより注意深くみないといけないような状況にすでになっているのは、間違いない。「メディアの分極化」が進んだことで、「市場」に合わせた左右の政治情報の提供は客観報道の原則を揺るがせている。「フェイクニュース」を生んでしまう状況はアメリカの方が深刻な気がする。メディアの言説や政治家の発言が信じられなくなっているという、アメリカ政治の病理的な問題は日本人にとっては想像以上かもしれない。

　と、ここまでアメリカの事情を書いてきたが、果たして日本の状況はどうだろうか。さまざまな調査によって異なるが、まだメディアが伝えるニュースに対する信頼度は日本の場合はそれなりに高い。2016年のロイターの調査によると、「ニュースを信じられると思うか」との質問に対してアメリカでは「ある程度そう思う」「強くそう思う」の回答があわせて33％だったが、日本では43％だった。また、「あまりそう思わない」「強くそう思わない」の合計がアメリカで38％もあったのに対して、日本では17％にとどまった[6]。

　この数字もあって、私自身は講演などで「アメリカに比べれば、日本のメディアの信頼度はきわめて高いので、当面は問題ない」などと発言してきた。しかし、だんだん、自分自身でこの見方を疑い出しているのが本音だ。

　産業としての日本のメディアも大きな曲がり角にある。日本でも新聞はすでに「ぜいたく品」になったといっても過言ではない。若者はテレビをみなくなりつつある。新聞やネット、雑誌メディアには明らかに政治的な立場を

6　Reuters Institute. "Reuters Institute Digital News Report 2016: Asia-Pacific Supplement," 2016. http://reutersinstitute.politics.ox.ac.uk/our-research/reuters-institute-digital-news-report-2016-asia-pacific-supplement：詳しい分析は次の文献を参照。Ogasahara, M. "Media Environments In The United States, Japan, South Korea and Taiwan," in Kiyohara, S. and Maeshima, K. and Owen, D, eds. *Internet Election Campaigns in the United States, Japan, South Korea, and Taiwan.* Palgrave, 2018; 79–114.

とったものも定着している。「市場」に合わせた政治情報の提供が客観報道の原則を揺るがせているのは日本も同じだ。分極化にしろ、メディア不信にしろ、放送のアドボカシー化にしろ、ネット時代の情報発信や記者教育の難しさなどは日本でもすでに実感されつつある。さらに「ポスト真実」は日本でも、ますます現実化していくかもしれない。

　皮膚感覚での話を書きたい。私自身はインターネット上でコラムを発表する機会も多い。ネット上の媒体によっては読者からのコメントも記入できる。そのコメントの中に、文脈とはまったく関係ない激しい言葉が書き込まれることも目立ってきた。アメリカの移民政策について書いたときには、日本に居住する中国などアジア諸国の人たちへの罵詈雑言ばかりのコメントが並び、驚愕した。文中にはまったく日本の現状についての言及はなかった。

　日本のメディアと政治の関係もアメリカとそれほど大差ない状況になってきているような気さえする。危機を迎えたアメリカのメディアの状況は、やがて日本にもあてはまり、メディアの信頼性は危機に瀕するのかもしれない。

　状況を打開するための新しい技術の積極的な利用が定着するまで、アメリカだけでなく、日本を含む世界のジャーナリストたちも模索し、苦しい状況が続くかもしれない。この苦しみから新しい時代がどう切り開かれるのか。新しい胎動に注目したい。

おわりに

　本書の企画が持ち上がったのは、2015年にさかのぼる。
　きっかけは、朝日新聞の別刷りである「朝日新聞GLOBE」（当時は第1、第3日曜日に発行）に掲載したアメリカのメディアに関する特集だった。オンライン専業の新興メディアと伝統的な新聞の「メディアの攻防」を8ページにわたってまとめた。これが東洋経済新報社の編集者の目にとまり、加筆して出版することになった。
　当時、アメリカから特集を執筆したのは、ニューヨーク在住の津山恵子（元共同通信記者）、朝日新聞アメリカ総局長の山脇岳志、サンフランシスコ支局長の宮地ゆう、ワシントン特派員の五十嵐大介（肩書はいずれも当時）だった。
　しかし、この企画は実現しなかった。そのころちょうど大統領選に出馬表明したドナルド・トランプ氏はあっという間に「台風の目」となった。大統領選の取材で記者はみな多忙になり、本の執筆に時間を割ける状況ではなくなった。
　現在のアメリカを4年前と比べると、まったく異なる政治的風景が広がっている。
　一番大きな変化はもちろん、トランプ政権の誕生だ。トランプ氏は自身を批判するメディアを「アメリカ国民の敵」だと攻撃、政権とメディアとの対立は激化している。大統領選挙中から事実に基づかないフェイクニュースがソーシャルメディア上などで広がる一方、トランプ氏は主流メディアを「フェイクニュース」だと攻撃する。事実かどうかは政治や世論に影響を与えないことを意味する「ポスト・トゥルース（ポスト真実）政治」という言葉も定着した。ソーシャルメディアを使った「世論工作」の実態なども明らかになってきた。
　状況の大きな変化を目の当たりにし、当初のビジネス中心の企画ではなく、

アメリカのメディアと政治とのかかわりについて包括的に取り扱う本にしたほうがよいのではないか──東洋経済の編集者や、編者を兼務した山脇・津山の考えも、そう変わった。

2018年秋、新たなコンセプトのもと、アメリカの政治とメディアに関する研究を長く続けてきた上智大学教授の前嶋和弘が編著者に、アメリカや日本の調査報道や司法に詳しい奥山俊宏（朝日新聞編集委員）、ラストベルトでの取材が豊富な金成隆一（朝日新聞前ニューヨーク特派員）が著者に加わった。専門分野が異なる執筆者が増え、この本が扱うテーマを広げることができた。

本書ができあがるまでには、多くの方々にお世話になり、謝意を表したい。アメリカ国内外での取材やインタビューの対象者は、執筆者の取材先を合計すると数百人にのぼる。本書で名前を引用させていただいた方のみならず、この本は多くのアメリカ人研究者、ジャーナリスト、取材先の方々の協力なくしては完成しなかった。

編著者の前嶋と山脇は、東京財団政策研究所のアメリカ大統領選についてのプロジェクトチームに所属している。本書の一部は、同研究所のオンラインサイト（https://www.tkfd.or.jp/）ですでに発表したものがベースになっている。プロジェクトリーダーの久保文明東京大学教授をはじめ、メンバーの専門家の方々からもさまざまな知見を得ることができた。

久保教授と山脇は2017年度から、東京大学公共政策大学院で「アメリカ政治におけるメディアの役割」という講義を担当している。この講義のゲストとして、筆者の津山、奥山、宮地が参加したほか、明治大学の清原聖子准教授、ハフポスト日本版の竹下隆一郎編集長、テレビ朝日の新堀仁子元ワシントン支局長らにも参加いただき、議論を深めることができた。

編著者の津山が担当した章の一部は、2007年から現在まで『AERA』『朝日総研リポート AIR 21』『新聞研究』『新聞協会報』『メディア展望』「東洋経済オンライン」「Yahoo! ニュース特集」に書いたものに大幅加筆した。2015年の「朝日新聞GLOBE」の特集記事の一部も使用している。

おわりに

　また、明治大学の佐々木秀智教授、NHK放送文化研究所の藤戸あや氏、学習院女子大学の石澤靖治教授、東京大学の林香里教授にもご教示をいただいた。本書のリサーチでは、アメリカ在住の仲山絢子氏にご協力いただいた。

　本書でも触れている2016年の大統領選の朝日新聞の取材や報道では、同僚記者をはじめ、デスク、助手、インターンなど大勢の関係者に助けていただいた。あわせると30人以上にのぼるため、一人ひとりの名前を挙げられないが感謝したい。本書の写真は、筆者が撮影したものや外部から購入したものもあるが、多くはアメリカ総局のランハム裕子・フォトグラファーの撮影である。

　前嶋、山脇、津山、奥山は、元共同通信ワシントン支局長で、アメリカに詳しいジャーナリスト、松尾文夫氏が主催する私的な勉強会「アメリカ会」のメンバーでもあった。この本の出版のタイミングにあわせて勉強会もセッティングしていただいていたが、松尾氏は2019年2月25日、アメリカ出張中に85歳で急逝された。松尾氏のご厚情や勉強会の皆様から受けた知的な刺激に感謝し、松尾氏のご冥福を心からお祈りしたい。

　東洋経済新報社の岡田光司・出版局編集第一部長には、出版を辛抱強く待っていただいただけではなく、有益なアドバイスを数多くいただいた。お礼を申し上げたい。

　紆余曲折を経て生まれた本書ではあるが、激動のアメリカ政治やメディアの理解に、少しでも貢献できるのなら、編者・著者として、これ以上の喜びはない。

編著者一同

索引

A〜Z
ABC　　9, 18, 25, 34, 47, 245, 251, 255, 260-261
AI　　264-271, 317
AM（局）　　143, 247-248
AOL　　222-225
AP（通信）　　6, 214, 264-268, 331, 346
AT&T　　255, 262-263
AXIOS　　231-234
CAP　　145
CATV　　17-19, 23, 26, 31, 259
CBS　　9, 11, 18, 34, 47, 79, 245, 251, 255, 261
CBSN　　261
CIR　　347, 352
CNN　　ii, 1, 17-18, 21, 26, 34, 40, 47, 62, 65, 78, 80, 106, 126, 128, 147-149, 184, 255
CPB　　245
CPI　　97, 347, 361-362, 374
CRTV　　116
FAIR　　379
FCC　　134-144, 152-155, 217, 247-249, 251-254
FM（局）　　247-248
FOX　　85, 245, 251
FOX NEWS　　1, 17-24 34, 46, 52, 55, 62, 97, 104-108, 116-119, 127-129
FRC　　135
FX　　255
HBO　　255, 259
Hulu　　254, 256
ICIJ　　98, 347, 352, 362-372
IRA　　287-289
JAG　　85-86
KDKA　　135
MNG　　216-217
MSNBC　　1, 17-18, 20-21, 34, 51, 106, 126, 128-129, 147, 180
NAA　　228, 241
NBC　　9, 18, 34, 47, 150, 245, 251, 255
NPR　　18, 47, 245-246, 346
NYT　　187-198, 216, 232

OAN　　20, 117-120
OTT（Over The Top）　　244, 256-262
PBS　　18, 215, 245, 346
Snapchat　　90, 274
UHF ディスカウント　　253-254
UPN　　251
USA トゥデー　　25, 83, 198, 216
Vox　　30, 220, 227-228
VT ディガー　　348, 351
WB　　251
WKBN　　110
WSJ　　203-208, 216, 317-319
WTVH シラキューズ　　140-141
YouTube　　90, 160, 220, 256, 311, 319

あ行
アーセノー, ケヴィン　　52
アキュラシー・イン・メディア　　379
アクシオス　　30, 231
悪性ナルシシズム　　177-178
アクセルロッド, デービッド　　13
アコスタ, ジム　　40, 78, 305
アダムズ, ジョン　　77
アップル　　259-260, 300
アドボカシー　　1, 18, 20, 23, 33, 380
アドラー, スティーブ　　77
アトランティック　　174-176
アマゾン　　196-197, 256, 260, 262, 300
アメラシア事件　　321, 323
アメリカ新聞協会　　228, 241
アメリカ進歩センター　　145
アメリカ心理学会　　173
アメリカ精神医学会　　166-167, 170-173, 180
アメリカ精神分析学会　　174
アメリカ・ファースト　　61
アメリカン・アフェアーズ　　86
アメリカン・ソサエティ・オブ・ニューズ・エディターズ　　209
アメリカン・プレス・インスティチュート（API）　　218, 241, 350-351, 361

アリゾナ・リパブリック　83
アルゴリズム　238-239, 280-281, 299-301, 306-307
アレン, マイク　233
アンカー　10-12, 17, 25-26
アントン, マイケル　86
イエロー・ジャーナリズム　6
イコールタイム・ルール　9, 149-158
イブニングニュース　9, 18, 51
イングラハム, ローラ　148
インディアナポリス・スター　355
インフォウォーズ　30, 62, 282
インフォメーション・ニーズ・オブ・コミュニティーズ　217-218
ウィークリー・スタンダード　84-85
ウィキリークス　328-331, 371-372
ウィルソン, ジョセフ　324-326
ウェビッツ　270-271
ウェルチ, エドガー　283
ウォーカー, スコット　146
ウォーターゲート事件　7-8, 346
ウォール街占拠運動　33
ウォール・ストリート・ジャーナル　9, 25, 203-208, 317-319
ウォッチドッグ　8, 30
ウォルト・ディズニー　250, 254-256, 259-260
ウォルフ, マイケル　181
ウッドワード, ボブ　7, 163, 182-184
衛星放送　17-19, 23, 137, 141, 257
エコーチェンバー　22, 298, 302-304
エスタブリッシュメント　59, 61, 105, 112, 191
エディター＆パブリッシャー　210
エルズバーグ, ダニエル　8, 322
エンゲルバーグ, スティーブン　348, 360
オーウェン, ダイアナ　148-149
オーバーマイヤー, バスティアン　364, 369
オクエンド, マリア　171
オバマケア　111-112
オバマ, バラク　87, 142, 175, 220, 273, 320, 328, 338, 340-342, 365
オブザーバー（The Observer）　289
オフショア・リークス　364
オライリー, ビル　21, 119-121, 195

オリバー, ジョン　150
オルコット, ハント　295
オルタナティブ・ファクト　40, 76
オルト・ライト　30, 62-63

か行

ガーゲン, デービッド　12, 34
ガーディアン　280, 289, 295
カーディン, ベンジャミン　359
ガートナー, ジョン　177-179
カートライト, ジェームズ　340
カーニー, ジェイ　34
カーンバーグ, オットー　177
革新主義　6-7
カショギ, ジャマル　306
合衆国憲法　3-5
合衆国憲法修正第1条　137-138, 141, 156, 262, 324, 327-328
合衆国憲法修正第2条　61, 115
合衆国憲法修正第25条4項　164, 177, 179
ガネット　216-217
黄色のベスト　308
議会の分極化　52
ギズモード　279-280
北ドイツ放送　310
ギブス, リサ　267
ギャラップ　10, 34, 44
ギャロウェイ, スコット　300
共和制　4-5
共和党　15-17, 35, 37, 44-54, 74, 83, 126, 161, 206, 244, 253, 381-384
ギルモア, ジム　157
ギルモア, ダン　313
グーグル　238, 253, 260, 292, 301, 315-317
クドロー, ラリー　34
クライン, エズラ　228
クラシファイド・アド　356
グラス, レオナルド　170
グラハム, キャサリン　353-354
グラハム, リンジー　157, 293
クリスチャン・サイエンス・モニター　346
クリストル, ウィリアム　84

クリントン，ヒラリー　40, 47-48, 57, 63, 68-75,
　　83-84, 87-93, 97, 108-114, 150, 156, 161,
　　282-285, 379
クリントン，ビル　28, 44, 282
クルーズ，テッド　57, 102, 168, 382
クレアモント・レビュー・オブ・ブックス　86
クレイグズリスト　356
クレイン，ジュリアス　86
グロア，ジェフ　26
クロヴィッツ，ゴードン　207
グロースクロース，ティム　22
クロス・オーナーシップ（相互所有）　246, 252
クロッピング，アレクサンダー　235
クロンカイト，ウォルター　11-12
ケイディ，マーティン　230
ケーシック，ジョン　157
ゲートウェイ・パンディット　123-124
ケーブルテレビ　2, 22, 54-55, 79-82, 137, 141,
　　146-148, 157, 244-248, 256-257
ケーブルニュース　17-21, 26, 147-148
ケネディ，ジョン・F　11, 154
ケラー，ビル　99-100
ケリー，ジョン　198
ケリー，メーガン　97
ケンブリッジ・アナリティカ　41, 281, 290, 293,
　　295, 383-384
権利章典　5
公共の利益アプローチ　247-248
公平原則　134-135
公民権運動　54, 258
ゴールドウォーター，バリー　165-166
ゴールドウォーター・ルール　165-167, 169-175,
　　180-181
コーン，ゲイリー　183
国際新聞編集者協会　309
国際調査報道ジャーナリスト連合（ICIJ）　98,
　　345, 347
個人攻撃ルール　136
コミー，ジェームズ　68, 325, 342-343
コムキャスト　251, 255-256
コムスコア　198
コメット・ピンポン　282-284
コルベア，スティーブン　32, 150, 305

コンウェイ，ケリーアン　76

さ行

サイキアトリック・タイムズ　171
サイコパス　178
サイバープロパガンダ　42
サイレント・マジョリティー　54
ザ・コレスポンデント　236-237
サタデー・ナイト・ライブ　150, 156
ザッカーバーグ，マーク　274, 280-281, 289,
　　291-293, 306-308
ザ・デイリー・ショー　31-32
サバト，ラリー　75, 80, 94
ザ・フェデラリスト　3-5
サリバン，マーガレット　180-182
サルツバーガー，アーサー・グレッグ　189, 305
ザ・レイチェル・マドウ・ショー　20
ザ・レイト・ショー　150, 305
サンダース，バーニー　58, 251
3大ネットワーク　9, 12, 18, 25-27, 34, 47, 245
サンディエゴの声　348, 358
サンドラー，ハーバート　347-348, 359
ジ・アプレンティス　60
ジェイ，ジョン　4
ジェイミーソン，キャスリーン・ホール　22, 297-
　　298
ジェーンズ・ディフェンス・ウィークリー　323
ジェニングス，ピーター　25
ジェファーソン，トーマス　ii
ジェルマン，バートン　336
ジェンツコウ，マシュー　295-296
ジ・オライリー・ファクター　21, 119
シカゴ・トリビューン　9
市場主義的アプローチ　247-248
60 Minutes　97
ジャーナリズム　3-4, 6, 82, 94, 134, 148, 180,
　　184, 189-190, 197, 200, 202, 207, 214, 217,
　　219, 231-232, 235-236, 310, 335, 345, 350,
　　354, 358-360
ジャーナル・オブ・アメリカン・グレイトネス　85
ジャクソン，ブルックス　380
シャクター，ジョセフ　169
衆愚政治　4

索引

ジュディス，ジョン B.　382
ジョーダン，マシュー　81-82, 157-158
ジョーンズ，アレックス　282, 357
ジョーンズ，マザー　346
女性有権者同盟　138, 156
ジョンソン，リンドン　165
シラキューズ・ピース・カウンシル　140
シルバー，ネイト　71, 73
シンクレア・ブロードキャスト・グループ　24, 254
人工知能（AI）　244, 264-267, 273, 317
シンシナティ・エンクワイアラー　83
新聞活性化法案　359
スイス・リークス　364
垂直統合（型）　249-250, 256
水平統合型　250
スカボロー，ジョー　180
スタイガー，ポール　348
スタモス，アレックス　294
スチュアート，ジョン　31-32
スティールバレー　103
ステート，ディープ　79
ステファノポロス，ジョージ　33
ストリーミング（・サービス）　256, 261
スノーデン，エドワード　334, 336
スパイサー，ショーン　40, 76, 342
スパイ防止法　322-324, 330-331, 334
スピンドクター　12, 36
スマートニュース　237-239
スミス，ベン　226
政教分離　16
政治アクター　10-11, 13, 18-19, 23
政治ショー　1, 17, 19, 26
政治宣伝（プロパガンダ）　128, 295
政治的価値　48
政治的公平　134, 147, 158-159
政治的分極化　1, 15-17, 21, 29, 43, 51, 146, 378, 380-383
政治的論説ルール　136, 141
世界新聞会議（世界ニュースメディア会議）　205, 234, 236
セズノ，フランク　54, 149, 208
セックス・アンド・ザ・シティ　259

セッションズ，ジェフ　343
世論調査　71, 73-75
世論の分極化　33
1927年無線法　135, 152-153
1934年通信法　135, 153, 247
1934年通信法315条　140, 152, 157
1996年電気通信法　144, 248-250
センター・フォー・パブリック・インテグリティ（CPI）　97-98, 347, 361
センター・フォー・メディア・アンド・デモクラシー　379
全米経済研究所（NBER）　296
相互所有規制　247, 252-253
ソーシャルメディア　25-27, 47, 55, 87-92, 149, 163, 194, 239, 272-313
ソシオパス　178
ソロス，ジョージ　62, 124

た行
タイム　22, 31, 87
タイム・ワーナー　250, 255
ダウ・ジョーンズ　204, 206-207
ダウド，ジョン　183
ダウニー，レナード　361
ダウンズ，アンソニー　381
ダラス・モーニングニュース　83
ダンフォード，ジョセフ　163
血の日曜日事件　258
チャコン，マルコ　96-97
調査報道ワークショップ　98, 349, 363
ツイッター　38-40, 87-91, 125, 170, 181-182, 199, 262, 268-269, 272-274, 276, 286-288, 292-293, 296-297, 302-304
ティーパーティー運動　33, 130
ディープフェイク　317-319
ディジデイ　316
デイリー・コス　29
デイリー・ビースト　118
デイリー，ラー　153
デイリー，リチャード　153
テキサス・トリビューン　348, 351
デ・コレスポンデント　236
テシーラ，ルイ　382

393

デモクラシー　4-5
デュランゴ・ヘラルド　214
テレコミュニケーションズ・リサーチ&アクション事件　139
デンバー・ポスト　213, 217
トークラジオ　18, 142, 144-148
ドーズ, ランス　169
ドクター, ケン　64, 216
ドッド, ローレンス　380
ドノヒュー, アンドリュー　358
ドラッジ・レポート　28-29, 55, 63, 118, 123, 127
トランプ現象　35, 79, 86, 129
トランプ支持者　74, 104, 129, 132, 305
トランプ・ツイッター・アーカイブ　304
トランプ, ドナルド　i, 35-39, 44, 55-61, 68-69, 74, 79, 87-88, 101-102, 114, 121, 150, 156, 161-164, 168-170, 175-179, 273, 276, 320, 342
トリビューン・メディア　254
トリブ・トータル・メディア　211
トレンド　279-280
トロール・ファクトリー　287
トンプキンス, アル　261
トンプソン, マーク　193

な行

ナウアート, ヘザー　34
ナカムラ, デビッド　98, 199-201
ナショナル・ジオグラフィック　255
ナショナル・レビュー　63
ナルシシスト　167, 175-179
ニーマンラボ　123, 215
ニカーソン大佐事件　321
ニクソン, リチャード　7, 54, 154
ニコルズ, ビル　229
21世紀フォックス　254
ニューズ・コーポレーション　206, 250
ニュースサイト　28-30
ニューズマックスTV　119-121, 222
ニューヨーカー　298
ニューヨーク・タイムズ　iii, 8, 21, 40, 44-45, 47, 62, 65-66, 75, 99, 102, 121, 126, 168-169, 179, 181, 187-195, 253, 269, 289, 305, 322-326, 361-362, 374

ニューヨーク・ポスト　85, 206
ネーダー, ラルフ　141
ネオコン　85
ネット中立性　262-263
ネットフリックス　256, 258-260, 262
ネットワーク規制　247
ノア, トレバー　32
ノーム, エリ　251

は行

バー, キャメロン　202
バーグマン, ローウェル　347
ハースト　6
ハース, リチャード　i
パーソナル・メディア　29
ハードニュース　31
ハートランド　120
ハーパーコリンズ　206
ハーバード大学ショーレンスタインセンター　93, 357
ハーバス, ケイティ　277-278
パーマー, ダグ　228
ハーリング, ロバート　117
バーンスタイン, カール　7
バーンバウアー, ビル　375
バイアコム　250-251, 255
パイ, アジット　253
ハイアット, フレッド　180, 182
パウエル, マイケル　251
ハウス・オブ・カーズ　257
バグディキアン, ベン　250-251
バケー, ディーン　181
バズフィード　65-66, 225, 239, 284, 308
パタキ, ジョージ　157
ハッカビー, マイク　157
バッグス, ジョー　119
パトリック, デニス　141
パナマ文書　362, 364-365, 368-371
ハニティー, ショーン　19, 81, 108-109, 127, 145, 148
バノン, スティーブ　40, 63, 117, 121, 290
ハフィントン, アリアナ　29, 223
ハフィントン・ポスト　29, 65, 222-225

ハフポスト　222-225, 239
パブリック・ポリシー・ポーリング　284
ハミルトン, アレクサンダー　4
パラダイス文書　373
パリサー, イーライ　301
ハルバースタム, デイヴィッド　355
バロン, マーティン　181
バンクロフト家　207
バンコフ, ジム　228
反社会性パーソナリティー障害　178
バンデハイ, ジム　229, 233
反トラスト法　255
反保護主義　86
反連邦主義派　3-4
非営利組織（NPO）　345
非営利報道協会　350
ピッツバーグ・トリビューンレビュー　211-213
ビデオ・フェイク　318
ヒトラー, アドルフ　177
ヒューストン・クロニクル　83
ヒューマン・ライツ・ウォッチ（HRW）　335
ピュー・リサーチ・センター　26, 46, 52, 74, 90, 92-93, 126-127, 145, 147, 240, 242, 260, 274, 302, 349, 356, 375
ピューリッツァー　6
表現の自由　5-6, 8
ヒルズ, スティーブン　196
ビンジ・ウォッチング　257
ファースト・ドラフト・ニュース　285
538（ファイブサーティーエイト）　71
ファウラー, マーク　138, 248
ファクトチェック　75, 163, 309-313, 377-380
ファクトチェック・サイト　295, 312
ファクトチェック・ドット・オルグ　380
ファクト・マガジン　166
フィッツジェラルド, パトリック　325
フィルターバブル　298, 301-302
プーチン, ウラジーミル　78, 113
フェアネス・ドクトリン　9, 24, 134-145, 147, 149
フェアネス・レポート　139-140
フェイクニュース　35, 42, 66-67, 96-97, 273, 282-288, 292, 295-296, 304, 309-316
フェイシャル・リイナクトメント　318

フェイススワップ　318
フェイスブック　40, 47, 90, 260, 272, 274-275, 277-281, 289-295, 298-302, 306-308, 317
フェラーラ, ルー　264-266
フェルト, マーク　8
フォース, エルンスト　236
ブッシュ, G.W.　175
ブッシュ, ジェブ　87, 102, 151
ブライアー, マーカス　52
ブライトバート・ニュース　30, 55, 62-64, 85, 118, 123, 127, 290
ブラッドリー, ベン　353
フランクリン, ベンジャミン　3
ブランケシュタイン, マーティン　235
フランシス, アレン　173
フランシスコ・ローマ法王　67
プリースト, ダナ　337
フリン, マイケル　202
ブルームバーグ　271
ブルックス, デービッド　168
プレイブック　230
ブレイム事件　328
ブレイム, バレリー　325
ブレンデル, レベッカ　173
ブレンデル　234-235
ブロコウ, トム　25
プロパブリカ　345, 348, 352, 359-360, 374
フロム, エーリッヒ　177
文化戦争　16
分割政府　14
ヘイスティングス, リード　257
ペイン, トマス　3
ベケット, ポール　208
ベゾス, ジェフ　196-198
ベック, グレン　148
ベトナム戦争　11-12
ベトナム反戦運動　54
ベライゾン　225, 262
ベルテルスマン　250-251
ペンス, マイク　202
ペンタゴン・ペーパーズ事件　7, 321-322, 353
ポインター（インスティテュート）　214, 261, 315
ポイント・カウンターポイント　6

放送局所有規制　　247
放送電波の希少性　　136-138
放送法4条　　147, 158
放送免許　　135
ボールドウィン，アレック　　150
保守（派）　　1-2, 15-23, 46-49, 84-86, 110, 115-116, 119-121, 129-132, 142-147, 298-299, 378-380
保守派ラジオ　　110
保守論壇　　84
ポスト真実　　30, 40, 95
ボストン・グローブ　　77
ホックシールド，アーリー　　129, 131
ボット　　286, 293, 296-297
ポデスタ，ジョン　　283-284
ホラン，アンジー　　161
ポリティカル・コレクトネス　　64
ポリティコ　　30, 64, 122, 181, 228-230
ポリティファクト　　75, 161, 378
ホルト，レスター　　26
ボレル・アソシエイツ　　279
ボロソン，ウォーレン　　166
ホワイトハウス記者会　　220, 222

ま行

マーシャル・プロジェクト　　99-100, 374
マードック，ルパート　　46, 206
マイオラーナ，アンソニー　　192
マイクロターゲティング　　92
マクアダムス，ダン　　174-176
マクガバン=フレーザー委員会　　37
マケイン，ジョン　　87
マチャド，アリシア　　88
マッキノン，ケイト　　150
マックレーカー　　7, 30
マティス，ジェームズ　　183
マディソン，ジェームズ　　3, 5
マニング，ブラッドリー　　329-330, 340-341
マルキン，ミシェル　　29
マルコーニ，フランチェスコ　　205, 317
ミッチェル，エイミー　　240, 242
南ドイツ新聞　　364, 368-369
ミュアー，デービッド　　26

ミラー，アラン　　315
ミラー，ジュディス　　326-327
民主主義　　ii, 5, 10-11, 33, 131, 137, 218, 291, 335-338, 340, 358-359, 378-380
民主党　　15-17, 22, 35, 37, 44-54, 57-58, 74, 83, 126, 244, 381-384
ミンポスト　　348, 351, 359
ムーア，マイケル　　125
ムーンベス，レスリー　　79, 81, 151
メイマン・ジミー　　223
メディア監視団体　　378-380
メディアクォント　　80
メディア消費　　101
メディアの分極化　　2, 18, 20, 32-35, 51-52, 378, 380, 383
メディア・マターズ・フォー・アメリカ　　379
メディア・リサーチ・センター　　379
メディアワイズ　　315-316
メレディス（コープ事件）　　139-140
モーション・トランスファー　　318
モラー，ロバート　　183, 304
モリソン，サミュエル・ローリング　　321, 323

や行

ヤンコビッチ，ニナ　　281
4大ネットワーク　　245, 251

ら行

ライゼン，ジェームズ　　334
ライル，ジェラード　　363, 366-368
ラザー，ダン　　25
ラスト・ウィーク・トゥナイト　　150
ラストベルト　　101
ラッド，ジョナサン　　95
ラム，スコット　　226
リアリティーショー　　36, 38
リアル・クリア・ポリティクス　　30
リアルニュース　　42
リヴェラ，ジェラルド　　62
リクター，ロバート　　21
リップ・シンキング　　318
リテラリー・トランプ　　379
リビー，ルイス　　325-327, 342

リベラル（派）　1-2, 15-23, 29-30, 47-49, 51, 126, 129, 131-132, 145-146, 298-299, 379-380
リベラル・バイアス　21-22
リンボー，ラッシュ　18, 110-113, 127, 145-146
ルイス，チャールズ　97, 347, 362
ルインスキー，モニカ　28, 56, 123
ルクセンブルク・リークス　364, 368
ルーズベルト，セオドア　7
ルディ，クリストファー　120-121
ルビオ，マルコ　151, 382
レヴィン，マーク　116
レーガン（政権）　85, 134, 138
レターマン，デビッド　258
レッシグ，ローレンス　157
レッド・ライオン（判決）　138-139
レバンドスキ，マシュー　51
連邦議会　5, 135, 153
連邦控訴裁判所　166, 252
連邦最高裁　24, 137-139
連邦主義派　3

連邦通信委員会（FCC）　24, 134, 217, 247
連邦無線委員会（FRC）　135
ロイター（通信）　76, 268, 291, 329, 385
ロイター／イプソス　291
ロイターズ・ニュース・トレイサー　268
ローヴ，カール　13
ローゼンスタイン，ロッド　179
ロサンゼルス・タイムズ　9, 173, 218, 315
ロッキー・マウンテン・ニュース　211
ロックフェラー，ネルソン　165
ロムニー，ミット　87

わ行

ワイリー，クリストファー　289, 295
ワインバーグ，サム　315
ワシントン・イグザミナー　85
ワシントン・タイムズ　63
ワシントン・ポスト　iii, 7, 9 21, 45, 62, 65-66, 98, 117, 124, 126, 163-164, 168, 180-182, 196-201, 336-337, 346, 353-355, 361
ワン・アメリカ・ニューズ（OAN）　117

【編著者略歴】

前嶋和弘（まえしま・かずひろ）
上智大学教授。専門は現代アメリカ政治外交。上智大学外国語学部英語学科卒、ジョージタウン大学大学院政治学部修士課程修了（MA）、メリーランド大学大学院政治学部博士課程修了（Ph.D.）。主な著作は『アメリカ政治とメディア』（北樹出版）、『オバマ後のアメリカ政治』（共編著、東信堂）、*Internet Election Campaigns in the United States, Japan, South Korea, and Taiwan*（co-edited, Palgrave）など。

山脇岳志（やまわき・たけし）
朝日新聞編集委員。京都大学法学部卒。1986年朝日新聞社入社、経済部、ワシントン特派員、論説委員、GLOBE編集長などを経て、2013年から2017年までアメリカ総局長。ほかに、オックスフォード大学客員研究員、ベルリン自由大学上席研究員。著書に『日本銀行の深層』（講談社文庫）、『郵政攻防』（朝日新聞社）など。京都大学大学院総合生存学館特任教授、東京大学公共政策大学院非常勤講師。

津山恵子（つやま・けいこ）
ニューヨーク在住ジャーナリスト。東京外国語大学フランス語学科卒。1988年共同通信社入社、ニューヨーク特派員などを経て2007年に独立。AERA、東洋経済オンライン、週刊ダイヤモンド、Business Insider Japanなどに執筆。著書に『「教育超格差大国」アメリカ』（扶桑社新書）など。フェイスブックのザッカーバーグCEO、ノーベル平和賞受賞のマララ・ユスフザイらにインタビュー。

【著者略歴】

奥山俊宏（おくやま・としひろ）
朝日新聞編集委員。東京大学工学部卒。1989年朝日新聞社入社。社会部などを経て、特別報道部。2009年にアメリカン大学客員研究員。『秘密解除　ロッキード事件』（岩波書店）で司馬遼太郎賞（2017年度）を受賞。同書や福島第一原発事故やパナマ文書の報道を含めた業績で日本記者クラブ賞（2018年度）を受賞。近刊の共著書に『バブル経済事件の深層』（岩波新書）。

金成隆一（かなり・りゅういち）
朝日新聞経済部記者。慶應義塾大学法学部卒。2000年、朝日新聞社入社。社会部、ハーバード大学日米関係プログラム研究員などを経て2014年から2019年3月までニューヨーク特派員。2018年度のボーン・上田記念国際記者賞を受賞。著書に『ルポ　トランプ王国――もう一つのアメリカを行く』（岩波新書）、『記者、ラストベルトに住む』（朝日新聞出版）など。

宮地ゆう（みやじ・ゆう）
朝日新聞経済部記者。慶應義塾大学総合政策学部卒。ダートマス大学留学、フルブライト奨学金を得てコロンビア大学修士（国際関係論）。2000年、朝日新聞社入社、社会部、GLOBE編集部、経済部などを経て、2014年から2018年までサンフランシスコ支局長。著書に『シリコンバレーで起きている本当のこと』（朝日新聞出版）など。

五十嵐大介（いがらし・だいすけ）
朝日新聞GLOBE副編集長。青山学院大学経済学部卒、ボストン大学大学院ジャーナリズム学科修了。英字誌「Tokyo Journal」、時事通信社の英文記者を経て、2003年朝日新聞社入社。経済部、社会部、GLOBE編集部などの記者を経て、2013年から2018年までワシントン特派員。

現代アメリカ政治とメディア
2019年5月2日発行

編著者	── 前嶋和弘／山脇岳志／津山恵子
発行者	── 駒橋憲一
発行所	── 東洋経済新報社

〒103-8345　東京都中央区日本橋本石町1-2-1
電話＝東洋経済コールセンター　03(5605)7021
https://toyokeizai.net/

装　丁…………橋爪朋世
ＤＴＰ…………アイシーエム
印　刷…………図書印刷
編集協力………パプリカ商店
編集担当………岡田光司

©2019 Maeshima Kazuhiro, Tsuyama Keiko, The Asahi Shimbun Company　　Printed in Japan
ISBN 978-4-492-76247-9

写真については、特に出所表記のないものは朝日新聞社が権利を所有します。

本書のコピー、スキャン、デジタル化等の無断複製は、著作権法上での例外である私的利用を除き禁じられています。本書を代行業者等の第三者に依頼してコピー、スキャンやデジタル化することは、たとえ個人や家庭内での利用であっても一切認められておりません。

落丁・乱丁本はお取替えいたします。